日本怪異妖怪事典 北海道

怪異妖怪愛好家・作家
朝里樹

笠間書院

はじめに

日本には数多くの怪異・妖怪が存在します。これらは各地で伝承され、また、それぞれの土地を舞台に怪異・妖怪に纏《まつ》わる創作物も生み出されてきました。

北海道もそのひとつです。この北の大地にも、様々な怪異・妖怪の話が残されています。先住民であるアイヌの人々はもちろん、北海道が蝦夷地と呼ばれていた時代に移住してきた本州や四国、九州の人々（本書ではアイヌの人々と区別するため、これらを和人と表記します）、そして現代に生きる人々が、多種多様な怪異・妖怪を見聞きし、記録してきました。

本書は、そんな北海道及び樺太において伝承されてきた、もしくはこれらの地域を舞台にして創作された怪異・妖怪を集めた事典です。ここでいう怪異は、主に常識から逸脱した不可思議な現象や、人間が死後に現れる幽霊、そして現代に語られた超常的な存在や現象を指します。妖怪は主に近代以前に語られた、既存の生物から逸脱した能力や姿、性質を持った存在を指します。

収集の対象とした範囲は次の通りです。

第一に、アイヌ民族に伝承され、記録された怪異・妖怪。

第二に、現在北海道として定義されている地域で和人によって伝承された怪異・妖怪。

第三に、現在北海道として定義されている地域を舞台にして創作された作品に登場する怪異・妖怪。

第四に、樺太（サハリン）に住む民族、具体的には樺太アイヌ、ウィルタ（オロッコ）、ニヴフ（ギリヤーク）、サハ（ヤクート）に伝承された怪異・妖怪。

第五に、現代の北海道で見たり聞いたりされた怪異・妖怪。

このように、『日本怪異妖怪事典 北海道』のタイトルに相応しいものとすべく、この北の大地に残る怪異・妖怪を総合的に集めることを目指しました。本州や四国、九州に比べるとあまり知られていない印象のある北海道の怪異・妖怪ですが、調べれば調べるほどに、それらが今もなおこの大きな大地のいたるところで息づいていることが分かってきました。

本書をどう使って頂くかは読者の皆様の自由です。本書をきっかけに、より深く北海道の怪異・妖怪たちを調べて頂いても構いませんし、ただ読んで楽しんで頂いてもかまいません。北海道で生まれ活躍してきた不思議なものたちを、本書を通して知って頂けたら嬉しく思います。

なお、本書は今後順次発行を予定している地方別の怪異事典「日本怪異妖怪事典」シリーズの第一弾となります。本シリーズはその名のとおり、北海道から九州・沖縄地方まで、各地方別に怪異・妖怪を集めた事典として、その地方の怪異・妖怪に詳しい著者が予定されています。本シリーズの怪異・妖怪を通して、地方独自の歴史や文化にも目を向けるきっかけになって頂けたら幸いです。

目次

日本怪異妖怪事典 北海道

凡例

一、この事典は現在でいう北海道及び樺太において伝承された、もしくはこれらの地域を舞台として語られた話の中に登場する、既存の人間や生物とは異なった特徴、能力等を持った存在や現象を怪異・妖怪と位置付けて収集し、道央・道南・道北・道東・樺太・広域（各地域を跨《また》ぐもの）・その他（創作等）に分け、五十音順に並べたものである。怪異・妖怪名に関して、出典となった資料において名前が存在しないものについては筆者が命名したものもある。収集対象の定義の詳細については「はじめに」を参照。

一、参考資料は項目ごとに記しているが、一部名称を省略しているため巻末に正式名称を記載した参考資料を一覧にしている。書籍の名称は『　』を、論文、ＷＥＢサイトの名称は「　」を用いて記載している。掲載の順番については特に意味を持たせていない。

一、項目名に太字を用いているほか、文中に登場する怪異・妖怪名について当事典内に別に独立した項目が存在する場合は太字を用いている。

一、出典となる資料にてその怪異が語られていた舞台や時代、また伝承されていた地域等がはっきりと判明している場合には可能な限りその情報についても記載しているが、はっきりしない場合においては省略している。

一、アイヌ語等の言語についてはカタカナで表記している。また通常のカタカナで表記できない発音については「ㇰ」「ㇱ」「ㇷ゚」「ㇺ」「ㇻ」「ㇼ」「ㇽ」「ㇾ」「ㇿ」といった専用の文字を使用している。

一、アイヌ語の表記については基本的に出典資料に倣うが、「ト゚」「ツ゚」については発音として「トゥ」に近いため、「トゥ」に置き換えて表記している。

一、アイヌ語等の言語で記された怪異・妖怪名についてはなるべく項目内で日本語における意味を解説している。

道央

【あ】

アイヌエップ〔あいぬえっぷ〕

アイヌに伝わる妖怪。聖伝に登場し、人を食う存在だという。聖伝ではアイヌラックルというアイヌの英雄神の姉代わりかつ育ての親として登場し、山へ行っては人間の肉と鹿の肉をどっさりと背負ってきて、鹿の肉をアイヌラックルに食わせ、自分は人間の肉を食っていた。ある時、アイヌエップは自分がアイヌラックルの父親を殺して食ったことを告白した。それを聞いたアイヌラックルは激しい怒りに駆られ、義姉が眠っている間に家に火をつけて焼き殺してしまったという。

久保寺逸彦著『アイヌの神謡』にある。同書によればこれは日高国新平賀《しんぴらか》（現沙流《さる》郡《ぐん》日高町）で採取した話だという。名前は「アイヌ（人間）」＋「エ（食べる）」＋「プ（もの）」で「人を食うもの」となる。この聖伝ではアイヌラックルの義姉として登場するため、さらに「サポ（姉）」という語を付けた「アイヌエップサポ」という名前で呼ばれている。

アイヌ・カトゥ・エハンケ〔あいぬ・かとぅ・えはんけ〕

アイヌに伝わる怪異。意味は「人間の姿に近づく」となるが、「人が死に近づいていく」、「人が幽霊の姿になっていく」という意味を含む。アイヌの人々は自分の姿を写生されたり、写真に撮られたりすると寿命が縮むと考えており、その現象をこの名前で呼んだという。

ジョン・バチェラー著『アイヌの暮らしと伝承』にある。同書によれば、バチェラーは実際に幌別《ほろべつ》（現登別市《のぼりべつし》）である人物がアイヌの漁師たちを写生したところ、それに気付いたアイヌの人々がその絵を海に投げ捨てる様子を目撃したという。

写真に写ると寿命が縮む、という俗信は和人の間で語られていたが、写生にも同様の考え方があるのは珍しい。

アイヌクルセイ〔あいぬくるせい〕

アイヌに伝わる怪異。アイヌクルセイは人間の死体を表す言葉で、魂が抜けた亡骸《なきがら》を指すが、沙流《さる》地方などではこれが化けて人を害することがあると伝えられていたという。

知里真志保《ちりましほ》著『分類アイヌ語辞典 人間編』にある。

赤い灯をともす怪物〔あかいひをともすかいぶつ〕

アイヌの伝える妖怪。余市《よいち》（現余市郡余市町）でニシンが獲れだした頃のこと。海岸近くの集落に住む若い漁夫が沖へ釣りに出たところ、突然激しく糸を引かれ、海の底まで引きずり込まれてしまった。

漁夫はそこで海の女神に出会い、毎夜この付近に赤い灯をともす怪物が出るため、退治してほしいと頼まれて赤銅《しゃくどう》の兜《かぶと》と剣とを授かった。

そこで漁夫は夜になるのを待ち、同じ集落の若者たちとともに海に漕《こ》ぎ出すと、赤い灯が海に漂っていた。そこで赤銅の剣で斬ってみると、海上がものすごい大時化《おおしけ》に襲われた。それでも戦っているうちに兜も剣もなくなってしまったが、無事に帰ることができた。

その翌日、嵐が収まった海を見てみると、東の方には昨夜の戦いでなくした兜の形の岩が海上に立ち、西の方には剣の形をした岩が立っていた。それから余市では年々ニシンが大漁になったという。

更科源蔵著『アイヌ伝説集』にある。同書によれば『余市町郷土誌』に掲載されていた話とされる。この岩はそれぞれ兜の形をした岩が兜岩、剣の形をした岩がローソク岩と呼ばれている。

ニシン漁と関連付けられていることから和人の伝説のように思われるが、余市町のホームページを確認すると、アイヌの伝説としても類似した話が載せられている。それによればこの余市付近の海に赤い炎の神が現れ、魚を焼き殺してしまうため、夢のお告げに従ってアイヌの若者が赤銅の剣と兜を使って戦い、勝利した。その剣がローソク岩となったという。

赤岩の白龍 ［あかいわのはくりゅう］

和人に伝わる妖怪。小樽市の赤岩山には現在も白龍神社と呼ばれる神社が残されているが、この赤岩にある洞窟には昔から白龍が棲《す》むと伝えられている。

かつてこの洞窟は白龍殿と呼ばれ、漁師が洞窟に侵入して白龍に吹き飛ばされたという話も残る。

また明治時代には、開拓次官として北海道にやってきた黒田清隆という人物が、迷信の打破を理由にしてこの赤岩に向かって船の大砲を撃ち込んだ事件もあったが、この砲弾は外れて祝津《しゅくつ》の浜の漁師の家にいた娘に当たったという。

更科源蔵・安藤美紀夫著『日本の伝説17 北海道の伝説』にある。

赤どじょう ［あかどじょう］

和人に伝わる怪異。樺戸《かばと》郡月形町《ぐんつきがたちょう》の水田地帯では、稀《まれ》に畔《あぜ》の排水溝に赤いどじょうが泳いでいることがあるが、この地域ではこのような色のどじょうは囚人の霊であると伝えられている。

かつてこの町に樺戸集治監があった頃のこと。全国各地から重罪人がこの地に連れてこられ、逃亡してもすぐ分かるように赤い囚人服を着せられて、厳しい労働が強いられていた。囚人たちはろくな食事も与えられず休みなく働かされたため、多くの死者が出た。

そんなある日、囚人たちが水田の畔で昼食を取っていると、排水溝に赤いどじょうが泳いでいるのを見つけた。囚人たちは自分と同じ赤を纏《まと》ったこのどじょうは、きっと死んでいった囚人たちの化身なのだと口々に言い合った。

不思議なことに、この赤どじょうは樺戸集治監があった付近の水田にのみ、今でも生息しているのだという。

合田《ごうだ》一道《いちどう》著『北海道こわいこわい物語』にある。

赤レンガ庁舎の霊 ［あかれんがちょうしゃのれい］

現代に伝わる怪異。札幌市中央区にある北海道庁。現在の道庁のすぐ隣には、かつて本庁舎として使われていた赤レンガ庁舎と呼ばれる建物がある。

この赤レンガ庁舎を背景にして写真を撮ると、建物の窓に不気味な顔が写り込むことがある。これは開拓期において弾圧され、この地から追い払われたり、犠牲になったアイヌたちの霊だと言われている。

室生忠著『都市妖怪物語』にある。

アシペプヨ ［あしぺぷよ］

アイヌに伝わる妖怪。昔、支笏湖《しこつこ》を作った神が、湖がどれくらいの深さになったのか確かめるため入ってみたところ、想像以上に深く、海でも濡らしたことのなかった股間のものを濡らしてしまった。これに大変腹を立てたその神は、自ら支笏湖に放ったアメマスを摑《つか》むと、親指でその頭を潰し、海に投げ込んでしまった。

しかし頭を潰されたアメマスは鼻のところが桶《おけ》のような形の口に変化し、アシペプヨと呼ばれる怪物となってしまった。アシペプヨは漁に出る船を見つけると近づいてきてその奇妙な口で船を噛《か》み、沈めようとするため、日高の海岸では海へ漁に出る時には、必ず船に漬物石ほどの大きさの石を載せる。もしアシペプヨに追いかけられた場合には、その桶のような奇妙な口に石を投げ込むと、海に沈んで追いかけてこなくなると伝えられているのだ。

更科源蔵著『アイヌ伝説集』にある。同書にはアシペプヨの名前が書いていないが、「アシペ」は「背びれ」を、「プヨ」は「穴」を表すアイヌ語であるため、頭を親指で潰され、穴を開けられたことで桶のような奇怪な口を持つこととなったこの魚の妖怪を「アシペプヨ（背びれのある穴）」と呼んだのだろうか。

足を摑む手 ［あしをつかむて］

現代に伝わる怪異。五人の男たちが夜、支笏湖《しこつこ》にドライブに行ったときのこと。湖の周りを走っていると、後部座席の真ん中に座った男が突然、「裏切らない？」と何度も聞いてきた。そこで他の四人が「絶対に裏切らないから、言ってみな」と言うと、その男が「俺の足を見て」と言うので、車を停めて見てみると車の下から手が出てその男の両足を摑《つか》んでいた。

四人は恐ろしくなって車を置いて逃げてしまい、一時間ほど経ってから戻るとあの男はいなくなっていた。男はそれから行方不明になり、一ヶ月後に支笏湖で水死体として発見されたという。

久保孝夫著『女子高生が語る不思議な話』にある。舞台は支笏湖だが、話を報告したのは函館市の女子高生のようだ。

この類の怪談は「友達だよな」などの名前で語られることが多く、全国に流布している。しかしこの話は北海道らしく支笏湖が舞台となっており、最後に水死体で見つかるなど他であまり見ない展開が加えられている。

アッマ ［あっま］

アイヌに伝わる怪異。「アッ」は「エゾモモンガ」を意味し、「マ」は「泳ぐ」で、「エゾモモンガが泳ぐ」という意味になり、現在の厚真町《あつまちょう》の語源になったという話もある。

この名前の由来は以下のようなものだ。昔、この辺りの村に住んでいた人が、木の枝と枝の裂け目に挟まっているアッを助けた。この時アッは礼を言い、その村人に**トパットゥミ**（盗賊）が近づいてきていることを教えた。

そこで村の人々はこれに対抗しようとしたが、武器もまともにないため、天の神に祈るしかなかった。

するとあのとき助けたアッが村人の肩に止まり、村はずれの小さな沼に人を集めるように伝えた。そして夜、村の人々が沼の近くに集まり、隠れていると、トパットゥミの集団がやってきた。その途端、沼で数《あま》多《た》のアッたちが水面を覆い尽くした。これには何か神の力が働いているに違いないと考えたトパットゥミたちは慌てて逃げて行った。

これにより、人々はアッたちに感謝を捧げ、沼はアッマと呼ばれるようになったという。

富樫利一著『ウレシパ物語』にある。厚真町の語源は他にも様々な説があるため、必ずしもこの話が元になっているとは限らない。

アトゥイコロエカシ ［あとぅいころえかし］

アイヌに伝わる氷塊。船を呑む巨大な怪物とされる。また室蘭近海に主として伝わるアトゥイコロエカシは口を開くとその下顎が手に届くという怪物で、体は赤いという。

吉田巖《いわお》著『アイヌの妖怪説話（続）』（『人類学雑誌』第二十九巻第十号）にある。名前の意味は「アトゥイ」は「海」、「コロ」は「支配する、所有する」、「エカシ」は「老人」で「海を支配する翁《おきな》」になる。またこの言葉で「ウミガメ」を表す場合もある。

アフンルパロ ［あふんるぱろ］

アイヌに伝わる怪異。地獄に繋《つな》がる穴とされ、全道に存在する。生きた人間が誤ってこの穴に入ってしまうと中には死者の霊がうようよといるとされ、逆に穴から死人が現れる話も多い。「地獄穴」と訳される。知里真志保《ちりましほ》著『あの世の入口―いわゆる地獄穴について―』(『和人は舟を食う』収録)によれば、地獄穴と呼ばれるアイヌに伝わる洞窟には複数の呼び名があるという。胆振《いぶり》地方では「アフンパロ」、「アフンルパロ」などといい、北部では「アフルンチャロ」、静内《しずない》地方だと「アフンポール」、胆振《いぶり》、日高の一部では「オマルンパロ」、上川だと「ウェンルパロ」、樺太《からふと》では「ツソ」などと言うようだ。

　同書では死んだ妻が地獄穴から出てきた話や、アフンルパロに入ったためにそれから一週間ほどで死んでしまった話などが掲載されている。

　また、地獄穴の特徴として次のようなものが挙げられている。あの世から来た幽霊の姿が生きた人間の目には見えぬように、この世から生きながらあの世に行った人の姿はあの世の人々の目には見えない。しかし犬だけは、この世の犬があの世から来た幽霊の姿を見ることができるように、あの世の犬もこの世から生きながら行った人の姿を見ることができる。そういうように人の目には見えぬ者の姿を見て犬が吠《ほ》えるのをあの世でも「クレミク(幽霊に吠える)」と言っている。つまりこの世とあの世では肉体の有無があべこべになる。

　加えてこの世とあの世とでは昼夜も逆転する上、時間の経過の尺度が違い、あの世で数時間過ごしたばかりだと思ったのが、この世へ帰って来てみると十数日も経過している。またあの世の物を食べると、この世へ帰れなくなる。これは日本神話における黄泉戸喫《よもつへぐい》の思想と似る。あの世から帰って来た者はそれから短期間で死ぬ。長くて一年。ただし誰かを身代わりにやれば、その人は逆に長く生き栄える。

　あの世は地下にあり、ポクナモシㇼ、カムイコタンなどと呼ばれる。分かりやすく言えばポクナモシㇼは地獄で、カムイコタンは天国や極楽に当たる。そこは善人の魂の安住する楽しい世界である。そのためアフンルパロは地獄穴と呼ばれるものの、善人の住む世界へ繋《つな》がることもあるという。

　このようにアイヌたちの間で広く信じられてきたアフンルパロであるため、各種文献にその名が見られる。

　中田千畝著『アイヌ神話』によれば、アフンルパロは地獄の入口であるとされている。かつては夜になるとアフンルパロから魔神たちが現れ、人間を攫《さら》って逃げて行った。そのためオイナカムイという神がアフンルパロから地獄に入り、魔神たちを散々に痛めつけた上で魔神たちが人間の世界に来ることができないよう、石をもってその入口を塞《ふさ》いだとある。同書ではこの物語と記紀神話における黄泉国《よみのくに》神話の類似性が指摘されている。記紀神話においては国生みの神である伊邪那美命《いざなみのみこと》が死した際、兄であり夫である伊邪那岐命《いざなぎのみこと》が彼女を取り戻そうと黄泉国を訪れるが、そこで変わり果てた妻の姿を見て逃げ帰る。その際、黄泉国に通じる穴を千引岩《ちびきのいわ》という巨大な岩で塞いだ、とされる。

早川昇著『アイヌの民俗』には沙流郡《さるぐん》門別町（現日高町）にあったというアフンルパロについての話が載せられている。同書においては「アフン・ル・バラ」と表記されるこの穴は、竪穴であったといい、中に入ると早死にすると言われていたという。

更科源蔵著『アイヌ伝説集』には、虻田《あぶた》郡《ぐん》で語られた話として、地獄穴と呼ばれる穴に死んだ母親が入っていくのを見た、という話が載せられている。この話では、前述したアフンルパロの特徴と同じく幽霊と生きた人間は互いに姿を見ることができないが、犬だけは幽霊を見ることができる、とも語られている。

また同書には鵡川《むかわ》の地域にも地獄穴があったと記されており、その中を覗《のぞ》くと死者の生活の様子が見えたという。この時、見知った相手がいたからといってその体に手を乗せたりすると、たちまち死んでしまうとされる。また死者の世界の食べ物を持って帰って食べると、たとえ地獄穴の外でも死んでしまうと語られている。

アベヤキ［あべやき］

アイヌに伝わる妖怪。昔、幌泉郡《ほろいずみぐん》には不思議な蟬《せみ》がおり、この蟬が止まった木はたちまち黒く焦げてしまった。そのため、アイヌはこの蟬を非常に恐れていたという。

中田千畝著『アイヌ神話』にある。同書では「赤蟬」を意味する名前と記されているが「アペ」は「火」を表す言葉であり、この蟬の特徴からして「火の蟬」と訳すのが適当か。

アンガリトーの化け物［あんがりとーのばけもの］

アイヌに伝わる妖怪。千歳市にある長都《おさつ》沼《ぬま》に繋《つな》がる沼に、アンガリトーという沼があった。この沼には昔から化け物がいると伝えられており、漁に出ると船をひっくり返されると言われていた。またこの沼に生える菖蒲《しょうぶ》には化け物がついているため、薬にしてはならないとも伝えられていたようだ。

更科源蔵著『アイヌ伝説集』にある。アンガリトーは既になくなっているようで、化け物がどこに行ってしまったのかは分からない。

雷白蛇［いかずちはくじゃ］

和人に伝わる妖怪。ある年の春、赤平市《あかびらし》にある八幡神社の境内で子どもたちが何人か集まり、かくれんぼをして遊んでいた。すると突然晴天だった空が曇り、鬼になった子どもが目隠しをして数を数えていた松の木に雷が落ちた。

子どもたちは急いで真っ二つに裂けた松の木の元に駆け寄り、鬼だった子どもの姿を探したが、神隠しに遭ったように消えてしまっていた。

子どもたちは夕方まで探し回ったが、結局見つからず、あの松の木の元に戻ると、一匹の白蛇がとぐろを巻き、何かを悲しく訴えるような目で子どもたちを見ていた。それを見たひとりがこの白蛇はあの子どもの化身だと言った。それからというもの、子どもたちが神社の境内で遊ぶと、この白蛇が姿を現すようになったという。

空知《そらち》地方史研究協議会著『空知の民話シリーズ第1集　空知のむかし話』にある。

筆者命名。

イコンヌプコアン［いこんぬぷこあん］

アイヌに伝わる怪異。「化け物に狙われる」という意味となる。沙流郡平取町《さるぐんびらとりちょう》に残る話で、昔、ある老婆が眠っていると、明け方に戸外で自分の名を呼ばれたような気がした。二度呼ばれたため、次に呼ばれたら返事をしようと思っていたが、その後は何もなかった。

そこで起きて戸外に出て見ると、地面に薄く雪が積もっているにもかかわらず足跡がない。そのため化け物に狙われていたことが分かったという。

知里真志保《ちりましほ》著『えぞおばけ列伝』にある。

同書では、化け物に名前を呼ばれる現象についていくつか記されている。山の中で呼ばれる場合については**カヨーオヤシ**の項目を、死者に呼ばれる場合は**オアイヌ**の項目を参照。

イセポイコンヌ［いせぽいこんぬ］

アイヌに伝わる怪異。名前の意味は「ウサギの呪い」で、そのままウサギによってもたらされた呪いを指す。

昔、ある人物が山菜を採りに行ったとき、山で一匹のウサギと出会った。ウサギは彼女の周りで二足歩行になって踊り、しばらくして去って行った。

それ以来、その女性は結婚したが、子どもが生まれず、村の人々はあのときウサギによって呪われ、子どもの魂を奪われたのだと噂したという。

萱野茂著『おれの二風谷《にぶたに》』にある。同書によれば、この話は著者の生まれた沙流郡《さるぐん》平取町《びらとりちょう》で語られていた話なのだという。

イセポトノ［いせぽとの］

アイヌに伝わる妖怪。夕張郡長沼町にある馬追山に棲《す》み着いていたという兎で、人間がかんじきを履いて歩いた跡ほどもある大きな足跡を残す大兎で、人々に敬われていたという。

更科源蔵著『北海道伝説集　アイヌ篇』にある。

また空知《そらち》地方史研究協議会著『空知の民話シリーズ第1集　空知のむかし話』においては、イセポトノは鬼の殿様で、悪者がいると白い馬に乗って退治しに来ると言われている、という説も載せられている。

アイヌ語で「イセポ」は「兎」、「トノ」は日本語の「殿」と同じであるため、名前は「兎の殿様」というような意味となる。

稲穂峠の賽の河原 ［いなほとうげのさいのかわら］

和人に伝わる怪異。岩内郡共和町と余市《よいち》郡《ぐん》仁木町《にきちょう》の境にある稲穂峠。その峠には賽の河原と呼ばれる場所がある。この付近の海では潮流が速く、強風が吹くため、昔幾百人もの人々が命を落とした。そのため夜になると犠牲になった人々が波間から迫るという。また峠に石を積んで作られた塔が強風で倒れても、晴れた日にはいつの間にか元のように積まれている。これは死者たちが行っており、その際に手から赤い血が流れるため、辺りには淡く赤い花が咲く。そのような場所だから、この場所には魔が入れないサエ（幸）の場として伝わっているという。

小林成光著『北海道縁起物語』にある。

イペクルイセイ ［いぺくるいせい］

アイヌに伝わる妖怪。神謡に登場する人喰いバッタで、アイヌの英雄オキクルミに人間や鳥のいない国に追放された狐の神を襲った。このバッタたちは狐の神に齧《かじ》りついたほか、彼が舟を漕《こ》ぐのに青草を使って作ったアイヌや和人たちを食い尽くし、最終的には狐の神も背骨と脊髄を残して肉や骨を食い尽くしてしまったという。

久保寺逸彦著『アイヌの神謡』にある。同書によれば、その後狐の神はオキクルミによって治癒され、元の姿に戻ったとされる。またこの話は日高国荷菜《にな》（現沙流郡平《さるぐんびら》取町《とりちょう》）で採取された話だという。

名前は「イペ」は「食べる」、「クル」は「人、神」の意味だが、「イセイ」は不明。同書では「人喰バッタ」と訳されているため、それに倣った。

大きさは普通のバッタと同じぐらいのようで、群れで襲ってきた様子であるため、明治初期まで発生していたという蝗害《こうがい》がモチーフになっているのだろうか。

イヨルヌカムイ ［いよるぬかむい］

アイヌに伝わる悪神。「後をついて来る神」の意とされ、人間の後をいつまでもついて来て、病気にさせるのだという。

これから逃れるためには、病気の神が嫌う古く汚れたふんどしを持って移動しなければならないと考えられていた。

萱野茂著『おれの二風谷《にぶたに》』にある。同書によれば、沙流郡平取町《さるぐんびらとりちょう》で採取された話であるという。

アイヌ民族にとって流行病は和人をはじめとした外部からもたらされるものが多く、流行病の神は病気を撒《ま》き散らして歩くものとして考えられていた。そのため病が流行った際には病気の神に後をつけさせないようにして別の地域に移り住んだ。そういった風習から生まれた悪神なのだろう。

イラメオク［いらめおく］

アイヌの習俗において語られた不思議な現象。沙流郡平取町《さるぐんびらとりちょう》にあった紫雲古津村《しうんこつむら》で近代まで残っていた習俗で、自宅で不意に倒れるのは、自分の守り神が配偶者の不貞を知らせることを表していたとされる。イラメオクは「神が懸念してくださる」という意味なのだという。

この神の知らせを受けた場合、その者は屋内の水神、火神に木幣《もくへい》を捧げた後、祈禱《きとう》を行い、炉に鍋の水を沸騰させて中に唾を吐き入れ、配偶者に命じて六回にわたり手を入れさせる。そして唾を掬《すく》い捨てさせるが、もし不貞を働いていないのならば手は何ともなく、不貞を働いていれば大火傷《やけど》を負うのだとされる。この神による裁判は「サィモン・キレ」と呼ばれたという。

早川昇著『アイヌの民俗』にある。

イワポソインカラ［いわぽそいんから］

アイヌに伝わる妖怪。「岩から透かして見る」という意味の名前を持つ妖怪で、その名の通り岩の中から何でも見透かしてしまう化け物なのだという。

萱野茂著『炎の馬 アイヌ民話集』にある。同書には**キナポソインカラ**、**ペポソインカラ**という類似した妖怪が載せられている。詳細は当該項目を参照。

またアイヌ語における「イワ」は「山」を表すこともあるため、ジョン・バチラー（バチェラー）著『アイヌの伝承と民俗』においては、「イワボソインカラベ」という名前で「山を貫いて見る人」と紹介されている。

イワンレクトゥシンペ［いわんれくとぅしんぺ］

アイヌに伝わる妖怪。アイヌの物語に登場する化け物で、六つの首を持つという。それぞれの首には役割があり、一本は呼吸をし、一本は子どもの泣き声を響かせ、一本は子守歌を歌い、一本の首は談判を行い、最後の一本は危急の叫びをするという。

国立大学法人千葉大学『アイヌ語の保存・継承に必要なアーカイブ化に関する調査研究事業第2年次（北海道沙流郡平取《さるぐんびらとり》町《ちょう》）調査研究報告書』にある。同書によればこの怪物は「六つ首の化け物」と訳され、ある人間の家に侵入するが、その人間が事前に頼んで潜ませていた栗男、針太男、蜂男、蟹《かに》男、杵《きね》男、臼《うす》男によって次々と攻撃され、殺害される。内容としては『猿蟹合戦』に近いが、出てくるメンバーがオールスターのような内容になっている。

ウェアイヌ［うぇあいぬ］

アイヌに伝わる妖怪。人を食う人型の怪物とされる。

萱野茂著『炎の馬 アイヌ民話集』にあ

る。同書では白狐の神によって退治される話が新冠郡《にいかっぷぐん》新冠町で採取された話として載せられている。

　名前は「ウェン（悪い）」＋「アイヌ（人）」で「悪人」、もしくは「ウ（互いに）」＋「エ（食べる）」＋「アイヌ（人）」で「共食いする人」となるかと思われる。同書では「人食い男」と訳されていることから、後者が近いか。

　同著者の『カムイユカラと昔話』においては、ウェアイヌが疫病で全滅した村で一人生き延びた赤子を助け、人間の姿になって子どもを育てた、という物語が載せられている。この物語では子どもを娘として育てたものの、自分の正体を彼女に告げ、人間を食いたくなったと旅人を食らおうとしたことで娘によって家ごと焼き殺される。しかしそれにより、人を殺すことなく死んだため、神の一員として迎え入れられたという。

ウエグル ［うえぐる］

　アイヌの伝承に現れる妖怪。勇払郡《ゆうふつぐん》鵡《む》川《かわ》町《ちょう》（現むかわ町）の山奥で目撃された存在で、ウエ・アイヌとも呼ばれていた。「グル」、「アイヌ」はどちらも「人」を表す言葉で、ウエは元々「悪い」を意味する「ウエン」であったという。ウエグルは黒い皮膚の男の姿をしているが、特に片頬の黒色が濃いとされる。普段遭遇する分には害がなく、タバコをねだられた際に一服吸わせてやれば良いという。しかし稀《まれ》に「今にわしはお前を食いたくなるに違いないから、今のうちに早く逃げろ」と告げることがあったという。

　早川昇著『アイヌの民俗』にある。この話によれば、ウエグルは種族としてではなく、個人として存在していたようで、遭遇した人々にはどちらかといえば妖怪よりも人間として捉えられていたようだ。

　また、タバコを好むという点では、同じくアイヌの伝承に登場する山の妖怪、**キムナイヌ**と共通する。同書では名前の意味を「ウェン」＋「グル」と考察しているが、「ウ（互いに）」＋「エ（食べる）」＋「グル（人）」で「共食いする人」という意味ではないかとも考えられる。同書にも記載があるが、「ウェンクル」、「ウェングル」は「貧乏人」を意味する言葉として使われることが多い。そのため、元々「貧乏人」という意味で使われていた「ウェングル」が「ウエグル」に変わり、そこから「共食いする人」という意味に捉えられるようになり、人々の想像の中で人食いの怪物に生まれ変わった、という可能性もある。

　類似した名前を持つウエ・アイヌについては、**ウェアイヌ**の項目を参照。

ウェンカサコロクル・ウェンカサコロマッ ［うぇんかさころくる・うぇんかさころまっ］

　アイヌに伝わる悪神。染退川《しべちゃりがわ》（現静内《しずない》川《がわ》）にいたという淵の神で、男神がウェンカサコロクル、女神がウェンカサコロマッという。ある時、十勝川の川上で人間に化けて暮らしていた**ミントゥチ**がその村を追い出され、染退川の川上までやってきたが、この川に住むウェンカサコロクルとウエンカサコロマッはミントゥチと意気投合し、ウェンカサコロクルとウェンカサコロマッは、川に入って来る人間を溺死《できし》させるようになった。これはミントゥチが人間に課す税なのだという。

久保寺逸彦著『アイヌの神謡』にある。

名前は「ウェン」が「悪い、粗末な」、「カサ」が「笠」、「コロ」が「支配する、所有する」、「クル」と「マッ」はそれぞれ「人、神」、「女」という意味になるため、「粗末な笠を持つ神」、「粗末な笠を持つ女神」という意味となろうか。

この時、ミントゥチと意気投合した神は他に**チウサンケクル・チウサンケマッ**、**チウロリクル・チウロリマッ**がいる。詳細は各項目参照。

ウェンユク［うぇんゆく］

アイヌに伝わる妖怪。鹿の化け物とされ、普通の鹿よりも巨大で、禍々《まがまが》しい角を持つ。何十年にもわたり人間を殺し続けていたが、アイヌの英雄イクレスイェによって殴り殺されたという。

萱野茂著『カムイユカラと昔話』にある。同書によれば、この話は沙流郡平取町《さるぐんびらとりちょう》で採取されたものだという。

名前の意味は「ウェン」は「悪い」、「ユク」は「鹿」で「悪い鹿」となる。ただし「ユク」は鹿のほか、熊を表す場合もあり、ウェンユクの名前で人を食う熊を表すことも多い。

ウェンレラ［うぇんれら］

アイヌに伝わる怪異。「悪い風」を意味し、旋風《つむじかぜ》や巻き風を指す。アイヌにおいては旋風は化け物と考えられており、畑で旋風が現れた際には、それに向かって鎌を投げつけると血がべったりと付いているとされた。

萱野茂著『おれの二風谷《にぶたに》』にある。同書によれば、作者の育った沙流郡平取町《さるぐんびらとりちょう》でこういった話が語られていたのだという。また、実際に旋風が人間の姿に化けて現れた話もある。詳細は**旋風のお化け**を参照。

動く交通標識［うごくこうつうひょうしき］

現代に伝わる怪異。日高管内の三石町《みついしちょう》（現新ひだか町）と浦河町の間にある富里という場所には「止まれ」の交通標識がある。一人で車を運転しているとき、この交通標識に近づくと、標識がくるくると回ったり、浮かび上がったりする怪現象が起きるという。

合田一道《ごうだいちどう》著『北海道 幽霊の住所録』にある。同書によれば、この場所は三石にいる婚約者に会いに行く途中、女性がダンプカーで轢《ひ》かれた場所なのだという。

ウスプランカ・ウシッラㇺカ
［うすぷらんか・うしっらむか］

アイヌに伝わる妖怪。支笏湖《しこつこ》にいたという大蛇で、体から悪臭を放っていたため、支笏湖周辺では草も木も育つことがなかったとされる。

湖で舟を漕《こ》いでいた神、オキクルミを殺そうとして逆に毒矢で射られ、殺害される。大蛇の体はオキクルミにばらばらにされてなお、互いに寄り集まって復活しようとしたが、オキクルミによって国中にばらまかれたことで完全に死んでしまった。しかしその魂はまだ生きており、オキクルミもまたこの大蛇の姿形を完全に破壊することはできず、ウスプランカ・ウシッラㇺカは小さな蛇の姿となって、地上で暮らすようになったという。

萱野茂著『炎の馬　アイヌ民話集』にある。大蛇が体から恐ろしい悪臭を発するという特徴は、同じくアイヌに伝わる大蛇である**ホヤウ**や**サクソモアイェプ**にも共通する。詳細は当該項目を参照。

ウホㇱサパウㇱ
［うほしさぱうし］

アイヌに伝わる妖怪。沙《さ》流《る》郡《ぐん》平取《びらとり》町《ちょう》に伝わる話では、体の前後に頭が付いた人食い熊の化け物で、両方の頭からへらのような角が生えている。人間が六代を経るごとに現れ、人を攫《さら》うと考えられていた。その棲《す》み処《か》には人間の骨が山のように積まれており、古い骨は風化しかけていたとされているため、長い年月を生き続けていたことがうかがえる。

これを退治しに行った人間がいたが、その体は松脂《まつやに》を塗りたくって固まっていたため矢も通さなかった。しかし唯一脇の下には松脂が塗られておらず、その人間が放った最後の一本の矢がこの部分を貫いた。しかしそれでもウホㇱサパウㇱはなおも暴れたが、人間がレタラケトゥペトノ（シロハリガネムシの神様）に祈ったところ、白い小袖を重ね着した若い男が現れ、ヨモギの槍《やり》でウホㇱサパウㇱを突き刺したところ、ウホㇱサパウㇱは白骨になって崩れ落ちたという。

萱野茂著『炎の馬　アイヌ民話集』にある。同書ではウホㇱサパウㇱは「二つ頭の熊」と訳されているが、「ウホㇱ」は「背中合わせ」、「サパ」は「頭」、「ウㇱ」は「ある、群生する」という意味であり、「ウホㇱサパウㇱ」は「背中合わせに頭のあるもの」という意味合いとなろうか。

また、ここでいうハリガネムシはカマキリに寄生することで有名な寄生生物ではなく、コメツキムシの幼虫を指すようだ。

海から伸びる手
［うみからのびるて］

現代に伝わる怪異。積丹《しゃこたん》半島を背にしたある海水浴場で、札幌市から来た若者たちのグループが海水浴をしていた。この海水浴場は岩場になっており、一人の仲間が岩場から海に飛び込んだ。しかし、なかなか浮かんでこないため、慌てて皆で助け出した。

　息を吹き返したその青年は、飛び込んだ瞬間に意識が遠のいたのだと話した。そんなことは今までなかったため、皆で首をかしげるばかりだった。

　ところがそれからしばらくして、その青年が海に飛び込もうとした瞬間を写した写真を現像したところ、そこには海から伸びる無数の白い腕が写っており、青年に向かって伸ばされていた。あまりの気味の悪さに彼らはその写真を供養してから焼いたという。

　森影依《やすし》著『北海道怪異地図』にある。同書によれば、同様の話が石狩大浜や室蘭のイタンキ浜を舞台にして語られているという。

　実際この海から伸びる腕の怪談は日本全国にあり、様々な海水浴場が舞台となる。ただし大抵の場合、飛び込んだ人間は死体となって戻ってくるため、この話のように生還するパターンはかなり珍しい。

　また、この怪談は写真を撮って、それを現像して初めて何が起きていたのか分かる、という時間の経過が重要となるため、フィルム式カメラが廃れ、その場ですぐに写真の確認ができるようになった近年ではなかなかリアリティが感じにくいかもしれない。これも時代の流れなのだろう。

雨竜川の霊［うりゅうがわのれい］

　和人に伝わる怪異。一九〇五（明治三八）年頃、雨竜川周辺の地域では盛んに造材が進められており、川に木材を浮かべて流す運搬方法が使われていた。ある時、一人の作業員が誤って川に落ち、溺死《できし》するという事件が起きた。

　それ以来、この川では様々な怪奇事件が発生するようになった。そのため一九〇六（明治三九）年頃、川の両岸に地蔵尊を建て、供養した。すると怪奇現象はなくなった。この地蔵は雨竜地蔵と呼ばれている。

　小林成光著『北海道縁起物語』にある。

エカイタマ［えかいたま］

　アイヌ語でカタツムリを表す言葉。幌別《ほろべつ》（現登別市《のぼりべつし》）の方にはこんな話が伝わっている。

　ある人が道を歩いているときにエカイタマを見て、「飢饉《ききん》だったら食うんだが」と言って足で道の脇によけた。するとエカイタマがその人に刺さって死んだ。これは神罰であったという。

　知里真志保《ちりましほ》著『分類アイヌ語辞典 植物編・動物編』にある。

エブイ橋の怪［えぶいばしのかい］

　和人に伝わる妖怪。エブイ橋は荻伏《おぎふし》村（現・浦河郡浦河町）の白糸《しらいと》橋のこととされるが、この橋には大蛸《おおだこ》が主として棲《す》んでいたという。この蛸は美しい若僧《にゃくそう》に化けることができ、その姿で悲しい調べを奏でながら橋の上に立つ。そして何も知らない人間が通りかかると、たちまち川の流れに突き落として殺してしまうと伝えられた。

この大蛸の被害を免れるためには、念仏を唱えながら彼の調べを褒め称《たた》えて小腰で橋を渡り切らなければならなかったという。

渡辺茂編著『北海道伝説集 和人篇』にある。大蛸が調べを奏でる際に使う楽器については記載がなかった。

エメル［えめる］

アイヌに伝わる怪異。虻田郡《あぶたぐん》虻田町（現洞爺湖町《とうやこちょう》）の古老が語ったという怪異で、有珠郡《うすぐん》の方からやってくる光る物体なのだという。これは変事が起こると神々が村落を守るためにあらゆるところから刀を抜いて応援に駆け付ける際、その刀の光が見えるのだと語られる。

この光は虻田郡豊浦町の礼文華《れぶんげ》にある岬、エコリの岬（イコリ岬）に出るのが一番早いとされる。

更科源蔵著『アイヌ伝説集』にある。同書によれば、エメルは駒ヶ岳が噴火した際にも現れたというが、この噴火は一六四〇（寛永一七）年に発生した大規模な噴火を指すのだろうか。

応援する幽霊［おうえんするゆうれい］

現代に伝わる怪異。札幌市の滝野霊園に現れたという女性の幽霊で、「わたしは死んで何年も経つけど、あなたもがんばってください」などと小声で言っていたという。

合田一道《ごうだいちどう》著『北海道 幽霊の住所録』にある。

大青大将［おおあおだいしょう］

和人に伝わる妖怪。三笠市には、大正時代まで巨大なアオダイショウが現れたという話が残されている。かつて存在した押切沢という沢でよく目撃されたという。

また大正時代のある年には、幾春別《いくしゅんべつ》炭坑という炭坑が最盛期を迎えていたが、石炭を運び出す輸車路の屋根に体調二・五メートルほどの赤褐色の大蛇が現れたという話もある。

この地域では大蛇を見ると出世しないという俗信があり、そういった意味でも恐れられていたという。

空知《そらち》地方史研究協議会著『空知の民話シリーズ第2集 空知のむかし話』にある。

大入道［おおにゅうどう］

和人が記録した妖怪。千歳市に現存する風不死岳《ふっぷしだけ》には、かつて大入道が出現したという。一九世紀半ばのこと、この火山の付近には一二、三戸のアイヌの集落があった。しかしこの集落には夜になると大入道が現れ、人間を見つけると大目玉で睨《にら》みつけるため、これに遭った人間は卒倒したり精神が錯乱したりした。そのため、いつしかこの集落からは人がいなくなり、一八五五（安政元）年には家は三戸しか残っていなかったという。

更科源蔵著『アイヌ伝説集』にある。

おがさわらトンネル ［おがさわらとんねる］

現代に伝わる怪異。札幌市には「おがさわらトンネル」と呼ばれるトンネルがあるが、夜、このトンネルを車で通るとずっとトンネルの中を走り続け、なかなか出られなくなる。また窓を叩く音がすることもあるという。

合田一道《ごうだいちどう》著『北海道 幽霊の住所録』にある。「おがさわらトンネル」が札幌市内のどこにあるかは分からなかった。

オカモイ岩の崇り ［おかもいいわのたたり］

和人に伝わる怪異。松前藩が蝦夷地を治めていた頃のこと、積丹《しゃこたん》半島の神威岬《かむいみさき》にあるオカモイ岩は、和人に魔神として恐れられていた。この沖を通る際には丁寧に祈りを捧げなければならないとされ、そうしなければ海が荒れて船が転覆すると伝えられていたという。

水口忠著『おたる歴史ものがたり』にある。

オソユンペェウェン ［おそゆんぺぇうぇん］

アイヌに伝わる怪異。沙流《さる》地方などで憑《つ》き物や化け物が取り憑き、男性器を勃起不全にすることをこのように言う。

知里真志保《ちりましほ》著『分類アイヌ語辞典 人間編』にある。意味としては「オソユンペ（憑き物、化け物）」＋「エ（によって）」＋「ウェン（悪くなる）」で、「憑き物のせいで悪くなる」という意味となる。他にも普段は問題ないのに女性の前でのみ勃起不全が起きる場合は「オソユンペウェンテ（憑き物が悪くする）」、「オソユンペケㇱケ（憑き物によって虐げられる）」という言葉を使うようだ。これは**イワコシンプ**や**ルルコシンプ**といった化け物が取り憑いた人間は他の女性と情事を行おうとしていることに嫉妬し、関係できないようにするために行うのだとされる。

オタモイ海岸の怪光 ［おたもいかいがんのかいこう］

現代に伝わる怪異。小樽市の海水浴場として知られるオタモイ海岸。かつては遊園地が存在し、今も夏には海水浴客で盛り上がるこの海岸だが、毎年数多くの自殺者が発生している場所でもあり、多くの怪異譚《たん》が語り継がれている。

例えばオタモイ海岸に続く道を歩いていると、びしょ濡れになった人とすれ違うことがあるが、後ろを振り返ると消えており、水の跡だけが残っているという。岩場で写真を撮ると知らない顔が一緒に写っていることもある。特に嵐の夜には荒れる海面に光るものが浮かぶ。これはよく見ると人の姿をしており、それが何体も現れ、海の上に立つ。これを目撃した人間は、やがて命を落としたり、不幸が訪れることになるという。

森影依《やすし》著『北海道怪異地図』にある。

オタモイの魔神［おたもいのまじん］

和人に伝わる怪異。昔、オタモイの海岸で働いている青年がいたが、この青年には親に反対され、故郷に置いてきた恋人がいた。しかしこの恋人は青年を追い、当時、女人《にょにん》禁制であったオタモイの神威岬《かむいみさき》（積丹《しゃこたん》半島）へと船で向かったが、岬の魔神のためについに船は壊れ、恋人は哀れにも海に沈み、数日後オタモイ海岸に死体として打ち上がった。

この亡骸《なきがら》を見た当時の支配人の西川徳兵衛は、この悲恋の話を聞き、石に菩薩《ぼさつ》を刻ませた。これが今も残るオタモイ地蔵なのだという。

渡辺茂編著『北海道伝説集 和人篇』にある。オタモイ海岸は現在は心霊スポットとしても知られている。詳細は**オタモイ海岸の怪光**を参照。

おっさんと呼ぶ声［おっさんとよぶこえ］

和人に伝わる怪異。一九二二（大正一一）年の雪の夜、空知郡《そらちぐん》上砂川町の第二鉄橋を歩いていた僧侶がどこからか「おっさん」と呼ぶ声を聞いた。しかし辺りには誰もおらず、恐ろしく思いながら再び歩き出そうとしたところ、再び「おっさん」と呼ぶ声がして慌てて逃げ帰ったという。

木村誠一著『上砂川市井史《しせい》』にある。浜道人著『北海道・ロマン伝説の旅』によれば、この第二鉄橋では提灯《ちょうちん》の明かりが持ち主もおらずに漂っていることがあったという。

オナンチサパ［おなんちさぱ］

アイヌに伝わる怪異。「古い熊の頭」を意味する。石狩に住んでいたあるアイヌの家の祭壇に祀《まつ》られていた古い熊の頭で、その家の男に「エイコモイレヤクン　エアキライナー（行くのが遅いと弟が死ぬぞ）」と警告したという。

この男の弟は石狩川の上流の裕福な家に婿入りしていたことから、男が弟の元まで連れて行ってほしいと頼むと、古い熊の頭は空中を飛んで彼を案内してくれた。しかし、無事に家に辿り着いたものの弟の姿はみあたらず、弟の舅《しゅうと》を問い詰めると、舅は弟に毒を飲ませたと白状した。

男は弟を見つけ、村の人々と手当てをしつつ、スルクカムイ（トリカブトの神）に祈ったことで何とか息を吹き返らせることができた。

そのため、この家ではオナンチサパを守り神として大切に扱うようになったという。

萱野茂著『炎の馬 アイヌ民話集』にある。同書によれば、沙流郡平取町《さるぐんびらとりちょう》で採取された話だという。

お化け橋［おばけばし］

和人に伝わる怪異。樺戸郡《かばとぐん》新十津川町《しんとつかわちょう》に

は、開拓期の頃から赤子を抱いた女の幽霊が出現するお化け橋と呼ばれる橋の話が伝えられている。明治中頃、この町の士寸沼《しすんぬま》近くに小さな土橋が架かっていた。この土橋の近くの家である女性が産褥《さんじょく》で赤子とともに死亡した。それからというもの、この土橋の近くに赤子を抱いた女の幽霊が現れるようになった。

女はいつの間にか自転車の後ろに乗っていたり、近くの家の戸を叩いて回ったり、道行く人々の目の前に突然現れたりした。

そのため町の人々は亡くなった母と赤子を供養しようと相談し、橋のたもとに「お化け橋」と書かれた木札を掛けた。それ以来、母子の幽霊は現れなくなり、お化け橋の名前だけが残されたのだという。

合田一道《ごうだいちどう》著『北海道こわいこわい物語』にある。

おふろおばけ［おふろおばけ］

現代に伝わる怪異。風呂に入っているときに五秒頭の中で数えてから湯に潜ると、おばけに頭を押さえられて出られなくなるという。

ポプラ社編集部編『映画「学校の怪談」によせられたこわーいうわさ』にある。札幌市から投稿された事例だという。筆者命名。

オマンルウバロの小怪物［おまんるうばろのしょうかいぶつ］

アイヌの伝承に現れる妖怪。沙流郡《さるぐん》に流れる沙流川上流の方に、オマンルウバロと呼ばれる穴があった。この穴に一匹の狐が入ったのを見た老アイヌが、狐を捕まえようと待ち構えていたが、一向に出てこない。そこで穴の中に入ってみると、そのうち明るい場所に出た。そこには大勢の小怪物がいたが、老アイヌのことは見えていないようで、その足に躓《つまず》いたりしてころりと倒れ、死んでしまった。居心地が悪くなった老アイヌは急いで穴の外へ出たという。

吉田巌《いわお》著『アイヌの妖怪説話（続）』にある。

おんぶしてくれ［おんぶしてくれ］

和人に伝わる妖怪。昔、一生懸命に働いても裕福になれない人がいた。それでも正直に働いていたところ、ある日、柴《しば》を町で売った帰りにお化けが出現し、「おんぶしてくれ」と言った。その人がおんぶしてやり、しばらくして「さあ、おりろ」と言ったところ、背負った袋の中に金が入っていたという。

久保孝夫著『津軽海峡圏の昔話』にある。同書によれば、札幌市で採取された話だという。このように「おんぶしてほしい」という旨の言葉を発するお化けを言う通りにおんぶしてやると、金などの高価なものに変わるという話は全国に存在する。北海道の場合も本州で語られていたものが人の移動とともに入って来たものと思われる。

【か】

カイカイウント［かいかいうんと］

アイヌに伝わる怪異。幌尻岳《ぽろしりだけ》の頂上にあるという沼で、川や沼はもちろんのこと、海に棲《す》む生物まで含め、水棲《すいせい》の生物は動物でも植物でもいかなるものも棲むという。しかしこの沼は幌尻の神によって守られており、近づくと晴天であってもにわかに周囲が曇り、霧が立ち込め、雨が降り出し、嵐が巻き起こって人を近づけない。もしこれを乗り越えても、今度は帰り道が分からなくなり、家に帰れなくなる。また、万が一帰ることができても、山に魅入られたように山に戻ってそのまま行方不明になるか、神の祟《たた》りで病床に就き、そのまま死んでしまうとされる。

知里真志保《ちりましほ》著『分類アイヌ語辞典 人間編』にある。同書によれば、この沼に住む神は**サクソモアイエプ**とも、**ポロトゥクシシ**とも言われていたという。詳細は当該項目参照。

海上を走る白い女［かいじょうをはしるしろいおんな］

現代に伝わる怪異。札幌市に住む若者が静内郡《しずないぐん》静内町（現日高郡新ひだか町）の海岸で焚火《たきび》をしていると、その焚火越しに海の上を走る白い女の影が見えた。翌日、海岸を歩いていると岩場に墓石が置いてあったという。

合田一道《ごうだいちどう》著『北海道 幽霊の住所録』にある。

カイラカイネ［かいらかいね］

アイヌに伝わる不思議な魚。神謡に登場する謎の魚で、**カイカイウント**という沼に生息しているという。

久保寺逸彦著『アイヌの神謡』にある。この魚はどのような魚か不明だという。カイカイウントはアイヌに伝わる伝説の沼で、幌尻岳《ぽろしりだけ》の頂上にあるなどと言われている。同書では怪鳥フーリがこの沼の付近に棲《す》み、**シュプラカイネ**とカイラカイネという魚を食って暮らしていたという。フーリについては**フリー**の項目を、カイカイウントについては当該項目参照。

カタカタ［かたかた］

現代に伝わる怪異。ある学校の三年二組の教室にあるオルガンの上に現れるというお化けで、上半身しかない人間の姿をしており、手を使って歩く。人を追いかける性質があり、誰かが一人で学校の三階の廊下を歩いているとついて来て、さらに夜になると家までやってきた上、布団の上で笑うという。

ポプラ社編集部編『映画「学校の怪談」によせられたこわーいうわさ』にある。石狩郡の小学生から投稿された事例だという。

カタラクトノ［かたらくとの］

アイヌに伝わる神。カクラク（ハシボソガラス）の中でも最も位の高いものとされる。沙《さ》流《る》郡平取町《ぐんびらとりちょう》に伝わる話では、カクラクトノはいつも獲った獲物の肉をカクラクに分けてくれる人物が**コシンプ**に魅入られて山の麓から帰ることができなくなった際、他のカクラクたちとともに食料を与え、生き長らえさせたという。

萱野茂著『炎の馬 アイヌ民話集』にある。コシンプについては当該項目参照。

カネラッコ［かねらっこ］

アイヌに伝わる妖怪。叙事詩に記される金色のラッコで、石狩川の河口に出現したという。イシカランクルという神がカネラッコを捕らえた者を自分の妹の夫にすると宣言したことからこのラッコを巡って戦争が勃発する。

物語の途中、このカネラッコはカネサンタウンマッという女性首長に憑《つ》き、加護している存在だと明かされる。カネサンタウンマッがカネラッコに石狩川で餌を取らせていたところ、それが人々の目に留まり、戦争の要因となってしまったのだという。

金田一京助訳『虎杖丸《いたどりまる》』（『金田一京助全集 九』収録）にある。

カミアシメノコ［かみあしめのこ］

アイヌに伝わる妖怪。神謡で語られる化け物の女で、ぼろぼろの着物を体に纏《まと》っている。カケスの女神が夫の元に嫁ぎに行く途中に現れ、彼女の頭の虫を取ってやると言って無理やりその頭を押さえつけた。そのままカケスの女神の気を失わせ、服をそっくりそのまま入れ替える。そしてカケスの女神と成り代わり、彼女の夫になる神の元に嫁いでしまう。しかしカケスの女神ができた、踊りながら栗の実とどんぐりを落とす宝踊・黄金踊を行うことができなかったため、入れ替わっていることがばれ、夫になった神によって倒される。カミアシメノコは狐の正体を現したが、そのまま叩き潰され、ごみ溜めの中に捨てられてしまったという。

久保寺逸彦著『アイヌの神謡』にある。同書によれば、この話は日高国荷菜《にな》（沙《さ》流《る》郡平取町《ぐんびらとりちょう》）で採取されたという。

名前の意味は「**カミアシ**（化け物）」＋「メノコ（女）」で「化け物女」となる。

カムイフッチ［かむいふっち］

アイヌに伝わる怪異。平取《びらとり》（現沙流郡平《さるぐんびら》取町《とりちょう》）の奥に、カムイフッチ（神婆）と呼ばれる老人がいた。彼女はどんな病気にもよく効く土を入れた壺を持っていた。

月の美しいある晩、カムイフッチは皆を集めて自分はこれから山奥へ行くから、誰も私の跡をつけて来てはいけない、もし後をつけて来たら悪いことが起きるだろう、と告げて山の方へ入って行ってしまった。

その後、薬を探して歩く人がこの噂を聞き、カムイフッチの行ったところへ案内してほしいというので、ある人が神様に酒を捧げて川を伝って山奥に行ったところ、一つの岩穴があった。案内人はここから先へは行けないと断り、ひとり帰ったところ、途中で悪い熊に襲われてひどく傷つけられたという。

更科源蔵著『アイヌ伝説集』にある。薬を探していた人がその後どうなったかは不明。

カムナシ［かむなし］

アイヌ語で化け物を表す言葉のひとつ。国立大学法人千葉大学『アイヌ語の保存・継承に必要なアーカイブ化に関する調査研究事業第2年次（北海道沙流郡平取《さるぐんびらとり》町《ちょう》）調査研究報告書』にある。同書では強調する語である「アラ」を付けて「アラカムナシ（全くの化け物）」という呼び名で登場し、見たものを全て殺害する蛇の化け物として語られている。

飢饉魔の鯇［ききんまのあめのうお］

アイヌに伝わる妖怪。沙流川《さるがわ》の上流にある沼に棲《す》み着いていたという巨大なビワマスで、人間の世界に飢饉を引き起こしていた。人や神が退治しに行っても容易《たやす》く殺してしまうほどの力を持っていたが、アイヌの英雄神であるアイヌラックルによってついに殺された。その肉片は悪虫となり、飛んでいったという。

久保寺逸彦著『アイヌの神謡』にある。アイヌ語の名前は記載されていなかった。

狐の嫁入り［きつねのよめいり］

和人に伝わる怪異。一九一七、八（大正六、七）年のこと。七月頃の空知郡《そらちぐん》上砂川町に現れたという青白い怪火で、その火の方からはがやがやと何かが話しているような声がした。人々はこれを狐の嫁入りと呼んだという。

空知地方史研究協議会著『空知の民話シリーズ第1集 空知のむかし話』にある。

狐の嫁入りは日本全国で語られる怪異で、無数の怪火が並んでいることや、突然の天気雨などを指して言う。これらが起きる場所では、狐が婚礼のために行列をなしているなどと言われている。

キナポソインカラ［きなぽそいんから］

アイヌに伝わる妖怪。「草から透かして見る」という意味の名前を持つ化け物で、大きな草露が朝日を受けて光るような、青白く光る目を持つとされる。

登別《のぼりべつ》市に伝わる話では、この妖怪が神や人を鹿などの動物に近づけなくして獲物を捕らせず、飢えさせるなどの悪さをしていたため、白狐の神によって目をヨモギの矢で射られ、白骨化したという。

萱野茂著『炎の馬 アイヌ民話集』にある。

同書によれば、これと似た妖怪に**ペポソインカラ**、**イワポソインカラ**という妖怪がいるという。詳細は当該項目を参照。

恐怖のルート三六［きょうふのるーとさんじゅうろく］

現代に伝わる怪異。札幌市と室蘭市を繋《つな》ぐ国道三六号線。この道路では、様々な怪現象が起きるといわれている。ある町では、この国道沿いにある自転車屋の角で自動車事故が相次いだ。噂では、この自転車屋のショーウィンドウに、深夜になると男の姿が浮かぶのだという。男は苦しげな表情で車を手招きする。すると運転手は不思議な力に引き寄せられるように自転車屋の方へハンドルを切ってしまう。危うく事故の一歩手前で事故を回避する者も多いが、回避できなかった者たちが事故の被害者となってしまうのだ。

また千歳市付近では深夜の歩道に小学生ぐらいの子どもの姿が現れると言われている。この子どもは通り過ぎた後、振り返ると消えている。これはこの付近で車にはねられて死んだ子どもが現れるのだと言われている。

森影依《やすし》著『北海道怪異地図』にある。

キラウㇱカミヤシ［きらうしかみやし］

アイヌに伝わる妖怪。カンカン沢（看看川）の近くの沼に出た子牛のような角のある化け物で、これを見た人間は死期が早まったのだという。

萱野茂著『萱野茂のアイヌ語辞典』にある。「キラウㇱ」は「角のある」、「**カミヤシ**（**カミアシ**）」は「化け物」という意味。またこのように化け物を見たことで死期が早まったり、死んでしまうことをエカトゥエハンケという。

金のザリガニ［きんのざりがに］

和人に伝わる妖怪。今の岩見沢市でのこと。アイヌがポンドネベツと名付けた小川にはザリガニや緋《ひ》ドジョウがたくさん棲《す》んでいたが、ある日、若い首長の息子がこの小川でザリガニを採っていた。その際、黄金色のザリガニを捕まえたため、喜んで家に帰って父親に見せたところ、そのザリガニが首長に対して言った。

「若い首長様、私を助けてください。そしてあの小川で遊ぶザリガニや緋ドジョウを捕らないでください。そのお礼に百年の間雨が降らなくともこの小川の水は枯れることがないでしょう」

これに対し首長はもっと良いものを出せと言うので、黄金のザリガニは首長が毎日捕っている魚の数だけこの小川に金の砂を流すと言った。

それからこの地方に入って来た和人がこの沢の魚を捕ると必ず砂金がついていることに気付いた。和人は争って魚を捕り、砂金を集めたため、いつしかこの沢を砂金沢と呼ぶようになった。しかし和人が沢の魚を捕りつくしてしまったため、砂金も魚もザリガニもいなくなってしまい、ただの小川になってしまったという。

奥保・伊東博・鈴木春男著『いわみざわの民話』にある。

金の鳥［きんのとり］

和人に伝わる妖怪。昭和初期の長沼町でのこと。ある女性が買い物帰りに休憩のため、道路脇で荷物を降ろすと、馬追山の方がにわかに明るくなり、足元の葦原《あしはら》から金色の鳥が飛び立った。この鳥は二、三回女性の上を旋回した後、急に強く羽ばたいたが、その際に金の粉を落とした。そして金の鳥はそのまま飛び去って行った。しかし女性が翌朝その周辺を探しに行ったときには、金色の鳥がいた痕跡はなくなっていたという。

空知《そらち》地方史研究協議会著『空知の民話シリーズ第1集　空知のむかし話』にある。

熊になった女［くまになったおんな］

アイヌに伝わる妖怪。昔、漁《いざり》（現在の恵《え》庭市《にわし》）の女が山で薪を取っていると、突然熊が現れて彼女の周りをぐるぐると回り始めた。すると女もおかしくなり、熊の後を追って山に入って行った。それきり女は熊になってしまった。

その後、漁の人がそうとは知らずに女が変化した雌熊を狩ってしまったところ、女が夢に現れ、自分を食べると集落が滅びるので食べないように、と伝えた。しかしその人物はそれを無視して食べたので、予言通り集落は滅びたという。

更科源蔵著『アイヌ伝説集』にある。

クルイセイ［くるいせい］

アイヌに伝わる妖怪。巨大なバッタ、もしくは怪鳥の一種とされる。

久保寺逸彦著『アイヌの神謡』にある。同書では神謡に登場し、幌尻岳《ぽろしりだけ》の神の軍勢の中にこの名前が見える。同書によればこれは日高国新平賀《しんぴらか》（現沙流郡《さるぐん》日高町）で採取された話だという。

クレトゥナシュナイ［くれとぅなしゅない］

アイヌに伝わる怪異。「影早き川」を意味するといい、この場所ではよく夜に幽霊が現れ、すぐに見えなくなったという。

永田方正著『北海道蝦夷語地名解』にあ

る。同書によれば、この場所は有珠郡《うすぐん》にあるという。

黒沼龍神［くろぬまりゅうじん］

和人に伝わる神。一九一九（大正八）年頃、現虻田郡喜茂別町《あぶたぐんきもべつちょう》の黒沼と呼ばれる沼の近くに佐藤某という人物が住んでいた。この佐藤が沼の畔《ほとり》に横たわっている大蛇を見て、付近の人々に相談すると、まさしく龍神の化身であろうということになり、沼の北側に龍神堂が造られた。以来、大蛇は黒沼龍神と呼ばれて崇《あが》められ、干ばつの時にはこのお堂のもとで雨乞いを行うと必ず雨が降るようになったという。

小林成光著『北海道縁起物語』にある。

黒マントババア［くろまんとばばあ］

現代に伝わる怪異。札幌市西区に住むある女性が突然石の中に押し込められたように体が辛くなり、仏壇に手を合わせて般若《はんにゃ》心経《しんぎょう》を唱えた。

それから一週間後、椅子に座って休んでいると、黒いマントを着たコウモリのような老婆が出現し、首を絞め、口と鼻を塞《ふさ》いできた。そのため老婆の手を思いっきり噛《か》んだところ、老婆は姿を消したという。

合田一道《ごうだいちどう》著『北海道 幽霊の住所録』にある。筆者命名。

クントゥカプ［くんとぅかぷ］

アイヌに伝わる妖怪。エイのような姿をした妖怪で、これを捕まえると不幸が訪れるという。沙流太《さるふと》（沙流郡《さるぐん》日高町）でこれが捕れた際には、捕った人間は破産し、関わった人間も不幸な死に方をしたという。

吉田巌《いわお》著『アイヌの妖怪説話（続）』（『人類学雑誌』第二十九巻第十号）にある。知《ち》里真志保《りましほ》著『分類アイヌ語辞典 植物編・動物編』ではアカエイの中でも特に大きなものを「クントゥカパフ」と呼ぶ、と記載されている。同様のものか。

ケソラプ［けそらぷ］

アイヌに伝わる妖怪。黒く巨大な鳥で、気に入った異性の人間がいると殺害してその魂を奪い、自分と婚姻を結ばせようとするという。

沙流郡平取町《さるぐんびらとりちょう》に伝わる民話では、以下のように語られている。

スンクトノマッ（エゾマツの神の妻）が語ることには、石狩川の中流に住む男と、河口に住む男がいた。二人はとても仲が良く、互いに訪ね合って暮らしていた。しかし年を取ってからはそうもいかなくなり、あまり会う機会もなくなっていたが、ある時、河口に住む男の長男が行方不明になり、それを聞いた中流に住む男は息子に探しに行かせることにした。

そこで石狩川の上流に向かうと、大きなエゾマツで男と出会い、その宿を貸してもらうこととなった。しかし男は言葉の話し方を忘れてしまったかのように一言もしゃべらない。

そこで仕方なく一夜を過ごすため宿で眠っていると、夢にエゾマツの神の妻が現れ、宿を貸したこの男こそ石狩川の河口の男の長男であり、彼はケソラプという魔鳥に連れ去られ、このエゾマツの木の下に来たのだと伝えた。そしてケソラプは男を餓死させ、魂を奪うことを目的としているため、エゾマツの神の妻が木の枝を曲げて家を作り、食料を与えていたのだと教えた。

そしてケソラプを退治するため、中流の男の息子に暗示をかけて呼び寄せたのだという。エゾマツの神の妻から毒矢で倒すようにと、矢と弓を手渡された中流の男の息子は、エゾマツの木にやってきた真っ黒で巨大な鳥をケソラプだと見定め、これを射抜いた。

それから攫《さら》われた男を無事に家に帰し、自分も家に帰ったところ、中流の男の息子の夢に今度は黒い上等の着物を纏《まと》い、黒い被《かぶ》りものをした女性が現れた。

女はひどく怒った顔をして、彼に言った。

「私は神の国に私とともになるに相応しい男を見つけられず、人の国を見たところ、あの若者が目に留まり、どうしても欲しくなって攫ったのです。そして今夜こそ魂を奪ってやろうと思っていたその日、あなたに射られました。しかし、私は死なぬ体ですから、もう一度あの若者を奪うつもりです」

これに驚いた中流の男の息子は、それを家族に話し、中流に住む男はそれを聞いて村の雄弁な人々を引き連れ、河口に住む男の家にも行って、皆で散々にそのことを神に告げ口した。

その後、中流に住む男の息子の夢に再びケソラプの女が現れ、神々にひどく叱られ、もう気に入ったあの若者を自分のものにすることができなくなったと告げた。

それから、河口に住む男の息子も無事に人間の女性と結婚し、天寿を全うしたという。

アイヌ民族博物館編『上田トシの民話1』にある。

またアイヌ民族博物館のホームページによれば、「オタスッ人と悲恋と魔鳥」という民話においては男女のケソラプがそれぞれ気に入った人間を殺害し、魂を神の国に導いて、そこで鳥に変化させ、婚姻を結ばせた、という話が載せられている。

萱野茂著『カムイユカラと昔話』によれば、ケソラプは「斑点のある羽根」という意味になり、孔雀《くじゃく》ではないだろうかと語られていたという。同書に載る話では、気に入った人間の陰茎をもぎ取るという所業を見せている。

またジョン・バチラー（バチェラー）著『アイヌの伝承と民俗』では、ケソラプカムイは普段天の世界に住んでいるが、人間の世界が好きで、たまに見にやってくる。この時、羽根を落とすことがあるが、この羽根は金でできており、美しい斑点がある。この羽根は最もよいお守りとなるため、必ず拾って大事にしなければならないと伝えられているという。

ケナシウナルペ〔けなしうなるぺ〕

アイヌに伝わる妖怪。「木原の小母《おば》」を意味する妖怪で、普段はぼさぼさの髪を生やしているが、獲物を狙う際は髪を分けて顔を出すと輝くばかりに美しい顔になる。この姿で木の枝に腰掛け、その顔で美しい歌声を発すると、辺りは灯《ひ》がともったように明るくなり、獲物となる人間を誘い込む。

この罠《わな》にはまってケナシウナルペの美しさに迷い、彼女と交わったりした人間は運が悪くなったり、死んでしまったりするという。これはこの妖怪に魂を奪われてしまうからだと考えられている。

更科源蔵著『アイヌ民話集』にある。同書によれば、これは湿地に棲《す》む**ニタッテウナルペ**と同じものであるという。詳細は当該項目を参照。

萱野茂著『炎の馬 アイヌ民話集』では、静内町《しずないちょう》（現日高郡新ひだか町）で採取された話として、ケナシウナルペ（原文ではケナシウナラペ）がアイヌの子どもを攫《さら》った話が載せられている。

知里真志保《ちりましほ》著『分類アイヌ語辞典 植物編・動物編』ではミミズクのような鳥の妖怪とされている。この鳥は野山に枯れ枝で小山を作るが、それを持ち帰る人間がいると、その人間の家までやってきて鳴き声を上げ、談判するという。また白い犬に化けることもあるとされる。

また、**ケナシコルウナルペ**という名前が似ており、同じようにざんばら髪を持つ妖怪がいる。詳細は当該項目を参照。

ケナシコルウナルペ〔けなしこるうなるぺ〕

アイヌに伝わる妖怪。名前は「木原の姥《うば》」を意味する。胆振《いぶり》地方及び日高の沙流《さる》地方（現在の沙流郡《さるぐん》）では、編みかけのこだし編みのような髪の毛をざんばらに振りかぶって現れるという。

沙流郡における話では以下のような形で登場する。ある人物が山中を一匹で歩いていた子熊を捕まえて村に連れ帰り、育てていたところ、異常な早さで大きくなった。

ある夜、その男が真夜中に目を覚ますと、戸外に設置した熊の檻《おり》の方が騒々しい。そのため窓からそっと覗《のぞ》いてみると、編みかけのこだし編みを被《かぶ》ったようなざんばら髪の怪しい女が檻の外におり、子熊が入っているはずの檻の中にはつるりと禿《は》げた少年がいて、女の手拍子に合わせてしきりに踊っていた。

その現象は翌晩に確認しても続いており、男は村の長老にどうすれば良いのかを尋ねた。すると長老は早速熊祭り（アイヌには身寄りのない子熊を村で育て、大きくなったら盛大に祭りを行って神の国に送り、食料とする風習がある）の準備に取り掛かり、悪魔祓《ばら》いに使う木幣《もくへい》、ウエニナウを六本作って中の一本を熊祭りの祭主とし、他の一本に客人の役目を振り当てて納《な》屋《や》と便所の間に立てた。これは普通の熊祭りにおいては家の東の窓の外に祭壇を作るのとは逆に、不浄の場所に祭壇を作ったのだという。

その後、長老は子熊を女の貞操帯で縛り、檻の中から連れ出してその祭壇に連れて行き、棍棒《こんぼう》で叩くと、子熊はリスの死体に変わった。長老はその死体を散々に罵《ののし》りながら切り刻み、ごみと一緒に掃きだめに捨てたという。

このため、この地方では親熊の姿がない子熊を連れ帰ってはならず、また世話をしている子熊が少しでも不審な行動をしたら対処しなければならないので、子熊の檻は家のすぐ近くに作らねばならないと伝えられたという。

また、この話に現れる怪しい女こそがケナシコルウナルペだとされる。

知里真志保《ちりましほ》著『えぞおばけ列伝』にある。

萱野茂著『カムイユカラと昔話』おいては、ケナシウナラペの名前で同様の話が載せられているが、このケナシウナルペの正体は鳥であったと記されている。ケナシウナラペについては、ケナシウナルペの項目も参照。

同書によれば、ケナシコルウナルペと同様のものが天塩国《てしおのくに》に伝わっており、そちらでは**イワメテイェプ**と呼ばれているという。詳細は当該項目を参照。

ケㇺラㇺカムイ 〔けむらむかむい〕

アイヌに伝わる悪神。アイヌの村に飢饉《ききん》をもたらす神とされ、鳥の姿をしているという。人間の老人に化けることができ、この悪神の元には食べ物がひとりでに集まってくるとされる。

萱野茂著『カムイユカラと昔話』にある。同書によれば、沙流郡平取町《さるぐんびらとりちょう》で採取された話だという。

幻影自動車 〔げんえいじどうしゃ〕

現代に伝わる怪異。札幌市手稲区の豊平《ほうへい》峡《きょう》付近では、なぜかよく自動車の幻が目撃される。例えば目の前に停めてあった自動車が突然バックしてきたかに思えたが、一切動いていなかった。猛スピードで走っていた車が森に吸い込まれるように消えてしまった。すぐ近くで車が走る音が聞こえるのに、姿は見えないといったものだという。

森影依《やすし》著『北海道怪異地図』にある。筆者命名。

恋沼 〔こいぬま〕

和人に伝わる怪異。開拓期の岩見沢市でのこと、一軒の農家が沼の側に建っていた。沼は大中小の三つあり、合わせて三鏡沼と呼ばれていた。

沼には鮒《ふな》ぐらいしか魚はおらず、川と繋《つな》がっている様子もなく、一番大きな沼から水が湧き出して沼ができているようだった。

ある春の日、農家の長男に嫁がやってきた。それから数年経ったある日、長男は村の人々と狩りに出て土砂崩れに巻き込まれて死んでしまう。

それから長男の嫁は泣いて暮らしていたが、ある時、中の沼に洗濯に行くと、その水に長男の姿が映って見えた。嫁はそれを見て沼の中に自ら入ってしまい、そのまま行方不明になった。

それからというもの、毎年嫁がいなくなった頃になると、沼の中に仲睦《なかむつ》まじく過ごす長男夫婦の姿が見えるようになった。そしてこの中の沼にだけ、鯉《こい》が棲《す》み着くようになった。この鯉は一匹を釣ると同じ場所から必ずもう一匹現れたが、三匹以上釣れることはなかった。

人々はこの沼を恋沼と名付けたが、その後、夫婦のことを語り継ぐ人も少なくなり、いつの頃からか釣り人たちに鯉沼と呼ばれるようになったという。

奥保・伊東博・鈴木春男著『いわみざわの民話』にある。同書によれば、今でも鏡沼、鯉沼、鮒沼という三つの沼が残っており、物語の舞台になったのはこの沼かもしれないと記されている。

高速老婆［こうそくろうば］

現代に伝わる怪異。ある人物が国道二七五号線を走り、樺《かば》戸《と》郡《ぐん》月形町《つきがたちょう》へ至ったとき、白髪の老婆が突然自動車と並走してきた。この老婆はその付近で交通事故死した老婆であり、毎晩その辺りに出現するのだという。

合《ごう》田《だ》一道《いちどう》著『北海道 幽霊の住所録』にある。この老婆のように異常な速さで走る老婆の怪は全国で数多《あまた》に語られている。

黄金澤の幽霊［こがねさわのゆうれい］

和人に伝わる怪異。西島牧村（現島牧郡島牧村）の泊川《とまりかわ》の上流には温泉があり、付近に「黄金澤」と彫刻され、方向を示した岩があるという。この岩は昔その付近で採掘した金鉱が埋められていることを示している、という説や、良質の鉱脈を示している、などの説がある。

そのためか、この温泉付近の滝壺には砂金がたくさん沈殿していると言われているが、水を汲《く》み上げて底の砂金を採ろうとすると、必ず滝の中に侍姿の幽霊が現れると伝えられている。

北海道庁編『北海道の口碑伝説』にある。

コタネチクチク・モシリチクチク［こたねちくちく・もしりちくちく］

アイヌに伝わる悪神。名前を訳すと「村滴滴・国滴滴」となる（チクは滴《したた》るという意味）。新冠郡《にいかっぷぐん》新冠町の辺りに伝わっている神話では、コタネチクチク・モシリチクチクは岩の鎧《よろい》を着た小山に手足を生やしたような巨大な怪物で、トドの皮で作った縄で大きな太刀を腰にくくりつけ、片方の目はゴマ粒ほど、もう片方は満月のように大きいとされる。

コタネチクチク・モシリチクチクは太陽の神を捕らえて閉じ込めるが、ケムシリ山という山の神がこのことを英雄神アイヌラックルに伝え、アイヌラックルが太陽の神を救い出したという。その後、アイヌラックルとコタネチクチク・モシリチクチクは六年にわたり戦いを繰り広げるが、ついにこの悪神は地獄に落とされたと伝えられる。

更科源蔵著『アイヌの神話』にある。

【さ】

三年造と四年造 ［さんねんぞうとよねんぞう］

アイヌに伝わる妖怪。日高アイヌに伝わる話に登場する。天から降りてきた怪人で、三年造は三つの頭を持つ人間のような姿をしているとされる。どちらも人食いの怪物だが、ある時、三年造は獲物を独り占めするため四年造が邪魔になり、人間の猟師を騙《だま》して自分に助太刀させ、四年造を殺害しようと目論《もくろ》む。しかしそれを四年造に見抜かれ、猟師の助けがないまま三年造は殺されてしまう。猟師はそのまま四年造を不意打ちして殺害。彼らの棲《す》み処《か》からは数《あま》多《た》の人間を食った残骸が見つかったとされる。

吉田巌《いわお》著『アイヌ童話』にある。四年造の姿については描写されていなかったが、三年造と同じ存在だとすると三つの頭を持つか、もしくは名前からして四つの頭を持つのかもしれない。三年造、四年造は明らかにアイヌ語の名前ではないが、アイヌ語の表記は記載されていなかった。

シオキリケウ ［しおきりけう］

アイヌに伝わる妖怪。神謡に登場する。**ショキナ**と同じものであり、巨大な鯨の化け物だという。

久保寺逸彦著『アイヌの神謡』にある。同書によれば、日高国荷菜《にな》（現沙流《さる》郡《ぐん》平取《びらとり》町《ちょう》）で採取された話だという。

名前については「シ（大きい）」だが、「オキリケウ」は「オキリケフンペ（鯨）」だろうか。

シカトロケカムイ［しかとろけかむい］

アイヌに伝わる悪神。疱瘡《ほうそう》の神とされ、これが歩くと疱瘡が広まると伝えられる。沙流郡《さるぐん》日高町に伝わる神謡では沙流川の川沿いにある大きな沼の主ともされ、同じく沼の主で瘧《おこり》の神である**トピシキカムイ**、かさぶたの神である**ムニンペシカムイ**と交流があったという。

知里真志保《ちりましほ》著『疱瘡神に関する資料』（『知里真志保著作集2』収録）にある。同書ではシカトロケカムイはシカトルケ彦・シカトルケ媛《ひめ》・シカトル神といった名前で表記されている。

また、同書に載る幌別町《ほろべつちょう》（現登別市《のぼりべつし》）に伝わる昔話では、シカトロケカムイは鳥の姿をしていると記されている。疱瘡神が鳥の姿をしている例は他にも**パコロチカプポ**がある。また疱瘡神として名が知られているアイヌの神にパコロカムイがいるが、同書に載る幌別町の別の昔話では、シカトロケカムイはパコロカムイの首領であると記されている。これら幌別町に伝わる話では、シカトロケカムイは人を助けたりもしている。

鹿女房［しかにょうぼう］

アイヌに伝わる神。あるところにまじめだが嫁が来ない男がいた。ある日、今までも見たことがないほど器量の良い娘が彼の元に現れ、家の中を掃除したり、どこからか宝物を持ってきてくれるようになった。

程なくして二人は結婚し、男の子も生まれた。しかし男は妻が毎日のように昼間、刺繍《ししゅう》をしながら居眠りしていることに気付き、不思議に思って狩りに出た振りをして家を覗《のぞ》き込んだ。

するとそこには小鹿を抱え込むようにして眠る雌鹿の姿があり、それで男は自分の妻が鹿であったことを知る。男はがっかりしながら、この鹿たちを捕らえるために家と祭壇の間に仕掛け弓を設置し、二匹の鹿を殺してしまった。

さらに男は自分の妻と子であったその雌鹿と小鹿の皮を剝《は》ぐと、その肉を食った。それは今までに食ったことがないほどおいしい肉だった。

それから数日して、急にユカラ（叙事詩）を歌いたくなった男は、村人を集めて妻と子であった鹿の肉を振る舞い、ユカラを語った。しかしその途中、自分の意志とは関係なく、妻と子であった鹿の肉を食い、それを今村人たちにも食べさせていると話してしまう。これを聞いた村人たちの半数は立ち上がって男を殴る蹴《け》るし、半数は外に飛び出して食べたものを戻そうとしたり、唾を吐いたりした。

村人たちはいくら貧乏であっても鹿の神様が妻になってくれたことに感謝もせず、殺すとはどういうことかと責めた。しかし男は自分が妻子を殺したことを繰り返すのみだった。

そんなある日、男の夢に妻が現れ、自分は神の国で最も位の高い鹿の神の娘であったこと。両親が相談して貧乏人でも心が正しい者の元に自分を嫁に送ったこと。それなのに男が自分の正体を知ったからといって、殺してしまったことを話し、自分が昼間眠っていたのは、自然の中で暮らす動物は昼間寝て夜行動するのが普通だから、そのように居眠りしながら仕事ができたのだと言った。

そして鹿であった自分はまだしも、血を分けた子どもさえも食べてしまうとは、人間の心はなくなったのかと責め、自分は子とともに神の国に帰るが、お前は悲惨なことになるだろうと告げた。

男はそれを聞いても改心せず、食料も宝もたくさんあるから一生自由に暮らせるだろうと思っていた。しかし翌日から何を食っても腹が満たされることはなくなり、家にあった宝物も朽ち木や粘土に代わっていた。着物は木の葉や苔《こけ》の腐ったようなものに変わり、食料も熊や狐の糞《ふん》に入れ替わっていた。

さらに男の体は内側に曲がって頭が股間の前に来る状態になり、排泄物をその顔で受けなければならなくなった。また歩くこともできず、転がるように移動して村に出れば、罰当たりな者が来たと誰も助けてはくれない。さらに犬は男を見つけると、噛《か》み付き、吠《ほ》え付くため、体中が傷だらけになった。

そのまましばらくの間死ぬこともできず、やがて死に際に自分が妻にしたものは大切にしなさいと言って、死んでいったという。

萱野茂著『炎の馬 アイヌ民話集』にある。同書によれば、登別市《のぼりべつし》で採取された話なのだという。

支笏湖の大アメマス［しこつこのおおあめます］

アイヌに伝わる妖怪。熊や鹿を一呑みにしてしまうほど巨大なアメマスで、湖を渡ろうとするアイヌの舟も呑んでしまうため、アイヌが酒を捧げて神に祈ったところ、一人の力が強い神が地上にやってきてこのアメマスを退治したという。

中田千畝著『アイヌ神話』にある。支笏湖の大アメマスについては近世に記された古川古松軒《ふるかわこしょうけん》著『東遊雑記』や松浦武四郎著『後方羊蹄日誌《しりべしにっし》』にも記録されており、昔からその存在が語られていたことが分かる。

支笏湖の首なしライダー［しこつこのくびなしらいだー］

現代に伝わる怪異。千歳市にある支笏湖では、深夜、湖畔の道路をバイクで走っていると一台のバイクが並走してくることがある。しかしこのバイクに乗っている人間を見ると、ぼろぼろのつなぎを纏《まと》ったその体には首がない。これに遭遇したライダーは慌てて逃げようとするも、必ずカーブで運転を誤り、ガードレールに激突して事故死するといわれている。

この首なしライダーの正体は、かつて支笏湖の近くで事故に遭い、顔がぐしゃぐしゃに潰れてしまった男の霊なのだという。

森影依《やすし》著『北海道怪異地図』にある。遭

遇すると事故に遭う首なしライダーの怪談は全国にあり、東京都の多摩地区に出現するものなどが有名。またピチブックス編集部編『私の恐怖体験』には、「支笏ライダー」という名前の怪異が載る。これは自殺したライダーの霊で、追い抜かされると事故に遭うというが、首がないとは語られていない。

シソヤトノ［しそやとの］

アイヌに伝わる神。スズメバチの大将とされる。神謡では以下のように語られる。

沼に迷い込んできた人々や神々を殺害し続けてきた竜蛇が、アイヌの英雄神であるオキクルミに騙《だま》され、スズメバチたちの国であるシソヤモシリに迷い込む。そしてシソヤトノは眷属《けんぞく》のスズメバチたちとともに竜蛇を殺してしまったという。

久保寺逸彦著『アイヌの神謡』にある。同書によれば、これは日高国新平賀《しんぴらか》（現沙《さ》流《る》郡《ぐん》日高町）で採取された話だという。

名前は「シソヤ（スズメバチ）」＋「トノ（殿、大将）」で、「スズメバチの大将」となる。

シトウマンベツの魔神［しとうまんべつのまじん］

アイヌに伝わる魔神。幌泉郡《ほろいずみぐん》のシトウマンベツと呼ばれた川には、かつて魔神がいた。この魔神はよくアイヌの命を奪ったが、それを捕らえようとしても姿さえも見えなかったという。

中田千畝著『アイヌ神話』にある。同書によれば、「シトウマンベツ」は「恐れ川」の意味であるという。

死ねばよかったのにの悪霊［しねばよかったのにのあくりょう］

現代に伝わる怪異。小樽市のある峠でのこと。女性がこの峠を車で運転していると、白い影を目撃したため、慌ててブレーキを掛けると、そこは崖すれすれの地点だった。その直後、フロントガラスに白い影が取り憑《つ》き、「死ねばよかったのに！」と叫んだという。

合田一道《ごうだいちどう》著『北海道 幽霊の住所録』にある。バックミラーに幽霊が映り込み、それに驚いてブレーキを掛けたところ崖から落ちる直前であった。そこで幽霊に感謝していると、「死ねばよかったのに」という声が聞こえる、という話は全国にある。また、同乗者に幽霊が憑依《ひょうい》し、崖に向かって道案内をするパターンもある。この場合は運転手でも同乗者でもない声で突然「死ねばよかったのに」という声が聞こえてくる、というオチになっていることが多い。

シャコタンの黒狐［しゃこたんのくろぎつね］

和人に伝わる妖怪。蝦夷地のシャコタン（現積丹郡《しゃこたんぐん》積丹町）には黒狐がおり、よく人を化かしたという。

秦鼎《はたかなえ》著『一宵話《ひとよはなし》』（『日本随筆大成 第一期 第一九巻』収録）にある。近世の蝦夷地でも狐が人を化かしていたことが分かる記録である。

蛇精の祟り〔じゃせいのたたり〕

和人に伝わる怪異。一八九四（明治二七）年頃のこと。赤平市《あかびらし》の茂尻《もしり》の辺りに生えていたタモの木が丸木舟を作るために切り倒された。その時、タモの木が倒れたところに桂《かつら》の木があり、タモとともに倒れてしまった。

それからというもの、タモの木を切り倒した男の家族のうち二人が急死し、他の者も次々と病に倒れた。これはタモとともに倒れた桂の木の空洞に棲《す》んでいた大蛇の精が祟っているのだということになり、近くの人々は日本神話において八岐大蛇《やまたのおろち》を倒した素戔嗚《すさのお》にちなんで祠《ほこら》を建てた。すると蛇精の祟りが収まっただけでなく、蛇や熊の被害もなくなった。それから大国主命《おおくにぬしのみこと》なども合わせて祀《まつ》り、祠を八雲神社と名付けたという。

小林成光著『北海道縁起物語』にある。

一三丁目沼の妖怪〔じゅうさんちょうめぬまのようかい〕

和人に伝わる妖怪。淵なし沼とも呼ばれた滝川市にある一三丁目沼。この沼にはかつて妖怪が棲《す》んでいると信じられていた。この沼には古くから主がいると伝えられており、その正体は鯉《こい》とも蛇とも言われていたが、姿を見たものはいなかった。大正初期の頃には夕暮れになるとその沼から「ボォーッ、ボォーッ」という不気味な声が聞こえてきた。この声は夏によく聞こえ、冬になるとやんだという。

また、この沼で釣りをしていた者の証言では、四斗樽ほどの丸い物体が沼の中央に浮かび上がり、生き物のようにその人間の方へ近づいてきたという。

ほかにも一九一三（大正二）年四月三〇日に四人の若者が函館本線の踏切で眠り、列車にはねられた事故では、生き残った一人がこんな証言をした。四人は結婚式の帰り、もらった酒を草むらで飲んでいると、美しい女が現れて「座敷へどうぞ」と誘ってきたため、女性について行って座敷で飲み、そこで眠った。それから数時間経ち、その若者が自分の体が冷たくなっていく感覚を覚えて目を覚ますと、なぜか線路脇の排水溝に転落していた。そこで救出に駆け付けた人々の言葉で、若者は自分が列車にはねられたことを初めて知った。また、一緒に座敷に入った三人の友人は即死していた。

この排水溝はあの一三丁目沼に通じていたため、妖怪が排水溝を伝って這い出してきたに違いない、と恐れたという。

合田一道《ごうだいちどう》著『北海道こわいこわい物語』にある。

シュメカムイ〔しゅめかむい〕

アイヌに伝わる神。「チョウザメの神」を意味する。石狩川の神であり、山の神である**キムンカムイ**（羆《ひぐま》）と大変仲が良かった。また上川アイヌ、石狩アイヌの守り神でもあり、秋になって石狩川で鮭《さけ》が捕れるようになると、川に余所者《よそもの》が現れた際にはその舟を動かなくしたり、転覆させたりしたという。そのため、石狩アイヌは石狩川を行く際には、必ず舟の舷《げん》を叩いて自分が石狩アイヌであることを知らせたと伝えられている。

また**ニッネカムイ**（魔神）が石狩川に現れ、アイヌが魚を捕るのを邪魔した際には、ニッネカムイを殺して岩にしてしまったという話も残る。

更科源蔵著『アイヌ伝説集』にある。

ショキナ［しょきな］

アイヌに伝わる妖怪。登別《のぼりべつ》で語られる巨大な鯨の怪物で、その大きさは口を開けば上顎が天に届き、下顎は海底に届くほどであったという。普段は太平洋の沖におり、船に乗ったアイヌが近づくと船ごと丸呑みにしてしまうと恐れられていた。そこで天の神がショキナを退治し、人間に安寧をもたらす者を求めると、勇猛だが物忘れがはげしい川獺《かわうそ》の神が名乗りを上げた。川獺の神は地上に降り、しきりにショキナと口論していたが、次第にショキナが川獺の神を追い詰め始めた。川獺の神は東へ西へと世界の果てまで逃げ回ったが、ついに登別までやってきて、そこの神に刀を貸してくれるよう頼んだ。しかし川獺の神は既に刀を佩《は》いており、それを登別の神に指摘されたことでやっと思い出して、その刀で襲い来るショキナをたちまち真っ二つにしてしまった。そして頭の方を登別の神への礼として置いていったのだという。

ショキナの頭はその後岩となり、フンベ・サパ（鯨の頭）と呼ばれるようになった。

更科源蔵著『アイヌ伝説集』にある。鯨の妖怪としては類似したものに**オキナ**がいるが、知里真志保《ちりましほ》著『分類アイヌ語辞典植物編・動物編』によれば、「オキナ」に「シ（大きい）」という言葉がついたものがショキナなのだという。オキナの中でも大きいものを指すのだろうか。

女郎子岩［じょろっこいわ］

和人に伝わる怪異。かつて蝦夷地に源義経が渡ってきたとき、義経はアイヌの村に辿り着き、村長の娘シララ姫と恋仲になった。しかし義経は野望を捨てきれず、満月の夜に密かに出港した。シララ姫はそれに気付いて岩場を走り、舟を追ったが、岬に打ち寄せた大波がシララ姫にかかり、シララ姫はそのまま石となった。この石は女郎子岩と呼ばれている。

阿部敏夫編著『北海道義経伝説序説』にある。この女郎子岩は積丹町《しゃこたんちょう》に現存している。

白老の悪神［しらおいのあくしん］

アイヌに伝わる悪神。体は丸く、体には長い触手のようなものが付いており、青黒い液体を吐き出すという。また、ひどい悪臭を放っていたともされる。

ジョン・バチェラー著『アイヌの暮らし

と伝承』によれば、これはバチェラー自身が白老《しらおい》を訪れた際、この悪神と遭遇した三人の漁師に聞いた話だという。バチェラーはそれは蛸《たこ》ではないかと尋ねたが、絶対に蛸ではなかったと返されたと記録されている。

白い馬［しろいうま］

現代に伝わる怪異。岩内郡共和町周辺には、雪の降る日に突然現れる白い馬を見ると必ず死ぬ、という話が伝わっている。

一九五〇（昭和二五）年の冬、ある少年が実際にこの白い馬を見た。少年は死ぬことはなかったが、その後父親の会社が倒産したり、少年自身も事故に遭って大怪我を負うなどの不幸が舞い込んだとされる。

合《ごう》田《だ》一道《いちどう》著『北海道こわいこわい物語』にある。

白いソアラ［しろいそあら］

現代に伝わる怪異。札幌市内のどこかに、サンルーフのついた白いソアラが中古とはいえ一二万円という格安で売られているという。

実はこのソアラは、乗っていた人物がサンルーフから顔を出した際、首を切断して死亡するという事故が起きた車だった。そのため安く売られていたのだが、次にこのソアラを買った人物も事故で即死し、その体にはなぜか首がなかったという。

そんなことが繰り返されたため、ついに価格は一二万円という普通ではありえない値段になったのだが、買い手は現れていないらしい。

森影依《やすし》著『北海道怪異地図』にある。

同書でも指摘されているが、こういった事故によって呪われた車の話は世界中にある。第一次世界大戦のきっかけとなったサラエヴォ事件にて、暗殺されたオーストリア皇太子、フランツ・フェルディナンド大公が乗っていた自動車や、アメリカの俳優ジェームズ・ディーンが乗っていたリトル・バスタードと名付けられた自動車の話が有名だ。

また、この呪いの自動車の車種を白いソアラとする話も日本中にあるため、それが北海道を舞台として語られるようになったものだろう。ちなみにサンルーフから顔を出していたために頭部を打って死亡する事故は何度か起きており、この事故の噂が広まるにつれて首を切断されたという話になっているものも見られる。この話にはそういった噂の影響も混じっているのかもしれない。

人肉岩［じんにくいわ］

アイヌに伝わる怪異。古《ふる》宇《う》郡《ぐん》神恵《かもえ》内《ない》村《むら》珊《さん》内《ない》の海岸にある人肉岩には、こんな由来がある。

かつてこの辺りには人食いの化け物がおり、度々《たびたび》集落を襲っては人間を攫《さら》い、焼いて食っていた。ある時、この化け物が文化神オキクルミに鹿の肉だと騙《だま》して人肉を食べさせたところ、オキクルミは腹を壊して吐き出した。それが岩になったものが人肉岩だという。

更科源蔵・安藤美紀夫著『北海道の伝説』にある。更科源蔵著『アイヌ伝説集』ではこの人肉を食わせた妖怪は**ウエグル**とされている。永田方正著『北海道蝦夷語地名解』においても同様の話が載せられており、ここでもやはりウエグルの仕業だと記されている。

人が岩になる伝説はよくあるが、誰とも分からぬ人肉が岩になった伝説は珍しい。

信女と童子［しんにょとどうじ］

現代に伝わる怪異。札幌市のある墓場にひとつの墓がある。この墓に刻まれた文字は「信女」であることもあれば「童子」となっている場合もある。また稀《まれ》にこの墓の前を通ると、赤子を抱いた女の姿が見えるという。

合田《ごうだ》一道《いちどう》著『北海道 幽霊の住所録』にある。信女も童子も仏教において戒名《かいみょう》に使われる言葉。

ストゥの化け物［すとぅのばけもの］

アイヌに伝わる妖怪。「ストゥ」とは棍《こん》棒《ぼう》の意味で、山越郡長万部町《やまこしぐんおしゃまんべちょう》には棍棒が人間に化けて現れた話が残されている。

それによれば、ある村に良い心を持った夫婦がいたが、子どもに恵まれなかった。そんなある時、村を巡っては談判し、それに負けた家から宝物を奪っていく者がいるという話を聞いた。

それから間もなくその男が夫婦の家にもやってきたが、談判をしようとはせず、夫婦もその来客を歓迎した。そして夜になり、夫婦が眠っていると、男が夫の枕元に立ち、こう言った。

「俺は人間ではなくストゥなんだ。ある年老いた夫婦の家にいたが、後継ぎがおらず、このままだと腐ってしまうので、こうして人間の姿になった。でも家々を回ってもろくな者がいない。お前たちだけは心が正しいから、これまでの談判で集めたものを授けたいと思う。朝になれば俺は棍棒になっている。途中で家々から取り上げたものはお前たちに全部やるから、俺が死んだ後には酒をあげてくれ」

翌朝目を覚ましてみると、昨夜の寝床にはあの男の姿はなく、一本の棍棒があった。そのため礼拝して祀《まつ》ると、明け方パチンと大きな音がして、家の隣に立派な家屋が現れた。中にはたくさんの宝物があり、家の中は光っていた。

夫婦はこの宝物を村の人々と分け合い、彼らの尊敬を得た上、子どもにも恵まれて何の不自由もなくなったという。

更科源蔵著『アイヌ民話集』にある。同書では「シトの化物」と記されているが、「シト」は「棍棒」ではなく「団子」の意味にもなるため、「棍棒」や「制裁棒」を意味する「ストゥ」を項目名に当てている。

住むと死ぬ家［すむとしぬいえ］

現代に伝わる怪異。札幌市東区のある町

には、住むと死ぬと言われている空き家がある。かつてこの家には家族三人が住んでいたが全員死亡しており、それ以降持ち主が次々と入れ替わるため、現在は空き家になっているという。

合《ごう》田《だ》一道《いちどう》著『北海道 幽霊の住所録』にある。

先妻の死体 [せんさいのしたい]

アイヌに伝わる怪異。日高地方に伝わる話では、サルブト（現沙流郡《さるぐん》日高町）に住んでいた男がウラカハ（現浦河郡浦河町）の友人の家に向かう途中、その友人の妻が死んだことを知った。そこで気の毒に思いながら旅の途中、ある家に泊まると、真夜中に枕元にやってくる者がいる。目を凝らすと、蒲《がま》で編んだむしろのようなものに包まれた死人がいた。

死人に驚きつつも家の主人に悪いとやっとのことで我慢していると、死人は彼の前に座り、自分は男の友人の妻であることを伝え、友人は自分が死んだあと決して後妻を取らないと言ったのに、新妻を迎えたことを告げた。そしてその新妻は見た目は美しくても心は鬼であるため、いつか夫を殺そうとしている。そのため、新妻が持っている、夜になると光り輝く着物を奪ってほしいと頼む。そうしなければ自分と一勝負しようと言うため、男はしぶしぶ了承した。

それから男が友人の家に行くと、あの先妻を名乗る死人の言う通り友人には新妻がおり、夜になると光る着物もその家にあった。そこでどんな宝でも渡すから着物を売ってくれと頼むと、友人は了承した。

その夜中、不審な音に男が目を覚ますと、彼の目の前でばったりと友人が倒れ、そのまま死んでしまった。男は友人が着物を勝手に売ろうとしたため、先妻が言っていたように、新妻によって殺されてしまったのだろうと考え、夜のうちに逃げ帰ったという。

吉田巌《いわお》著『アイヌ童話』にある。

【た】

大蛇神社の祟り [だいじゃじんじゃのたたり]

和人に伝わる怪異。かつて広島町（現北広島市）には大蛇神社と呼ばれる神社があったが、その由来は次のように伝えられている。

明治の初めの頃、開拓期の広島町において武右衛門という人物の土地に樹齢百年を超えるタモの木が生えていた。彼は切り倒した樹木の小枝や竹の根をこの木の周りに集めていた。

何年かして、集めた小枝や竹の根でタモの木が山のように積み重なったため、火をつけてまとめて焼き払うことにした。

するとその夜から武右衛門の夢に女が現れ、「火を消してください、火を消してください」と懇願するようになった。最初の夜、女は黒髪の美しい姿をしていたが、次の夜には髪を振り乱し、目を血走らせながら同じことを懇願した。三日目には髪がすっかり抜け落ち、皮膚も垂れ下がった老婆のような姿に、四日目には白骨の姿になって現れた。

それは火が燃え尽きるまで七日間にわたって続いたが、ついに燃え尽きた。その段階になって武右衛門はタモの木の幹に空洞があることに気づき、その中を覗《のぞ》くと、巨大な白蛇が焼け死んでいた。武右衛門はそれでやっとあの夢の中に現れたのが大蛇の精だったことを理解して、大蛇の骨の一部を自宅に飾り、周辺の人々も大蛇を祀《まつ》る祠《ほこら》をタモの木の横に建てた。これが後に大蛇神社と呼ばれた。

しかし大蛇の祟りは収まらず、武右衛門の子どもたち三人は、全員成人する頃に原因不明の病に倒れて死んでしまったという。

合田《ごうだ》一道《いちどう》著『北海道おどろおどろ物語』にある。

高島おばけ［たかしまおばけ］

和人に伝わる怪異。高島町（現小樽市）で見られた蜃気楼《しんきろう》のことで、遠くの島が突然大きく見えたり、青、黄、赤、白、黄金などの光を放ったりと、幻のような光景が見えるこの現象を地元では高島おばけと呼んだという。

松浦武四郎著『西蝦夷日誌』にある。松浦は一八四六（弘化三）年にこの怪現象と遭遇しているが、この時点で正体は蜃気楼だろうと指摘している。

タクシー幽霊［たくしーゆうれい］

現代に伝わる怪異。一九八二（昭和五七）年、札幌市のタクシー運転手が、セーターを着て黒いズボンをはいた二〇歳か二一歳くらいの若い女性を乗せた。そのままタクシーは彼女が住むという平屋のアパートに着いた。女性は「今、お金を取ってきますから」と言って家に入って行った。しかしいつまで経っても戻ってこないため、そのアパートを訪ねてみると、線香の匂いが漂ってくる。どうやらこの家の家族に不幸があったらしく、弔問客の姿が見える。そこで一人を捕まえ、あの女性のことを訪ねるが、そんな人は来ていないという。中を覗《のぞ》くと、その祭壇に祀《まつ》られた写真は、今タクシーに乗せた女性のものに違いがなかった。

つまり、先ほどの女性は既に死人だったのだ。タクシー運転手が恐怖のあまり尻もちをつくと、家の主人がやってきたが、運転手の話す内容を聞いて狼狽《ろうばい》したようだった。

主人の話によれば、死んだのは彼の娘で、交際している青年の車が交通事故に遭い、二人とも即死したのだという。娘に恋人がいることを知らなかった主人はせめて二人一緒に葬儀をしてやっては、という相手の両親の提案を蹴《け》り、娘の遺体だけを家に連れて帰り、葬儀をしているところだった。

そしてタクシー運転手がその女性を乗せたのは、彼女が交際していたという青年が葬儀を上げている寺の前だった。彼女の浮かばれぬ魂が、青年の葬儀へと自ら赴いたのだ。

それからというもの、札幌市内を走るタクシーが、稀《まれ》にセーターに黒いズボン姿の女性を見かけるようになった。この女性を乗せた場合は、決してバックミラーを見ず、目的地まで連れて行かねばならないという。

合田一道《ごうだいちどう》著『北海道こわいこわい物語』にある。

タクシー幽霊の怪談は日本全国に存在するが、古いものでは江戸時代の怪談集『諸国百物語』にも同様の話がある。またアメリカなどではタクシーに乗るのではなく、ヒッチハイクをする幽霊の話が語られることが多い。札幌市を舞台に語られるこの怪談も、そういった乗り物に乗る霊が現れる現代の怪談の一例だろう。

チウエトゥナシクル・チウエトゥナシマッ

［ちうえとぅなしくる・ちうえとぅなしまっ］

アイヌに伝わる悪神。染退川《しべちゃりがわ》（現静内《しずない》川《がわ》）にいたという淵の下手に住む神で、男神がチウエトゥナシクル、女神がチウエトゥナシマッという。

この神たちは、十勝川の川上から追い出され、この川の川上にやってきた**ミントゥチ**を、他の染退川の悪神たちとともに自分の川に棲《す》まわせ、ミントゥチが人間への賦役として、川に入った人間を溺死《できし》させているのを助けたという。

久保寺逸彦著『アイヌの神謡』にある。

名前は「チウ」が「流れ」、「エトゥ」が「先端」、「トゥナシ」が「速い」、「クル」と「マッ」はそれぞれ「人、神」、「女」という意味なので、「水流を速める神」、「水流を速める女神」となろうか。

チウサンケクル・チウサンケマッ

［ちうさんけくる・ちうさんけまっ］

アイヌに伝わる悪神。染退川《しべちゃりがわ》（現静内《しずない》川《がわ》）に住む淵の神で、男神をチウサンケクル、女神をチウサンケマッという。

ある時、十勝川の川上の村で人間に化けて暮らしていた**ミントゥチ**が人々に追い出され、染退川の川上にやってきたが、チウサンケクルとチウサンケマッはこのミントゥチと意気投合し、ミントゥチが人間から取る税として川に入った人間を溺死《できし》させるようになったという。

久保寺逸彦著『アイヌの神謡』にある。

名前は「チウ」が「流れ」、「サンケ」が「出る、出す」、「クル」と「マッ」はそれぞれ「人、神」、「女」という意味になるため、「水流を起こす神」、「水流を起こす女神」という意味となろうか。

この時、ミントゥチと意気投合した神は他に**チウロリクル・チウロリマッ**、**ウェン**

カサコロクル・ウェンカサコロマッがいる。詳細は各項目参照。

チウロリクル・チウロリマッ

［ちうろりくる・ちうろりまっ］

アイヌに伝わる悪神。染退川《しべちゃりがわ》（現静内《しずない》川《がわ》）に住む淵の神で、男神がチウロリクル、女神がチウロリマッという。

ある時、十勝川の川上で人間に化けて暮らしていた**ミントゥチ**がその村を追い出され、この川の川上にやってきたが、チウロリクルとチウロリマッはこのミントゥチと意気投合し、ミントゥチが人間から取る税として川に入った人間を溺死《できし》させるようになったという。

久保寺逸彦著『アイヌの神謡』にある。名前は「チウロリ」が「渦」、「クル」と「マッ」はそれぞれ「人、神」、「女」という意味になるため、「渦の神」、「渦の女神」という意味となろうか。

この時、ミントゥチと意気投合した神は他に**チウサンケクル・チウサンケマッ、ウェンカサコロクル・ウェンカサコロマッ**がいる。詳細は各項目参照。

チチケゥ

［ちちけぅ］

アイヌに伝わる妖怪。石狩では、この化け物が天の国から降りてきて、人間を皆殺しにしてから獲物が豊富なこの地で暮らそうとしていると蜘蛛《くも》の神（**ヤオシケプカムイ**）が警告し、それを聞いた人々によって呼び出された英雄ポンヤウンペによって倒され、白骨化させられたという。

萱野茂著『カムイユカラと昔話』にある。同書によれば、チチケゥは地上に降りてくる際、姿かたちは不明だが男女で現れたと記されている。またこの話は沙《さ》流《る》郡《ぐん》平《びら》取《とり》町《ちょう》で採取されたものだという。

吉田巌《いわお》著『アイヌの妖怪説話』においては、「チチケウ」は幽霊の意味と記されている。また知里真志保《ちりましほ》著『分類アイヌ語辞典 植物編・動物編』においては、馬の尾のように長い尾を持ち、殻が小さく、足が大きく、木の上でもリスのように自由に動くことができる熊の化け物とされる。

チチケウニッネヒ

［ちちけうにっねひ］

アイヌに伝わる妖怪。毛がほとんどない獣のような化け物で、よく人を追いかける話が残る。

吉田巌《いわお》著『アイヌの妖怪説話』（『人類学雑誌』第二十九巻第七号）にある。**チチケゥ**は化け物を表す言葉としてよく使われるが、「ニッネ」は「堅い、悪い」、「ヒ」は「～もの」となるため、「チチケウニッネヒ」は「チチケゥの中でも悪いもの」というような意味となる。

国立大学法人千葉大学『アイヌ語の保存・継承に必要なアーカイブ化に関する調査研究事業第2年次（北海道沙《さ》流《る》郡《ぐん》平取《びらとり》町《ちょう》）調査研究報告書』にて萱野茂が採取した話でも、チチケウニッネヒが若い女を追いかける怪物として登場している。

チロロ川の大蛇［ちろろがわのだいじゃ］

和人に伝わる妖怪。沙《さ》流《る》郡《ぐん》日高町に住んでいた目《め》曲《まがり》という人物が遭遇した巨大な蛇。一九一六（大正五）年頃のこと、開拓のため岩手県から北海道に渡ってきた開拓民の一人である目曲は、チロロ川（現千呂露川）に同僚とともにヤマメ釣りに出掛けた。その途中、いつの間にか川に架かっていた橋を渡ったが、帰り道にはなくなっていた。

そこで辺りを調べてみると、草むらに何か太いものが通った跡がある。その跡を追ってみると生臭さが残っており、何千何万という金蠅が群がっていた。

そこでその目の前にある滝壺を覗《のぞ》いてみると、底の方で長く、太く青光りするものが動いていた。

これは普段アイヌの人たちが恐れ敬っている滝壺の主の大蛇だと考えた目曲は何とか平静を保ちながら川伝いに山を下り、途中から走って村へと帰った。

そして村の人々にその話をすると、大蛇を退治しなければならないということになって大勢が武装して山に入って行ったが、晴天だった空が突然荒れ、滝壺の一キロメートルほど手前で雷雨が降り始めた。これには人々もどうしようもなく、大蛇退治を断念し、村へと帰った。その途中に空が再び晴れたため、大蛇の力に恐れをなした人々はそれから退治に行こうとは言わなくなった。

その後、二、三年経って沙流地帯一帯で一ヶ月以上も雨が降らない日が続いた。そのため村の人々はわざと大蛇を怒らせて雨を降らせてもらおうと一人を選び、大蛇の棲《す》む滝壺に石をひとつ投げ込ませた。するとその日の午後から雷雨が降り注ぎ、人々は何とか命を繋《つな》ぐことができた。

それから再び年月が経ち、一九二二（大正一一）年、大洪水が起きてチロロ一帯の村は壊滅状態となった。その際、洪水の中で黒く巨大な物体が流れて行くのが目撃され、大蛇に違いないとなった。それから数年にわたってチロロ川は泥水ばかりが流れ、魚も捕れなくなり、これは和人があの大蛇を怒らせた祟《たた》りだとされた。

それからしばらくして日高の門別の浜に大蛇の死体が流れ着き、それを聞いたチロロの人たちは早速、出かけて白骨化した大蛇のあばら骨を一本持ち帰り、供養を行った。その大きさは厚さ一寸（約三センチ）、幅三寸（約九センチ）、長さ二尺（約六〇センチ）もあったという。

川上勇治著『サルウンクル物語』にある。アイヌに伝わっていた妖怪を開拓期の和人が目撃するという貴重な話だ。

つかずの鐘［つかずのかね］

和人に伝わる怪異。伊達《だて》市の有珠《うす》善光寺には、「つかずの鐘」と呼ばれる鐘がある。この寺に一泊すると、夜になるとどこからともなく鐘の音が聞こえてくるのだという。浜道人著『北海道・ロマン伝説の旅』にある。同書によればこの音は洞窟に波がざぶんと入り込む際の音が鐘の音のように聞こえるという説があるようだ。

月中の怪物［つきなかのかいぶつ］

アイヌに伝わる妖怪。沙流《さる》地方に伝わる妖怪で、月をあまり長く見ていると、月の中から怪物が降りて来る。それが月の中に帰るのを見れば良いが、もし帰る姿を見なければ悪い事が起こる、と言い伝えられているという。

アイヌ語の名前については記されていなかった。

アイヌに広く伝わる話に、月の中に囚《とら》われた人間の話がある。詳しくは**チュプオルシクンネ**の項目を参照。

旋風のお化け［つむじかぜのおばけ］

アイヌに伝わる妖怪。静内郡《しずないぐん》静内町（現日高郡新ひだか町）で語られたという妖怪で、旋風が人に化けたものだという。旋風のお化けはある家の娘と宝を攫《さら》い、その後、人間の男に化けて違う家に入り、その家の家具と妻を盗もうとしたが、それに気付いた家の主人に山刀《さんとう》で切り付けられた。

男は血を流しながら逃げたが、家の主人がそれを追いかけ、矢で射ろうとすると旋風に変わって消えてしまったという。

更科源蔵著『アイヌ民話集』にある。アイヌでは旋風を**ウェンレラ**と呼ぶ文化があり、魔物だと信じられていた。詳細は当該項目を参照。

手ぬぐい幽霊［てぬぐいゆうれい］

現代に伝わる怪異。苫小牧市に住むある女性がアパートの上の階に越してきた人物から手ぬぐいをもらった。夜、女性がその手ぬぐいを側に置いて眠っていると、突然何者かに首を絞められた。驚いて目を開けると、細く白い手が首を絞めている。しばらくするとその手は押し入れの方に消えて行ったが、その姿は手ぬぐいのように見えた。そのため、女性はすぐにその手ぬぐいを燃やし、引っ越したという。

合田《ごうだ》一道《いちどう》著『北海道 幽霊の住所録』にある。

手呑み魚［てのみうお］

和人に伝わる妖怪。明治時代のこと、銭函《ぜにばこ》（小樽市）のある漁師のニシン網に巨大なソイが掛かったことがあった。このソイの腹を裂いてみると、人間の片腕がそのままの形で出てきた。そのため気味が悪いとソイは捨てられたという。

湯本豪一編『明治妖怪新聞』にある。捨てられた人間の死体を魚が食ったのだろうか。

テレケイペトノ［てれけいぺとの］

アイヌに伝わる妖怪。神謡で語られる蛙の大将で、夫婦であったとされる。この夫婦は眠りの神を使ってアイヌの英雄神、オキクルミの妹を眠らせ、その様子を観察して馬鹿にしていたが、やがてオキクルミの妹が目覚めた。その後彼女は草を摘んできて息を吹きかけたが、その草が蛙に変化したため、テレケイペトノの夫婦はこれと相撲を取った。しかし突然草でできた蛙が二匹とも股から裂け、それに呼応するようにテレケイペトノの夫婦も股から体が真っ二つになり、死んでしまったという。

久保寺逸彦著『アイヌの神謡』にある。同書によれば、この話は日高町荷菜《にな》（現沙《さ》流郡《るぐん》平取町《びらとりちょう》）で採取された話だという。

名前の意味は「テレケイペ」が「蛙」、「トノ」が「殿、大将」で「蛙の大将」というような意味になる。

トイカサコロ・ムンカサコロ

［といかさころ・むんかさころ］

アイヌに伝わる悪神。染退川《しべちゃりがわ》（現静内川《しずないがわ》）にいたという淵の下手に住む神で、二神一組で川の窪地の水源に住んでいるという。

この神たちは十勝川の川上で人間に化けて暮らしていた**ミントゥチ**がその村を追い出され、この川の川上にやってきたため、これを他の染退川の悪神たちとともに自分の川に棲《す》まわせ、ミントゥチが人間への賦役として、川に入った人間を溺死《できし》させているのを助けているという。

久保寺逸彦著『アイヌの神謡』にある。

名前は「トイ」、「ムン」がそれぞれ「泥」、「草」、「カサ」は「笠」、「コロ」は「持つ」という意味になる。そのためそれぞれ「泥笠持」、「草笠持」という意味になる。川底や川辺の泥や草を頭に被《かぶ》った悪神として想像されたのだろうか。

トゥマムネノアンペ

［とぅまむねのあんぺ］

アイヌに伝わる妖怪。昔話に登場する怪物で、川をまたぐほどの巨体を持ち、木の幹のような姿をしているとされる。この怪物が川を塞《ふさ》ぎ、大口を開けると、近くに住む人々は女性か子どもの中で美しい者をこの怪物の口に投げ入れ、生贄《いけにえ》にすることで川から退いてもらっていた。ある時、オオトリカブトの女神が自らこの生贄に選ばれることを望み、その通りにすると、トゥマムネノアンペはオオトリカブトの女神を食らった後、そのまま川を流れて行き、食われたはずの女神は無事に帰ってきたという。

国立大学法人千葉大学『アイヌ語の保存・継承に必要なアーカイブ化に関する調査研究事業第2年次（北海道沙流郡平取《さるぐんびらとり》町《ちょう》）調査研究報告書』にある。この文中では詳しくは語られていないが、トリカブトがアイヌでは毒草としてよく使われていたことを考えると、オオトリカブトの女神が自ら怪物に食われることで毒によりトゥマムネノアンペを倒したのではないかと想像される。

名前の意味は「トゥマム（幹）」＋「ネノ（〜に似た）」＋「アン（ある、いる）」＋「ペ（もの）」で「木の幹に似ているもの」という意味となる。

洞爺湖の大アメマス「とうやこのおおあめます」

アイヌに伝わる妖怪。洞爺湖に出現する舟ほどもある巨大なアメマスのような魚だが、鹿を丸呑みにした際にその角で腹を破られ、その死体は川の下流の滝壺に流れ着いていたという話がある。

松浦武四郎著『後方羊蹄日誌《しりべしにっし》』にある。日付けは一八五八（安政五）年二月一日となっているため、江戸時代には既にこの巨大魚が記録されていたことになる。同書によればこの巨大魚は支笏湖《しこつこ》、摩周湖にも現れたという。

トゥレプカムイ「とぅれぷかむい」

アイヌに伝わる神。「ウバユリの神」を意味する。頭に髪がなく、かさぶたに覆われている若い女神とされ、神謡や民話では自らが食物であることを示すため、家々を回って頭からかさぶたを落とし、鍋で煮て食べさせる神として語られる。

苫小牧市に残る民話では、トゥレプカムイは様々な家を回って自分のかさぶたを食べさせようとしたが、拒否されたため談判を行って家々の宝物を奪って回り、最終的に自分のかさぶたを食べた家にその宝物を与えた上で、子どものいないこの家の夫婦に子どもの魂を与えたと伝えられている。

萱野茂著『炎の馬 アイヌ民話集』にある。

富岸地蔵の祟り「とみぎしじぞうのたたり」

和人に伝わる怪異。一八五五（安政二）年頃のこと、今の白老郡《しらおいぐん》白老町で野口某という人物が営んでいた漁場の網に一体の石の地蔵が引っ掛かった。野口某はそれを安置する堂宇を建てることを雇用人に伝えたが、雇用人はそれを無視して地蔵の首を落とし、知らぬ存ぜぬを通していた。

しかしそれから一ヶ月後、その雇用人の首に突然腫物《はれもの》が生じ、苦しみ悶《もだ》えながら死んでしまった。これは神仏の祟りだと人々は噂し、野口某も地蔵を修理して丁重に祀《まつ》った。これが富岸地蔵だという。

小林成光著『北海道縁起物語』にある。

トムンチコタン「とむんちこたん」

アイヌに伝わる怪異。夕張（現夕張市）の奥には、トムンチコタンという集落がある。この集落は熊でも川獺《かわうそ》でも貉《むじな》でも蜂でも、この世であらゆる悪いことをしたものだけが集められているという。

更科源蔵著『アイヌ伝説集』にある。和訳すると「魔の村」というような意味になるだろうか。

トヨシクナイの呪い「とよしくないののろい」

アイヌに伝わる怪異。静内《しずない》（現日高郡新ひだか町）の染退川《しべちゃりがわ》（現静内川）の支流である東川の側に、地図には載っていないトヨクシナイという沢がある。この沢ではかつて十勝から来た野盗が野営をしていたが、それが周辺の集落にばれ、集落の人間たちにより夜寝ている間に野盗たちが皆殺しにされた。そのため、草木に野盗たちの呪いがかかったとされ、トヨシクナイで取れる植物は使ってはいけないとされたという。特に知らずに蕗《ふき》を食べると、ひどい腹痛に襲われると言われている。

更科源蔵著『アイヌ伝説集』にある。

豊平川の子どもの霊［とよひらがわのこどものれい］

現代に伝わる怪異。札幌市に流れる豊平川で、かつて小学生が溺死《できし》する事件があった。その後、ある夜に中学生が豊平川沿いを歩いて家に帰っていると、川の方から子どもが泣く声が聞こえた。しかし探しても誰もいない。怖くなった少年はタクシーを拾って家に帰ったが、家の前にびっしょりと濡れた小学生ぐらいの子どもが泣いている。そのため家に入れてあげようとすると、いつの間にかいなくなっていた。

しかしそれ以来、少年の耳から子どもの泣き声が耳について離れず、ノイローゼのようになってしまった。

このように豊平川で子どもの声を聞いた人は多く、川で死んだ小学生が幽霊となったのではないかと噂された。

噂を聞いたその小学生の遺族が、泣き声が聞こえてくる地点を探すよう消防署に頼んだところ、腐乱した死体が見つかった。

それ以来、そこで小学生の泣き声が聞こえることはなくなったという。

合田一道《ごうだいちどう》著『北海道こわいこわい物語』にある。

ドンドン橋のガス［どんどんばしのがす］

和人に伝わる怪異。樺戸郡新十津川町《かばとぐんしんとつかわちょう》にあるドンドン橋は昔から霧が掛かることで知られているが、これを「ドンドン橋のガス」と呼んでいる。この霧は亡霊の魂がさ迷うことで生じるのだと言われている。

空知《そらち》地方史研究協議会著『空知の民話シリーズ第3集 空知のむかし話』にある。

【な】

泣く木［なくき］

和人に伝わる怪異。夕張郡栗山町にある、現在廃トンネルとなっている鉄道のトンネル、通称栗山トンネル。この場所の西側には、注連縄《しめなわ》で飾られたタモの切り株がある。このタモの木はかつて伐採しようとすると悲しげな泣き声を上げたり、切り屑《くず》が真っ赤な血のような色をしている、切ろうとした者が必ず病気になったり、怪我を負う、と伝えられていた。そのためこの木にはトンネル工事で犠牲になった土工夫の霊、土工夫に暴行された女性の霊が憑《つ》いているなどと噂されていたが、一九七〇（昭和四五）年頃、和寒町《わっさむちょう》の若者が酒を飲んだ勢いでチェーンソーで伐採してしまったという。その若者は急死したなどと言われているが、定かな情報ではないらしい。

小林成光著『北海道縁起物語』にある。

波の一つ目お化け ［なみのひとつめおばけ］

アイヌに伝わる妖怪。白老《しらおい》アイヌに伝わる話では、海に現れる角のある一つ目の巨大な化け物とされ、人語を話し、人間を捕まえては家に連れ帰って調理して食っていたという。ある時、山のように大きな波とともに現れたこの化け物に捕まり、家に連れ去られた少年がいたが、少年が大切に飼っていた小鳥が助けに来てくれたために逃げることができた。また化け物の家にあった宝を持ち帰って裕福になったとされる。

吉田巌《いわお》著『アイヌ童話』にある。

ニスフチ ［にすふち］

アイヌに伝わる妖怪。「臼《うす》の祖母」を意味する名前で、臼が老婆の姿になって人間の子を育てた話が白老郡《しらおいぐん》白老町に伝わっている。それによれば、ある人々が村を作って暮らしていたが、そこに別の村の人々が攻めてきて、その村の人間を皆殺しにしてしまった。しかし村を作った夫婦は幼い子どもを臼の中に隠したため、その子だけは死を免れた。

子を託された臼は老婆の姿になり、その子を山奥へと連れて行って育てた。そして子が大きくなり、山で熊や鹿を獲れるようになった頃のこと。その子どもは山で出会った二人の男を自分でもよく分からないまま殺したくなり、二人のうち一人を実際に殺してしまった。

そのことは誰にも言わなかったが、彼を育てた老婆は知っていた。そして彼女は自分の正体が臼であることを告げると、その子どもが殺した男こそ、かつて彼の両親をはじめとした村人たちを皆殺しにした村の首長であり、子どもが殺される前に殺させたのだと告げる。

そして逃げ帰ったもう一人が人々を連れて攻めてくるであろうことを告げ、ニスフチは自身で作った矢を子に渡し、人々が攻めてきたら「どちらが悪いかは神に決めてもらおう。もし俺が悪いのであれば、俺はお前たちの矢に当たって死ぬだろう。もし当たらなかったら逆に俺がお前たちを射る。それで勝負を決めよう」と言うように教えた。

翌日、実際に大勢が攻めてきたので、子はニスフチの言う通りにすると、攻めてきた者たちの放つ矢は子に当たった瞬間に砕けて傷一つ付けることはできなかった。逆に子の放った矢は次々と当たり、攻めてきた者たちを残らず殺してしまった。

子が家に帰ると、ニスフチは彼に人には見えない鎧《よろい》を着せていたのだと教え、自分は神の国に昇ると告げた。そして子にもう一度両親のように村を作りなさいと言い、酒でも造ったときには自分にも捧げてほしいと言った。

子は泣いてずっと一緒にいてほしいと懇願したが、夜が明けるとニスフチの寝床には朽ち果てた臼がひとつあるのみだった。子は悲しみに暮れながら、木幣《もくへい》を作り、臼を祭壇に持って行った。そしてニスフチに言われた通り、立派な村を作ったという。

更科源蔵著『アイヌ民話集』にある。

ニタッテウナルベ［にたってうなるべ］

アイヌに伝わる妖怪。「湿地の小母《おば》」を意味する妖怪で、沙流郡平取町《さるぐんびらとりちょう》では以下のように語られる。

破りかけの木炭籠のようなぼさぼさの髪をかぶり、気味の悪い姿をしている。しかし、髪を分けて顔を出すと輝くばかりに美しい顔が見え、木の枝に腰掛け、歌声を発すると、辺りに灯《ひ》がともったように明るくなる。

ニタッテウナルベの美しさに迷って近付き、彼女と関係を持った人間は運が悪くなり、時には死んでしまったりするという。実際にニタッテウナルベと遭遇し、その話に乗ったことでそれ以降獲物が獲れなくなったという話もある。

更科源蔵著『アイヌ民話集』にある。同書によれば、これは林に棲《す》む**ケナシウナルペ**と同じものであるという。詳細は当該項目を参照。

ニッネプリ［にっねぷり］

アイヌに伝わる怪異。「魔神の山」を意味する名前で、石狩方面に存在したという。この山には魔神たちが隠れ住んでおり、常に人間の世界を邪魔していた。そこで**オタシトンクル**というアイヌの英雄がそれを退治するため、六日六晩にわたり戦った。この戦いで多くの魔神が倒されたが、その頭領とは容易に決着がつかず、なおも激しい戦いが続いた。

しかし次第に魔神の頭領は弱り、黒雲を吐いたり雨を降らして逃げ回ったが、そのたびにオタシトンクルに見つかるため、最後は雄阿寒《おあかん》という男神に助けを求めたが、雄阿寒は無言で殴りつけた。このため魔神の頭領は次に雌阿寒《めあかん》という女神に「隠してくれ！」と助けを求めたところ、情にもろい雌阿寒は彼を内懐《うちぶところ》に隠してやった。

これを知ったオタシトンクルは非常に腹を立て、雌阿寒に直談判《じかだんぱん》してこの魔神の頭領を引きずり出し、斬殺したうえで雌阿寒を呪い、お前の懐からは、いつまでも臭い息が出て膿《うみ》が流れるだろうと告げた。このため雌阿寒の懐からは、臭い噴煙が上がり、硫黄の膿が流れるようになったのだという。

更科源蔵著『アイヌ伝説集』にある。

ヌイコロベ［ぬいころべ］

アイヌに伝わる妖怪。有珠山《うすざん》を噴火させた悪魔とされる。

吉田巌《いわお》著『夢に関するアイヌの説話』（『人類学雑誌』第二十八巻第七号）にある。

意味は噴火を引き起こしたことを考えるに、「ヌイ（炎）」＋「コロ（〜を持つ）」＋「ペ（もの）」で「炎を持つもの」だろうか。

ヌプリコルカムイ〔ぬぷりころかむい〕

アイヌに伝わる神。「山を支配する神」という意味で、かつて日高の幌尻岳《ぽろしりだけ》にいた熊だという。この熊は時を経て足から人間に変わっていき、人間の女と恋をして子どもが生まれた。その子孫は千歳に住み、今でも幌尻岳に酒を捧げる人がいるという。

更科源蔵著『アイヌ伝説集』にある。同書には他にもこんな話が載せられている。

昔、平取《びらとり》（現沙流郡平取町《さるぐんびらとりちょう》）の奥にきれいな娘がいたが、どういうわけか腹が膨れてきたので理由を聞くと、毎晩若い男がやってくるのだという。

そこで集落の者たちが見張っていると、川上から大きな熊が下ってきて、足から順に男の姿に変化し、娘の家に入って行った。

それから娘は子どもを産み、その子孫が増えたため、この集落の人は熊の子孫だから毛が多いのだ、と言われるようになった。

ヌプルカンピ〔ぬぷるかんぴ〕

アイヌに伝わる怪異。霊力を持つ紙のこと。日高地方に伝わる物語では、この紙に呪文を吹き込んで自分が殺した子どもの姿にし、その子どもの両親の元に戻した、という展開が語られている。

吉田巌《いわお》著『アイヌ童話』にある。「ヌプル」は「霊力のある、霊感がある」、「カンピ」は「紙」を表す言葉。

猫の妻〔ねこのつま〕

アイヌに伝わる妖怪。日高アイヌにこんな話が残されている。昔、石狩の海の近くにヨサッポロという首長がいた。ヨサッポロの召使いの一人に若い男がいたが、この男はヨサッポロの命で山に猟に向かった際、そこで狼の群れに襲われる。そのため男は崖の倒れかかった木に登ったが、狼たちは男を食おうと襲い掛かってくる。しかし男は太刀を抜き、狼に向かって構えたので、狼たちもなかなか近づけない。

すると狼たちは木の根元を掘って木を倒そうとしたが、固い岩があり、うまくいかない。そのうち、狼の一匹が「おい、この男の主人の妻を呼んで来い」と言った。

それを怪しく思っていると、狼が一匹の大猫を連れてやってきた。猫は木の根に取り付き、男に迫って食いつこうとする。そのため男が太刀を振り下ろすと、刃が猫に当たり、猫はそのまま崖下の川に落ちた。

これを見た狼たちが逃げて行ったため、男は木から降り、ヨサッポロの家に戻った。

すると、どうもヨサッポロの妻が突然手が痛んで苦しんでいるという。先ほどの狼の話から、もしかしたらヨサッポロの妻の正体はあの猫なのではないかと思った男が彼女の傷を確認すると、それはやはりあの猫を斬った際の傷に違いなかった。男はヨサッポロの妻の傷を治すと言って大釜に煮えたぎった湯を用意し、彼女をその中に放り込んで蓋《ふた》を閉めてしまった。そしてヨサッポロに事情を話し、大釜の蓋を開けると、大猫の死体がそこにあった。そして本当のヨサッポロの妻は、死骸となって土間の下に埋められていた。

　男はこの功績により、たくさんの宝を褒美にもらったという。

　吉田巖《いわお》著『アイヌ童話』にある。アイヌに伝わる話とされているが、話の筋は日本中に伝わる「千疋狼《せんびきおおかみ》」、「鍛冶屋《かじや》の婆《ばばあ》」といった伝承をほぼ踏襲している。特に主人公の主の妻の正体が猫だという話は島根県松江市に伝わる「小池婆」の話に類似している。和人の話が舞台をアイヌとして語られたものだろうか。

鼠の宿穴［ねずみのやどあな］

　アイヌに伝わる怪異。日高地方に伝わる話に登場する。昔、一人の長者が山に行き、ひとつの洞穴を見つけた。長者が中に入ってみると、中には家があり、お爺さんとお婆さん、そして男児がいて、長者をもてなしてくれた。長者が寝るとき、彼らは長者が食べるためにか、枕元まで食物を煮た鍋を持ってきてくれた。しかし夜中、その鍋に鼠が入っているような音がしたため、長者が持ってきた毒を鍋に入れると、音がそのままやんだ。

　翌朝、鍋の中身を見てみると、鍋の中で鼠がたくさん死んでおり、家だと思ったものもただの鼠の巣だらけの穴となっていて、お爺さんたちも消えていた。そこで長者は鼠に化かされたことを知ったという。

　吉田巖《いわお》著『アイヌ童話』にある。

呪いのコンピューター［のろいのこんぴゅーたー］

　現代に伝わる怪異。札幌市中央区でのこと。あるプログラマーが深夜まで残業していると、席を立っている間に突然パソコンの画面に大量の意味不明な文字が並んでいた。これが連日続いたため、同僚に頼んで様子を見てもらうことにした。

　すると同僚が見ている前で、そのプログラマーが突然気を失ったように首をだらりと落とし、手だけが猛烈な勢いでキーボードを叩き出した。それを知ったこのプログラマーが会社に戻ってくることは二度となかった。

　実はこのパソコンは、一年前に別のプログラマーが使っていたが、そのプログラマーは既に自殺していた。その霊がパソコンを使っていた人物に取り憑《つ》いたのだろうか、という話になった。

　その後、パソコンは中古として売りに出されたため、もしかしたら別の誰かの手に渡ったのかもしれない。

　森影依《やすし》著『北海道怪異地図』にある。

化海獣「ばけかいじゅう」

和人が残したアイヌの記録に登場する妖怪。昔、室蘭に漁を家業としているシャウチクという男がいた。シャウチクは毎日漁に出ていたが、ある時から急に痩せ疲れ、いつも独りで家の中にいて、誰か客を相手にしているように話したり笑ったりするようになった。

そんなある日、シャウチクの友人が彼の家に集まり、酒盛りをしたが、そこでシャウチクは自分のところに毎晩のように神様のような美しい女が来るが、最近疲れたので誰かに譲ろうと思う、などと言う。そこでその美女がどこにいるのかと友人が問うと、そこにいると言う。しかし友人たちの目にシャウチクの言う美女の姿は見えなかった。

シャウチクの話を聞き、整理してみると、船で漁をしていた彼の元にどこからともなく一人の美しい女が現れ、船に乗ってきた。それからその女は毎晩のように彼の元を訪れるようになったが、あの酒盛りの晩以来、姿を見せなくなったという。これは海獣たちのいたずらではないかと地元の老人が語ったようだ。

最上徳内著『渡島筆記《おしまひっき》』にある。人ならざる存在が毎晩家を訪れ、それによって男が衰弱していく展開は浅井了意の『伽婢子《おとぎぼうこ》』に収録された『牡丹灯籠《ぼたんどうろう》』に類似しており、アイヌに残る伝説であったのか、徳内による脚色が入っているのかは判断が難しい。

ばけべん「ばけべん」

現代に伝わる怪異。小樽市のある小学校の旧校舎にあったというトイレで、手洗い場で排水口に人が吸い込まれたという。

学校の怪談編集委員会編『学校の怪談16』にある。ばけべんは漢字にすれば「化け便」だろうか。

パケママッ「ばけままっ」

アイヌに伝わる神。「頭の焼けた女」という意味で、疱瘡《ほうそう》神（パヨカカムイ）の妻と伝えられる。静内《しずない》（現日高郡新ひだか町）における話では、昔、染退川《しべちゃりがわ》（現静内川）の付近の農村にノルヤルケマッという髪の毛のない女がいたが、通りかかった疱瘡神がこの女をすっかり気に入り、疱瘡神の仲間として、新たにパケママッという名前を与えたという。

その後、パケママッは故郷の人々の夢に

現れ、「これからは昔の仲間の目印として笹を束ねて家の屋根に立てなさい」と伝えた。こうすると、パケママッが病気の神に話をし、その目印のあるところには寄らないように頼んでくれると伝えられる。

　更科源蔵著『アイヌ伝説集』にある。同書によれば、別の話ではパケママッは狂気に陥った人間の女であったが、この女は鳥の姿になって、同じく鳥の姿の疱瘡神とともに天へと飛び立った、と語られている。このためパケママッの名を言って頼むと疱瘡神はその人や家に近寄らないと伝えられたほか、パケママッは神になった後「オトプルケマッ（髪の溶けた女）」と呼ばれたという。

ばけもの沼［ばけものぬま］

　和人に伝わる怪異。美唄市《びばいし》の美唄原野にある沼は、地元の人々にばけもの沼と呼ばれて恐れられている。この沼には化け物が棲《す》み着いており、人を呑むのだと考えられている。

　空知《そらち》地方史研究協議会著『空知の民話シリーズ第1集 空知のむかし話』にある。同書では、この沼には実際に化け物が棲んでいるのではなく、底なし沼に足を取られて死んでしまう人が多かったため、そのような話が生まれたのではないかと考察されている。

橋姫さま［はしひめさま］

　和人に伝わる神。橋を守る神とされ、現在の岩見沢市に伝わる。開拓期のこと、岩見沢ではある川に橋を架けようとしても、なぜか架け終わったその日に大雨が降り、流されてしまうということが続いていた。そのため人身御供《ひとみごくう》を立てねばならないのだろうかと人々が話し合っていたところ、一人の老人が、昔から橋の工事をした際には宮を作って祀《まつ》るものだから、今度は先に宮を作ってお願いしてはどうかと提案した。

　そこで橋ができる予定の場所の近くに宮を作り、毎日工事の始めと終わりにその宮にお参りするようになった。時には畑の作物や果物、餅などを供えた。

　そして新たに橋桁《はしげた》を渡した夜。いつものように橋が流されているのではないかと心配になり、村の何人かが夜中に川の様子を見に行くと、宮の前に美しい女が立っていて、橋桁の上を向こう岸まで歩いて行き、今度は向こう岸から渡ってくると、宮の中へと入って行ったという。

　これにより村人たちは神様がお守りしてくださっているからもう大丈夫だと工事を進め、立派な橋が出来上がった。それから、橋の側の宮は「橋姫さまのお宮」と呼ばれるようになり、皆が毎日お参りに行ったという。

　伊東博著『いわみざわの民話 第三集』にある。

　橋姫は日本全国で語られる女神、もしくは妖怪で、各地で橋の周辺に橋姫が祀られている。橋を守る神様であるが、嫉妬深さや凶悪な性質が付与されることも多い。

『平家物語』などで有名な京都の宇治川に祀られる橋姫は、嫉妬に狂った人間の娘が貴船《きふね》神社に七日間籠り続けて自身が鬼神になり、妬《ねた》ましい女を取り殺したいと願ったところ、貴船明神から鬼になりたくば、姿を変えて宇治の川に二一日にわたって浸れと告げられる。そこで娘は髪を五つに分けて五本の角に見立て、顔には朱をさし、体には丹を塗って鉄輪《かなわ》を被《かぶ》り、鉄輪の脚には松明《たいまつ》を燃やし、さらに両端を燃やした松明を咥《くわ》え、宇治川に浸った。すると生きながら鬼になった、という伝説が残されている。この橋姫は次々と妬んでいた女やその周辺の者を殺し、しまいには区別なく人を殺したため、渡辺綱《わたなべのつな》という武士によって腕を切られたとされる。この話は能『鉄輪』などの元になった。

ババサレ［ばばされ］

現代に伝わる怪異。話を聞いた人間の元に一週間以内に現れるという老婆で、死体の骨を持って現れるという。

この老婆と実際に遭遇した札幌市豊平区在住の女性の話では、夜に一人で家にいた際にドアをノックする音が聞こえ、「はい」と言ったが誰も来た様子がない。しかし再びノックの音が聞こえ、直後に老婆が出現した。その瞬間に「ババー去れ」と三回唱えたところ、老婆は消えてしまったという。合田《ごうだ》一道《いちどう》著『北海道 幽霊の住所録』にある。「ババー去れ」といった類の呪文を唱えることで撃退できる怪異は全国にある。この老婆たちは「ババサレ」、「バーサレ」という呪文で撃退できることが多いことから、怪異の名前もそれが使われる傾向にある。また話を聞くと一定期間以内に現れるという特徴を持つことが多い。

この話に出てくる老婆も類似した特徴を持つため、ババサレ系統の怪異の一種だろう。ただ死体の骨を持っているという性質を持っているのは珍しい。

速水［はやみ］

和人に伝わる妖怪。夕張郡長沼町にはこんな話が伝わっている。明治末期の頃、ある母娘が家へ帰るための汽車を待っている途中、長沼から来た速水という青年と知り合った。三人はすぐに親交を深めたが、そこで速水が娘を嫁に欲しいと願った。そして自分の家があるというオサツトウ（長都《おさつ》沼《ぬま》）で採れたカラス貝の真珠を娘に渡し、いつか自分の元に訪ねてきてほしいと言った。

それから母娘はオサツトウを訪ねるため長沼に向かったが、そこで泊まった宿の主人はこの辺りに速水という人間はおらず、そのような真珠を渡すのは沼の主に違いないと言う。

それでも母娘は一度はこの目で確かめなければと沼に向かったところ、辺りには一軒も民家はなかった。茫然《ぼうぜん》としている娘を見た母は、何かを決心してカラス貝の真珠を沼に向かって投げた。すると体長六尺（約一・八メートル）もある大きい鯉《こい》が姿を現し、また水の中に潜っていったため、二人は慌てて逃げ帰ったという。

空知《そらち》地方史研究協議会著『空知の民話シリーズ第1集 空知のむかし話』にある

日高の大鹿 ［ひだかのおおしか］

アイヌに伝わる妖怪。日高の山に現れたという巨大な鹿で、十勝アイヌと日高アイヌによって倒されたという。談判の結果、鹿の亡骸《なきがら》は十勝アイヌと日高アイヌで等分に分けられることになったが、それでも普通の鹿の五頭分の重さがあったというから、元々は普通の鹿一〇頭分の重さがある巨大な鹿であったと考えられる。

千葉章仁著『十勝アイヌの伝説』にある。

瓢簞沼の怪 ［ひょうたんぬまのかい］

和人に伝わる怪異。岩見沢市には釣り人や子どもたちから瓢簞沼と呼ばれている沼があるが、この沼では様々な怪現象が起きるという。

沼のへりに立って水面を眺めていると、沼の水が七色に変わったり、轟音《ごうおん》がして光り輝くことがある。また近づいても近づいても沼に辿り着けないかと思えば、気が付いたら沼の中に体半分が沈んでいる。時には沼の中に怪しい女が立っており、その女に呼ばれることもあるという。

この沼には主がおり、鮒《ふな》とも鯉《こい》とも言われている。また近くに狐が棲《す》んでいて、それに化かされるのだという話もある。とにかく怪しい話がたくさん残る沼のようだ。

奥保・伊東博・鈴木春男著『いわみざわの民話』にある。

びわ橋 ［びわばし］

江戸時代前期の頃、一人の僧侶が毎年水害があるため、それを鎮めてほしいと頼まれてダルミ川（現岩見沢市）にやってきた。僧侶は川の近くに小屋を作り、経を唱え、それが終わると琵琶を弾きながら物語を語った。それが終わると僧侶は川岸に琵琶を埋め、赤ダモの苗を植えると小屋を片付け、帰って行った。

それから何十年かの時が流れ、赤ダモは大きな木に育っていた。そして不思議なことに、大雨が降ると琵琶を埋めた場所の周辺に琵琶の形をした沼ができ、いくらでも水が貯まるようになり、水害はなくなった。

この沼には橋が架けられたが、いつしか「びわ橋」と呼ばれるようになった。それから年月が経ち、赤ダモの木は切り倒され、橋も架け替えられたが、今でも秋の月夜に橋のたもとに行くと、あの僧侶が弾いた琵琶の音が聞こえてくるという。

伊東博著『いわみざわの民話 第一集』にある。

不燃鳥 ［ふねんどり］

和人に伝わる妖怪。一八九八（明治三

一）年六月一三日、後志国《しりべしのくに》高島郡祝津村《しゅくつむら》（現小樽市）である男性の死体を火葬したところ、その腹の中から鳥が現れた。不思議なことにこの鳥は火に当てても燃えず、その姿は体は六寸（約一八センチ）、足は蛙のような形で五寸（約一五センチ）もあり、尾は鼠のようだが頭と体は鳥で、翼も持っていたという。

湯本豪一編『明治妖怪新聞』にある。同書によれば、これは明治三一年六月二八日付の『都新聞』に掲載された記事に出てきた妖怪だという。

冬花魁 ［ふゆおいらん］

和人に伝わる怪異。札幌市南区藻南《もなみ》公園近くの豊平川の河畔には、冬になると花魁《おいらん》の幽霊が現れると伝えられている。この花魁は吹雪の日によく現れ、手招きについて行った者は生きて帰れないという。

合田一道《ごうだいちどう》著『北海道こわいこわい物語』にある。筆者命名。

同書によれば、この花魁は一八九五（明治二八）年頃、札幌の呉服屋の若旦那が東京の吉原から無理に身請けした花魁だったが、この花魁には想い人がおり、東京に帰ろうとしたため、座敷牢に監禁された。しかしある冬の日、花魁は檻《おり》を破って外に出て、そのまま豊平川で溺死体《できしたい》となって発見される。それ以来、その付近で泳ぐと花魁に川に引き込まれるという噂や、花魁に手招きされ、ついて行くと必ず死ぬ、といった話が語られるようになったという。

古狼のお化け ［ふるおおかみのおばけ］

アイヌに伝わる妖怪。日高アイヌに伝わる話では、年を経た狼は人間に化けることができ、人間を騙《だま》しては食い殺していたとされる。人間に化けた際には顔の半分が黒くなるという。

吉田巌《いわお》著『アイヌ童話』にある。顔の半分が黒いという特徴は、その者が人ならざる怪物であることを表す記号としてたまにアイヌの物語に登場する。

古十呂盤の化け物 ［ふるそろばんのばけもの］

アイヌに伝わる怪異。十呂盤は算盤《そろばん》のこと。日高アイヌに伝わる話では、こう語られている。昔、一人娘を持った夫婦がいた。娘は年頃となったため、夫となる者を探していたが、ある時、山で頭が三つある恐ろしい化け物に攫《さら》われてしまった。

その化け物が自分の着物の裾を切って鍋に入れ煮込むと、おいしそうな料理となった。娘がそれを食べると、今度は灰を鍋に入れて火にかけ、米に変えてみせた。

翌朝娘が目を覚ますと、昨日まで草小屋であった化け物の家が立派な金の家になっていた。化け物は娘にこんな話をした。

かつてこの場所にはアイヌの村があったが、流行病で全滅してしまった。自分はこの村で使われていた算盤であったが、この年になってお前を見つけることができて幸せだ。ひとつお祝いに酒を造るがよい。

これに娘は喜び、さっそくお酒を造った。そしてたくさんの人を集め、娘と算盤の化け物は夫婦となった。そして仲睦《なかむつ》まじく暮らし、子孫が繁栄したという。

吉田巖《いわお》著『アイヌ童話』にある。

プルプルケの怪「ぷるぷるけのかい」

アイヌに伝わる怪異。一九三七（昭和一二）年頃のこと、沙流郡平取町《さるぐんびらとりちょう》の山奥にプルプルケという場所があった。カブさんと呼ばれていたアイヌがプルプルケの小沢の入口にある小屋に泊まっていたところ、夜更けに小屋の入口をどんどんと叩く音がして、外に出たが誰の姿もなかった。

カブさんが再び眠ろうとしたところ、今度は小屋の周りを取り囲むようにアイヌの声が聞こえてきた。彼らは賑やかに歌を歌い、輪になって踊っているようだった。カブさんが耳を澄ませてみると、アイヌの女性が歌うシノッチャ（恋唄）やウポポ（合唱）の声が聞こえてくる。このためカブさんは気味悪くなり、カムイノミ（神への祈り）を捧げたところ、その間だけアイヌたちの声が聞こえなくなった。

しかしカムイノミをやめて床に就くとやはりアイヌたちの声が聞こえてくる。その声は近くなったり遠くなったりしながら、次第に小屋への距離を詰めているようだった。さらに「カブアチャボ（カブおじさん）」という声までするため、カブさんは勇気を出して石油ランプに火をつけ、小屋の外へ出てみた。しかし人影はもちろん、誰かがいた足跡さえもなかった。

そのままカブさんは一睡もできないまま夜を過ごしたという。

川上勇治著『サルウンクル物語』にある。これはアイヌの血を引く著者の知り合いである通称カブさんというアイヌが実際に体験した話だという。

同書によれば、アイヌでは沢の入口近くは善い神、悪い神の通り道となっており、寝泊まりするのに適さないとされているが、カブさんは小沢の入口の小屋に泊まったため、**ウェンカムイ**にひどい目に遭わされたと語られていたことが記されている。

分身ジジイ「ぶんしんじじい」

現代に伝わる怪異。あるタクシー運転手が夜一二時頃、九〇歳ぐらいの老爺《ろうや》をタクシーに乗せた。ところが一〇分ほど経つと老爺《ろうや》の姿はなぜか五人に増えていた。老爺たちは狭い座席でじっと座っていたが、しばらくすると元の一人に戻っていたという。

合田一道《ごうだいちどう》著『北海道 幽霊の住所録』にある。札幌市豊平区から投稿された話とのこと。筆者命名。

平和の滝「へいわのたき」

現代に伝わる怪異。札幌市西区にある平和の滝。ここは様々な幽霊が出現する心霊スポットとして知られている。人が立てるはずのない場所に立っている人影があったり、滝を見つめている死者と出会うことがあるという。噂では、この滝で自ら命を絶った人々なのではないかと言われている。

森影依《やすし》著『北海道怪異地図』にある。

ペコンヂカムイ［ぺこんぢかむい］

アイヌに伝わる悪神。「水の帽子を被《かぶ》る神」を意味する。沙流川《さるがわ》の支流である額平《ぬかびら》川《がわ》の川向こうに砦《とりで》があり、そこにウェニクンヂという老人がいた。ある時、この砦に十勝の野盗が攻めてきた。しかしウェニクンヂは強く、なかなか攻めきれなかったため、砦の下に萱《かや》を積み上げ、火を放った。

そのためウェニクンヂは川下の崖の神、ペコンヂカムイに頼んだところ、にわかに雨が降って火を消し止めてくれた。しかしこのペコンヂカムイは善神ではなかったため、この砦はやがて滅んでしまったという。

更科源蔵著『アイヌ伝説集』にある。

ペポソインカラ［ぺぽそいんから］

アイヌに伝わる妖怪。「水から透かして見る」という意味の名前を持つ化け物で、神や人が魚を捕るのを阻害するとされる。

登別《のぼりべつ》市に伝わる話では、この妖怪が**ホロケウカムイ**（狼の神）が食料を獲るのを邪魔していたため、白狐の神によって目をヨモギの矢で射られ、白骨化したという。

萱野茂著『炎の馬 アイヌ民話集』にある。

同書によれば、これと似た妖怪に**キナポソインカラ**、**イワポソインカラ**という妖怪がいるという。詳細は当該項目を参照。

ポシウシ［ぽしうし］

アイヌに伝わる怪異。亡霊と化し、アイヌの人々を襲ったというアイヌの女性。明治時代より前のこと、沙流郡平取町《さるぐんびらとりちょう》の二風《にぶ》谷《たに》に布施重右衛門という和人がいた。この和人は当時アイヌ社会で禁じられていたにもかかわらず、アイヌの娘と結婚した上、妻の妹であるポシウシとも心を通わせ、密通するようになった。これには最初の結婚は見逃していたアイヌの人々も怒り、アイヌの戒律では罰することができない布施重右衛門の代わりにポシウシに罰を与えた。ポシウシは片足の腱《けん》を切られ、鼻を削《そ》ぎ落とされた。コタン（村）一番の美女と評判だったポシウシは、見るも哀れな姿になってしまった。

責任を感じた布施重右衛門はこのポシウシを新たに妻として長年連れ添ったが、七五歳になったとき、自分の足で歩けるうちに故郷に帰り、故郷で死にたいと彼女を捨てて南部（現岩手県）に帰ってしまった。

ポシウシは泣いて縋《すが》ったが、最後には承諾し、彼を見送った。ポシウシは離れていく船を追って不自由な足で何度も転びながら走り、夫を呼んだが、彼は彼女に謝りながら遠くへ去ってしまった。

それから何年か経ち、ポシウシはぼんや

りと日々を過ごしていた。彼女には子どもがいなかったが、彼女の姉と布施重右衛門との間に生まれた子どもたちが彼女の世話をしてくれていた。

　そして日が経つにつれて、ポシウシの中で、自分の腱を切り鼻を削いだコタンの者たちへの恨みが強くなっていった。ポシウシはその恨みを何とか晴らしたいと考えた。自分を捨てた夫よりも自分を傷つけた者たちへの恨みが勝ったポシウシは、死後にその復讐《ふくしゅう》を遂げることにした。

　死期が迫ったポシウシは、自分の世話をしてくれる姉の子どもたちに「私は死んでも神の国へは行かず、恨みを晴らす」と告げた。そして「私が死んだその日から、夜お前たちや子どもが外の便所に行くときは必ず着物の袖を頭に被《かぶ》せて出ておくれ。間違ってお前たちに悪さをしないように、私は着物の袖を頭に被った者には手を出さないことにする」と告げた。

　そしてポシウシが死んだ。その葬式が済まないうちから、ポシウシの亡霊がコタン中に現れるようになった。

　月の明るい夜、外に出たあるアイヌは目の前にポシウシが立っているのを見た。片手で杖《つえ》をつき、もう片手でまさかりを担いだ黒い老婆の姿をしていたという。そしてこの亡霊が現れて以来、コタンで次々と変死体が見つかるようになった。

　時にはこの亡霊は戸口を突き破って家の中に侵入した。その際には眠っていたはずの子どもが既に息絶えていたという。

　ポシウシの亡霊は毎晩のように出現したため、コタンのアイヌたちは彼女を鎮《しず》めるためのカムイノミ（祈禱《きとう》）を行ったが、亡霊はなおも現れ続けた。そのため二風谷のアイヌたちは門別の日蓮宗の和人の名僧を呼び、ポシウシを供養してもらった。それでやっと亡霊は出なくなったという。

　川上勇治著『サルウンクル物語』にある。同書によれば川上は実際にこのポシウシの亡霊を見た人々に話を聞いており、それによれば亡霊騒動があったのは一九〇〇（明治三三）年頃であったという。

幌尻岳の白熊 ［ぽろしりだけのしろくま］

アイヌに伝わる神。日高山脈の幌尻岳には、かつて白熊がたくさん棲《す》んでいたという。この白熊は白い神様と呼ばれて敬われ、決して彼らを獲ろうとする者はいなかった。

　この幌尻岳の頂には大きな沼があり、いつも波が立っていた。この波の音が聞こえる辺りまで行くと白熊の姿が見えるが、それを見た瞬間に大風が吹き、人間は木の葉のように山の麓まで吹き飛ばされてしまう。しかし不思議なことに怪我はないという。

　更科源蔵著『アイヌ伝説集』にある。

ポロトゥクシシ ［ぽろとぅくしし］

アイヌに伝わる妖怪。幌尻岳《ぽろしりだけ》の頂上にあるという沼、**カイカイウント**の主とされる巨大なビワマスだという。

知里《ちり》真志保《ましほ》著『分類アイヌ語辞典 人間編』にある。カイカイウントについては当該項目参照。同書によれば、この沼に棲《す》む神は大蛇の**サクソモアイェプ**ともいわれているようだ。ポロトゥクシシはアメマスを表すアイヌ語でもある。

ポンモユク［ぽんもゆく］

アイヌに伝わる不思議な動物。ポンモユクは子狸を指す言葉だが、アイヌには子狸が空飛ぶ籠《かご》に乗って人間を津波から救った話がある。

天の中でも低い位置にあるランケカントという世界を領有する神の召使いであったポンモユクは、神々が人の世界は夢のように素晴らしい場所だと語っているのを聞いて、人の世界を見てみたいと思った。特にシシリムカ（沙流川《さるがわ》）は素晴らしいと聞いたため、カネシンタ（鉄の揺《ゆ》り籠《かご》）に乗って人間界に降りた。そこで人間界の美しさに感動したポンモユクだったが、帰りに漁をしている人々が津波に襲われそうになっているのを見つけ、波を鉄の扇で仰ぎ、鎮めて人々を救った。これにより人間たちが崇拝する神、カムイフチ（カムイ・フッチ）に感謝され、人々からはたくさんの酒が捧げられたという。

ニコライ・ネフスキー著『アイヌ・フォークロア』にある。同書によれば、この話は一九二二（大正一一）年の小樽市にて採取されたものだという。

【ま】

魔の踏切［まのふみきり］

和人に伝わる怪異。芦別市《あしべつし》のなまこ山の麓には、かつて人々に魔の踏切と呼ばれた踏切がある。ある春の日、一人の女性がこの踏切を通っていたが、いつもは走っている時間ではないのに、汽笛も鳴らさずに汽車がこの踏切を通ったため、轢《ひ》き殺されてしまった。それからというもの、この踏切で毎夜、火の玉が上芦別の方に向かって飛んでいくようになった。人々は残した病気の夫と子どもを心配する女性の思いが火の玉になって飛ぶのだろうと話し、夫と子どもの面倒を見ることとした。

そのため、子どもは一人前になるまで育ったが、夫は一時健康を取り戻したものの、一年ほどで亡くなったという。

空知《そらち》地方史研究協議会著『空知の民話シリーズ第3集 空知のむかし話』にある。

ミニちゃん人形 ［みにちゃんにんぎょう］

現代に伝わる怪異。札幌市のある家にあるミニちゃんと呼ばれる人形は、夜になると目の形が恐ろしいものに変わる。また勝手に動き出し、夜一二時に人形の持ち主である少女がトイレに行こうとした際、この人形に襲われ、首を絞められたという。

学校の怪談編集委員会編『学校の怪談16』にある。目の形がどのように変わるのか、具体的なことは不明。

宮嶋沼の怪物 ［みやじまぬまのかいぶつ］

和人に伝わる妖怪。樺戸《かばと》郡《ぐん》月形町《つきがたちょう》の宮嶋沼には主がいると伝えられている。明治の終わり頃、ある女性がこの沼にジュンサイを採りに行った時のこと、舟に乗っていると、水面にさざ波が立って鶏の赤いとさかのようなものが現れた。このとさかは舟に向かって高速で迫ってきた。そのため女性は逃げ帰ったが、それから間もなく原因不明の病に倒れ、亡くなったという。

空知《そらち》地方史研究協議会著『空知の民話シリーズ第1集 空知のむかし話』にある。

ミンタラコロカムイ ［みんたらころかむい］

アイヌに伝わる神。庭の神のこと。日高地方のアイヌには、庭の神に纏《まつ》わるこんな話が伝わっている。

昔、あるところに神でも人でもない、不思議なお化けがいた。このお化けはどうしたわけか赤、青、紫、黄色に彩られた着物を着ており、また非常に酒が好きだった。そのため他の神に供えられる酒を見てはそれを飲みたいと考えていたが、誰も自分に酒を供えてくれないため、遺恨を晴らそうとアイヌの国を泥の海にしてアイヌたちを殺してしまおうと考えた。しかしそれが一人の神にばれ、人間の世界に近い場所まで連れて行かれた末に眠っているうちに体を刀でばらばらに切り刻まれてしまった。そしてその肉片は人間界にばらまかれたが、やがてそこから赤、青、紫、黄色、その他二色の合計六色の草花が生えるようになった。このためお化けは人々に庭の神として崇《あが》められるようになり、酒を供えられるようになったという。

吉田巌《いわお》著『アイヌ童話』にある。

冥土の魚 ［めいどのさかな］

アイヌに伝わる妖怪。その名の通り死の国にいる魚で、人間の背丈の二倍ほどの大きさ、人間と同じぐらいの体重があり、目、鱗《うろこ》、鰭《ひれ》、足のない大イモリの化け物のような姿をしているという。

萱野茂著『炎の馬 アイヌ民話集』にある。

る。同書では、沙流郡平取町《さるぐんびらとりちょう》で採取された話として、蜘蛛《くも》の女神が神々に無理難題をひっかける際、冥土の魚を捕ってくるように語る話に登場する。

茂尻街道の怪［もじりかいどうのかい］

和人に伝わる怪異。一九四一（昭和一六）年の歌志内市《うたしないし》でのこと。かつて、歌志内の入口から歌志内トンネルまでを茂尻街道といったが、ある男性がこの街道を歩いているとき、前方に人影が見えた。男性は早歩きでこれを追い抜こうとしたが、その人影は必ず等間隔で先を行き、その姿の詳細も分からなかった。次第に気味が悪くなった男性は急いで元の道を戻り、駅で一夜を明かした。

結局人影の正体は分からなかったという。

空知《そらち》地方史研究協議会著『空知の民話シリーズ第3集 空知のむかし話』にある。

モシリコロエッケウチェプ［もしりころえっけうちぇぷ］

アイヌに伝わる妖怪。「島を支配する腰《よう》骨《こつ》魚」の意味であり、土の中に棲《す》む大カジカであるという。モシリコロエッケウチェプがひとたび怒ると大地震が起きると恐れられていた。そのため、もし大地が震えた際には火箸《ひばし》を地面に刺し、「あんまり暴れると腰に刺さるぞ」と言えばおとなしくなると伝えられている。

更科源蔵著『アイヌ民話集』にある。同書によれば、虻田町《あぶたちょう》（現虻田郡洞爺湖町《とうやこちょう》）で採取された話だという。

名前は不明だが、大カジカは川や海だけでなく天の川にも棲むとされ、空の大カジカはもっぱらカラスを食うのだという話もある。

モシリコロフチ［もしりころふち］

アイヌに伝わる悪神。聖伝に語られる女神。国を支配する老婆の神で、その姿は編み掛けの手提げ袋を頭から被《かぶ》ったような乱れた髪で、目はぎょろりと光り、一目見ただけでも震え上がるくらいに恐ろしいという。

人間の国土の繁栄に嫉妬し、神や人間を餓死させようと川に毒を流し、魚を捕れなくして大飢饉《ききん》を引き起こした。しかしこの悪神の話を聞いたアイヌの英雄神、アイヌラックルによって**ポクナモシリ**（地獄）に落とされ、そこでアイヌラックルと戦った。

モシリコロフチはその髪をアイヌラックルの矛《ほこ》や太刀に巻き付けて攻撃を防いだが、数年にわたる戦いの末、ついに殺された。

久保寺逸彦著『アイヌの神謡』にある。同書によればこれは日高国新平賀《しんぴらか》（現沙流《さる》郡《ぐん》日高町）で採取された話だという。

名前の意味は「モシリ（国）」＋「コロ（持つ、所有する）」＋「フチ（老婆）」で「国を支配する老婆」となろうか。

モシリシンナイサム［もしりしんないさむ］

アイヌに伝わる妖怪。「国の化け物」を意

味する名前で、熊や鹿、牛、馬など様々な動物に化けることができる。こうした動物に化けて人間に近づき、狙うが、一瞬見えたと思った直後には消えている。こうなった場合、モシリシンナイサムを見た人間を戸外のごみ捨て場や井戸の側に連れて行き、「炉端《ろばた》の神様がご覧になったのだから、神さまにお任せします」と唱え、「フッサ！　フッサ！」と息を吹きながら手草で体を叩き、清めるという。

　知里真志保《ちりましほ》著『えぞおばけ列伝』（『アイヌ民譚《みんたん》集』収録）にある。名前は「モシリ（国）」＋「シンナ（別の、違う）」＋「イサム（いない、存在しない）」で「国の外にはいないもの」もしくは「国の外にいるもの」と二通り解釈でき、萱野茂著『萱野茂のアイヌ語辞典』では「国土の他にいる化け物」と訳されている。

　同じく萱野茂の『おれの二風谷《にぶたに》』においては、著者の出生地である沙流郡平取町《さるぐんびらとりちょう》ではモシリシンナイサムは牛のような化け物で、その話を聞いただけでも悪いことが起きる、と伝えられていたという。そのため、モシリシンナイサムの話を聞いた場合には「トンチカマニ　チョロポッペカ　アヌ　オルシペ　ネハウェ　ネナー（この話は敷居の下を潜らせて聞く話だよ）」と言うと、言葉が敷居の下を通って浄化され、聞いた人にも害がなくなると言われていたようだ。

　さらに更科源蔵著『アイヌ民話集』においてはモシリシンナイサムは河童のこととされ、元々その世界に棲《す》んでいたものの、神が改めて国を作ったことで居場所を失い、世界の端に隠れ棲んでいた妖怪と記されている。このモシリシンナイサムは天から降ろされた貂《てん》の家を訪れた際、貂に力比べを挑み、火の中に投げ入れてしまうが、火の中から無傷で出てきた貂に逆に火の中に投げ入れられ、焼き殺される。その死体が灰になったものからはシトンビカムイとサクキムンベという二種類の狐が生まれた。前者は人間の頼みをよく聞いてくれる黒い狐で、病気を治したり、時化《しけ》から人間を救ってくれたりするという。逆に赤毛のシトンビカムイは夏になると人を誑《たぶら》かす恐ろしい狐で、イカッカラチロンヌプと呼ぶという。

　吉田巖《いわお》著『アイヌの妖怪説話（続）』（『人類学雑誌』第二十九巻第十号）では沙流アイヌから聞いた話として、一九〇二（明治三五）年、額平川《ぬかびらがわ》の奥に赴いた際、モシリシンナイサムの足跡を発見したという話が記録されている。それを見た者はその年、ひどく運を悪くしたという。もし足跡ではなくモシリシンナイサムを実際に見てしまった場合、長生きしないか、年を取るにつれて貧苦に陥ることになるという。

　また十勝でモシリシンナイサムを狩ろうとした人物がいたが、仕留めたと思えば馬のように見えたその姿はどこにもなく、その祟《たた》りか五人兄弟とともに死んでしまったという。しかし吉田はモシリシンナイサムはアイヌの人々が見る幻覚ではないかと考察している。

【や】

ヤウㇱケプ［やうしけぷ］

アイヌに伝わる妖怪。ヤウㇱケプはアイヌ語で蜘蛛《くも》を表す言葉だが、現在の虻田郡《あぶたぐん》豊浦町の礼文華《れぶんげ》にはこのヤウㇱケプの化け物が出現したという。

遥か昔のこと、**ニッネカムイ**という魔神によって創造されたこの大蜘蛛は、全身が真っ赤で、六本の足は丸太のように太く、体の大きさは一町（約九九二〇平方メートル）もあり、ひとたび現れれば木々をなぎ倒し、家を崩壊させ、大地は割れた。また食物を粗方《あらかた》食い尽くすため、人々はヤウㇱケプの化け物に直接殺されたり、生き残っても食料がなく、餓死の危機に陥っていた。

そのためキムントー（現洞爺湖《とうやこ》）を治めていた青年が神々の力を借りてニッネカムイと交渉し、仕方なくニッネカムイはヤウㇱケプの化け物を小さくしようとしたが、ヤウㇱケプはこれに抵抗した。既にヤウㇱケプは創造主の力ではどうすることもできないほどの力を持っていたのだ。

そのため、神々は**レプンカムイ**（沖の神）にヤウㇱケプを海に引き取ってもらうよう交渉し、ついにヤウㇱケプは噴火湾に引きずり込まれ、姿を六本足の蛸《たこ》に変えられた。それ以来、ヤウㇱケプは**アッコロカムイ**と呼ばれるようになったという。

森野正子著『北海道昔話』にある。アッコロカムイについては当該項目参照。通常、蜘蛛や蛸は八本足だが、アイヌでは六を神聖な数字と考えており、「数多い」という意味で使うこともある。ここでもそういう意味で六が使われたのかもしれない。

ヤオシケプカムイ［やおしけぷかむい］

アイヌに伝わる女神。蜘蛛《くも》の女神で、善神としても悪神としても登場する。

日高国新平賀《しんぴらか》（現沙流郡《さるぐん》日高町）で採取された神謡では、ケチャンコロカムイ（森の女神）の元に天から降りてきて、自分の夫が彼女に横恋慕したという理由でシロカニストゥ（銀の棍棒《こんぼう》）を使い、ケチャンコロカムイを殴り始めたり、ルカネカリップ（毒金もしくは水銀の輪）の投げ合いを提案するも、実はケチャンコロカムイと思っていた女神はケチャンコロカムイがその時使っていた針を変化させたケムモイレマッ（針姫）という身代わりであったため、いくら攻撃しても倒すことができず、やがてルカネカリップによって切断された体が治癒できなくなり、そのまま死んでしまったという。

久保寺逸彦著『アイヌの神謡』にある。

「ヤオシケプ」は「網を編むもの」の意味で

あり、「蜘蛛」を表す。網を編むという連想からか、ヤオシケプカムイは基本的に女神として描かれる。

男神としての蜘蛛の神が描かれた例としては萱野茂著『アイヌと神々の物語』で沙流郡平取町《びらとりちょう》で採取された話として載る。話の内容は石狩の狩小屋に泊まっていた若者の夢に男神のヤオシケプカムイが現れ、石狩に**チチケゥ**という化け物が天から降りてきて、人間を皆殺しにして自分たちがその地に棲《す》もうとしていると警告する。そして英雄であるポイヤウンペを呼び、チチケウを退治してもらうことで石狩の地を守る善神として描かれている。

ヤチベコ ［やちべこ］

和人に伝わる妖怪。鳥の一種のようだが、姿を見た者はいないという。その声は「バーオー、バーオー」、「マーオー、マーオー」というもので、現在の岩見沢市ではヤチベコが鳴くと不幸が来ると伝えられていた。

秋山寛著『志文民話』にある。同書ではヤチベコが何の鳥かは不明とある。知里真《ちりま》志保《しほ》著『分類アイヌ語辞典 植物編・動物編』を見ると、アイヌ語で「オケウラ」という鳥がヤチベコとされ、さらにオケウラはクイナの意味ともされている。岩見沢市でいうヤチベコがクイナのことを指すのかは不明だが、参考までに記しておく。

夕張岳の魔神 ［ゆうばりだけのまじん］

和人に伝わる悪神。夕張市にある夕張岳にはかつて善神と魔神が住んでおり、度々《たびたび》争いを起こしていたと伝わっている。ある時、夕張の蛇神が夕張川をせき止めて湖を作り、そこを棲《す》み処《か》にしようと魔神に協力を求めた。

そのため魔神は川岸の土を固めて石にし、川に投げ込んで流れをせき止めた。これによりたちまち川は氾濫したが、夕張岳の神はこれに怒り、魔神の住む西の山を爆発させた。そのため魔神は首だけを残して胴体が地面に埋まってしまった。これが今でいう鬼首山《おにこうべやま》なのだという。

合田一道《ごうだいちどう》著『北海道おどろおどろ物語』にある。

幽霊船 ［ゆうれいせん］

和人に伝わる怪異。積丹岬《しゃこたんみさき》の西側、古宇《ふるう》郡神恵内村《ぐんかもえないむら》から見える海上に、幻の黒い帆船が出現すると伝えられている。この船は戦前から目撃されており、季節は秋口、それも海面が濃霧に覆われた暗い朝にしか出現しない。これを見ると家庭に悪いことが起きるとされていたため、地元の人々はそんな朝は家の中で雨戸を閉め切り、船が消えるのを待ったのだという。

合田一道《ごうだいちどう》著『北海道こわいこわい物語』にある。同書によれば、この船は明治維新前に北海道と京都、北陸を繋《つな》いでいた北前船によく似ているため、遭難した乗組員の霊魂が海上をさ迷っているのではないかと噂されたという。また、この船の正体を確かめようと幽霊船が出現した際に沖に出た青年は、そのまま行方知れずになった、という話も記されている。

雪女［ゆきおんな］

和人に伝わる妖怪。一八九二（明治二五）年、開拓期の滝川市でのこと。ある時から夕暮れになると空知川《そらちがわ》の畔《ほとり》に濡れた一人の女が佇《たたず》むようになった。女の肌は透き通るように白く、誰かを待っているようにその場所から動こうとしなかった。

　そんなある日、吾助という人物がこの女と出会い、彼女が地元の山形に残してきた婚約者の娘と似ていることに気付いた。女に誘われるままに吾助は彼女の住居に赴き、そのまま関係を持った。

　それからというもの、吾助は毎日のように女と夜を過ごすようになった。女は朝になるといなくなっており、かすかに布団が濡れているだけであったが、夕暮れになると帰ってきた。吾助は仕事にも行かなくなり、ただ女の虜《とりこ》になって日々を過ごした。

　しかし仕事に顔を見せなくなった吾助を心配した同僚たちが彼のことを探してみると、吾助は川辺の穴ぐらの中で氷を抱いて眠っていた。驚いた同僚たちが彼を起こそうとすると、俺の女に手を出すなと言って狂ったように氷を抱きしめる。

　それから間もなくして、吾助は氷を抱いたまま死体となって見つかった。死体の側の氷は、溶けて細くなっていた。

　その死は吾助の故郷の家族へと知らされたが、その際、彼の父が言うことには、吾助と将来を約束した娘もまた、つい先日亡くなっていた。人々は娘の霊魂がさ迷い出て、恋人のいる北の大地に現れたのではないかと噂したという。

　合田一道《ごうだいちどう》著『北海道こわいこわい物語』にある。雪女の話は全国にあり、その性質は地域により異なる。例えば小泉八雲の『雪女』で有名な雪女は、人間との間に子をもうける。鳥取県の小鹿村に伝わる雪女は淡雪に乗って現れ、「氷ごせ湯ごせ」（氷借せ湯借せ）と言うが、水をかけると膨れ、湯をかけると消えるという。青森県や岩手県では、雪の日に子どもを連れて遊ぶという。このようにバリエーションが多い雪女だが、人間が雪女になるのは珍らしい。またアイヌにも**ウパシメノコ**という雪女のような妖怪が伝わっている。

雪地蔵［ゆきじぞう］

和人に伝わる怪異。岩見沢市にある雪地蔵には、こんないわれがある。ある冬の日、仙吉という男性が家に帰る途中、吹雪に遭って道が分からなくなってしまった。そのため、家に帰ることができずに迷っていると、自分の前を行く人影が薄ぼんやりと見えた。そのためこの人に付いて行くと、家の近くで地蔵を祀《まつ》っている社に辿り着いた。いつのまにか目の前にいたはずの人影は見えなくなっていたが、おかげで家に帰ることができた。

仙吉が家族にそのことを話すと、家で祀っている地蔵が彼を導いてくれたのではないかという話になった。そのため地蔵のところへ行ってみると、誰かが歩いたような跡があり、社の扉を開くと、真っ白に雪だらけになった地蔵が微笑みを湛《たた》えていた。そのため家族皆でこの地蔵に礼を言い、地蔵は雪地蔵と呼ばれるようになったという。

伊東博著『いわみざわの民話 第一集』にある。

洋服ダンスの老婆［ようふくだんすのろうば］

現代に伝わる怪異。札幌市に住むある男性が会社から帰宅した後、洋服ダンスを開けたところ、中に老婆がうずくまっていた。しかしよく見るとそれが自分の祖母であったため、「どうしたの？」と話しかけると、すーっと消えてしまった。怖くなった男性はベッドに横になったが、今度はそこに祖母が現れ、男性の名前を呼ぶため、また「どうしたの？」と聞くと、消えてしまった。その直後電話が鳴り、祖母が亡くなったことが分かったという。

合田一道《ごうだいちどう》著『北海道 幽霊の住所録』にある。

四つん這い女［よつんばいおんな］

現代に伝わる怪異。ある若者がバイクで夜遅く、余市町《よいちちょう》から小樽市に向かっていたときのこと。トンネルを通ると髪の長い女が手を振っていた。若者は気味が悪くなり、そのまま逃げたが、女は四つん這いになってバイクを追いかけてきて「おぼえていろよ」という声がトンネルに反響した。それからしばらくしてその若者は精神がおかしくなり、死んでしまったという。

合田一道《ごうだいちどう》著『北海道 幽霊の住所録』にある。四つん這いで追ってくる女の話は全国にあり、多くの場合、自動車かバイクを四つん這いによる高速移動で追いかける。この女に追いつかれると事故を起こす、とされる話もある。

四つん這い婆［よつんばいばばぁ］

現代に伝わる怪異。若者たちが札幌市の支笏湖《しこつこ》線を車で走っていたときのこと、突然バックミラーに老婆の姿が映ったため、車を降りて確認したところ、誰もいなかった。そこで再び発車すると、今度はフロントガラスのところに老婆が現れ、ガラスを叩いて「乗せてくれ」と言った。そこで怖くなって車を走らせると、老婆は四つん這いになって高速で走り、車を追い越していったという。

合田一道《ごうだいちどう》著『北海道 幽霊の住所録』にある。同書には室蘭市の地球岬を走っていると同様に「乗せてくれ」と言ってくる老婆がいたため、断って車で逃げようとすると、老婆が四つん這いで車を追い抜いていったという話も載せられている。

このように四つん這いで高速移動する老婆の話は全国にある。

夜泣き梅女 [よなきうめじょ]

和人に伝わる怪異。苫小牧市には、一八〇〇（寛政一二）年、蝦夷地を外国の脅威から防衛し、この地を開拓するために北の大地にやってきた八王子千人同心の記録が残されている。その中で河西祐助《かさいゆうすけ》は原隊とは別に勇武津《ゆうぶつ》（現在の勇払《ゆうふつ》）に入ったが、共に連れてきた妻、梅女は一八〇三（享和《きょうわ》三）年に乳呑児《ちのみご》を残して亡くなった。

祐助は妻を弔うために墓碑を建てた。しかしそこに眠っているはずの梅女が、雨の降る夜になると赤ん坊を抱いて現れ、しくしくと泣きながらこの子にお乳をくださいと家々の戸を叩いて回るようになった。しかし戸を開けてもその姿は消えているのだという。

小寺平吉著『北海道の民間信仰』にある。同書によれば、梅女の墓碑は夜泣き石とも呼ばれていたという。

【ら】

ラートシカムイ [らーとしかむい]

アイヌに伝わる妖怪。「尾がたくさんある神」という名前で、巨大な蛸《たこ》であると伝わる。この神は海で一番力が強く、陸で一番力が強いという巨鳥、**フリー**と争っていた。

ある時、石狩川にて両者が遭遇し、フリーがラートシカムイの触手を嘴《くちばし》で捕らえ、地上に引きずり出そうとすると、ラートシカムイはフリーを水中に引き込もうとする。その際、フリーが抵抗して尾羽（イシ）を水中で左右に動かした（カリ）。このことから、この場所を石狩と呼ぶようになったのだという。

更科源蔵著『アイヌ伝説集』にある。

ライケイシ [らいけいし]

アイヌに伝わる怪石。石の姿をした悪神とされ、アイヌが山で狩りをしているとき、誤ってこの石のあるところに来ると、たちまちアイヌを取り殺してしまうため、非常に恐れられていたという。

中田千畝著『アイヌ神話』にある。永田方正著『北海道蝦夷語地名解』ではこれを「殺生石《せっしょうせき》」と訳している。殺生石は栃木県に現存する石を指して呼ぶ場合が多く、元来は九尾《きゅうび》の狐である玉藻前《たまものまえ》が栃木県那須野にて討伐された際、変化したものと伝えられる。この殺生石は非常に強力な毒気を放ち、近づけば鳥獣、人間を問わず即死したといわれている。ライケイシも類似した特徴を持つため、この訳語が当てられたものか。

また奈良県の元興寺《がんごうじ》には「蛙石《かわずいし》」と呼ばれる石が保管されているが、これも古くは殺生石と呼ばれていた。この石はかつて豊臣秀吉が川べりにあったものを気に入り、大坂城に持ち込んだとされる石で、堀に身を投げた人間は必ずこの石の元に流れ着く、などと伝えられていた。

さらに雑書『諸国里人談《しょこくりじんだん》』にも「蛙石」、「殺生石」と呼ばれる石の奇談が載せられているが、こちらは摂津国《せっつのくに》（現在の大阪府）のある民家の裏に転がっていた石で、鳥や虫などが石の上に止まると石が二つに割れ、鳥や虫を石の中に取り込んで再び元の姿に戻った。これが蛙に似ていたことから蛙石と呼ばれており、別称を殺生石といった、とある。

このように殺生石と呼ばれる石の例は複数あるが、近づいたものを取り殺すという点から、やはり玉藻前の変化した殺生石に似ている。

『アイヌ神話』においてはライケイシは島《しま》牧郡《まきぐん》にあると記されているが、このライケイシを地名の由来とする来岸《らいきし》は、現在、積《しゃこ》丹郡《たんぐん》積丹町に存在する。

ラプシトッコニ［らぷしとっこに］

アイヌに伝わる妖怪。「羽の生えたマムシ」を意味する名前が表す通り、マムシに羽が生えた姿をしているとされ、積丹山《しゃこたん》にいるという。この羽に触れたものは切り裂かれてしまうと伝えられる。

更科源蔵著『アイヌ伝説集』にある。積丹山という山は現存しないが、積丹岳のことだろうか。

ラプシヌプルクル［らぷしぬぷるくる］

アイヌに伝わる神。幌別《ほろべつ》（現登別市《のぼりべつし》）でいう竜蛇の類で、羽が生えているという。

知里真志保《ちりましほ》著『分類アイヌ語辞典 植物編・動物編』にある。名前の意味は「ラプ（羽）」＋「ウシ（生えている）」＋「ヌプル（霊力のある）」＋「クル（神、人）」で「羽の生えた霊力のある神」というものになる。

ニコライ・ネフスキー著『アイヌ・フォークロア』では小樽市で採取された話として、オキクルミとサマイウンクルに襲い掛かる魔神として登場する話が載せられている。この物語ではラプシヌプルクルは羽を凍らされ、イワンポクナモシリ（地獄）に突き落とされて退治されている。

また、久保寺逸彦編訳『アイヌの神謡』では干ばつの際にはこれに祈って雨乞いをすると記されている。

ルカネフーリ［るかねふーり］

アイヌに伝わる妖怪。ルカネは水銀、もしくは毒の意味で、フーリ（**フリー**）はアイヌに伝わる想像上の巨鳥であるため、水銀の体を持つ狼か、猛毒を持つフーリのことかと思われる。

久保寺逸彦著『アイヌの神謡』にある。同書では神謡に登場し、幌尻岳《ぽろしりだけ》の神の軍勢の中にこの名前が見える。同書によればこれは日高国新平賀《しんぴらか》（現沙流郡《さるぐん》日高町）で採取された話だという。

ルカネホロケウ［るかねほろけう］

アイヌに伝わる妖怪。ルカネは水銀、もしくは毒の意味で、ホロケウは狼であるため、水銀の体を持つ狼か、猛毒を持つ狼のことかと思われる。

久保寺逸彦著『アイヌの神謡』にある。同書では神謡に登場し、幌尻岳《ぽろしりだけ》の神の軍勢の中にルカネホロケウの名前が見える。それによればこれは日高国新平賀《しんぴらか》（現沙流郡《さるぐん》日高町）で採取された話だという。

道南

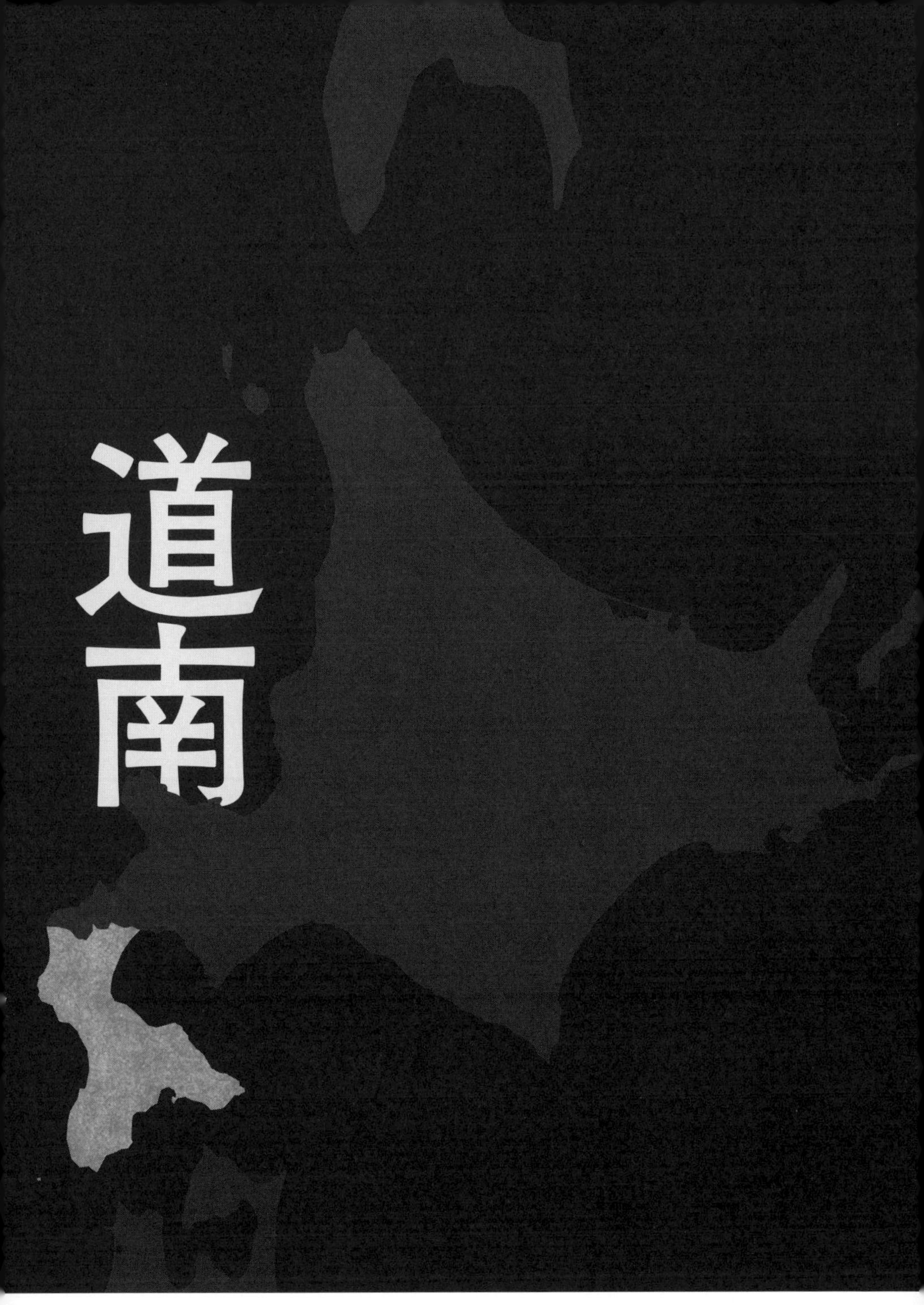

【あ】

アイヌソッキ［あいぬそっき］

アイヌに伝わる妖怪。上半身は人間、腰から下は魚という姿をしており、噴火湾（内浦湾）内に棲《す》むという。この妖怪の肉を食うと長寿を保つことができると伝わる。

吉田巌《いわお》著『アイヌの妖怪説話（続）』（『人類学雑誌』第二十九巻第十号）にある。上半身が人間で下半身が魚、肉を食うと長寿を保つといった特徴は人魚に類似する。

名前の意味は「アイヌ」が人、「ソッキ」が「寝床」であるため、「人間の寝床」という意味になる。これだと意味が分からないが、アイヌ語では「ピソッキ」で「鯨」、「ソッキコロ」で「ワニザメ」など、「ソッキ」を使って海生生物を表すことがあるため、そちらの使い方なのかもしれない。

青い光の幽霊［あおいひかりのゆうれい］

現代に伝わる怪異。函館市に住むある少女が夜中にトイレに行ったとき、玄関に幽霊が出現した。その幽霊の周りは青い光で覆われていたが、特に危害は加えてこなかったようだ。

久保孝夫著『女子高生が語る不思議な話』にある。

赤いワンピースを着た女［あかいわんぴーすをきたおんな］

現代に伝わる怪異。あるマンションの九階に住む学生が友人と勉強していた。その学生の机は窓に面したところに置かれていたが、突然窓の外を赤いものが落ちてきた。それは赤いワンピースを着た女性で、二人はその女性と目が合ってしまった。

直後、ドスッという音がしてその女性が地面に落ちた。女性は即死だったようだが、翌日、二人が同じように勉強していると、昨日と同じ時刻に赤いものが窓の外に落ちてきた。しかし今度はその女は窓の外でぴたりと止まり、「なんであの時、助けなかったんだよ」と言い残して消えたという。

久保孝夫著『女子高生が語る不思議な話』にある。同書によれば、この話は茅部《かやべ》郡《ぐん》の女子高生が語った話だという。

赤坂の怨霊［あかさかのおんりょう］

和人に伝わる怪異。室町時代、武田末広が上ノ国《かみのくに》花沢館《はなざわだて》（現檜山郡《ひやまぐん》上ノ国町）の館主、蠣崎季繁《かきざきすえしげ》の客将であった頃、末広は度々《たびたび》蜂起したアイヌたちを鎮圧していた。そしてアイヌたちが上ノ国を攻め討とうと策略を巡らしていることを察知した末広は夷王山《いおうざん》の南方に八幡野に陣を敷き、アイヌを迎撃した。

末広の強弓は多数のアイヌを倒したが、アイヌは多勢であり、やがて末広の軍は追い詰められていった。しかし追い詰められた末広が八幡大菩薩《はちまんだいぼさつ》に祈ると、不思議なことに乗山の草木が百万の兵馬となってアイヌを追撃し、海は風もなく大波となり、川は雨もなく溢《あふ》れ出し、次々とアイヌを倒していった。

今でも上ノ国の赤坂の土が赤褐色をしているのは、末広に倒された一〇〇〇人のアイヌたちの血に染まっているからだと伝えられている。またこの赤坂の土にはアイヌの怨霊が今でも宿っており、雨を降らすのだといわれている。何も知らない人間がこの土が付いたまま旅を続ければ、必ず降雨の厄《やく》に遭うのだという。

そのため、赤坂に立ち寄った際には、必ず付着した土を洗ってから旅をするように言い伝えられていた。この足を洗った川は足洗川と呼ばれ、今も上ノ国に流れている。

北海道庁編『北海道の口碑伝説』にある。武田末広が鎮圧したというアイヌの戦いは一四五七（康正三）年に発生したコシャマインの戦いのことと思われる。

赤沼大明神［あかぬまだいみょうじん］

和人に伝わる妖怪。亀田村（現函館市）の字赤川村の北方にある赤沼に棲《す》むという蛇身の神で、これに祈るとどんな病でも全快し、特に眼病に効果があると伝えられる。他にも雨が降らない時には村人が赤沼に詣で、雨乞いをすると必ず雨が降ったという。

北海道庁編『北海道の口碑伝説』にある。

赤墓［あかはか］

北海道函館市船見町、函館山の麓に外国人墓地があるが、その一角に非常に目立つ真っ赤に塗られた墓石がある。この墓石は通称赤墓と呼ばれ、そこに刻まれている文字を読むと帰り道に死ぬ、不幸が起きる、小人が現れる、車に小さな手形が付けられる、などの怪異が語られている。

久保孝夫著『女子高生が語る不思議な話』にある。この赤墓は外国人墓地に実在するが、元々は信濃助治《しなのすけじ》という人物の墓であり、墓が赤く塗られている理由は彼が赤という色をこよなく愛し、遺言で自身の墓を赤色に染めるように指示したからだと伝わる。助治は一八九四（明治二七）年六月、全身赤尽くめの格好で函館を訪れ、函館では「赤服」と呼ばれていた。彼は赤心《せきしん》、即ち偽りのない心は日本武道の精髄を表すとして赤色を好んだのだという。

この由来から分かる通りこの墓が赤いことには特に恐ろしいいわれはない。ただ墓地という特殊な場所で血を連想させる赤い墓石が存在していたことが、恐ろしい噂を生んだのかもしれない。また、本当の赤墓が外国人墓地のさらに奥にあるという噂も存在している。

アトゥイカクラ［あとぅいかくら］

アイヌに伝わる妖怪。北海道南西部の内浦湾に棲《す》むという大海鼠《おおなまこ》。口に流木などを吸い付けることができ、海上に浮いている場合、近くを通った漁船をひっくり返すこともあるという。

吉田巌《いわお》著『アイヌの妖怪説話（続）』（『人類学雑誌』第二十九巻第十号）にある。「アトゥイ」は「海」、「カクラ」は「キンコ」というナマコの一種で、名前は「海のキンコ」というほぼそのままな意味になる。また『アイヌの妖怪説話（続）』では、この妖怪は襯衣《しんい》（シャツ）が川から流れて化けたものであるという説も載せられている。

天邪鬼［あまのじゃく］

和人に伝わる妖怪。昔話の「瓜子姫《うりこひめ》」の中で語られる妖怪。昔、老爺《ろうや》と老婆の夫婦がいた。老爺が裏の畑に行くと、大きな瓜があり、中から老爺を呼ぶ声がする。そして瓜は勝手に割れ、中から小さくかわいらしい女の子が現れた。

老夫婦はこれは神様が授けてくれた子だと「瓜子姫」と名付け、二人で大事に育てた。瓜子姫はすくすく大きくなり、やがて美しい娘に育った。そこで殿様がその評判を聞きつけ、嫁に欲しいと言ったため、喜んで嫁に出すことにした。

その婚姻のため、老夫婦は町に瓜子姫の着物を買いに行くことにしたが、ひとり留守番をすることになった瓜子姫に対し、天邪鬼が来るかもしれないから絶対に戸を開けてはいけないと言い付けた。

瓜子姫はしっかりと老夫婦の言い付けを守っていたが、天邪鬼がやってきて瓜子姫に遊ぼうと持ち掛けた。瓜子姫は老夫婦の言う通り戸を開けなかったが、天邪鬼が「開けねえと取って食うぞ」と言うため、仕方なく戸を開けた。

すると天邪鬼が家に入ってきて、瓜子姫を押し入れに閉じ込め、自分が瓜子姫の姿に化けた。そしてまんまと殿様の元に嫁に行くことになったが、城に向かう途中、カラスが駕籠《かご》に天邪鬼が乗っていると歌ったため、殿様の家来が中を覗《のぞ》いてみると口が耳まで裂けた天邪鬼が気持ちよさそうに寝ていた。家来たちは怒り心頭、天邪鬼をぶっ叩き、追い出した。それから瓜子姫は無事に殿様の元に嫁ぐことができたという。

久保孝夫著『津軽海峡圏の昔話』にある。同書では函館市で採取された昔話として載せられている。

「瓜子姫と天邪鬼」の昔話は日本全国に分布しているため、本州から北海道に人が移動して来る際、ともに移動してきた話と思われる。

石神［いしがみ］

和人に伝わる怪異。かつて相沼地方（現二海郡《ふたみぐん》八雲町）で鮫《さめ》漁をしていた漁師の網に人がうずくまったような形をした黒い石がかかった。そのため、この石は祠《ほこら》を建てて祀《まつ》られたが、村に何か変事があると体に汗をかいて伝えたという。またこの石は信仰の厚い人が持ち上げると軽く持ち上がり、信仰が薄い人が持ち上げようとしても決して動かなかったという。

　小林成光著『北海道縁起物語』にある。持つ人間によって重さが変わる石は日本全国に存在しており、京都の伏見稲荷大社にある重軽石《おもかるいし》が有名。ただし重軽石は軽く感じれば願いが叶い、重く感じれば願いが叶わないと伝えられるものが多い。

腕のない少女［うでのないしょうじょ］

現代に伝わる怪異。ある中学校で一人の少女が技術室に入ったとき、木を切るための機械が動き出し、両腕を切断されて死んでしまった。

　それ以来、グラウンドから技術室を見るとその少女が見えるようになった。また夜にグラウンドの側を歩くと腕がないために肩を振りながらその少女が追いかけてくるようになった。そのため部活で遅くなった際などは要注意なのだという。

　久保孝夫著『女子高生が語る不思議な話』にある。同書によれば函館市の女子高生が中学生の頃、その中学校で語られていた話なのだという。

うばよ去れ［うばよされ］

現代に伝わる怪異。夜中の二時頃、部屋のドアをノックする音が聞こえたら「うばよ去れ」と三回唱えてからドアを開けないとドアの向こうに変な老婆がおり、どこかへ連れて行かれてしまう。この話を聞いた者の元には一週間以内にこの老婆が現れるという。

　久保孝夫著『女子高生が語る不思議な話』にある。同書によれば函館市の女子高生が報告した話だという。

　この特定の呪文で撃退できる老婆の怪が、話を聞いた人間の元に一定期間以内に出現する話は全国で多くのバリエーションが語られている。**ババサレ**の項目も参照。

馬蜘蛛［うまぐも］

和人が記録した妖怪。かつて江差《えさし》（現檜《ひ》山郡《やまぐん》江差町）には馬蜘野《まくぼの》という場所があり、これは馬ほどの大きさの蜘蛛がいて、人間を取って食ったことに由来するのだという。

　菅江真澄著『菅江真澄遊覧記』にある。同書によれば、これは一七八九（寛政元）年六月一日に菅江が老人から聞いた昔話であったという。同書ではこの蜘蛛に具体的な名前は付けられていなかったため、筆者が命名した。

　江差町のホームページでは、この馬蜘野の場所を現在の伏木戸地区としている。

ウレポロクルカムイエカシ［うれぽろくるかむいえかし］

アイヌの伝承に登場する妖怪。「蹠《あしあと》の大きい神なる翁《おきな》」を意味し、この神に祈ると熊が獲れると伝えられる。

日野巌《いわお》著『日本妖怪変化語彙』（『動物妖怪譚（下）』収録）による。

また更科源蔵著『アイヌ伝説集』によれば、ウレポロクルカムイエカシは元々人間であったという。二海郡《ふたみぐん》八雲町と山越郡《やまこしぐん》長《おしゃ》万部町《まんべちょう》の境にあるルコツ川の上流にはルコツ岳という山があるが、昔、この近くに日高の沙流《さる》から来た人々が住んでいた。その一族の中で一番年上の翁がある日、他の場所でのお祝いに呼ばれたきり帰ってこなかった。そこで一族が心配して探していると、彼の足跡が見つかった。それを辿ると、ルコツ川に沿ってルコツ岳を登っている。さらに進むと、いつの間にか足跡は人間のものではなく熊のものに変わっていた。そこで一族は彼は熊に変わったのだと悟り、それ以上追跡することをやめた。

するとある夜の夢にその翁が現れ、自分は年老いて天に昇ったルコツ岳の主に代わり、ルコツ岳の山の主になったのだと語った。

それ以来、この翁はウレポロクルカムイエカシと呼ばれるようになり、熊の獲れない時にこの翁に酒を供え、熊が獲れることを祈るようになったという。

恵山の賽の河原［えさんのさいのかわら］

アイヌ及び和人に伝わる怪異。現函館市にある活火山、恵山。この山の名前はアイヌたちが名付けた「イエサン」から来ているが、アイヌたちはイエサンが噴火で多くの犠牲者を出したことや、山に登った者が生きて帰ってこなかったことから、魔物の棲《す》む山、死霊の招く場所として恐れていた。

和人もまたこの山で多くの怪現象に遭遇したことから、恵山を賽の河原と呼んで恐れた。不思議なことに、この山で供養のために積まれた石は誰かが崩してもいつの間にか元に戻っており、未婚のまま死んだ人の霊がこの山に集まり、親兄弟のために石を積むのだと信じられたという。

小林成光著『北海道縁起物語』にある。

大石の沼の竜神［おおいしのぬまのりゅうじん］

和人に伝わる神。大野町（現北斗市）の毛無山《けなしやま》の中腹には、大石の沼と呼ばれる沼がある。この沼には竜神が棲《す》んでいると古くから伝えられていたが、明治初めの頃、大野平野一面を水田として開発した影響で水不足が起こり、沼から水を引っ張ってくる提案がなされた。

沼には竜神が棲んでいるからと反対意見も上がったが、結局用水工事が行われることとなった。しかしあと一日で開通するという日、突然大雨が降りしきり、雷鳴が轟《とどろ》いた。これは竜神様の怒りだと人々は恐れおののき、慌てて工事を中止した。

それからというもの、水争いをすると竜神が怒ると伝えられ、この辺りに住む人々は協力して水を使うようになった。そして今でもこの沼は毛無山の中腹に残っている。

合田一道《ごうだいちどう》著『北海道おどろおどろ物語』にある。

大鰻［おおうなぎ］

和人に伝わる妖怪。現在の亀田郡七飯町《ななえちょう》にある大沼に現れたという妖怪で、その名の通り巨大な鰻の姿をしている。ある時、この怪魚が死体となって見つかったため、人々は祟《たた》りを恐れて手厚く葬り、それ以来大沼の主は鰻であると伝えられるようになったという。渡辺茂編著『北海道伝説集和人篇』にある。

大虎魚［おおおこぜ］

和人に伝わる妖怪。松前（現松前郡松前町）を流れていた川が乾いていたため、その水源を調べたところ、巨大なオコゼが倒れて水の流れを塞《ふさ》いでいた。このオコゼの腹からは鹿の角が飛び出ており、どうやら鹿を食ったがその角が腹を破いたために死んだらしいことが分かったという。

江戸時代の商人、工藤白竜の書いた『津軽俗説選後々拾遺』にある。巨大な魚が鹿を食ったことで角が腹を破り、死ぬという話はアイヌの伝説にもあり、イトウやアメマスの巨大なものと伝えられることが多い。

大女の化け物［おおおんなのばけもの］

和人に伝わる妖怪。檜山郡《ひやまぐん》上ノ国町《かみのくにちょう》の石崎という場所には昔、地獄穴と呼ばれる奇怪な穴があり、その中に天をつくほどの巨大な女の怪物が棲《す》んでいて、「大女の化け物」と呼ばれ、恐れられていた。今でもこの町では子どもが言うことを聞かないと「大女に食べさせるぞ」と脅すのだという。

しかし地元に伝わる話では、大女は身長二メートル、むき出しになった大きな目に、腰に布を巻いているという容貌であったものの、人に危害を加えることはなかったという。もしかしたら妖怪などではなく、少し他の人と容貌の異なる、普通の人間の女性だったのかもしれない。

合田一道《ごうだいちどう》著『北海道こわいこわい物語』にある。地獄穴と呼ばれる穴は、アイヌの伝承によく登場する（**アフンルパロ**の項目を参照）。この地獄穴もアイヌが伝えたものだろうか。

大沼の怨霊［おおぬまのおんりょう］

和人に伝わる怪異。一五一三（永正一〇）年のこと、ショヤコウジ兄弟の戦いに敗れた相原季胤《あいはらすえたね》は二人の娘を連れて大沼（現亀田郡七飯町《ななえちょう》）の方面に逃れるが、二人の姫は追い詰められて大沼に身を投げ、そのまま亡くなった。それ以来この沼には姫たちの霊が現れるようになり、松前藩の藩士が沼の側を通ると必ずひどい風雨が起こったという。このため二人の姫を慰めるために大沼弁財天社が建立され、姫たちは弁財天として祀《まつ》られるようになった。それからこの付近で奇怪な出来事が起こることはなくなったという。

小林成光著『北海道縁起物語』にある。

大人［おおひと］

和人が記録した妖怪。平田内《ひらたない》（現久遠郡《くどおぐん》せたな町）の山に出現すると語られていた妖怪で、非常に大きく、口が耳元まで裂けた人間のような姿をしているという。普段は人間に化けているが、人間の背骨を抜いて殺したり、大石を落としたりすると語られていたようだ。

菅江真澄著『えみしのさへき』にある。同書によれば、一七八九（寛政元）年五月四日、菅江が平田内に滞在していたとき、山の温泉に入っていると、一緒に入っていた老人に教えられた話だという。

大人は通常の人間より大きな人間の姿をした存在全般を指す言葉で、今でいう巨人の意味に近い。そのため大きさは様々だが、本州では山に出現する山男や山人を大人と呼ぶ場合もあった。

またアイヌに伝わる話でも山に現れ、人を殺害する**キムナイヌ**という人型の化け物がいる。詳しくは当該項目参照。

お経の通じない霊［おきょうのつうじないれい］

現代に伝わる怪異。ある女性が一人暮らしをしていたときのこと。夜、眠っていると毎日誰かが腹や腰の上あたりに座っているようになった。

そのため霊に詳しい人に相談してみると、腕にお経を書いて幽霊が来たらお経を唱えなさいと助言されたためその通りにすると、幽霊は消えずに「やめろ！」と叫んで女性の首を絞めてきた。

それから女性は考えた末、夜に窓を少し開けて寝ることにしたところ、霊は出てこなくなった。これは窓を開けておくと霊が出て行くことがあるためだという。

久保孝夫著『女子高生が語る不思議な話』にある。同書によれば、これは函館市の女子高生が、伯母が体験した話として聞いたものだという。

窓を開けておいたら出て行くとは虫のような幽霊である。

オレンジのマット［おれんじのまっと］

現代に伝わる怪異。函館市に住む女性が三歳の頃のこと。彼女には毎日寝るときに使っているオレンジのマットがあった。

女性がいつものように眠っていたある日のこと、オレンジのマットが勝手に動き出し、回転して彼女の方にぶつかってきた。しかし母親が気が付いて部屋の電気をつけた際には既にマットは消えていた。後で母親に聞いたところだと、そのマットはその日にごみ捨て場に捨てていたという。

それから母親が神社にお参りしたところ、マットは出てこなくなったという。

久保孝夫著『女子高生が語る不思議な話』にある。

怨念大火［おんねんたいか］

和人に伝わる怪異。一九三四（昭和九）

年三月二一日、函館市で発生した大火災、函館大火。二千人を超える死者を出したこの火災は、死刑になった女性の怨念によって引き起こされたという話がある。

その女性はある事件を起こして逮捕された時、既に妊娠していた。彼女は獄中で女児を生んだ後、その顔を見ることなく処刑された。これが一九一三（大正二）年のことだったという。

歳月が経ち、女性の娘は済生病院という病院で働き始めたが、その当時に函館大火が発生した。しかし火は女性の娘が働く病院の直前で止まったのだという。これによりこの大火災は女性の怨念によるもので、娘だけは助けたのだと噂されるようになったという。

合田《ごうだ》一道《いちどう》著『北海道おどろおどろ物語』にある。函館大火は強風で飛ばされた炉の火が原因と言われていることから、本当に怨念が引き起こしたのかはもちろん分からない。

【か】

開陽丸を招いた怪光

［かいようまるをまねいたかいこう］

和人に伝わる怪異。一八六八（明治元）年のこと、戊辰戦争で箱館を占領し、松前城を奪取した旧幕府軍は江差《えさし》（現檜山郡《ひやまぐん》江差町）へ進軍し、無血占領する。しかし一一月一五日、鷗島《かもめじま》の沖に近づいた際、突然空が荒れ、風が吹いた。海の上で動けなくなってしまった開陽丸の乗員は、不意に前方に現れた狐火のような怪光を目撃する。そのためその光に従って進んだところ、轟音《ごうおん》とともに暗礁に乗り上げ、そのまま沈没してしまった。

それから、地元の人々はこの怪光は笹山稲荷の神が出したもので、江差を守ってくれたのだと信じるようになったという。

江差町民話の会編『江差ものがたり』にある。

蠣崎基広の亡霊

［かきざきもとひろのぼうれい］

和人に伝わる怪異。一五四五（天文一四）年、現在の檜山郡《ひやまぐん》上ノ国町《かみのくにちょう》でのこと。松前藩の三世、蠣崎義広が亡くなり、四世、蠣崎季広《すえひろ》が家を継いだ。季広の娘は女の身であるため季広の後を継げない自分の身の上から、蠣崎基広に家督を継がせようと唆《そそのか》した。これを本気にした基広は謀反を企てる。しかし季広が上ノ国を参詣することとなった一五四八（天文一七）年、謀殺を企てるもそれがばれ、返り討ちにされた。

それからというもの基広の亡霊が現れるようになり、不気味な音を立てて暴れ回るようになったため、遺骸を埋めて祠《ほこら》を建てたという。

合田《ごうだ》一道《いちどう》著『北海道おどろおどろ物語』にある。またこの事件は後にもうひとつの怪異譚《たん》と繋《つな》がる。詳細は**逆さオンコ**の項目を参照。

隠れキリシタンの墓の外車
［かくれきりしたんのはかのがいしゃ］

現代に伝わる怪異。函館市にある明治中頃に造られたキリスト教の教会。この教会の近くの樹木の茂みには古い墓があるが、この場所は隠れキリシタンの墓だという噂がある。

加えて、この墓では様々な怪現象が起きることで知られているが、墓地に行く途中の細い道になぜか外車が止まっていることがある。そしてこの外車は、運転手もおらず、そもそもUターンができるような道幅がないにもかかわらず、行きと帰りで一八〇度真逆の方向を向いているのだという。

森影依《やすし》著『北海道怪異地図』にある。

隠れ座頭
［かくれざとう］

和人が記録した妖怪。二海郡《ふたみぐん》八雲町にある黒岩という洞窟には、かつて隠れ座頭という妖怪が棲《す》んでいて、正直者には宝を授けたという。

菅江真澄著『えみしのさへき』にある。同書によれば、これは一七八九（寛政元）年五月一七日に記録された話だという。

隠れ座頭は本州にも伝承が残されており、秋田県横手市では踵《かかと》のない盲人とされ、市の立つ日にこれを見つけると福を授かるとされている。一方、埼玉県や茨城県においては子どもを神隠しに合わせる妖怪として伝えられている。

火車
［かしゃ］

和人に伝わる怪異。函館市の弁天町にある有徳な町人がいたが、その人の老母は非常に邪見の性質で、六〇歳を超えているにもかかわらず、隠居をせず内外の事に口を出し、人を罵《ののし》ったりしてせわしなく暮らしていた。

ところが、ある時この老母が病に侵され、死んでしまった。人々は僧侶を招いて懇《ねんご》ろに弔ったが、寺に葬送しに行く途中、どうしたことか天がにわかに掻《か》き曇り、雷鳴がはためき、雷が落ち、雨が土砂降りになった。

そして忽然《こつぜん》と現れた黒雲が棺《ひつぎ》の上を覆うと、それを宙天に持ち去り、行方知らずになってしまったという。

深瀬春一著『松前怪談十種』（『旅と伝説』三巻一〇号・通巻三四号収録）にある。この話では黒雲の正体は何かとは記されていないが、生前の行いが悪かった者の死体が黒雲に連れ去られる現象は、古くから火車という妖怪の仕業とされることが多いため、項目名は火車とした。

学校の小人［がっこうのこびと］

現代に伝わる怪異。函館市のある中学校では、夜遅い時間に学校に残っていると き、電気をつけずに廊下を歩いていると、後ろからひた、ひたという音が聞こえてくる。振り返ると身長三〇センチほどの小人がおり、獲物を見つけたかのように追いかけてくるという。

久保孝夫著『女子高生が語る不思議な話』にある。函館市の女子高生が語った話だという。

髪の毛返せ［かみのけかえせ］

現代に伝わる怪異。ある女生徒が学校の廊下を歩いていると、音楽室から女の子の泣き声がしたため行ってみると誰もいない。そのため「誰かいるの?」と声を掛けると、戸がばたんと閉まり、赤い服を着たおかっぱの少女が現れた。

女生徒は逃げようとするが戸が開かない。おかっぱの少女は「私の髪の毛を返せ」と言いながら女生徒に近づき、その髪の毛をばっさりと切るとにっこりと笑って消えたという。

久保孝夫著『女子高生が語る不思議な話』にある。函館市の女子高生が語った話だという。

神松［かみまつ］

和人に伝わる怪異。上磯町（現北斗市）には神松と呼ばれる松があった。これはかつて天神様が持ってきた木で、浜辺に置いたものが根付いたのだと伝えられる。

昭和の初め頃、ここに線路を敷くこととなり、松の木が邪魔になったために神松を伐《き》ろうとしたところ、木の中から血が噴き出した。それでも作業員たちはこれを切り倒し、海に捨てたが、それから数日後、その作業員たちは地滑りの下敷きになる、トロッコにはねられるなどの事故に遭って死亡し、伐採を許可した神主までも病死した。また鉄道が開通してからは、夜ごとに老人の亡霊が車内に出現するようになったという。

合田《ごうだ》一道《いちどう》著『北海道おどろおどろ物語』にある。

カンヌプリウエンユク［かんぬぷりうえんゆく］

アイヌに伝わる妖怪。瀬棚《せたな》（現久遠郡《くどおぐん》せたな町）と利別《としべつ》（現瀬棚郡今金町《いまかねちょう》）の間にあったというカンヌプリ（「上の山」を意味する）に棲《す》み着いていたという熊。昔この山に十勝の方面から来た悪人が住んでいたが、瀬棚と利別の集落から国に帰れと命じられ、これに渋々従って帰る際にカンヌプリウエンユクに仇《かたき》をとってくれるよう頼んだ。そのためカンヌプリウエンユクは瀬棚と利別の集落の人間を見つけると襲い掛かるようになったことから、ついに退治されることとなった。

決行の日、おびき出し役となった二人の

若者がカンヌプリウエンユクのいる山に登り、この熊の棲む岩山の穴の前でカンヌプリウエンユクの悪口を散々に言って、下に流れている川に飛び込んで向こう岸まで逃げた。悪口を聞いたカンヌプリウエンユクは飛び出してきたが、川に潜ることができないため水面を泳いで渡っているところを、船に乗って待ち構えていた五人の若者に槍《やり》で突かれ、ついに倒されたという。

更科源蔵著『アイヌ伝説集』にある。

カンヌプリウエンユクは直訳すると「カンヌプリの悪い熊」という意味になる。ユクはエゾシカを指す言葉として語られることが多いが、本来はアイヌにとっての獲物全般を指す言葉であるため、彼らの食糧のひとつであった熊を表すこともある。

奇岩雲石［きがんくもいし］

和人に伝わる怪異。熊石村（現二海《ふたみ》郡《ぐん》八雲町）の名前の由来にもなった雲石には、以下のような伝説が残されている。

一五二五（大永五）年のこと、蝦夷地西部の首長であったタナサカシは、アイヌたちを率いて和人と戦っており、時の徳山館（松前大館《おおだて》）主であった蠣崎義広《かきざきよしひろ》がこれに対抗していた。

その義広の命でタナサカシと戦った工藤《くどう》祐兼《すけかね》が倒され、その弟、祐致《すけとき》は兄の無念を晴らすため、タナサカシを襲撃する。しかしタナサカシの軍によって追い詰められ、祐致の敗北も間近となった。祐致はすぐ側にあった岩に身を隠したが、アイヌの軍はすぐそこに迫っていた。

その時、にわかに黒雲が岩間から発生し、異臭が辺りを覆った。この突然の怪現象にアイヌたちは恐れをなして逃げて行き、祐致は命を拾うことができたという。

北海道庁編『北海道の口碑伝説』にある。雲石は現在は「奇岩雲石」と呼ばれ、八雲町の観光名所となっている。

腐った茸のように光る化け物［くさったきのこのようにひかるばけもの］

アイヌに伝わる妖怪。海にいた六人の化け物（コシンプイ）の中でも一番小さい化け物で、その姿はまるで腐った茸のようで光っていたという。

化け物は火の神を妻にするべくその家に侵入しようとしたが、火の神に事前に頼まれて家に隠れていた栗男、針男、蟹《かに》男、臼《うす》男がこの化け物を撃退するべく行動する。

まず化け物が炉端《ろばた》へ座ろうとしたところに栗男が飛び出し、その手にぶつかった。痛みに思わず尻をついたその真下に針男がおり、化け物の尻に突き刺さる。化け物はたまらず火傷《やけど》した手を水で冷やそうと水桶《みずおけ》に走るが、そこに隠れていた蟹男に手を挟まれ、家から逃げようと外に飛び出したその瞬間、臼男が上から降ってきてその体を押し潰してしまった。化け物は目玉を飛び出させて死んでしまったという。

更科源蔵著『アイヌ民話集』にある。同

書によれば、山越郡長万部町《やまこしぐんおしゃまんべちょう》で採取された話とのこと。

　話の筋は昔話『猿蟹合戦』にそっくりだが、『猿蟹合戦』では退治を依頼する立場の蟹がこの話では退治する側として参戦している。

首だけ爺さん ［くびだけじいさん］

　現代に伝わる怪異。ある男女の二人連れが夜中の二時頃に歩いて草が腰の高さぐらいまで生えている場所を通ったところ、四、五メートルぐらいの大きな木があり、その横に老爺《ろうや》が立っていた。しかしよく見るとその老爺は首だけだったという。

　久保孝夫著『女子高生が語る不思議な話』にある。同書によれば函館市の女子高生が語った話だという。

黒いモヤ ［くろいもや］

　現代に伝わる怪異。ある少女が窓から海と電柱が見える家に住んでいた。嵐の日、海が大荒れになり、その家が呑み込まれそうになった。少女は怖くなり、友達から借りたおまじないの本を開き、恐怖から逃れられるおまじないを窓に向かって呟《つぶや》き、電気を消して寝た。

　午前二時頃、電柱から黒いモヤが湧き、少女の部屋に入って来た。少女が目を覚ますと、黒いモヤは部屋の天井に張り付いたまま少女にこう問いかけた。

「首と胴と足どれがいい」

　少女が夢かと思って答えないでいると、直後その首と胴と足を切断された。

　この話を聞くと、一年後の天気が悪い夜中に目が覚め、黒いモヤと遭遇する。そして「首と胴と足どれがいい」と聞いてくるかもしれないという。

　久保孝夫著『女子高生が語る不思議な話』にある。同書によれば函館市の女子高生が報告した話だという。

食わず女房 ［くわずにょうぼう］

　和人に伝わる妖怪。昔、ある男が飯を食わない女房をもらった。この嫁は男が見ている間は本当に飯を食わなかった。

　しかしどういうわけか米の減りが異常に早い。どうやら夜にこの女房が飯を食っているようだったので、夜にこっそり覗《のぞ》いてみると、米を炊き、おにぎりにしてなぜか頭の中に入れていた。女房の髪の間には巨大な口があったという。

　久保孝夫著『津軽海峡圏の昔話』にある。これは松前郡福島町で採取された話だという。同書には他にも亀田郡戸井町（現函館市）で採取された話として、頭に竜の顔があり、夫が仕事に行っている間にその竜に飯を食わせていた女の話も載せられている。

　このように飯を食わないと評判の女が、実は誰も見ていない時に頭にある口でこっそり飯を食っていたという話は全国にある。多くの話では正体を見られた女が夫を襲うという展開になるが、北海道で採取された話は二例とも女が頭で飯を食っているところで終わっているようだった。

ケタケタ［けたけた］

現代に伝わる怪異。下半身のない人間の姿をしており、両腕を前に重ね、腕を片側ずつ上下に振ってものすごいスピードで追いかけてくるという。

久保孝夫著『女子高生が語る不思議な話』にある。同書では函館市の女子高生からの報告として載り、移動の仕方について「ピンク・レディーの『UFO』のおどりのように腕を振るう」と記されている。ピンク・レディーは一九七〇年代に活躍したアイドルで、その楽曲『UFO』の振り付けの中に重ねた両腕を片側ずつ上下に振る動作がある。それを指したものだろう。

血脈桜［けちみゃくざくら］

和人に伝わる怪異。松前郡松前町松城の光善寺境内に現存する桜の木で、以下のような伝説が残る。

昔、柳本伝八という鍛冶屋《かじや》がある年の春、静枝という娘とともに上方見物に赴いた。その途中、吉野で一人の尼僧《にそう》と知り合い、記念として一本の桜の苗木を手渡された。親子はこれを光善寺に献納した。

それから幾年も過ぎ、一七七二〜一七八一年（安永年間）の頃、御堂の改修のためこの桜の木を伐《き》り倒すことに決まった。すると光善寺一八世穏誉上人の枕元に鮮やかな桜模様の振り袖姿の女性が忽然《こつぜん》と現れ、「死は明日に迫る身の上ですが、願わくば仏果を得るために血脈をお送りください」と言った。

上人がその理由を尋ねても決して話さず、「深夜だから明日にしなさい」と言えば、「明日を待つことはできませんから、ぜひ」という。そのため本堂に連れて行き、血脈を授けた。

翌朝、上人は切り倒される老桜を眺めていると、葉隠れに動く一枚の紙片を発見した。それは前夜上人が女性に授けた血脈であった。

このため桜の木を切り倒すことは中止となり、桜の精である女性のために盛大に供養を行った。そしていつしか、この桜の木は血脈桜と呼ばれるようになったという。

北海道庁編『北海道の口碑伝説』にある。血脈は在家の仏教徒に仏法相承《ぶっぽうそうしょう》の証として授ける系譜のことを指す。

煙の少女［けむりのしょうじょ］

現代に伝わる怪異。函館市に住むある少女が布団で眠ろうとしていると、部屋の隅から煙が昇り、その中に紫の着物を着た女の子が座っていたという。

学校の怪談編集委員会編『学校の怪談16』にある。

玄狐稲荷［げんこいなり］

和人に伝わる神。松前城下を守護するという玄狐で、その由来は以下のように伝えられる。

松前家一三代目の松前道広の前室は、前《さきの》右大臣《うだいじん》花山院《かざんいん》常雅《ときまさ》の息女、初姫で、一七七一（明和八）年に入輿《じゅよ》した。

初姫は京都九条稲荷を尊崇していたため、九条稲荷は蝦夷地に赴く際には姫の道中の守護として、多数の狐を付き添わせた。

一七七八（安永七）年、近海で不漁が続き、道広は箱館にいた南部の山伏《やまぶし》、大昌院という者に一〇〇日間の修法《しゅほう》を命じた。

このため、大昌院は毎晩、弁天浜の海に飛び込み、経文を一巻ずつ読む苦行を開始した。その第一夜から弁天堂の上に一匹の黒狐が籠るようになった。やがて修法は九九日に至り、満願の前夜、大昌院の側に黒狐が現れて言った。

「自分は京都九条の狐であり、初姫君が入輿した際に見送りのため蝦夷地にやってきた。姫君ご逝去の後、他の狐はみな故郷へ帰ったが、図らずも私は知内《しりうち》の狐と契りを結び、子まで儲けたため帰郷の機会を逃した。そして一七八二（天明二）年、藩主が狩猟のため知内へ来た時、自分は道端に隠れてその行列を見ていたところ、不運にも殿の目に留まってしまい、珍しい黒狐だ、早く討ち取れとの命により、我は藩士の厚谷伴蔵の筒先のために落命した。それ以来、いまだ我が魂魄《こんぱく》は浮かばれずにこの土地を彷徨《さまよ》っている。もし我が霊を祠《ほこら》をもって祀《まつ》ってもらえるなら、長く城下の守護をしよう。そして、このことを藩士藤倉八十八に伝えてほしい」

このため、一八〇二（享和《きょうわ》二）年、松前城下の唐津内《からつない》沢奥に一社、知内に末社を建てて、ともに玄狐稲荷と呼んだという。

北海道庁編『北海道の口碑伝説』にある。

高所恐怖症のバレーボール［こうしょきょうふしょうのばれーぼーる］

現代に伝わる怪異。学校の体育館の体育教官室の隣の部屋にはたくさんのバレーボールがあるが、ひとつ足りなかった。そこで探してみると体育館の天井にそのボールが挟まっており、「そうだよ。二年前にある人に上げられたんだ！　それに俺は高所恐怖症なんだ！」と叫んだという。

久保孝夫著『女子高生が語る不思議な話』にある。函館市の女子高生が語った話だという。

高龍寺の貉［こうりゅうじのむじな］

和人に伝わる妖怪。明治時代のこと、函館市の高龍寺には貉が棲《す》み着いており、人を化かすことで評判だった。しかし人に害を与えることはなく、ある寺の破戒僧が賭《と》博《ばく》に負け続けていたためこの貉に頼んで勝たせてもらったり、一八七九（明治一二）

年に起きた大火事の際には、寺の重要書類の搬出を手伝ったりしたという。そのため、この界隈の人々にはとても人気があったようだ。

北海道庁編『北海道の口碑伝説』にある。

五勝手獅子舞の鹿 ［ごかってししまいのしか］

和人に伝わる不思議な動物。一七〇八（宝永五）年のこと。現在の檜山郡《ひやまぐん》江差町《えさしちょう》には、松前藩に杣夫《そまふ》たちが雇われてやってきていた。ある日彼らが狩りに出たところ、青、赤、黒、白の色をした四頭の雄鹿《おじか》を見つけた。この鹿たちは一頭の雌鹿を中心にして戯れているようだった。しかし突然、雄鹿たちは雌鹿を巡って争い始め、しばらくして白鹿が何か仲裁するような動きを見せた後、五頭は揃って角を振り立て、舞を踊りながら消えてしまった。

これを見た杣夫たちは急いで村に帰り、村人たちにこの話をしたところ、その神秘的な振る舞いは神楽《かぐら》というものに違いない、鹿は春日明神《かすがみょうじん》の愛《め》でる獣であるから、神楽に仕組んで祭祀《さいし》に用いようということになった。そしてこの鹿の踊りを真似し、猿楽《さるがく》や田楽《でんがく》も交え、笛や太鼓の拍子もにぎやかに歌を加えて生まれたものが、現在も江差町の郷土芸能として残る五勝手鹿子舞なのだという。

渡辺茂編著『北海道伝説集 和人篇』にある。

コマヒキ ［こまひき］

和人に伝わる妖怪。江差《えさし》、松前の地域で河童を指して呼んだ言葉。

柳田国男著『山島民譚《みんたん》集』にある。漢字表記は「駒引き」だろう。河童には馬を川に引き込む悪事を行うとされることが多く、そこから生まれた呼び名と考えらる。

五稜郭タワーの怪 ［ごりょうかくたわーのかい］

現代に伝わる怪異。五稜郭タワーは函館市の史跡、五稜郭に隣接する展望塔だが、このタワーから五稜郭公園を見下ろすと、一部の池と周辺が真っ赤に光り、人魂のようなものがタワーに飛んでくる。これはかつて五稜郭で行われた戦争の犠牲になった人々の魂だと言われている。またこの赤い光を見た人間は一度だけ自殺未遂を引き起こすという。

久保孝夫著『女子高生が語る不思議な話』にある。五稜郭で行われた戦争とは恐らく箱館戦争のことだろう。自殺ではなく自殺未遂を起こすと限定されている怪異は珍しい。

五稜郭の亡霊 ［ごりょうかくのぼうれい］

現代に伝わる怪異。ある少年が函館市の五稜郭にある井戸の蓋《ふた》を開けて、怖くなって急いで自転車で帰った。すると後ろから五稜郭戦争で戦っていた当時の人間のように、着物を着て刀を持った人が走って追いかけてきた。この亡霊は家までついてきたため、急いで玄関に入り、ドアを閉めたという。

久保孝夫著『女子高生が語る不思議な話』にある。五稜郭戦争とは箱館戦争のことだろうか。箱館戦争における五稜郭は旧幕府軍に占有され、新政府軍への攻撃に使われたが、最終的に新政府軍に引き渡されている。ここに出た亡霊がどちらの軍の亡霊だったのかは不明だ。

今度は落とさないでね

［こんどはおとさないでね］

現代に伝わる怪異。ある貧しい夫婦が生活に困り、子どもが四歳のときに三人で支《し》笏《こつ》湖《こ》にボートに乗りに行き、子どもを突き落として殺した。

それから何年か経ち、夫婦は裕福になり、新しく子どもを授かった。その子どもが四歳になったとき、支笏湖へボートに乗りに行った際、ちょうど以前、子どもを突き落とした辺りに辿り着いた。そこで子どもがボートの上に立ち、「今度は落とさないでね」と言ったという。

北の生活文庫企画編集会議編『北海道の口承文芸』にある。同書によれば、函館市で語られた話。過去に子どもを殺害し、新しい子どもとともにその場所に行ったとき、その子どもが「今度は落とさないでね」と告げる話は全国にあり、舞台は湖の他にも崖や川、船の上などがあり、今回は北海道らしく支笏湖が舞台となっている。

このようにかつて殺した相手が自分の子どもに生まれ変わり、罪を暴露する話は「六部《ろくぶ》殺し」、「こんな晩」などと呼ばれ、古くから怪談として日本各地に伝わっている。典型的な話は、貧しい農家が一夜の宿を求める六部を泊めるが、金品を持っているのを見て魔が差し、殺してそれを奪う。それから裕福になった夫婦の元に子どもができるが、生まれた子どもはいつまで経っても口がきけない。そんなある日、真夜中に目を覚ました子どもを父親が小便に連れて行くと、突然子どもがしゃべりだし、「お前が俺を殺したのは、こんな晩だったなぁ」と語る、というものになっている。

また小泉八雲の『知られぬ日本の面影』には殺されるのが六部ではなく自分の子どもで、川に突き落とされるというものが載っており、これが現代を舞台に変形し、広まったものが「今度は落とさないでね」ではないかと思われる。

逆さオンコ［さかさおんこ］

和人に伝わる怪異。南条広継《ひろつぐ》は上ノ国《かみのくに》（現檜山郡《ひやまぐん》上ノ国町）の城代であったが、彼の妻である蠣崎季広の娘は、自分の兄弟に藩主の座を奪われることを恐れ、広継を藩主にしようと兄弟の食事に毒を盛らせた。

これにより謀反がばれ、広継の妻は自害させられたが、広継にも追及が及んだ。広継は身の潔白を主張したが、認められなかった。そのため広継は一本のオンコ（イチイの木）を差し出し、これを逆さに植え、オンコが根付いたら悪心がなかった印であるとした。

そして広継は節を取った青竹を持って棺《ひつぎ》に入り、それでわずかに呼吸をしながら読経して死んでいった。読経が聞こえなくなるまで三週間かかったという。

それから三年、逆さに植えられたオンコは見事に根付き、逆さオンコと呼ばれるようになった。このオンコは今でも上ノ国町の愛宕《あたご》神社に生えているという。

合田一道《ごうだいちどう》著『北海道おどろおどろ物語』にある。

笹山さん［ささやまさん］

和人に伝わる神。檜山郡《ひやまぐん》江差町《えさしちょう》の笹山稲荷神社の神とされる。ある男性が笹山稲荷にくじいた足の回復を願うため参拝し、そのまま神社に泊まったときのこと。真夜中、草鞋《わらじ》を擦るようにして笹山を登ってくる足音が聞こえた。その音は拝殿の前でぴたりと止まり、直後にこの世のものとは思えないほど美しい女の声が聞こえてきた。そして拝殿が唸《うな》るように鳴った。

翌朝、以前から笹山稲荷の御守りをしている人物に「今、笹山さん来てまた出て行ったわ」と教えられ、それから男性は自分の足の痛みが消えていることに気付いたという。

江差町民話の会編『江差ものがたり』にある。同書には笹山稲荷の生き神として大きな狐が現れることについても記載されているが（**笹山神社の生き神様**参照）、この笹山さんと狐の神が同じものかは不明である。

笹山神社の生き神様［ささやまじんじゃのいきがみさま］

和人に伝わる神。熊ほどもある大きな狐で、檜山郡《ひやまぐん》江差町《えさしちょう》の笹山稲荷神社の生き神とされる。この神社の境内には岩穴が大小いくつも存在しており、何人もの人がその穴から出入りする狐を目撃している。この狐は茶褐色の毛と丸みを帯びた顔を持ち、時に太陽のような光を発するのだとされる。

また冬になると雪にこの狐のものと思しき足跡が現れ、この足跡を辿ると道に迷うことがないという。

江差町民話の会編『江差ものがたり』にある。この笹山稲荷には不思議な話が複数残されているようだ。他の話は**笹山さん**、**開陽丸を招いた怪光**を参照。

サリーちゃんの家 ［さりーちゃんのいえ］

現代に伝わる怪異。亀田郡七飯町《ななえちょう》の大沼にある「サリーちゃんの家」。この廃墟に録音機器を持って入ると、家の中では何も聞こえなかったのに、後から聞くと何者かの声が録音されているという。

久保孝夫著『女子高生が語る不思議な話』にある。「サリーちゃんの家」と呼ばれる建物は元々「大沼ユースホステル」という名前のユースホステルで、人が定住していたわけではないが、一家心中があった、などの噂がまことしやかにささやかれている。

地獄トイレ ［じごくといれ］

現代に伝わる怪異。ある学校のトイレが木造のボットン便所だった頃のこと。そこの一番奥のトイレは、普通の人が入っても何も起きないが、悪いことをした人が入ると地獄に落ち、二度と帰ってこられないと言われていた。またこの話を三人以上に話すと祟《たた》りが起こるという。

久保孝夫著『女子高生が語る不思議な話』にある。同書によれば函館市の女子高生が報告した話だとされる。アイヌでは**アフンルパロ**と呼ばれる地獄に繋《つな》がる穴がよく語られるが、まさか地獄もトイレに繋がるとは思わないだろう。

また、怪異を回避するために一定数以上の人間に話さなければならない、という話は多いが、逆に一定人数以上話してはならない、とされるものは珍しい。

舌返せ ［したかえせ］

現代に伝わる怪異。亀田郡七飯町《ななえちょう》の大沼で、バイク免許を取りたての高校生がツーリングで対向車と正面衝突するという事故に遭った。高校生はそのまま血だらけで倒れていたが、応急処置をしようと救急隊員がそのヘルメットを取ったとき、肉片がぽろりと落ちた。それは高校生が事故のショックで自ら噛《か》み千切ってしまった舌であった。

高校生はそのまま死亡したが、この高校生の友人が夕暮れに大沼をバイクで走っていると、事故現場に差し掛かった付近でどこからか「舌返せー」という地を這うような低い声が聞こえてきた。それ以来、その場所をバイクで走ると「舌返せー」という声が聞こえてくるようになったという。

森影依《やすし》著『北海道怪異地図』にある。

洲根子の化け物［しねごのばけもの］

和人が記録した怪異。洲根子（現檜山郡《ひやまぐん》上ノ国町《かみのくにちょう》）の野原では、かつて日が暮れると怪しいものが現れると言われていた。地元の人々はこれを洲根子の化け物と呼び、恐れていたという。

菅江真澄著『菅江真澄遊覧記』にある。同書によれば、この記録は一七八九（寛政元）年四月二二日に洲根子で聞き取ったものなのだという。

鮪の岬の大蛸［しびのみさきのおおだこ］

和人に伝わる妖怪。かつて乙部村《おとべむら》（現爾《に》志郡《しぐん》乙部町）にある鮪の岬と呼ばれる岬の突端近くに棲《す》み着いていたという巨大な蛸。海面から一二、三尋《ひろ》（約二二〜二三・八メートル）の穴に棲んでいたとされる。

一七世紀中頃のこと、鮪の岬から少し離れた山に大蛇が棲んでいたが、この大蛇が岬に生えた一本の大木に巻き付いて日向ぼっこをしていたところ、鮪の岬の大蛸が戦いを挑んだ。

大蛸はまず二本の足を使い、さらに追加で二本の足を使ったが、大蛇も手強く、なかなか勝敗は決しない。蛸はさらに足を増やすが、大蛇もまた尾を一本木に巻き付け、蛸の足に噛《か》み付いた。しかし蛸は墨を吐きつけてついに大蛇を服従させたという伝説が残されている。

それから明治時代、毎年五、六月に鮪の岬の付近でホッキ貝を採っていると、あの大蛸が怒って暴れ出し、大波を起こすようになり、人々に恐れられるようになった。しかし後にこの大蛸は江差《えさし》の鷗島《かもめじま》に渡ったとされる。

北海道庁編『北海道の口碑伝説』にある。江差町に渡った後の伝説も残っている。江差民話研究会編『江差百話 江差の民話・伝説・史話』によれば、大蛇と戦った大蛸は、その後江差町の鷗島に渡り、そこで嫁に入った。その際大蛸は頭に帽子を被《かぶ》っていたが、これが魚に取られてはたまらないと偶然通りかかった舟に乗っていた釣《つり》鐘《がね》を奪った。そのため神官が祈禱《きとう》すると、大蛸は彼に対して事情を話し、祟《たた》られるのを恐れた人々が大蛸に釣鐘を渡すと、翌年から鷗島では大変に蛸が豊作となったという。

この時、蛸は頭だけで四尺（約一・二メートル）ほどの大きさだったが、それからさらに大きくなったらしく、いつしか島を七巻き半も巻くほどの足を持つようになったようだ。また蛸はそれから鷗島の主となり、一九二八（昭和三）年にも目撃されたという。

先述した『北海道の口碑伝説』にも釣鐘を奪った鷗島の大蛸の話が載るが、鮪の岬の大蛸と同一のものかどうかは記されていない。

閉めないでお化け［しめないでおばけ］

現代に伝わる怪異。函館市のある高校の

吹奏楽部の部室を閉めると、誰もいないのに「閉めないで」という声が聞こえてくる。これは閉めないでお化けの仕業なのだという。

久保孝夫著『女子高生が語る不思議な話』にある。函館市の女子高生が語った話だという。

一七人のお坊さん［じゅうしちにんのおぼうさん］

現代に伝わる怪異。ある山奥のトンネルには一七人のお坊さんが出るという。このお坊さんたちはトンネルに入って来た人間を黙って見ているが、その一七人のお坊さんと性格が似ている人間がいると、その人間に取り憑《つ》き、霊界に引っ張ってしまうという。

久保孝夫著『女子高生が語る不思議な話』にある。同書によれば函館市の女子高生が語った話だという。

勝軍地蔵［しょうぐんじぞう］

和人に伝わる怪異。アイヌの首長タナケシ（タナサカシ）と蠣崎《かきざき》義広との戦いの際、戦勝祈願のために山に建てられた地蔵で、戦いに勝利した後、地蔵は勝軍地蔵、山は勝軍山と呼ばれるようになった。

以来、松前で火事が起こる前兆として山が鳴動するようになり、一八六八（明治元）年頃の箱館戦争では官軍が松前城に入ったとき、城の背後にある勝軍山から多数の矢が飛んできて官軍に大きな脅威を与えた。

松前城の陥落後、官軍が勝軍山を調べると弓矢を引いた形跡はなく、そのため勝軍地蔵の仕業として地蔵の目を削り取り、海に投棄したが、翌年漁師の網にかかって戻ってきた。それから地蔵は松前町の阿吽寺《あうんじ》に祀《まつ》られたという。

小林成光著『北海道縁起物語』にある。

隙間女［すきまおんな］

現代に伝わる怪異。ある女性が部屋で一人テレビを見ていると、いきなり電気が消えた。しかしテレビはついたままであるため、停電ならテレビも消えるはずなのにと状況を確認するため部屋を出ようとしたところ、箪笥《たんす》と壁の二センチくらいの隙間から二センチもない細い女が出てきた。女性はその瞬間に気絶してしまい、気が付いた時には病院のベッドにおり、肺炎で一週間寝込んだという。

久保孝夫著『女子高生が語る不思議な話』に函館市の女子高生からの報告として載る。隙間女は現代になって様々な場所で語られるようになった怪異だが、基本的に隙間にいる女であり、隙間から出てくるパターンは珍しい。

ちなみに近世の随筆集『耳嚢《みみぶくろ》』にある「房斎《ぼうさい》新宅怪談の事」には、よく隙間女との関連が語られる女の妖怪が出てくるが、この妖怪も戸袋の間という狭い空間から飛び出してくる行動を見せる。

スパビーチの霊［すぱびーちのれい］

現代に伝わる怪異。北斗市のとある温泉は昔、スパビーチと呼ばれるプールとホテルを中心とした施設だった。このプールにはよく子どもの幽霊が出現したと言われており、プールで溺《おぼ》れた子どもだとか、プールができる前に海で溺死《できし》した子どもなどと言われていたという。

久保孝夫著『女子高生が語る不思議な話』にある。現在、プールはなくなってしまったようなので、今でも幽霊が出るかどうかはわからない。

成長する木彫り熊［せいちょうするきぼりぐま］

現代に伝わる怪異。北海道の代表的な土産ものとして知られる木彫りの熊。四つん這いになった熊が鮭《さけ》を咥《くわ》えているものが有名だが、檜山郡《ひやまぐん》江差町《えさしちょう》には成長する木彫りの熊が残されている。

江差町にある笹山神社に安置されているこの木彫りの熊は、一九四〇（昭和一五）年五月五日に小樽市の浦崎徳太郎という人物から寄進されたもので、浦崎家の息子が風邪をこじらせ、生命も危うくなったため、藁《わら》にも縋《すが》る思いである神社に参ったのだという。その際、別当に祈禱《きとう》をお願いしたところ、「家の神棚にある木彫り熊に水を上げ、不津桑幸明王《ふつくこみょうおう》の称号を唱えよ」とのお告げがあった。

この木彫り熊は旭川市に住むマミヤという人物が彫った熊で、体長三〇センチほどだった。浦崎家の両親は不思議に思いながらもその熊の置いてある神棚に水を上げ、一心に祈った。すると突然コップの水が煮えたぎり、息子の風邪が平癒した。

そのためこれは由緒ある熊だとして、浦崎家の人々は江差の笹山神社まで赴き、ここで祀《まつ》ることを頼んだ。

それからというもの、この木彫りの熊は成長を続けるようになった。初めは木箱に入れられて安置されていた熊だったが、いつの間にかその木箱からはみ出さんばかりに大きくなっていたため、一回り大きな木箱が作られ、そちらに入れられた。しかしその後も成長を続け、木箱を取り換えることが三回続いたと言われている。

合田一道《ごうだいちどう》著『北海道おどろおどろ物語』にある。

租鮫明神［そごうみょうじん］

和人が伝えた神。現在の松前郡福島町に残る白神《しらかみ》神社にはこんな由来が残っている。

かつてこの付近の海で大船が転覆しそうになり、船長が海の神に祈り、命を助けてくれるように懇願したところ、巨大な鮫《さめ》が波の中に現れ、海は静かになった。無事に浜辺に辿り着くことができた船乗りたちは、この海の神に感謝し、後に社を建てて祀《まつ》った。それが租鮫明神なのだという。

菅江真澄著『えぞのてぶり』にある。同

書によれば、この話は一七九一（寛政三）年に菅江が記録した話だとされる。租鮫明神は現在でも白神神社に祀られており、地元の人々に慕われている。

ゾンビ看護師［ぞんびかんごし］

現代に伝わる怪異。病院の跡地に建てられた学校があった。一人の少女が学校に忘れ物をしたため、夜に学校に戻り、忘れ物を持ち帰ろうとしたところ、廊下の奥から誰かが向かってくる足音がした。

隠れて覗《のぞ》いていると、そこには白衣を身に着け、患者を運ぶベッドを押す看護師がおり、少女は驚いて逃げ出してしまった。

すると後ろから彼女を追いかけてくる音が聞こえてきたため、女子トイレに逃げ込み、一番奥の個室に入ってカギを掛けた。

数分後、トイレに誰かが入ってくる音がして、一つ一つ個室のドアをノックする音が続いて聞こえてきた。しかし少女の入っている個室まではなぜか来ず、少女はほっとして眠ってしまった。

翌朝、窓から入ってくる日光で目が覚めた少女が、帰ろうとあくびをして上を見たところ、天井に白衣を着た女がいて、目を見開いて少女の方を見ていたという。

北の生活文庫企画編集会議編『北海道の口承文芸』にある。同書によれば、函館市で語られた話。こうした話は学校の怪談として全国に分布し、看護師の姿がゾンビのようであることが多いため、ゾンビ看護師、ゾンビ看護婦などと呼ばれることが多い。

このトイレを覗いているというモチーフは他にも様々な怪談に登場する。**覗く幽霊**も参照。

【た】

宝化け物［たからばけもの］

和人に伝わる妖怪。昔、あるところに化け物の出る寺があった。この寺では夜になるとおかしな音が聞こえてきたため、怖がって近寄るものはなかった。しかし村で元気の良い若者がその化け物を退治してくると宣言し、寺へ行った。

若者が寺で夜になるまで寝ていると、柱の下からたくさんの化け物が現れた。蓑《みの》を着た化け物や、笠を被《かぶ》った化け物、古びた葛籠《つづら》の化け物、鉦《かね》の化け物など、種類は様々だった。化け物たちは「ふるみの、ふるがさ、ふるつづら、ふるがね、ふるでご、ふるつづみ」と歌いながら踊っていた。そのため若者も面白くなって一緒に踊ると化け物たちが彼に気付き、「お前さん、誰だ」と聞いてきたため、若者は「俺は古茣蓙《ふるござ》の化け物だ」と答えると、化け物たちは「したら、みんなで踊るべ」と言って「ふるみの、ふるごさ、ふるつづら、ふるがね、ふるでご、ふるつづみ、ふるごーじゃーのばーけーもの」と歌い、踊り出した。そのうちに夜が明け、化け物たちは柱の下へと帰って行き、若者も疲れて眠ってしまった。

そのうち、若者を心配した村人が寺にやってきたので、若者は起きて事の顚末《てんまつ》を話してやった。そこで村人たちが柱の下を掘ると、そこに古くなった蓑や笠、葛籠、鉦、太鼓、鼓などがたくさん出てきた。これらは昔の人たちが宝物にしていたもののようで、一緒に大判小判も入っていた。

これを見た村人たちは、古くなれば器物にも命が宿るものだから、粗末にしてはならないと語ったという。

久保孝夫著『津軽海峡圏の昔話』にある。檜山郡《ひやまぐん》上《かみ》ノ《の》国町《くにちょう》で採取された話だという。

寺に化け物がおり、それを退治するために向かうと器物の妖怪がいるという展開は「化け物寺」などの民話で語られる。「化け物寺」では妖怪を退治するため、その正体を暴いていく、という展開が多いが、この話では最後まで化け物と一緒に楽しんでいる。

立待岬の武士［たちまちみさきのぶし］

現代に伝わる怪異。函館山の南東に位置し、津軽海峡に突き出た岬である立待岬。この岬に行く途中の坂に夜になってから行くと、武士が走って追いかけてくるという。

久保孝夫著『女子高生が語る不思議な話』にある。なぜ武士が出現するのかは語られていない。

立石野の巨人［たていしののきょじん］

和人に伝わる妖怪。現在の松前郡松前町にある松前城の西にあった立石野には、巨人が出現したという。一七七五（安永四）年のこと、当時一〇歳だった蠣崎廣時《かきざきひろとき》という人物が立石野の藤巻石というところへ野菜などを摘みに行った。すると昼を過ぎた頃に石の上に一人の男が立っていることに気が付いた。

驚いたことにその男は普通の人よりも背丈が二丈（約六メートル）余りも高く、廣時が怪しみながら見ていると、巨人は突然山の方へ飛んでいき、そのまま山の麓を伝いながら飛行していったという。

深瀬春一著『松前怪談十種』（『旅と伝説』三巻一〇号・通巻三四号収録）にある。同書によればこの話は蠣崎廣時が記した日記に記録されているという。

血染石［ちぞめいし］

和人に伝わる怪異。二海郡《ふたみぐん》八雲町にある旧山越内《やまこしない》関所にある大石の碑は、かつて罪人を斬首刑に処した場所だった。処刑の際、罪人はこの石に腰を掛けて首を刎《は》ねられたため石には血が染み込み、夜になると死んだ罪人たちの恨めしそうな泣き声が石の中から呼ぶように聞こえてくるといわれている。

小林成光著『北海道縁起物語』にある。同書によれば、この石は夜泣き石とも呼ばれていたという。

ついてくる幽霊［ついてくるゆうれい］

現代に伝わる怪異。道路などを歩いていると、後ろに人の気配がして、振り返ると誰もいないということがある。これは後ろに幽霊がついてきている場合に起こり、放っておくと家までついてくるため、そんな時は一度立ち止まって「お先にどうぞ」と言うと幽霊は行ってしまうという。

久保孝夫著『女子高生が語る不思議な話』にある。同書によれば、これは函館市の女子高生が報告した話だという。

奈良県では誰もいないときに後ろから足音が聞こえる場合、「べとべとさん」という妖怪がついてきているという伝承がある。その場合は道の脇に寄って「お先にお越し」、「お先にどうぞ」といった言葉を唱えれば離れるとされている。この話は水木しげるの著作などでよく知られているため、これが変化して現代の高校生たちの間で語られるようになったのかもしれない。

手長［てなが］

和人が伝えた妖怪。一七四五（延享《えんきょう》二）年のこと。松前藩主である松前資尋《すけひろ》の夫人は、夫が留守のある日、夜中に松前城近くの池の畔《ほとり》に佇《たたず》んでいた。

すると対岸に夫人に向かって媚《こび》を売るような視線を送る若者がいたため、また次の夜に来るようにと伝えて、城に帰った。

その翌日の夜、夫人が若者を待っていると、空がにわかに光が一切ない暗闇に覆われ、雷鳴が轟《とどろ》いた。突風が吹き荒れ、その向こうから長く伸びた一本の腕が差し伸ばされて、夫人の膝の辺りで止まり、皿のような器物を差し出した。

夫人は微笑んでそれを受け取ったかと思うと、懐剣《かいけん》を抜いてその腕を刺し貫いた。直後、けたたましい音が鳴り響き、空を月明かりが照らし、風は収まった。

何事かと駆け付けた宿直の武士が夫人が刺した腕の血痕を辿っていくと、城の北にある池に着いた。その池は真っ赤な血の色に染まっていたという。

それ以来その池は手長池と呼ばれるようになり、またこの妖怪が置いていった皿のような器物は法幢寺《ほうどうじ》に納められたという。

北海道庁編『北海道の口碑伝説』にある。

手長という妖怪は全国各地に伝わっているが、腕の異様に長い巨人であり、足長という異様に足が長い巨人とともに現れると語られることが多い。

また佐々木喜善《きぜん》著『遠野のザシキワラシとオシラサマ』には、津波などが起きる前、凶兆として現れる細長い手の妖怪が「細手」、「細手長手」という名前で記録されているが、長い腕という以外共通点はない。

手長足長［てながあしなが］

和人に伝わる妖怪。その名の通り非常に長い腕と足を持った怪物とされ、爾《に》志《し》郡《ぐん》乙《おと》部《べ》町《ちょう》の貝子沢《かいこざわ》という小さな沢に現れたという。一八世紀頃のこと、この怪物は夜になると貝子沢にやってきては貝を採って棲《す》み処《か》に持ち帰り、食っては貝殻をその辺に捨てていた。

それが何十年も続き、漁師たちは自分たちが採る分がないとすっかり困ってしまった。さらに食べる貝がなくなった手長足長が自分たちを襲って食らうのではないかと恐れ、怪物が昼間眠っている隙をついて生け捕りにして、手足を斬り落とそうなどと話し合った。しかし一人の古老があの怪物は神に違いないと言い、それに従って祠《ほこら》を建てたところ、手長足長はすっかり現れなくなったという。

葉梨孝幸《はなしたかゆき》著『おとべ百話』にある。

手長足長は日本各地に同名の妖怪が伝わるが、手が長い手長と足が長い足長の兄弟や夫婦とされることもあれば、手足が異常に長い巨人、怪物とされることもあり、その性質は地域や話によって大きく異なる。

乙部町に現れたのは二人一組の巨人ではなく、手長足長は長い手足を持った怪物であると考えられ、同書では現代で言えば怪獣と書かれていることから、巨人というより獣に近い姿をしていたのかもしれない。

手招き非常口［てまねきひじょうぐち］

現代に伝わる怪異。亀田郡のある小学校では、学校で居残りを終えた後、帰る際に「最後の一人はだ～れだ」と言うと非常口から手が出てきて手招きするという。

ポプラ社編集部編『映画「学校の怪談」によせられたこわーいうわさ』にある。筆者命名。

天狗［てんぐ］

和人が記録した妖怪。現在の松前郡福島町にはかつて天狗が現れたという話が残されている。白神岬の荒磯山と呼ばれていた場所に天狗が飛んできて休み、檜倉の沢という奥山に入って行った。以来、人々は火が飛ぶような景色を見るようになったが、目撃した人々の中にはその天狗の姿を捉えた者もいたという。

菅江真澄著『えぞのてぶり』にある。同書によれば、一七九一（寛政三）年六月二五日に地元の人間に聞いた話だと記されている。

天井を突き破る少女［てんじょうをつきやぶるしょうじょ］

現代に伝わる怪異。ある学校で女生徒が廊下を歩いていると、反対側から青白い顔色をした髪の長い女の子が歩いてきた。その女の子が「理科室はどこですか」と聞くため、「三階ですよ」と答えると、小さな声で「ありがとう」と礼を言って、ものすごい勢いで垂直に壁を登り、天井を突き破って上に行ってしまったという。

久保孝夫著『女子高生が語る不思議な話』にある。函館市の女子高生が語った話だという。

洞爺丸慰霊碑の怪［とうやまるいれいひのかい］

現代に伝わる怪異。一九五四（昭和二九）年、青函航路を渡っていた連絡船、洞爺丸が台風により沈没。死者、行方不明者が一一五五名に及ぶ日本海難事故で最大の惨事となった。

そのためか、この事故の犠牲者たちを弔うために建てられた慰霊碑の付近では、多くの怪異が報告されている。慰霊碑の近くで写真を撮ると霊が写る、車でこの付近を通ると、星空が曇り、暗い闇のようなものが視界を閉ざすなどだ。また、この近くの砂浜にいたカップルが、全身びしょ濡れの若い女に声を掛けられた、という話もあるようだ。

森影依《やすし》著『北海道怪異地図』にある。同書によれば、函館出身の著者の森影も、幼少の頃、洞爺丸事故の当日に家族がびしょ濡れで帰ってきて、無事の再会を喜んでいたところ、実はその家族は既に事故で亡くなっていた、という怪談をよく聞かされていたという。

菟狩の丸石［としゅうのまるいし］

和人に伝わる怪異。かつて福山の白河町（現松前郡松前町）に住んでいた蠣崎菟狩《かきざきとしゅう》という武士が弁天島という島で釣りをしていたところ、丸い石が釣り針に掛かっていた。そのためこの石を海に投げて切り上げた。

後日、今度は根武田近くの釣り場で糸を下げていたところ、再びあの丸石が釣れた。そのあまりの不思議さに家に持ち帰り、神の仕業に違いないと菟狩はこれを熊野神社に納めた。

それからというもの、ある人の証言ではこの丸石は奉納された当初より次第に大きくなっていったという。

北海道庁編『北海道の口碑伝説』にある。

トチノキの怪［とちのきのかい］

和人に伝わる怪異。落部村《おとしべむら》（現二海郡《ふたみぐん》八雲町）には、樹齢八〇〇年を超えるトチノキがある。この木を切りつけると血が流れ、傷つけた人物にたちまち奇禍《きか》が下ると伝えられている。

北海道庁編『北海道の口碑伝説』にある。

翔んでるバァーちゃん

［とんでるばぁーちゃん］

現代に伝わる怪異。ある夜のこと、暴走トラックが時速一〇〇キロで走っていたが、突然目の前に老婆が飛び出してきた。轢《ひ》いてしまうと驚いていたところ、老婆はにやっと笑ってトラックを時速一〇一キロのスピードで追い抜いて行ったという。

北の生活文庫企画編集会議編『北海道の口承文芸』にある。同書によれば、函館市で語られた話。翔んでいる要素はないが、元の話のタイトルが「翔んでるバァーちゃん」であるため、それに倣《なら》った。このように高速で走る老婆の話は全国に分布し、名前もターボババア、ジェットババア、百キロババアなど、様々な名前、姿で語られている。

トンネルの老婆

［とんねるのろうば］

現代に伝わる怪異。松前郡松前町にまだ松前線があり、汽車が走っていた時代のこと。この線路のトンネルは町への近道に便利で、多くの人々が勝手に中を通っていた。そんなある日、一人の老婆がこのトンネルを通った際、大幅に運行が遅れていた汽車がいつもとは違う時間にトンネルを通り、それにはねられて老婆は即死した。

それからトンネルは立ち入り禁止となったが、それでも近道をするために勝手に入る人間が多くいた。しかし歩いてこのトンネルを通ると、あの汽車にはねられて死んだ老婆が後ろから追いかけてくる、という目撃談が多発するようになったという。

森影依《やすし》著『北海道怪異地図』にある。

【な】

七曲がりの狂女

［ななまがりのきょうじょ］

和人に伝わる怪異。上磯町（現北斗市）に伝わる。一八六七（明治元）年のこと。戊辰戦争で旧幕府脱走軍が蝦夷《えぞ》地へ侵攻していた折、松前藩清川陣屋の守将が福山城へ密使を送った。その密使が豊川の山道に差し掛かったところ、一人の若い女が彼に近づいてきた。娘は精神に変調をきたしているのか、大声で密使に絡んできた。初めは無視していた密使であったが、あまりにもしつこく絡んでくるため、ついに刀を抜いてこの女を切り捨てた。

するとと突然今まで一本道だった道が動き出し、幾重にも曲がりくねった。密使は恐れおののきながらも前に進もうとしたが、一向に山を抜けることができず、さらに精神に異常をきたし、あらぬことを口走りながら走り回った末に足を滑らせて渓谷に落ち、死んでしまった。

これは後に「七曲がりの狂女」と呼ばれる伝説として語られるようになったという。合田《ごうだ》一道《いちどう》著『北海道おどろおどろ物語』にある。

ニシン神［にしんがみ］

和人が記録した神。上ノ国《かみのくに》（現檜山郡《ひやまぐん》上ノ国町）の上国寺《じょうこくじ》の近くにあった神社に祀《まつ》られていたという神で、元は人間で、大蔵法印秀海という人物であったという。

一七世紀の終わり頃のこと、秀海は上ノ国の浜辺に庵《いおり》を結び、修行をしていたが、ある年ニシンが全く獲れないということがあった。そのため人々が嘆いているのを見て、秀海は彼らの願う心が本物であるならば、自分が神に祈ってニシンを呼ぼうと約束した。

その見返りとして獲れたニシンの一部を自分に送るように言い、人々が同意すると、秀海は昼夜を問わず祈りを捧げ、ついに本当にニシンを呼び寄せた。この時、既に通常のニシン漁の時期からは二ヶ月以上も経っていたにもかかわらず、例年よりも大漁のニシンが獲れたという。

このため人々は大喜びで秀海を称《たた》え、自分たちが獲ったニシンの一部を彼に捧げた。しかしその中にひとりひねくれた者がおり、秀海の祈禱《きとう》は成功するはずがないと謗《そし》っていたにもかかわらず、ニシンが獲ればたまたまニシンがやってくるのが例年より遅かっただけで、秀海の力ではないと彼にニシンを送らなかった。

それから人々の説得で何匹かのニシンは送ったものの、なおも秀海を謗ることをやめないため、ついに争いになり、秀海はその最中に殺されてしまった。

それから四、五日して、このひねくれた者は突然病気になって亡くなり、さらにそれから幾日もなく彼の妻子も次々と亡くなった。

これを目の当たりにした人々は恐ろしさに秀海の御霊を祀り、その怒りを鎮めようとした。これがニシン神なのだという。

菅江真澄著『えみしのさへき』にある。同書によれば、これは一七八九（寛政元）年四月二三日、上国寺の上人に聞いた話として記録されている。

二メートルの生首［にめーとるのなまくび］

現代に伝わる怪異。函館市のある男性が札幌市の祖母の家に行った際、夜中、トイレに行くと、背後から二メートルもある巨大な生首が現れた。生首は「お前の生年月日は」と問うので、答えると、「東京の方角はどこか」と前に来て言うので、「あっちです」と答えると、下の方から体が現れ、首とくっついてそのまま消えてしまったという。
合田《ごうだ》一道《いちどう》著『北海道 幽霊の住所録』にある。

同書にはこれと類似した怪異が載せられており、そちらは髪の毛の長さが二メートルある女性の生首とされている。この生首は札幌市白石区の女性が遭遇したとされ、やはり夜中にトイレに行くと現れ、名前や生年月日を尋ねた。それに答えると「ここはどこ？」と尋ねるので「札幌」と答えると、「東京はどっちだ」と言うので、方向を言うと窓から消えていったという。

人形の家［にんぎょうのいえ］

現代に伝わる怪異。函館市にあるという空き家で、誰も住んでおらず、人形もないが、なぜか車で近づくと家の窓に人形の姿が映るのだという。

合田《ごうだ》一道《いちどう》著『北海道 幽霊の住所録』にある。同書によれば、実際にこの建物に近づいた車のエンジンが止まり、ブザーが鳴りだした、という体験も載せられている。

覗く幽霊［のぞくゆうれい］

現代に伝わる怪異。ある女生徒が学校の体育館でバスケットボールをしていると、幽霊が出現したため慌てて逃げた。しかし幽霊が執拗《しつよう》に追いかけてくるので、女生徒は女子トイレの一番奥の個室に隠れた。すると幽霊は個室のドアを一つずつノックしながら「ここにもいない」と言い、近づいてくる。女生徒が何も言わないでじっとしていると、いつの間にか幽霊の声はやんでいた。安心した女生徒がふっと上を見上げると、幽霊がドアの隙間から覗いていたという。

久保孝夫著『女子高生が語る不思議な話』にある。同書では函館市の女子高生から聞いた話として掲載され、類例もいくつか挙げられている。また同様の展開が語られる話に**ゾンビ看護師**がある。

こういったトイレをひとつずつ確認していく化け物が登場する怪談は全国にあり、これもそのひとつと考えられる。

のどやの小坊主［のどやのこぼうず］

和人に伝わる妖怪。檜山郡《ひやまぐん》江差町《えさしちょう》にかつて存在した「のどや」という旅籠《はたご》では、屋内が静まり返って人の気配がなくなると、真ん中の座敷に身の丈が五、六寸（約一五〜一八センチ）の小坊主が一〇人ほど現れたという。

小坊主たちは座敷中を踊り回り、やがて一人、二人と消えていく。これは「のどやの小坊主」と呼ばれ、彼らが出る時は必ず旅籠が大繁盛したため、旅籠ではこの小坊主たちの出現を大歓迎したと伝えられている。

江差町民話の会編『江差ものがたり』にある。現れると家や店が繁盛するという子どもの妖怪は**座敷わらし**が有名で、同書でもこれは座敷わらしと同じものと紹介されている。

【は】

柏巌和尚の祟り〔はくがんおしょうのたたり〕

和人が記録した怪異。近世の旅行家である菅江真澄は、今でいう二海郡《ふたみぐん》八雲町熊石にある寺、門昌庵《もんしょうあん》を訪れた際、その住職であった実山上人という人物にその寺の由来を聞いたという。

それによれば、この寺を建てたのはかつて福山（現松前郡松前町）の法幢寺《ほうどうじ》の六世にあたる柏巌峰樹《ほうじゅ》和尚という人で、出家しているにもかかわらず女色《じょしょく》の心があるとしてこの場所に流罪になった。和尚はそこで庵《いおり》を建てて修行を続けたが、なおも罪があるとして斬首刑に処せられることとなった。

そのため柏巌和尚は「無実の罪で斬られようとも、魂は天に飛び、土を走って恨みを晴らすだろう」と言い残して討たれた。

それからその首を福山で晒《さら》そうと持ち帰る途中、江差《えさし》（現檜山郡《ひやまぐん》江差町）の寺で一夜休んでいたところ、その首を置いた一間から火が出て、この寺は全焼してしまった。さらにこのような祟りが度々《たびたび》起きたので、祈禱《きとう》によってその怒りを鎮めたという。

菅江真澄著『えみしのさへき』にある。同書によれば、一七八九（寛政元）年五月八日に聞いた話だという。

この冤罪《えんざい》事件は「門昌庵事件」として知られており、現在も門昌庵や八雲町にその記録が残されている。

婆家紆数〔ばけうす〕

和人が記録した怪異。現在でいう檜山郡《ひやまぐん》上ノ国町《かみのくにちょう》にあったという不思議な臼《うす》で、「化け物臼」、「赤化臼」などと呼ばれていたという。その正体は大きなケヤキの臼で、木の節が鼻、目、口、耳のように見えたので、こう呼ばれていたのだという。

菅江真澄著『百臼の図』にある。化け物などと呼ばれているが、不思議な模様のただの臼であり、怪異をなすというわけではなかったようだ。

函館空港下のお化けトンネル〔はこだてくうこうしたのおばけとんねる〕

現代に伝わる怪異。函館市に建設された空港、函館空港。この空港の下をトンネルが通っているが、この場所はお化けトンネルと呼ばれている。

その理由はこの場所で幽霊の目撃情報が絶えないからだという。ある時、一人の男性が仕事帰りにこのトンネルを通った際、暗闇の中で髪を肩まで伸ばした若い女性が佇《たたず》んでいるのを目撃した。男性は逡巡《しゅんじゅん》した後、何かあったのかもしれないと女性の元に引き返したが、女性の姿は既に消えていたという。

森影依《やすし》著『北海道怪異地図』にある。

函館山の回る女［はこだてやまのまわるおんな］

現代に伝わる怪異。ある雨の日、天体望遠鏡で景色を眺めている二人の若者がいたが、ふと函館市にある函館山の頂上を見てみると、髪の長い白い着物を着た女が傘も差さずにくるくると回っていたという。また、その女には足がなかったと語られている。

久保孝夫著『女子高生が語る不思議な話』にある。

ハサミの怪［はさみのかい］

現代に伝わる怪異。あるいじめを受けていた女の子が学校の帰り、道端に落ちていたハサミを拾い、そのまま持ち帰った。それから学校で家庭科の授業があった際にそのハサミを使っていると、一人の女の子がハサミを貸せと言ってその子の布をそのハサミでずたずたに切り裂いてしまった。さらにもう一人の女の子が「あなたの髪切ってあげる」と髪に手を伸ばしたところ、突然そのハサミがひとりでに動き出して髪を切ろうとした子の目を突き刺し、さらに布を切った子の腹に刺さった。

女の子は怖くなってすぐに家に帰ったが、次の日の授業中に様子がおかしくなり、突如ハサミを持って暴れ出した。その騒ぎで隣のクラスの友達が止めに入ったが、ハサミがその友達の手に刺さり、その瞬間女の子はばったりと倒れてしまった。実はこのハサミの持ち主はいじめられて友達にも助けてもらえず自殺した女の子で、残された彼女のハサミが同じようにいじめられているその女の子を助けていたのだという。

久保孝夫編『女子高生が語る不思議な話』にある。同書によれば函館市の女子高生が報告した話だという。

八郎大明神［はちろうだいみょうじん］

和人に伝わる怪異。松前郡松前町の荒谷《あらや》神社にある小さな祠《ほこら》に祀《まつ》られた、飴玉をたくさん固めたような形の石で、その由来は以下のようなものと語られる。

一八三一〜一八四五年（天保年間）の頃、ある漁師が沖に出て漁をしていたところ、今まで見たこともない不思議な形の石が網にかかったため、持ち帰った。そしてイタコオロシをしたところ、石は「自分は疱瘡《ほうそう》の神である。我を祀るべし。然《しか》らばこの村には疱瘡が流行しないだろう」と告げたという。そのため漁師は荒谷神社の側に小さな祠を作って石を祀ったとされる。

野呂進著『北国の史話と伝説（上巻）』にある。アイヌには数多《あまた》に疱瘡神の話が伝わっているが、これは和人に伝わる疱瘡神のようだ。

パッカイシュマ［ぱっかいしゅま］

アイヌに伝わる伝承。「背負う岩」を意味する。梅花都村《ばいかつむら》（現瀬棚郡《せたなぐん》せたな町）の地名の由来となった物語ともされる。この場所では昔、一人のアイヌの夫人が子どもを背負い、浜に出て漁に行った夫の帰りを待っていた。しかし、いつまでも夫は帰ってこず、彼女は悲しみのあまり背中の子とともについに岩になってしまったという。この場所には今も小さい岩を背負ったような大きな岩がある。

中田千畝著『アイヌ神話』、更科源蔵著『アイヌ伝説集』による。

海に出た想い人を待ち続けて岩や石になるという伝説は日本各地に見られ、日本三大悲恋伝説のひとつに数えられる佐賀県唐津市の佐用姫岩《さよひめいわ》が有名。

バッコ沢の大蛇［ばっこさわのだいじゃ］

和人に伝わる妖怪。松前郡松前町にある徳山大神宮の本殿の横には、樹齢が何百年にも達する桂《かつら》の木がある。

昔、この宮の別当白鳥某の夢に、ある夜白髪の翁《おきな》が現れた。その翁は「私はこのバッコ沢の奥に棲《す》む大蛇である。この沢を出て大海に乗り出し、やがては天に昇り、龍となりたいと常々考えているが、あの桂の木が大きく、枝が邪魔となり出られないでいるから、どうかあの木を切ってくれ」と頼んだ。

しかし、大蛇が大海に出る時は雲を呼び大雨を降らせて大洪水となり、その波に乗るのだと伝えられていたため、別当は大蛇を海に出してやりたいとは思うものの、洪水で町が流されることを憂いてついにこの木を切ることはなかったという。

北海道庁編『北海道の口碑伝説』にある。

馬頭観音の化身［ばとうかんのんのけしん］

和人に伝わる怪異。一九一二（大正元）年頃のこと。茂別村《もべつむら》（現北斗市）には、運搬組合の人々が建てたという、馬頭観音像を祀る祠《ほこら》が、桜の大木の側にあった。しかしある時、その桜の木を地主が切り倒してしまった。

それから幾日か経った雨の夜、馬子が小走りに観音像の側を通ったところ、生温《なまぬる》い風とともに何者かに顔を撫《な》でられた。その時、驚いて落とした提灯《ちょうちん》の火が燃え出したが、その火に照らされたのは大男の姿で、お前が来るのを待っていたと告げた。

男は自分が馬頭観音の化身であると語り、自分の側に生えていた桜の木が伐《き》られてしまったため、祠の窓に桜の若木を刺し、苗を側に一本植えてほしいと頼んだ。そしてそのまま消えてしまった。

馬子は茫然《ぼうぜん》とそれを見ていたが、我に返ると慌てて近くの寺に飛び込んだ。翌朝、馬子はすぐに地主の家に行き、事情を話すと、地主はさっそく馬頭観音の化身と名乗った大男の言う通り、祠の窓に桜の枝を刺し、何本かの桜を祠の側に植えたという。

小林成光著『北海道縁起物語』にある。

ババフトコロ［ばばふところ］

和人に伝わる怪異。松前郡松前町にはバフトコロと呼ばれる、砂山で囲まれた場所があった。昔、この場所に古貉《ふるむじな》が棲《す》み着いており、夜にここを通る人に向かって「ばばのフトコロさはいれ」と声をかけたことからこの名前がついたという。

野呂進著『北国の史話と伝説（上巻）』にある。

ババヤン［ばばやん］

現代に伝わる怪異。ある女子高生が死に、親友の女子高生がその日記を覗《のぞ》いたところ、「ババヤンババヤンアキスセサシノ」と書いてあった。

その夜、日記を見た女子高生の部屋の窓に血だらけの老婆が現れたが、先ほどの呪文を三回唱えたところ、何も起きなかった。

しかしこの呪文を聞いたり読んだりした者は、体のどこかに傷が現れる。これを三日以内に見つけないと、体中が傷だらけになって死んでしまう。また三日以内に血だらけの老婆が現れるため、呪文を三回唱えると撃退できる。しかし一文字でも間違えると、老婆に体を乗っ取られて死んでしまうという。

久保孝夫著『女子高生が語る不思議な話』にある。同書によれば、函館市の女子高生が報告した話だという。

話を見る、読むと怪異が現れる、呪文を唱えることで撃退できる、といった要素は同じ名前に「ババ」が付く怪異と共通するが、「ババヤンババヤンアキスセサシノ」はもはや意味が分からなくなっている。

バラバラ幽霊［ばらばらゆうれい］

現代に伝わる怪異。ある町のごみ処理場で、作業員がごみをバラバラにする機械に巻き込まれ、体を切り刻まれてしまった。

それからというもの、このごみ処理場の近くにある高校に、夜になると廊下に作業員の幽霊が上半身だけの姿や下半身だけの姿で現れるようになったという。

久保孝夫著『女子高生が語る不思議な話』にある。同書によれば檜山郡《ひやまぐん》厚沢部町《あっさぶちょう》の女子高生が報告した話だという。

人喰銀串［ひとくいぎんぐし］

アイヌに伝わる怪異。渡島《おしま》地方のアイヌに伝わる話では、ウラユシベツ（現網走市《あばしりし》の浦士別《うらしべつ》か）の首長の夫婦の家に、夫が山で拾ってきた銀の串があった。これが近くにあると年老いてからできた愛《いと》しい自分の子どもさえも食ってしまいたいという衝動に駆られるようで、銀串の存在を知らなかったにもかかわらず、それを見つけた妻は子どもを串に刺し、火であぶって食ってしまったという。子どもを食った後は正気に戻り、自分のしでかしたことを嘆いていたが、串を持ち帰った夫はそれを責めず、この串は人喰神のものであったのだと考え、それを山の上に戻してよく祈禱《きとう》した。それからは不思議なことはなく、夫婦は再び子を授かって暮らしたという。

吉田巌《いわお》著『アイヌ童話』にある。

一つ目小僧［ひとつめこぞう］

現代に伝わる怪異。ある女性が家に一人でいたとき、窓の外に一つ目小僧が現れた。その姿は色は白く、顔の中央に大きな目がひとつあり、頭には白い布を被《かぶ》っており、髪の毛がなかったという。

久保孝夫著『女子高生が語る不思議な話』にある。同書によれば函館市の女子高生が母親の体験として報告した話だという。

悲恋塚の怪［ひれんづかのかい］

和人に伝わる怪異。爾《に》志《し》郡《ぐん》乙《おと》部《べ》町《ちょう》には、こんな話が伝わっている。一八三〇（天保元）年のこと、漁師の与作が、親方の家の飯炊き娘、お岩と恋に落ちた。しかし親方の息子がお岩に恋をしたため、世話になった親方を裏切ることができず、お岩は漁師の与作に辛く当たるようになる。そして別れを切り出された与作は逆上してお岩を殺害。その直後、館の岬という岬から飛び降り、自ら命を絶った。

それからというもの、冬になると与作とお岩の亡霊が館の岬に現れるようになった。

一九七〇（昭和四五）年、この悲恋物語を後世に残そうと、一四〇年目の彼らの命日に悲恋塚が建てられたが、今でも雪の日に若い男女の亡霊を目撃することがあるという。

合田《ごうだ》一道《いちどう》著『北海道こわいこわい物語』にある。

袋赤子［ふくろあかご］

現代に伝わる怪異。ある木造建築の大きな家に住んでいた若い女が、子どもを産んでは袋に入れて階段の下に放置し、死んだ後に庭に埋めるということを繰り返していた。しかしそれからしばらくして、夜になると黒い袋に入った赤子が泣きながら長い廊下を這い回るようになった。その女は次第に精神を壊してしまったという。

そんな事件があったためその家はやがて取り壊されたと語られている。

久保孝夫著『女子高生が語る不思議な話』にある。同書によれば函館市の女子高生から採取した話だという。筆者命名。

不幸を呼ぶ壺［ふこうをよぶつぼ］

現代に伝わる怪異。ある潜水インストラクターの男性が、江差《えさし》の海で潜っているとき、海底で壺を見つけた。後にこれを拾って持ち帰り、函館の自宅に飾った。

　するとそれ以来、男性自身が大事故に遭ったり、母親が亡くなるなどの不幸が続くようになったため、この壺が原因ではないかと江差の海へ赴き、壺を返したところ、不幸は起きなくなったという。

　合《ごう》田《だ》一道《いちどう》著『北海道こわいこわい物語』にある。同書には、この壺はかつてその海域で沈没した船に載せられていたもので、その怨念が籠っているのかもしれないと記されている。

ブラックホールもどき
［ぶらっくほーるもどき］

　現代に伝わる怪異。一人の少女がある日の午前二時に目覚めた。そのためもう一度眠ろうとすると、もやもやと吐き気がしそうな気分になり、動こうとすると体が動かない。そして目の前がぐらぐらしたかと思うと、天井に黒い渦巻が現れ、少女は体は動かないのに魂だけ吸い込まれるような奇妙な感覚に陥った。心の中でお経を唱えても状況は変わらず、思わず「やめて！」と叫ぶと、ブラックホールもどきは消え、疲労だけが残ったという。

　久保孝夫著『女子高生が語る不思議な話』にある。同書によれば、函館市の女子高生が過去に実際に体験した話として報告したという。

古屋の漏り
［ふるやのもり］

　和人に伝わる妖怪。昔、貧乏な老夫婦が住んでいる古い家があった。その家に老爺《ろうや》を食おうと唐土《もろこし》の虎という恐ろしい化け物が近づいてきたが、家の中から「唐土の虎より古屋の漏りの方がおかね（こわい）」と聞こえてきた。

　それを聞いた唐土の虎は「俺よりおかねものがあるべな」と思い、そのまま逃げた。

　しかし実は「古屋の漏り」とは「古屋の雨漏り」のことであり、お化けなどより雨漏りの方が怖い、という老爺の素朴な呟《つぶや》きを自分より恐ろしい化け物がいると勘違いした唐土の虎が逃げて行った、という話になっている。

　久保孝夫著『津軽海峡圏の昔話』にある。同書によれば亀田郡戸井町（現函館市）で採取された話だという。「古屋の漏り」と呼ばれるこの類の話は全国にあり、「古屋の漏り」の意味を勘違いする役割を持つものも虎のほかにも狒々《ひひ》などの獣の妖怪であったり、泥棒であったりする場合もある。同書にも泥棒のパターンが載せられている。これも本州から北海道に移住してきた人々が伝えた話なのだろう。

瓶子岩
［へいじいわ］

　和人に伝わる怪異。かつて檜山郡《ひやまぐん》江差町には「折居《おりい》さま」と呼ばれる老婆がいたが、彼女は天変地異を予知して人々に伝えたため、人々に慕われていた。

　そんなある日、鷗島《かもめじま》の方面から折居の住む草の庵《いおり》を虹色の光が照らしたので、折居がその光の方に行ってみたところ、岩礁に一人の老爺《ろうや》が座り、焚火《たきび》をしていた。

折居が訳を尋ねると「あなたが来るのを待っていた。この瓶の中に白い水が入っている。これを海中に投じれば、ニシンが群れをなしてやってくるだろう」と答え、焚火とともに消えてしまった。

そこで折居が老爺《ろうや》の言う通りに瓶を海に投じると、それからたくさんのニシンが海に押し寄せて来るようになり、人々の生活は潤った。しかし折居はある日突然姿を消してしまい、人々は彼女が住んでいた草の庵に残されていた神像を姥《うば》神様として祀《まつ》った。この姥神は漁業の神とされ、現在も姥神大神宮で信仰されている。

また折居が投げた瓶は海で岩になったとも伝えられ、その岩は今でも江差の海に残り、瓶子岩と呼ばれているという。

浜道人著『北海道・ロマン伝説の旅』にある。

碧血碑の亡霊［へっけつひのぼうれい］

現代に伝わる怪異。函館市に残る碧血碑。これはかつて箱館戦争にて戦死した人々を弔うために作られた石碑で、土方歳三や中島三郎助といった旧幕府軍の者たちがここに眠っている。

ある時、一人の中学生がこの碑を写真で撮ったところ、そこに鎧《よろい》を着た男の姿がぼんやりと写っていた。これは箱館戦争で敗れ、この地に野ざらしにされた旧幕府軍の兵士たちではないかともいわれている。

森影依《やすし》著『北海道怪異地図』にある。箱館戦争の亡霊が鎧武者の姿をしているというのはどうも時代がそぐわないように思われる。函館は古くから和人が居住していた地域なので、もっと古い時代の亡霊が現れたのかもしれない。

部屋中生首［へやじゅうなまくび］

現代に伝わる怪異。夜、ある女子高生が疲れて眠っていると、お腹の辺りが重くなったため、目を開けると腹の上に生首があった。さらに周囲を見回すと部屋中、生首だらけだったという。

久保孝夫著『女子高生が語る不思議な話』にある。同書によれば函館市の女子高生が実際に体験した話として報告したものだという。

ペンとパン［ぺんとぱん］

アイヌに伝わる不思議な動物。あるところにペン（川上に住むもの）とパン（川下に住むもの）という名前の狐がいた。ペンは何とかして金持ちになりたいと思っていたが生まれつき自分に備わっている神通力を使おうと考え、自分の尾を長く伸ばしていくと、それはやがてマトマイ（松前）の松前城の庭にまで届いた。松前城の殿様はこの尻尾を素晴らしい竿《さお》だと思い、家来に命じて自分の晴れ着を干させたが、ペンは尻尾を元に戻してその晴れ着を全て手に入れ、大金持ちになった。

　この噂を聞いたパンはペンに直接やり方を聞き、自分も尻尾を松前城まで伸ばした。これを見た殿様はまたもや家来に命じて晴れ着を吊るさせたが、パンが早く金持ちになりたいのを我慢できずに尻尾を途中で縮めてしまったため、尻尾を切り取られてしまった。そのため、パンは尻尾の短い狐となったという。

　ジョン・バチェラー著『アイヌの暮らしと伝承』にある。川下に住むものと川上に住むものの物語は「パナンペとペナンペの物語」という二人の人間の話として数多く残されているが、同書に載るこの話では、それが狐の物語となっている。

法華寺坂の怪［ほっけじざかのかい］

和人に伝わる怪異。檜山郡江差町《ひやまぐんえさしちょう》にある法華寺では、その山門横の大碑の台石に白い僧侶がいることがある。これを見ると、不吉なことが起きると伝えられているという。

　江差町民話の会編『江差ものがたり』にある。同書によれば昭和初期の頃、深夜二時を回った時刻に雨の中、法華寺の近くを歩いていた男が、勝手に傘が法華寺坂を昇って行くという怪現象を体験した後、この白い僧侶を見たという。僧侶は台石の上にどっかりと座り、男を見ていたが、やがて消えてしまったという。

ホヤウ［ほやう］

　アイヌに伝わる妖怪。ホヤウカムイともいう。オヤウと表記される場合もある。

　竜蛇の類を指すが、普通の蛇とは異なり、かなり巨大なものを指すことが多い。

　知里真志保《ちりましほ》著『分類アイヌ語辞典 植物編・動物編』では「竜蛇」と訳されており、萱野茂著『萱野茂のアイヌ語辞典』では「大マムシ」と訳される。

　近世には既に記録が残り、菅江真澄著『えぞのてぶり』においては、一七九一（寛政三）年に菅江が聞いた話として、茅部《かやべ》（現在の茅部郡）の湖にホヤウがおり、時には海を渡って現在の長万部町《おしゃまんべちょう》の方までやってきたため、非常に恐れられた、という話が記録されている。

　吉田巌《いわお》著『アイヌの妖怪説話（続）』（『人類学雑誌』第二十九巻第十号）ではオヤウは同じく蛇の妖怪である**サキソマエップ**の一族であるとされる。また、ホヤウに羽が生えたものをラプウシオヤウと呼ぶとある（**ラプシオヤウ**を参照）。知里真志保《ちりましほ》著『えぞおばけ列伝』（『アイヌ民譚《みんたん》集』収録）ではサキソマアイェプと同じものとされている。

　更科源蔵著『アイヌ伝説集』には、「オ

ヤウカムイ」の名で二海郡《ふたみぐん》八雲町の遊楽部《ゆうらっぷ》に出現したこの妖怪の話が掲載されている。同書によれば、かつて遊楽部岳の山麓《さんろく》に沼があり、ある人が大きな熊の足跡を見つけ、それを追っていると、この沼に辿り着いた。沼に近寄ってみると、その淵の残雪にイルカくらいの大きさの動物が並んでいた。これを見たその人物は翼のある竜、オヤウカムイだと気付き、慌てて逃げ出したが、一緒に連れて行った犬は帰って来ず、これはオヤウカムイの毒に当たって目が見えなくなり、沼に落ちたのだということになった。また、オヤウカムイと遭遇したこの人物もそれから間もなく亡くなったため、この沼に近づいてはならないと言われていたという。この沼は大正時代に水が流れ出し、今はもう残っていないとされる。

【ま】

松前の怪猫
［まつまえのかいびょう］

和人に伝わる妖怪。知内町《しりうちちょう》の八幡宮《はちまんぐう》の神職の紀重敬という人がいた。重敬は剣の使い手で、箱館戦争では官軍について戦い、敵将との一騎打ちの末にこれを倒した。

そして戦争が終わってしばらく経った夏のある夜のこと。重敬が炉端《ろばた》で酒を飲んでいたところ、何者かの気配を感じて顔を上げると、殺したはずのあの敵将が立っていた。そのため驚いていると、相手は恨み言を述べながら再度の戦いを要望する。そこで重敬が刀を持ってきて戦おうとするが、敵将は立ち上がることもしない。

そのため重敬が相手を切りつけると、悲鳴を上げて消えてしまった。しかし血痕が残っていたため、それを追ってみると土間に向かっており、蠟燭《ろうそく》の火で照らすとそこには息絶えた巨大な怪猫《かいびょう》の姿があった。

そこで重敬はこの猫の死体を神社の境内《けいだい》に埋めた。今ではこの神社はなくなったが、今でも怪猫を埋めた塚は残っており、猫塚《ねこづか》と呼ばれているという。

渡辺茂編著『北海道伝説集 和人篇』にある。

松前八幡宮の白鷹
［まつまえはちまんぐうのしろたか］

和人に伝わる不思議な動物。一六一三（慶長一八）年頃、亀田八幡宮から松前に分霊を勧請《かんじょう》することになったときのこと。宮遷《うつ》しの武士五〇人が分霊を先導して松前に向かう途中、知内《しりうち》にさしかかったところで嘴《くちばし》の真っ白な六羽の鷹と、それに囲まれた白い大鷹が口に白い符を咥《くわ》えてどこからともなく現れ、出迎えたと伝えられている。
小林成光著『北海道縁起物語』にある。

松前由広の怨霊 ［まつまえよしひろのおんりょう］

和人に伝わる怪異。松前由広は江戸時代初期の武士であるが、上磯郡知内町《しりうちちょう》の荒神《こうじん》社にはこんな話が伝えられている。由広は松前慶広《よしひろ》の四男として生まれたが、父とは関係が悪かった。一六一四（慶長一九）年、大坂冬の陣が始まると、由広は父親に内通の嫌疑を掛けられ、討伐される。この亡骸《なきがら》は松前家の菩提寺《ぼだいじ》に葬られたが、由広の霊が巫女《みこ》を通して現れた。

由広は「今は亡き身となった恨みのために一雷に変じた。我を神として祀《まつ》るなら領地を安穏に守ろう。祀るなら弟安広の領地に一社を建て、証を見せよ」と告げた。そのため知内に荒神神社が建てられ、祀られたという。

小林成光著『北海道縁起物語』にある。

幻のバイク ［まぼろしのばいく］

現代に伝わる怪異。亀田郡七飯町《ななえちょう》の大沼には、大沼トンネルと呼ばれるトンネルがある。ある人物がこのトンネルを車で通りかかると、入口と出口に全く同じバイクが置かれていた。そこでよく見てみると、そのバイクはかつて事故で死んだ友人のものだった。バイクはその事故で大破したが、かつての仲間を懐かしがって、幻となって現れたのではないかと言われているという。

影森依《やすし》著『北海道怪異地図』にある。

迷い家 ［まよいが］

現代に伝わる怪異。迷い家とは山の中に現れる立派な家で、この家の中にある物をひとつでも持ち帰れば裕福になれる。しかし現れる場所は決まっていないため、探しに行っても見つけることはできないという。

久保孝夫著『女子高生が語る不思議な話』にある。同書によれば函館市の女子高生が報告した話だという。

「迷い家」は柳田国男の著作『遠野物語』に登場することで知られる怪異で、山中に現れ、訪れた者に富をもたらすとされる。家にあるものを持ち帰ると良い、探しても見つからないという話も『遠野物語』の中で語られているため、その話をどこかで聞いて報告したのかもしれない。

真夜中の進軍ラッパ ［まよなかのしんぐんらっぱ］

和人に伝わる怪異。檜山郡江差町《ひやまぐんえさしちょう》の松之《まつの》岱《だい》神社（檜山護国神社）には、戊辰戦争や日露戦争、日清戦争、第二次世界大戦などで戦い、倒れた人々が祀《まつ》られている。

ある年、一人の老人が翌日に行われるこの神社での祭りの準備を終え、家に帰って布団に横になっていた。すると足元に小さな光が見え、それが風船のように膨らんで動いた。その光は見る間に部屋全体に広がった。その老人が隣で眠っている妻を起こすと、やはり妻の目にもその光が見えているようだった。

光はやがて老人の顔の上まで移動し、小さくなり始めた。ほのかな香りに包まれた、心地よい時間であったという。

そのまま光は消え、静かになったかと思うと、松之岱の頂上の方から軍隊のラッパの音が響き、同時に坂道を下る軍靴の音が聞こえた。老人とその妻は床の上に起きて深い祈りを捧げた。翌朝、祭りの日、二人が祭りに赴くと、どこかしこから二人が経験したのと同じ体験をしたと思しき人々の話が聞こえてきた。

それからというもの、この祭りの日の前夜になると、毎年進軍ラッパの音が聞こえてくるようになったという。

江差町民話の会編『江差ものがたり』にある。

丸山の大蛇 ［まるやまのだいじゃ］

和人に伝わる怪異。明治初期、古武井《こぶい》（現函館市）の木こりが丸山（現函館市）という山の付近に小屋を建て、そこに寝泊まりして仕事をしていた。

この木こりがある晩、鋸《のこぎり》と斧《おの》を研いでいると小屋の側の竹藪《たけやぶ》が風もないのにざわざわと鳴った。そのため小屋の外に出てみると、小屋の屋根の上に大蛇がいた。木こりは夢中で斧で蛇を切りつけて倒した。木こりはすぐに山を下り、近くの村人にこのことを話した。

翌日、村人が現場に行くと、鳥の大群が小屋に集まり、大蛇はもはや骨だけになっていた。またこの木こりはこの日から一週間目に病死した。

この丸山には洞窟があり、猟師たちはそこで猟占いをしていたが、大蛇が殺されて以来、猟占いができなくなった。そのため殺された大蛇は龍神だったのではないかと噂されたという。

小林成光著『北海道縁起物語』にある。

この龍神は夫婦神であったという話もあり、夫婦のどちらかが殺された、とされる場合もある。

右足知りませんか ［みぎあししりませんか］

現代に伝わる怪異。ある少女がトラックにはねられ、右足の膝から下を失う怪我を負って死んだ。それからというもの、この少女の霊が夜になると寝ている人の元に現れ、「私の右足知りませんか」と尋ねて回るようになった。

もしこの少女の霊が現れた場合、布団から足を出していると「私の足だ……」と言って持って行こうとするため、質問をされた際に「これは、あなたの足じゃありませんよ」と答えると足を探しにどこかへ行ってしまうという。

久保孝夫著『女子高生が語る不思議な話』に載る。同書によれば、これは函館市の女子高生が報告した話だという。

みち子さん［みちこさん］

現代に伝わる怪異。函館市のある学校の一、二年生が使う女子トイレには、みち子さんという幽霊が出現するという。名前を呼ぶと現れて、子どもたちと遊んでくれる場合もある。しかしみち子さんと遊んだ者は三日後に熱を出して死ぬという。

久保孝夫著『女子高生が語る不思議な話』にある。函館市の女子高生が語った話だという。トイレの花子さんのバリエーションのひとつかと考えられる。

三ツ谷の龍神石［みつやのりゅうじんいし］

和人に伝わる神。爾志郡《にしぐん》乙部町《おとべちょう》の三ツ谷八幡神社の境内には角形の畳一畳半の大きさもある石があり、この石は龍神の化身だと言われている。

一八九二（明治二五）年頃、笹谷吉右衛門の設置した建網《たてあみ》でニシンとともに獲れた石と記録されている。石は浜に放置されていたが、ある夜、吉右衛門の夢の中に龍神が現れ、「私は海の龍神なり。お前の建網に乗った石は、我の化身であるので、これを祀《まつ》ることによってお前の家運は隆昌《りゅうしょう》し、大漁を援くであろう」と告げた。

そのため、吉右衛門は村中の若者や網元の親方と相談し、八幡神社にこの石を奉納することとした。それから毎年四月頃にニシンが前浜に近づくと、網元たちはこの龍神石の前で大漁祈願をしたという。

葉梨孝幸《はなしたかゆき》著『おとべ百話』にある。

緑の小人［みどりのこびと］

和人に伝わる怪異。箱館（現函館市）である理学者が自らの霊魂を口から出し、それが人の姿となったというもの。この理学者は床に坐臥《ざが》し、生気を失うと同時に口から一縷《いちる》の緑炎《りょくえん》が立ち上り、次第に形をなして六寸（約一八センチ）の人の姿になった。この霊魂は他の人々と談話し、物を食べ、文章を書くことができ、生きた人間と変わらぬことができたという。しかしこの霊魂を元の理学者から離すと非常に苦しんだとされる。

湯本豪一編『明治妖怪新聞』にある。同書によれば、これは元々英国の新聞に掲載された話で、日本では一八八三（明治一六）年九月六日の『郵便報知新聞』に掲載されたという。

ムラサキカガミ［むらさきかがみ］

現代に伝わる怪異。「ムラサキカガミ」という言葉を二〇歳になるまで覚えていると死ぬという。

北の生活文庫企画編集会議編『北海道の口承文芸』にある。同書によれば、函館市で語られた話。「ムラサキカガミ」もしくは「紫の鏡」の怪談は全国に流布しており、二〇歳まで覚えていると死ぬ、というもののほか、不幸になる、結婚できなくなるなどのバリエーションがある。また、ただ死ぬだけではなく、紫の鏡が現れて鏡の世界に連れて行かれるなどの話もある。

メノコの怨霊［めのこのおんりょう］

和人に伝わる怪異。一五〇四～一五二〇年（永正《えいしょう》年間）のこと、道南一二館のうち大館《おおだて》の館主であった相原季胤《あいはらすえたね》は時化《しけ》で難船が続出したことから、郷土の熊野神社の分霊を管内に祀《まつ》った。しかしその霊効を保つためには人身御供《ひとみごくう》が必要であるとの重臣や占者の進言があり、一度は反対したものの、最終的に近くのコタンから美しいメノコ（アイヌ語で女性）を二〇人ばかり奪い、腰に大石を結び付けて海に沈めた。

しかしそれ以来、時化は収まるどころか、メノコの怨霊たちの祟《たた》りによってか無事に海を通過できる船は一隻もなくなった。またアイヌたちも仲間を殺された恨みと怒りから一斉に蜂起し、大館を襲い、季胤はついに敗北を喫することとなったという。この戦いは大館合戦と呼ばれており、一五一三（永正一〇）年に発生した。この戦いで相原氏が滅んでいる。

小林成光著『北海道縁起物語』にある。同書によれば、季胤はこの戦いに敗れた後、二人の姫を連れて逃げたが、この姫たちも大沼に身を投げて怨霊と化したという。詳細は**大沼の怨霊**を参照。

メンドツ［めんどつ］

和人に伝わる妖怪。河童のことで、爾志《にし》郡《ぐん》乙部町《おとべちょう》では遅くまで遊んでいるとメンドツにだっこ（肛門）を取られる、キュウリを食べて川に入るとだっこを取られるといった話や、海苔を採りに行った人がメンドツに憑《つ》かれた話、海の深いところに泳いでいくとメンドツがおり、食われてしまうという話などが語られていたという。

佐々木馨著『北海道の宗教と信仰』にある。河童の類をメンドツというのは青森県の津軽地方などにあるため、それらの伝承が道南に移住してきた人々と共に北海道に入って来たものと考えられる。

亡霊火［もれび］

和人が記録した怪異。真夜中の海に現れ、浮き沈みする火の玉で、津軽あじが沢（現青森県西津軽郡鰺ケ沢町《あじがさわまち》）の漁師の舟が難破して大勢死んだ辺りに出現したため、彼らの亡魂《ぼうこん》であると語られていたという。

菅江真澄著『えみしのさへき』にある。同書によれば、一七八九（寛政元）年五月六日に菅江が宿泊した平田内《ひらたない》（現久遠郡《くどおぐん》せたな町）の漁師の家で聞いた話として記録されている。

【や】

ヤマノヒノカミオクリ

［やまのひのかみおくり］

和人に伝わる風習。函館市で行われていたという行事で、村境や草むらに鬼の人形や藁《わら》人形を作って立てたり、捨て置いたりすると病気が治るなど災いを除けるとされる。これは本州における人形送りと同様のもので、本州から由来されたものと考えられる。

札幌中央放送局編『昔話北海道』にある。同書によれば、幕末の頃に大黒屋某という人がおり、大江山の酒呑童子《しゅてんどうじ》の洞門《どうもん》を赤鬼と青鬼が守護している場面をしつらえた人形を作った。

ちょうどその頃、心中をした若い男女があったが、男だけ死んで女は生き残った。それからというもの、女の元に男の幽霊が毎晩現れるようになり、怨霊《おんりょう》退散の加持祈《かじき》禱《とう》をしても収まらなかった。そこである人が大黒屋の酒呑童子の人形を戸外に立ててみることを提案したため、その通りにすると、男の亡霊は現れなくなったという。

闇の夜の井戸

［やみのよるのいど］

和人に伝わる怪異。松前郡松前町にある松前城には、闇の夜の井戸と呼ばれる井戸が現存している。この井戸はかつて松前家五代藩主、松前矩広《のりひろ》の代、藩士である大澤多治郎兵衛（久治郎兵衛、愚次郎兵衛とも）を殺害した井戸であるという。当時、矩広は淫楽《いんらく》、飲酒に耽《ふけ》り、その治世は散々なものであった。多治郎兵衛は主君を何度も諫《いさ》めたが、それが矩広の怒りを買い、ある夜君命と偽って、井戸に鉄扇《てっせん》を落としたので取ってこいと命じた。

そこで井戸の中に降りて行った多治郎兵衛目掛けて大きな石を立て続けに落とした。これにより多治郎兵衛は恨みを抱きながら井中で死んだ。

その後、多治郎兵衛の祟《たた》りによるものか、様々な怪異が発生したという。

北海道庁編『北海道の口碑伝説』などにある。

平野威馬雄著『日本怪奇物語』によれば、この井戸は現在コンクリートで蓋《ふた》をされているが、それまでは月のない夜になると井戸の底から「苦しい……」という呻《うめ》き声が聞こえてきたと記されている。

やらずの明神

［やらずのみょうじん］

和人に伝わる神。檜山郡《ひやまぐん》江差町《えさしちょう》の鷗島《かもめじま》にある厳島《いつくしま》神社は一七一六～一七三六年（享保《きょうほう》年間）に建てられたとされるが、ここに祀《まつ》られる神はかつて「やらずの明神」と呼ばれていた。

その由来は、この神が非常に金銭を惜しむ神だったためとされる。蝦夷地に出稼ぎに来てどんなに金を蓄えても、この明神の地で使い果たさなければ帰途で必ず祟《たた》りがあった、と伝えられていたという。

北海道庁編『北海道の口碑伝説』にある。

遊楽部岳の白狐 ［ゆうらっぷだけのびゃっこ］

アイヌの伝承に現れる狐の神。昔、八雲（現二海郡《ふたみぐん》八雲町）の遊楽部の村落の人々が、沖にオットセイ狩りに出かけた時のこと。午後になって急に嵐が起こり、船が陸地から離れた。

そのため船に乗っていた老人が天に向かって大声で助けを求めたところ、遊楽部岳の上から白い雲の塊が船目掛けて舞い降りてきた。この雲をよく見ると熊ほどに大きい白い狐で、船の舳先《へさき》に降りて泳いだため、それについて行くと村のすぐ近くの陸地に着くことができた。この白狐は「浜辺の白狐老神」と呼ばれ、八雲の古老は酒を造るとこの狐の名を呼び、酒を献上したという。

更科源蔵著『アイヌ伝説集』にある。

夢と違う ［ゆめとちがう］

現代に伝わる怪異。ある夜、女の子が道を歩いているとき、後ろから男が付いてきた。そこで電話ボックスに入り、母親に電話を掛けたところ、「走って帰っておいで」と言われたため、電話ボックスを出たところで男に刺し殺されてしまった。そこで目が覚め、それが夢であることが分かった。

そんな夢のことも忘れてしまった頃のこと。女の子が夜道を一人で歩いていると、男が後ろから付いてきた。そのため電話ボックスに入り、母親に電話を掛けたところ、「迎えに行くから、そこで待ってなさい」と言われたため、待っていた。やがて母親が来て二人で歩いていると、男はすれ違う際に「夢と違うじゃないか」と言ったという。

北の生活文庫企画編集会議編『北海道の口承文芸』にある。同書によれば、函館市で語られた話。この話は全国に分布しているが、危害を加えようとしていた男が最後に「夢と違うじゃないか」と言うことが共通している。

妖刀村正 ［ようとうむらまさ］

和人に伝わる怪異。明治維新も近い頃のこと、福山（現松前郡松前町）に戸澤某という足軽がいた。この男は本州で人を殺して福山に逃れてきた人間で、そのことを隠し、何食わぬ顔で暮らしていた。

しかし酒好きが祟《たた》り、金策に窮した時、ある寺の僧侶が小金を持っていることを知って、金を借りた。そのまま戸澤はなかなか返さなかったため、僧侶は度々《たびたび》催促するようになり、ある夜ばったり出会った時にも返済を催促されたため、戸澤はこの僧侶を刀で斬り殺し、死体を谷間に投げ捨てて家に帰った。

しかしこの死体は翌朝には見つかり、戸澤は打首《うちくび》となった。その際、打首に立ち会った保田勘八という男が、戸澤の刀がなかなかの業物《わざもの》であることに気付き、刀を持ち帰った。この勘八には一人の娘がおり、村緒五郎という男の元に嫁ぐ際、甚八は娘の守り刀としてあの戸澤の刀を渡した。

　やがて二人の夫婦生活が始まったが、村緒は酒好きで酒癖も甚だ良くない人物であった。一八六八（明治元）年の春のこと、村緒は自宅の一間を大工某という者に貸していたが、この大工と妻との間に不義の行いがあるのではないかと疑いを持った。そして酔って帰ってきた後、村緒は妻が嫁入りに持ってきたあの刀を持ち出し、妻を斬り殺し、大工を斬った。大工は何とか裏口から逃げ出したが、村緒はさらに大工の母親を殺し、妻の父である勘八の家に行き、勘八の母親を斬り殺し、さらに親しき友人である新田某を殺そうとしたが、相手の方が実力が上であったため、斬ることができずに家に帰った。

　その後、役所から役人が捕縛《ほばく》に向かったところ、村緒は刀を研いでいる最中だった。そのまま抵抗しないで村緒は捕らえられ、数日後に打首となった。

　この戸澤や村尾を狂わせた名刀、これこそが妖刀と名高い村正であったという。

　北海道庁編『北海道の口碑伝説』にある。

夜鳴石［よなきいし］

和人に伝わる怪異。一二九六（永仁四）年のこと、日持《にちじ》上人が函館を訪れて、函館山近くの宿に泊まった際、深夜女と子どもの声と思しき声が聞こえてきた。そこで宿の主人に聞くと、ある悪い武士が函館山の大石の前で赤子を背負った女を殺し、石の側に埋めた。それ以来泣き声が聞こえるようになったという。

　そこで日持上人が登山してお経を上げ、石面にお題目を記すと、それ以来泣き声はやんだとされる。

　北海道庁編『北海道の口碑伝説』にある。

同書には他にもこの石が毎晩鶏の鳴き声を発したため、一八一六（文化一三）年、日《にっ》亀《き》上人という人物が石面の碑文を改めて彫り直させた。するとそれが完成しないうちに一人、二人と石工が死に、三人目でようやく完成したが、その石工も間もなく死んだ。それ以来鶏の声はやんだという話が載せられている。ちなみにこれは石が鶏の冠に似たところから創作された話だとされている。

　夜鳴石ならぬ夜泣き石の伝説は日本各地に残されており、死んだ人間の声を発するという話と、石自体が声を発するという話がある。函館に残る伝説は前者に近いようだ。

【ら】

俚俗穴間の鰐鮫［りぞくあなまのわにざめ］

和人に伝わる妖怪。明治時代のこと、函館の港で沈んだ船の碇《いかり》を探すため、潜水機械とともに星野辰三という人物が海に潜った。しかしその途中、辰三の腰に結んでいた細引きの緒がぶつりと切れ、行方不明となってしまった。

この地域に住む古老が言うことには、海中には俚俗穴間という洞窟があり、その深さはとてつもなく、中に巨大な鰐鮫が数尾棲《す》んでいる。その鰐鮫に毎年数人が食われているため、辰三もその犠牲になったのだろうということだった。

湯本豪一編『明治妖怪新聞』にある。同書によれば一八八五（明治一八）年八月二七日の『絵入自由新聞』に掲載された話なのだという。

リヤカーのお婆さん［りやかーのおばあさん］

現代に伝わる怪異。あるトンネルにお婆さんが一人でリヤカーを引っ張って歩いていた。そのお婆さんは車に轢《ひ》かれて亡くなったが、それ以来そのトンネルを通ると、元気よくリヤカーを引っ張っているお婆さんが現れ、車と楽しそうに競走するようになったという。

久保孝夫著『女子高生が語る不思議な話』にある。同書によればこれは函館市の女子高生が語った話だという。

レタラシトンピカムイエカシ［れたらしとんぴかむいえかし］

アイヌに伝わる神。八雲（現二海《ふたみ》郡《ぐん》八雲町）の遊楽部《ゆうらっぷ》の辺りで伝承されていた白狐の神で、海が時化《しけ》の時に舟を守ってくれるのだという。

更科源蔵・更科光著『コタン生物記Ⅱ 野獣・海獣・魚族篇』にある。名前の意味は「レタラ（白い）」＋「シトンピ（狐・キタキツネ）」＋「カムイ（神）」＋「エカシ（翁《おきな》）」で「白狐の翁神」となる。

COLUMN

アイヌの怪異・妖怪 01

北海道の先住民族であるアイヌの人々の伝承には、たくさんの怪異・妖怪が登場する。ただし、現在言われている怪異・妖怪の概念が、そのままアイヌに当てはまるわけではないので、ここで紹介するのはあくまで今の概念において怪異・妖怪と見なせるものだ。

アイヌの妖怪で特徴的なのは、まず異様に巨大なものたちだ。例えばフリーと呼ばれる鳥の妖怪は、空を飛ぶだけで幾日も太陽の光を遮るほどに巨大で、地域によっては片翼だけで七里（約二七・五キロメートル）もの大きさがあったなどと言われている。海の妖怪であるショキナは、口を開けば上顎が天に届き、下顎は海底に届くほどの巨体を持っていたとされ、海に出てきた人間を船ごと飲み込んだという。

また、北海道という土地柄か、熊の妖怪も豊富に語られている。アイヌではヒグマのことをキムンカムイ、ヌプリコロカムイなど様々に呼び、神聖視してきた。一方、人間に害をなすヒグマはウエンカムイと呼ばれ、断罪の対象となった。他にも人間がヒグマになったウレポロクルカムイエカシ、毛のない熊の化け物だというアラサルシ、人食い熊の姿で現れて人を殺害するヌプリケスウングルなど、数多く語られている。

他にも異常なほど戸に執着を示し、戸を欲しがるお化け、樺太アイヌに伝わり、屁《へ》をかましてくるオッケオヤシ、勝手に動き出し、人を斬り殺すまでおとなしくならない人食い刀イペタム、ラッコの肉を煮るとその匂いに情欲を掻《か》き立てられ、放置すると死んでしまうオニシテ、馬の妖怪で、その背中に乗ると頭上から火炎が降ってくるアペオンマなど、不可思議な怪異や面白い妖怪の伝承が数多く残っている。

本書を通し、そんなアイヌの怪異・妖怪の魅力の一端に触れて頂けたなら幸いである。

道北

【あ】

秋田陣屋の幽霊［あきたじんやのゆうれい］

和人に伝わる怪異。明治の頃のこと。現在の増毛郡《ましけぐん》増毛町の秋田陣屋跡の管理をしていた清六という人物が飲み屋から帰ってきた夏の夜、「お前さん、念仏をあげてくれないか」という声を聞いた。清六がその声の方を見ると、具足をつけた男がほっかむりをして、柳の木の下に立っている。

そこで不審に思っていると、今度は背後で「俺にもくれ。お前ばかりで……」という声が聞こえてきた。見るとやせ細った男が髪を乱し、無表情に清六を見ている。それで恐ろしさから酔いも醒《さ》めた清六は慌てて家へ飛び込んだ。

秋になると、秋田陣屋跡の建物の中でも亡霊たちの声が聞こえるようになった。「銭は三文、あの世へも行かれない」、「舟が来ないから、三途の川で足止めよ」などと言っている。そのため清六が仲間たちに相談すると、仲間たちの中にも陣屋跡近くで幽霊に出会った者が多くいた。

それからまた日が経ち、ある晴れた朝のこと。清六は笙《しょう》の音が聞こえてきたため、辿ってみると陣屋敷裏の柳の木の上から聞こえていた。そこでその柳を調べてみると、根株の盛り土から人の骸骨と三枚の小銭が出てきた。

このため、関係者が集まり、陣屋敷の幽霊を慰めるための寺を建てた。これが龍渕《りゅうえん》寺《じ》なのだという。

高橋明雄著『シュシュシナイの権六狸』にある。

阿分村の大蛸［あふんむらのおおだこ］

和人に伝わる怪異。阿分村（現増毛郡《ましけぐん》増毛町）には、海の主である大蛸の話が伝えられている。

この大蛸は雌だったようで、阿分村で働いていた千吉という美男の漁師を気に入り、彼の舟が近づくと、そのすぐ近くに行って彼のことを眺めていた。

しかし千吉はノブという美しい女性と縁談し、結婚してしまう。この時、千吉は相手の父親から大きな船を与えられたため、それを使って瀬越《せごし》（現留萌市《るもいし》）まで遠出し、漁をするようになった。そのため大蛸は彼の姿が見つけられず、必死に探した後、ついに瀬越まで辿り着いた。

恋しさに大蛸は船へと足を伸ばし、千吉を海へと誘おうとするが、自分が海の主に懸想《けそう》されているなど露知らぬ千吉にマキリで足を切り落とされる。

これに我慢ならなくなった大蛸は夜にな

って浜に上陸すると、千吉の家を襲撃する。千吉はこれに対抗したが、大蛸は決して怯《ひる》まず、千吉とノブの二人を攫《さら》おうとしたが、騒ぎを聞きつけた村人に松明《たいまつ》を投げつけられると、千吉を放り出して逃げ出した。

しかしノブはそのまま行方不明になり、千吉もそれからしばらくして船から落ち、行方不明になった。

それ以来、この辺りでは、何か黒いものを咥《くわ》えている蛸が捕れるようになった。その黒いものを二人の遺髪ではないかと考えた村人たちは、二人を懇《ねんご》ろに弔ったという。

高橋明雄著『シュシュシナイの権六狸』にある。

イムパッコ［いむぱっこ］

アイヌに伝わる怪人。利尻郡利尻富士町に伝わる妖術を操る老婆で、アイヌの若い女と和人の青年が恋に落ちた際、アイヌがその和人を襲ったためにアイヌと和人の間で戦いが起きた。その際に現れたのがイムパッコだった。イムパッコは平和を壊す者たちに対し呪いの言葉を吐く。そのためアイヌたちはイムパッコを倒そうと彼女をペシ岬に追い詰めたが、イムパッコが一声高く叫んでその場へ打ち伏すと、妖雲が立ち込め、怪火が燃え盛り、辺りは暗闇に包まれた。その直後、空に太陽が出て、ペシ岬の岩はイムパッコの呪文で崩れ、その跡が巨人の顔のようになった。アイヌの陣には憤死したアイヌたちの亡骸《なきがら》が重なり、その背面の大岩にはイペオプが天に向かって突き刺さっていた。

それから数日後、アイヌの娘と和人の青年の無残な死体が見つかったという。

時雨音羽著『島ものがたり』にある。「イム」は女性に特有の神がかり的な現象をいうアイヌ語で、「パッコ」は「老婆」を呼ぶ際に罵《ののし》る言葉。今で言うところの「ババア」に近い。このため意訳すると「イムパッコ」は「妖術婆」というようなものになる。

イワメテイェプ［いわめていぇぷ］

アイヌに伝わる妖怪。「山の魔」を意味する名前を持つ妖怪で、天塩国《てしおのくに》（現天塩郡天塩町）で語られていたのだという。編みかけのこだし編みを被《かぶ》ったようなざんばらに乱れた髪型をしているとされる。

熊を操る能力を持ち、人間が山狩りに行くと熊をけしかけるという。このため、善良な心を持った熊も時に人間を襲うことがあるのだと考えられている。

また、この妖怪は木立の空洞、川岸の柳原の端などを棲《す》み処《か》としているため、その近くに野宿などしてはならないと伝えられていた。

知里真志保《ちりましほ》著『えぞおばけ列伝』にある。

エルムパエプ［えるむぱえぷ］

アイヌに伝わる怪異。一九〇三（明治三六）年、名寄市《なよろし》の中名寄で起きた鼠の大量発生を指す。エルムは鼠を、パは年、エプは湧き出ることを意味し、鼠が湧き出た年を表す。この鼠の大量発生は、**ウェンカムイ**（悪神）によって引き起こされたものだと考えられていたという。

早川昇著『アイヌの民俗』にある。

エワンレクコルクル ［えわんれくこるくる］

アイヌに伝わる神。狐の神であるとされ、旭川市においてオサラッペ川と石狩川が合流する辺りに築かれていた砦《とりで》の守り神であったという。外敵がやってきたり疫病が流行ったりすると、エワンレクコルクルがその外敵や病魔と戦い、その辺りの集落への侵入を防いでくれたと伝えられ、昔はここに木幣《もくへい》や酒が捧げられたという。

更科源蔵著『アイヌ伝説集』にある。その名前は「エワン（六つ）」＋「レク（喉）」＋「コル（持つ）」＋「クル（神）」であるため、「六つの喉を持つ神」といった意味の名になるだろうか。エワンレクコルクルの名前の中に狐を連想させるものは出てこないが、旭川市にある北海道護国神社の近くには**エワンレクコルシトンビカムイ**（六つの喉を持つ黒狐の神）の存在が伝えられているため、これと関連しているのかもしれない。エワンレクコルシトンビカムイについては当該項目参照。

エワンレクコルシトンビカムイ ［えわんれくこるしとんびかむい］

アイヌに伝わる神。旭川市にある北海道護国神社には大小の滝壺があり、その近くに柏《かしわ》の生えた丘がある。そこには「六つの喉を持つ黒狐の神」を意味するエワンレクコルシトンビカムイがおり、色々な声を出して人間に危険を知らせてくれたのだという。

更科源蔵著『アイヌ伝説集』にある。

オショユンペ ［おしょゆんぺ］

アイヌに伝わる妖怪。憑《つ》き物の一種で、名寄《なよろ》市の中名寄にて採集された話に登場する。女性の霊媒師に取り憑く場合は、その女性の守り神のように働く一方、他の人間に取り憑く場合は、人物に大酒を飲ませて失態を演じさせたり、変な行動をさせたりするのだという。これに取り憑かれたことのない人間は、アイヌだろうと和人だろうと一人もいないとも語られている。

早川昇著『アイヌの民俗』にある。

オタシトンクル ［おたしとんくる］

アイヌに伝わる英雄。歌棄《うたすつ》人と訳され、屈斜路《くっしゃろ》湖の大アメマスの怪物を退治するなど怪物退治の豪勇として語られることが多いが、旭川市に伝わる話では、オタシトンクルは蚊に変化したとされる。それによれば、蚊の王様の娘がオタシトンクルに恋をし、何とか自分の夫にしたいと彼の夢に現れ、どこに行っても忌み嫌われる蚊の境遇や、オタシトンクルに近づきたいという思いを伝えた。

そのため、オタシトンクルは蚊に同情し、妻に蚊を殺すのはかわいそうだと告げたところ、反対され、裸になって一人で外に出た。すると全身が真っ黒になるほど蚊に刺され、そのまま血を失い、ふらふらになって歩いて行った。

すると砦《とりで》があったため、中に入ると老人夫婦がおり、おいしい油を使った料理を食べさせてくれた。

しかしふと気が付くと美しい娘がオタシトンクルを見ており、老夫婦はオタシトンクルがこの砦を訪れたのは娘がそれを望んだからであり、彼の血を吸った蚊は娘の家来であると告げた。またオタシトンクルが食べた料理に入っていた油は、彼自身の血の油であった。

血の料理を食べたことによりオタシトンクルは人間に戻れなくなり、蚊となってしまった。オタシトンクルはその境遇を悲しみ、蚊の姿で元の家を訪れ、妻に別れを告げたという。

更科源蔵著『アイヌ民話集』にある。

オタルマナイの大入道

[おたるまないのおおにゅうどう]

和人に伝わる怪異。オタルマナイ（現増《まし》毛《け》郡《ぐん》増毛町）には、かつて化け物が出現すると言われていた。一八六八（明治元）年の秋の頃、寺小屋の先生をしていた石井識之助が子どもたちとともに別刈《べつかり》に帰るとき、子どもの悲鳴を聞いてそちらに向かって走ったところ、大入道が子どもを襲っているところだった。大入道は大きさ一〇尺（約三メートル）もあったが、石井は怯《ひる》むことなく刀を振るった。すると大入道は悲鳴を上げて消えてしまった。

翌朝になり、大入道がいたところを見に行くと体を三つに切断された貉《むじな》の姿があった。

高橋明雄著『シュシュシナイの権六狸』にある。同書によれば石井識之助の墓は現在も増毛町に残り、一説には新選組の生き残りであったという説もあるようだ。

オンカミ・アチャボ

[おんかみ・あちゃぼ]

アイヌの民話に登場する人食いの妖怪。ある家に六人姉妹がいたが、そのうち五人は近くの山に棲《す》むオンカミ・アチャボによって食われてしまった。末の妹のシンナイペッ・モイレパマッは独り家に暮らしていたが、ある日大きな音を立ててオンカミ・アチャボが近づいてきたため、慌てて消し炭の姿に変化し、隠れた。

オンカミ・アチャボは最初シンナイペッを探していたが、消し炭の数が合わないことに気が付き、シンナイペッを捕まえて山に連れ去ろうとした。

その道中、オンカミ・アチャボが用を足そうとすると、シンナイペッは臭いからもっと遠くへ行けと文句を言い、オンカミ・アチャボがその通りにすると、その隙を狙って背負籠《せおいかご》から抜け出し、代わりに石を入れて家に逃げ帰った。

それから再びオンカミ・アチャボがやっ

てきた。シンナイペッは今度は家の柱に化けたが、やはり柱の数が合わないことに気付いたオンカミ・アチャボによって見破られ、連れ去られてしまう。今度はオンカミ・アチャボの棲《す》み処《か》である岩屋まで連れて来られた。しかし、シンナイペッはそこでオンカミ・アチャボが薪を取りに行っている間に、彼の二人の子どもに岩屋に隠されている宝物の在処《ありか》を聞き出し、さらに彼らに舟を作ってあげるとうそを言って吊るされていた籠から降ろしてもらう。しかしシンナイペッは子どもたちから聞き出して入手した宝の刀を手に取り、立て続けに二人の首を切った。そしてその体を切り刻んで鍋に入れて煮込み、首には串を刺して寝ているように見えるよう並べた。

それから草むらに隠れて様子を見ていると、オンカミ・アチャボが帰ってきてシンナイペッの肉が煮込まれていると勘違いして鍋の中身を食い、子どもたちを起こそうとして彼らが殺されていることに気付いた。

怒り狂ったオンカミ・アチャボはシンナイペッを殺そうとするが、シンナイペッは子どもたちに在処《ありか》を聞き出してすでに手に入れていた空飛ぶ揺《ゆ》り籠《かご》に乗って逃げ出す。

それでもオンカミ・アチャボが追いかけてきて、今にもその手が届きそうになったため、シンナイペッは刀を抜いてその腕を切り飛ばした。オンカミ・アチャボは残った方の腕を伸ばしてきたが、やはりこれも切り捨てた。

両腕を失ってもまだオンカミ・アチャボは追いかけてくる。そこでシンナイペッはやはり先の岩屋から盗んできた白と黒の宝玉を取り出した。

黒の宝玉は投げるとオンカミ・アチャボの辺りを暗闇に包み、彼の視界を奪った。

シンナイペッは逆に白い宝玉を自分の前に投げ、行く先を照らして逃げた。しかし暗闇から抜け出したオンカミ・アチャボがさらに追ってきて、ついに揺り籠に噛《か》み付いたが、シンナイペッが振り向きざまに刀を振るい、その首を飛ばした。首は雷のような音を立てて地獄へと転がって行った。

姉たちの仇《かたき》をとったシンナイペッは、オンカミ・アチャボから奪った宝により、一生楽に暮らしたという。

更科源蔵著『アイヌ民話集』にある。同書によれば、宗谷で採取された話。

とにかくシンナイペッの強《したたか》さが印象に残る話である。オンカミ・アチャボの名前の意味は記されていないが、「オンカミ」は「拝む」、「アチャボ」は「おじさん」という意味になる。そのため、直訳すると「拝礼する叔父（伯父）」という意味になるが、どういう過程で人食いの怪物とこの名前が結びついたのかは不明である。

【か】

怪力メノコ［かいりきめのこ］

和人に伝わる怪人。雄冬峠《おふゆとうげ》（現増毛郡《ましけぐん》増毛町）にいたとされる。空を飛び、魔法を使う女性で、怪力を有していた。しかし日高アイヌとの戦いの際、源義経が連れてきた弁慶に投げ飛ばされ、以降義経主従を尊敬するようになり、義経を養子にした。しかし義経はこのメノコが魔法の巻物を持っていると知り、これを奪って逃亡した。以来、メノコは魔法を使えなくなったという。

阿部敏夫編著『北海道義経伝説序説』にある。「メノコ」はアイヌ語で女性を表す言葉。義経が巻物を盗む展開は古くは『義経記《ぎけいき》』に見られるが、蝦夷の地にある巻物を盗むという展開は室町時代の御伽草子《おとぎぞうし》『御曹子島渡《おんぞうししまわたり》』で「大日の法」と呼ばれる兵法書を奪う話がある。詳細は**かねひら大王**の項目を参照。

鍛冶屋の疱瘡神［かじやのほうそうしん］

アイヌに伝わる怪異。虻田郡《あぶたぐん》豊浦町礼文《れぶん》華《げ》を流れる小鉾岸《おふきし》川の川口に鍛冶屋の使う金敷《かなしき》のような石があり、金敷石という名で伝わっているが、その由来として以下のような伝説が語られている。

昔、この川の奥に金山があり、ある鍛冶屋がここで刃物を作っていたが、実はこの鍛冶屋は疱瘡《ほうそう》神であったため、アイヌのコタン（集落）が全滅した。そのためアイヌの人々はこの金敷石を恐れるようになったという。

更科源蔵・安藤美紀夫著『北海道の伝説』にある。宗谷で同様の話が語られている。更科源蔵著『アイヌ伝説集』では、この鍛冶屋は本州からやってきた旅人で、実際にこの金敷石を金敷として使い、刃物を作っていたとされる。

アイヌの歴史では北海道にはなかった伝染病は和人の往来によって侵入してきたとされるものも多い。そういった話が変化し、和人の存在が疱瘡《ほうそう》神となったのだろうか。

カプツカ丼［かぷつかどん］

和人に伝わる妖怪。礼文郡《れぶんぐん》礼文町にある神威《かむい》神社には、こんな話が伝わっている。かつて、突然どこからともなく力の馬鹿強い凶暴な女が現れ、アイヌの村を荒らし回っていたので、ついに村人によって殺された。この女は乳房が大変長く、肩越しに背中の子どもに乳を与えることができたためカプツカ丼（乳を負う）と呼ばれていた。

しかし女が殺されて以来、毎年疫病が流行ったため、カプツカ丼の祟《たた》りであるとしてミヌカムイと名付け、海に向けて祀《まつ》った。

この話を聞いた和人の漁師たちは、ミヌカムイを豊漁と魔除けの神として祀り、それが神威神社となったという。

小林成光著『北海道縁起物語』にある。カプツカ丼は恐らくアイヌ語なのだと思われるが、「カプツ」はアイヌ語で「乳房」を表す「トカプ」の省略形「カプ」と思われるものの、「カ丼」が何を意味するのか不明である。「ミヌカムイ」の意味も不明なため、和人に伝わるうちに元の形を失ったのかもしれない。ちなみに知里真志保《ちりましほ》著『分類アイヌ語辞典 人間編』によれば、アイヌには背中に背負った赤子に乳を飲ませられるほど長い乳房を表す言葉として「レプンカムイトット」という言葉があるという。これは乳房を沖の神であるシャチ（レプンカムイ）に形容したもので、このような妻を持つ夫は運が良いと考えられていた。

カムイシマ ［かむいしま］

アイヌに伝わる怪異。サンナイ（現稚《わっか》内《ない》市）にはカムイシマと呼ばれる石があった。この石は黒い石で、蛇の這ったような模様がついているが、アイヌの人々はこの石を誤って踏むと病気になって死ぬと考え、恐れていたという。

工藤梅次郎著『アイヌ民話』にある。名前は「カムイ（神）」＋「シュマ（石）」で「神石」だろう。実際カムイシュマと呼ばれる石は北海道に複数あるため、語源は同じものかと思われる。

空砲で撃ち殺された幽霊 ［くうほうでうちころされたゆうれい］

和人に伝わる怪異。ある屯田兵《とんでんへい》の兵屋に国元から親戚の夫婦がやってきて、同居していた。その妻君は後妻であるらしかったが、不思議なことに毎晩一二時頃になると怯《おび》えた声を出し、「幽霊が髪を振り乱して恐ろしい目つきをして、歯をむき出しにして北の方から来るんだよ。早く何とかしてちょうだい」と言う。そのため後妻は次第に衰弱していった。

これを聞いた屯田兵の何某はこれは神経病に違いない、治してやろうと考え、ある晩に武装してその兵屋に赴いた。

そして後妻の部屋に案内してもらい、後妻に「幽霊はどこから来ますか？ どこにいますか」と尋ねると「番外地の方から来て、今、防風林の辺りにいるのです」と言った。

そこで「窓を開けてください」と言うと「よろしくお願いいたします」と窓を開けたので、屯田兵の何某はそちらに向かって空砲を三発ほど撃った。そして「幽霊に当たりましたよ。もう出てくる心配はありませんから安心して、病気を治すように専念してください」と言うと、不思議なもので後妻の顔色が急によくなり、にこにこと笑顔を見せ、幽霊は見えなくなったと言った。

それから数日で後妻は全快し、夫婦も喜

んだと伝えられている。

金巻鎮雄編『北海道 屯田兵絵物語』にある。同書によれば、旭川市で起きた事件だという。この幽霊は実在したのか、それとも後妻が見た幻だったのか、はっきりとは書かれていない。

首絞め坊主［くびしめぼうず］

現代に伝わる怪異。留萌郡《るもいぐん》小平町《おびらちょう》でのこと。夜中三時頃ある男性が寝ているときに金縛りに遭い、首を絞められた。何とか目を開けると、汗だくになった坊主が男性の首を絞めていた。男性はそのまま気絶してしまったが、命に別状はなかったという。

合田《ごうだ》一道《いちどう》著『北海道 幽霊の住所録』にある。筆者命名。

熊風［くまかぜ］

和人に伝わる怪異。羆風《ひぐまかぜ》、羆嵐などとも呼ばれる。一九一五（大正四）年一二月九日から同年一二月一四日に掛けて現在の北海道苫前郡《とままえぐん》苫前町三渓《さんけい》、当時の苫前郡苫前村大字力昼《りきびる》村三毛別《さんけべつ》の六線沢という場所で発生し、死者七人、重傷者三人という日本最大の被害をもたらした獣害事件「三毛別羆《ひぐま》事件」に纏《まつ》わる不可思議な現象。

事件が終わりを迎えた日、射殺されたヒグマの死骸が人々の手によって農道を引きずられて行く際、晴天の空がにわかに曇り、雪が降り出して強風が吹き荒《すさ》んで吹雪となった。この土地の言い伝えによれば熊を殺すと空が荒れると言い、地元の村人たちは急変したこの天候を熊風と呼んだという。

木村盛武著『慟哭《どうこく》の谷』にある。

同書によれば、この熊風は一寸先も見えないほどの大暴風雪であったとされ、嵐の原因は「熊の暴挙が天の怒りに触れ、昇天を阻んだためだ」とか、「熊の怒りが嵐を呼んだから」などと農民たちに噂されたという。他にも苫前町の三渓（旧三毛別）では、「ほら、風が来る」と言うと泣く子も黙るという話や、事件の後この地域にやってきた人々が夜な夜な被害者の亡霊にうなされたという話や、助けを求める女性や子どもの声を聞いたという怪談などが伝わる。

苫前町の『新苫前町史』には、一二月に起こる吹雪を熊風と呼ぶ、という話も載せられている。

また、この事件を題材にした吉村昭の小説『羆嵐《くまあらし》』の題名も熊風が由来になっているが、同小説の新潮文庫版の倉本聰による解説によれば、当時この事件の当事者であり、村の子どもであった大川春義は後にこの事件の犠牲者の仇を討つため猟師となり、生涯に一〇〇体以上のヒグマを撃ち取ったという。そして大川の家族もまた、熊風について次のように言及している。

「おじいちゃんが一人で山へ入るでしょう。夕方まで全然連絡なしよ。だけど昼頃ちゃんと判るんだ。おじいちゃんが羆を仕留めたかどうかかね。何故っておじいちゃんが羆仕留めた時はうちの庭に烏《からす》がいっぱい集まってくるの。おじいちゃんまだ山の奥でもね。烏が先に来て待ってるんですから。仕留めた羆が山下りてくるのを。それと、風が吹くんですよね、いわゆる羆嵐が。羆嵐って本当にあるんですから」

ケムカムイ［けむかむい］

アイヌに伝わる悪神。飢饉《ききん》を引き起こす神なのだという。苫前郡初山別村《とままえぐんしょさんべつむら》を流れる金駒内川《きんこまない》は元々ケムコヲマナイと呼ばれ、これはアイヌ語で「飢饉神の入った川」を意味し、ここに飢饉神が現れ、アイヌが大勢死亡したことから名づけられたのだという。

秦檍麿《はたあわきまろ》著『西蝦夷地名考』により近世に記録されたもの。同書ではケムコヲマナイは元々「ケムカムイヲマナイ」であると記される。「ケム」は「飢饉」、「カムイ」は「神」、「ヲマ（オマ）」は「入る」、「ナイ」は「川、沢」という意味になる。

ゴスンプカムイ［ごすんぷかむい］

アイヌに伝わる妖怪。上川郡に伝わる河童のような海の妖怪で、同じく河童のような妖怪として伝わる**ミントゥチ**の一派とされる。**レプンカムイ**（海の神）に近いものだが、その頭は茶碗を被《かぶ》っているような形をしている。性別は圧倒的に女性が多く、男性は少ない。海の中に屋敷を持っているともいう。

ゴスンプカムイは人間に化けることができるが、多くの場合は美しい女性に化けるといわれる。そして主に人間の男に取り入り、その精神を狂わせてしまうのだという。

早川昇著『アイヌの民俗』にある。同書によれば、ゴスンプカムイの一部は山におり、**イワコシンプ**と呼ばれたという。詳細は当該項目参照。

【さ】

サワサワの草［さわさわのくさ］

和人に伝わる怪異。昔、増毛《ましけ》（現増毛郡増毛町）で不漁が何年も続いたことがあった。佐吉という人物は周りの者たちが漁を諦めて出稼ぎに出る中、一人漁を続けていた。ある日、一人の老人の乗った舟が風に流されているのを見つけた。佐吉は舟を追いかけ、助けた後、その日捕れたたった一匹の魚を分け合って食べ、彼の舟を直して、翌日海に送り出してやった。

その夜、佐吉の夢にあの老人が現れ、助けてもらった礼をした後、サワサワの草を分けてやろうといった。老人はサワサワの草の種を庭にまき、一本ずつ摘んで海に投げ込むよう伝えた。ただし、一回につき一本しか使ってはならないとも警告した。

目覚めた佐吉の手に黒い種が握られていたため、言われた通りに庭にまいてみると、たちまち芽を出し、白い花をつけた。

不思議なことにこの草は決まって西の方にサワサワと音を立ててなびく。佐吉は半信半疑ながらも一つ草を摑《つか》んで漁に出て、海に投げてみた。すると、あっという間に魚が群がってきた。そのため佐吉は漁に出るたびにたくさんの獲物を捕ることができるようになり、大金持ちになった。

しかしある時、一度に魚を捕れば何年も寝て暮らせると考えた佐吉がサワサワの草を全て刈り取って海に投げ込むと、空がうねり、大時化《おおしけ》が起きた。佐吉の船はそのまま海の渦に巻き込まれ、消えてしまった。

翌日、浜に打ち上げられた佐吉の死体は、かつて貧乏だった頃の粗末な着物を纏《まと》っており、またそれからサワサワの草が芽を出すこともなくなったという。

高橋明雄著『シュシュシナイの権六狸』にある。

三毛別羆事件の祟り

［さんけべつひぐまじけんのたたり］

和人に伝わる怪異。三毛別羆事件は現在の苫前郡《とままえぐん》苫前町三渓《さんけい》、当時の苫前村三毛別で発生した獣害事件で、一匹のヒグマにより、開拓民八人が殺害され、三人が負傷した。これは現在でも日本最悪の獣害事件として記録されている。この事件現場は今でも三毛別山の入口に残り、犠牲になった人々の慰霊碑も建てられている。

一九一五（大正四）年一二月九日から一四日にかけて三毛別に住む人々を恐怖に陥れたこのヒグマは、人々の決死の捜索により発見され、一人のマタギによって射殺された。こうして三毛別羆事件は終わり、解体されたヒグマはその場にいた人々によって煮て食われた。

しかし、この時参加していた苫前村三線（現在の苫前町香川）の鍛冶屋《かじや》の息子が、その夜から家人に嚙《か》み付くなどの乱暴を働くようになり、その凶暴性は日に日に増し、やがて見境なく人を襲うようになった。しかもその仕草は熊そのものだったという。

その彼を寺に連れて行ったところ、間違いなく殺されたヒグマの祟りであるとの宣託が下された。このため近親縁者が集まり、一心に祈りを捧げたところ、症状は治まった。これには人々も、死後もやむことないヒグマの悪業に恐れ戦《おのの》いたという。

木村盛武著『慟哭《どうこく》の谷』にある。同様に三毛別羆事件に関連する怪異には**熊風**がある。詳細は当該項目参照。

シカトロカムイ

［しかとろかむい］

アイヌに伝わる悪神。疫病神の一種。鳥の姿をしており、抜海《ばっかい》（現稚内《わっかない》市）の沖の方を群れで飛んでいく様子が目撃されており、子犬のような鳴き声を上げていたという。この神が村落に留まると、そこで病が流行るとされる。

知里真志保《ちりましほ》著『分類アイヌ語辞典 植物編・動物編』にある。同書によればこれはパイカイカムイと同じものだという。

類似した名前、性質を持つものに**シカトロケカムイ**がある。

シノッサ［しのっさ］

アイヌに伝わる妖術。トママイ（現苫前《とままえ》郡苫前町）のセンカツイというアイヌが使っていた、狐、狸、栗鼠《りす》、蛇の類を操る術だったとされる。

串原正峯著『夷諺俗話《いげんぞくわ》』にある。一七九二（寛政四）年に記された書物のため、和人によって記録された近世のアイヌの術ということになる。

シュシュシナイの権六狸［しゅしゅないのごんろくだぬき］

和人に伝わる妖怪。現在でいう留萌市《るもいし》と増毛町《ましけちょう》の間の辺りに当たるシュシュシナイに、権六という名前の狸がいた。ある時、この狸は人家を覗《のぞ》いて、その家の主である老爺《ろうや》が自分の妻の七回忌に彼女を供養する金もないと嘆いているのを知った。

いたずらばかりしていた権六狸だが、この老爺《ろうや》に同情し、金に化けて老爺を救ってあげようと考えた。そして四分金に化けた権六狸はわざとその民家の中に落ちていたが、それを拾った老爺は神の恵みかとさっそくそれを持って近くの龍淵寺《りゅうえんじ》へと走った。

そのため寺の住職は小僧に法事の名代を命じたが、小僧は金を落とすと大変とそれを懐に入れ、ぎっちりと握りしめた。

小僧が布施を持って行く途中に逃げ出そうと計画していた権六狸は、そんなに強く握られては変化を解くこともできず、我慢していた。しかしそのまま小僧が舟に乗って川を渡ろうとしていたため、慌てて小僧の手にかみついて川へと飛び込んだ。

それからというもの、権六狸の姿を見た者はいないという。

高橋明雄著『シュシュシナイの権六狸』にある。同書の名前の由来にもなった話である。北海道では狐の話は多いが、狸の話は案外少ないため、珍しい話だといえよう。

シリマオッテ［しりまおって］

アイヌに伝わる半神半人。昔、留萌《るもい》にシリマオッテという大柄な半神半人がいて、ハシボソガラスのカララッと狐と海中の妖怪であるコシンプイを妻にしていた。

このシリマオッテが毒殺されたとき、カラスと狐とコシンプイは人間に化け、一人は毒消しの薬を与えて祈禱《きとう》をし、一人は笹の葉や松の枝を束ねた手草で体を祓《はら》った。

これによりシリマオッテは生き返ったが、毒のため体が溶けてしまったので、小さな男になってしまったという。

更科源蔵著『アイヌ伝説集』にある。コシンプイは海の妖怪と書かれていることから、**ルルコシンプ**と同様のものか。ルルコシンプについては当該項目参照。

【た】

ダッシュ女［だっしゅおんな］

現代に伝わる怪異。旭川市のある小学校では、放課後になるとダッシュ女という妖怪が出現すると伝えられている。この女は時速一〇〇キロ以上のスピードで校舎内を走り抜けるが、そのスピードゆえに誰も顔を見たことがないという。

ポプラ社編集部編『映画「学校の怪談」によせられたこわーいうわさ』にある。同書には**口裂け女**のモデルになったという噂も語られているが、真相は定かではない。

同書には兵庫県に出現するダッシュ女の話も掲載されているほか、花子さん研究会編『トイレの花子さん』にも群馬県で語られている事例が見えるため、ダッシュ女は全国にいるのかもしれない。

十勝岳の二ツ岩［とかちだけのふたついわ］

和人に伝わる怪異。空知郡《そらちぐん》上富良野町《かみふらのちょう》にはこんな話が残されている。

どのような理由か、一人の若者が追手から逃げて十勝岳を登っていた。十勝川の上流で満身創痍《そうい》になったその若者が倒れていると、夢うつつに美しい娘が現れ、万病に効く霊薬として薬草を手渡してくれた。若者はこれを食べ、元気を取り戻した。

再び立ち上がった若者が山を登っていると、霧の向こうに家が見え、近づくと一人の翁《おきな》が住んでいた。翁の勧めるままに若者はしばらくの間その場所に滞在していたが、ある日翁が「ここに長く住むべきではない、明日西に伸びた尾根を下って右へ右へ行け」と言った。そして夜が明けると翁も家も消えており、若者は岩の上に眠っていた。ふと見ると岩棚に小さな包みが置いてあり、中にはまばゆく光る砂金が入っていた。

それから若者は翁に言われた通り進んだが、日が暮れかかる頃にまた一軒の屋敷に辿り着き、そこであの薬草をくれた娘と再会した。若者は娘とともに暮らし、幸せな日々を過ごした。

しかし娘は暑い日が続くと何時間かどこかへ姿を消したため、不思議に思ってその後をついて行くと、無数の蛇が蠢《うごめ》く沼に入って行った。若者は娘が蛇の精だと気付いたが、愛《いと》しさは消えなかった。娘に「連れて逃げて」と頼まれた若者は彼女の手を取って逃げ出した。そこに沼の蛇が群れを成して襲い掛かってきたが、あの翁が残した砂金を撒《ま》くと黄金の霧となって蛇たちに降りかかり、その群れを谷底へと落とした。しかし蛇たちはまだ追ってきて、力尽きた若者と娘はその場に倒れた。

若者が神に助けを求めると、地面から轟《ごう》

音《おん》が鳴って岩がせり上がり、熱湯が湧き出して蛇の群れが押し流された。この機に二人は助け合いながら進んだが、十勝岳は娘を魔性の女と見なし、噴煙で包んで岩にしてしまった。

若者は悲しさのあまり七日七晩泣き続け、そのまま岩になってしまった。これが十勝岳に残る二ツ岩で、二人の魂は今もこの地に留まっているとされ、春になるとこの岩の周りに岩ツバメが舞うという。

合田一道《ごうだいちどう》著『北海道おどろおどろ物語』にある。

トンコリの化け物［とんこりのばけもの］

アイヌに伝わる妖怪。トンコリは五弦琴《ごげんきん》と訳されるアイヌの楽器で、昔このトンコリの化けた怪物が現れたという話が宗谷地方に残されている。

遥か昔のこと、この化け物は「俺はどこから来たのか、その素性を教えろ」と言いながら村々を渡り歩き、答えられないとその村を荒らして歩いていた。

それを知ったチリキヤフンクフという老神は、トンコリの化け物たちが次に向かうと思われる村に住むヤイレスプ（半神半人）の夢に現れてこれを知らせ、化け物に問いかけられた際の答え方を教えた。

そして老神の言った通り、ヤイレスプの住む村に化け物たちが現れ、ヤイレスプの家に無断で入ってきた。そして「俺たちはどこから生まれたのか、お前は知っているか」と問う。そこでヤイレスプは老神から教えられた通り、「お前たちはトンコリから生まれたんだ。分かったか」と答えた。

すると化け物は消え、そこには二つのトンコリが転がっていた。ヤイレスプはこのトンコリを斧《おの》で砕いて村に平和をもたらした。

そのため、この村では家を空き家にするときは、トンコリを置いておいてはならないと伝えられるようになったという。

更科源蔵著『アイヌ民話集』にある。アイヌのトンコリは現在伝承が途絶えており、製作法や演奏法が残されていない。樺太アイヌのものが残されているのみである。そのため、もし現代にトンコリの化け物が現れたとしても、誰もその素性を答えることはできないかもしれない。

屯田兵を追う火の玉［とんでんへいをおうひのたま］

和人に伝わる怪異。ある屯田兵の男が所用で旭川市から隣の東川村（現上川郡東川町）へ行ったその帰り道のこと。午後一〇時頃、道を急ぐ男がふと後ろを振り返ると、三〇〇メートルほどのところに火の玉が突然現れた。

付近には人家もなく、提灯《ちょうちん》でも松明《たいまつ》でもなさそうだったので、不思議に思いながら歩き出すと、火の玉も彼を追いかけてきた。しかし男が止まると火の玉も止まる。

男は気味が悪くなったので、一気に走って兵村まで帰った。すると火の玉はいなくなっていたという。

金巻鎮雄編『北海道　屯田兵絵物語』にある。

ニッネカムイ［にっねかむい］

アイヌに伝わる悪神。洞穴に潜む鬼神で、旭川市の神居古潭《かむいこたん》における物語が有名。石狩川にあるこの場所では、ニッネカムイが石を使って川をせき止めようとしていた。そこにオイナカムイという神が現れ、石を砕いてその破片でニッネカムイを打倒したという。

中田千畝著『アイヌ神話』にある。名前は「ニッネ」が「固い、悪い」、「カムイ」が「神」で「悪神」、「魔神」、「固い神」、「鬼」などと訳される。

近藤正一著『伝説の旭川及びその附近』においても神居古潭におけるニッネカムイの話が載せられており、英雄神サマイクルがニッネカムイの首を剣で刎《は》ねたと記される。この時、切り飛ばされた首はニッネシャパという岩に、胴体はニッネという岩になったという。

また同書にはチョウザメの神であるシャメカムイが神居古潭でニッネカムイを打倒した伝説も載せられている。ニッネカムイは他にもアイヌの伝承や物語の中に様々な形で語られる。

神居古潭の話と同じように英雄と対峙《たいじ》する怪物としてニッネカムイが登場する話も多い。

吉田巖《いわお》著『アイヌの妖怪説話（続）』（『人類学雑誌』第二十九巻第十号）においては「最悪魔神」と訳され、クンネコタン、つまりニシヨシッチウという空と地が最も近い場所に棲《す》むと記されている。この話ではアイヌの英雄ポンヤウンペ（ポイヤウンペ）と戦う怪物として紹介されている。

ニコライ・ネフスキー著『アイヌ・フォークロア』ではポロ（大きい）ニッネカムイという名前で登場し、人間の兄弟を捕まえ、石の串に突き刺して焼いて食らう怪物として描かれる。この話ではアイヌの英雄神オキクルミによって退治される。

この他にも金田一京助著『アイヌの神話に就いて』によれば、ニッネカムイは今で言う鬼に近いとあり、また相反する存在にペケレカムイ（光明神）がいると記されている。

萱野茂著『カムイユカラと昔話』でもニッネカムイは「鬼」と訳されており、三人の人間を小脇に抱え、鯨を片手でぶら下げるという巨大な怪物として描かれている。このニッネカムイも人間の肉を食う怪物として描かれるが、捕まった娘の機転により首を切られ、ばらばらの肉片にされた上でそれでも再生しようとしたため、ごみと一緒に切り刻んでついに倒されたと語られる。

永田方正著『北海道蝦夷語地名解』によれば、上川郡にはニッネカムイと呼ばれる地名があり、これはニッネカムイが神に殺され、山の上で岩と化したものだという。

この他にも**ウェンカムイ**と同じように悪神を罵《ののし》る言葉としてニッネカムイが使われる場合もある。

ノブクングル［のぶくんぐる］

アイヌに伝わる怪異。宗谷地方に住んでいたという背の低い神様で、背の高い山の穴を住み処《か》としていたという。この神様は鮭《さけ》の尾を摑《つか》むと、肩の位置まで腕を上げないと鮭が地面に着いてしまうぐらいの大きさだったとされる。夜明け頃に自分で獲ったと思しき魚をコタン（村）の人々に分け与えていたが、決してその姿を見せず、魚を分けるため、手を家の中に入れるだけだった。

ある時、ノブクングルの姿を見ようとした不届き者がおり、魚を差し入れてくれた手を摑んで家に引きずり込もうとした。

その時、ノブクングルの腕が抜け、外れてしまった。この腕には手の甲から腕にかけて輝くばかりに美しい刺青《いれずみ》があり、これに倣《なら》って宗谷地方の娘たちは成人すると手に刺青をするようになったという。

早川昇著『アイヌの民俗』にある。同書によれば、この神は後に宗谷から樺太《からふと》に渡ったと考えられており、その際にトマリ・ナイという村に竈《かまど》道具を埋めていった。その場所は土が盛り上がり、塚のようになっていたが、ある時、和人がこの塚の一部を切り崩し、弁財天の堂を建てた。その際には何も見つからなかったため、さらに深いところにノブクングルの竈道具が埋められていると伝えられているという。

【は】

バウチ［ばうち］

アイヌに伝わる妖怪。悪神の一種で、上川郡上川町に伝わっていたとされる。この悪神は層雲峡《そううんきょう》の奥の山城に住み、人を化かすことを得意としていたが、妻とも妹とも明らかでない女人《にょにん》が連れ添っており、この女人はどの自然の神にも細かく気を使い、その神々に似合いの着物を献上していた。しかしこの女人の努力も実を結ばず、神々は悪行ばかりするバウチを山城から追い出した。バウチはその際、石狩川を下って逃げ、鵡川《むかわ》の河口近くまで来た後、「もうヤウンモシリ（北海道）とはお別れだ」と考え、川端に生えていた柳の葉をむしると、それを川に投げた。この葉はスサム（シシャモ）になり、秋になると鵡川を遡上《そじょう》するようになったという。

　またバウチは故郷であるスス・ラン・ベツへに帰ったとされる。このスス・ラン・ベツへは天にある川だと伝えられている。

　早川昇著『アイヌの民俗』にある。**パウチ**と同じものだろうか。

ばばばばばえおうぃおい〜べべべべべべべべえべえええべえべべべえ［ばばばばばえおうぃおい〜べべべべべべべべえべえええべえべべべえ］

　現代に伝わる怪異。二〇二一年一月一九日午後三時一八分、ソーシャルネットワーキングサービスの「Twitter」において、「国土交通省北海道開発局道路情報」のアカウントから、「29日午後4時18分より国道40号ばばばばばえおうぃおい〜べべべべべべべべえべえええべえべべべえ（9・9㎞）で通行止を実施しています」という情報がツイートされた。

　このツイートはすぐに消され、サーバ更新作業中のエラーが原因でテスト用のデータがツイートされた、と発表された。一方、一見意味不明な「ばばばばばえおうぃおい〜べべべべべべべべえべえええべえべべべえ」の文字列がローマ字入力で打たれたものと仮定し、キーボードのかな入力に対応させると「こちこちこちこちこちいらなりにららにへこいこいこいこいこいこいこいこいいこいいいいこいいこいこいこいい」となり、「こちらにこい」、もしくは「こちらになりにこい」というような意味の文章になるのではないかと考察され、実は恐ろしいツイートだったのではないかとの噂がネット上で流れた。

　また同日、札幌市と天塩郡豊富町《てしおぐんとよとみちょう》の区間を運行するバス会社、沿岸バスの Twitter 公式アカウントにて、北海道開発局のツイートは「正しくは『国道40号豊富幌加《ほろか》ＩＣ〜豊富南ＩＣ（9・9㎞）』と思われます」というツイートが投稿された。

　しかし豊幌南インターチェンジというインターチェンジは北海道に実在しておらず、さらに埼玉県に本社を置くドライバー求人情報サイト「ドラＥＶＥＲ」の道路情報を発信する Twitter アカウントが二〇二〇年一一月二〇日の時点で「ドラＥＶＥＲ交通情報　通行止のお知らせ　29日　午後4時18分より国道40号豊富幌加ＩＣ6〜豊富南ＩＣ6（9・9㎞）で通行止を実施しています　詳細は北海道地区道路情報Ｗｅｂサイトへ」という情報を発信しており、同様の内容のツイートが一一月から一二月にかけて複数回にわたって投稿されていることが判明し、さらなる混乱が起きた。

　これらから「ばばばばばえおうぃおい」は「国道40号豊富幌加ＩＣ」を、「べべべべべべべべえべえええべえべべべえ」は「豊富南ＩＣ」を、「〜」は単に区間を表す記号として対応していることが予想されるが、どのようにしてこの意味不明な文字列に変わったのかは不明。

複数の交通情報に関わるアカウントが同様のツイートをしていることから、元々はテスト用のデータか何かの可能性も考えられるが、偶然が重なったにしても多くの人々の注目を集める怪異となったようだ。

バレトコワ［ばれとこわ］

アイヌに伝わる怪異。レタラタンネカムイ（白蛇神）が起こす祟《たた》りを意味する。現在の稚内市《わっかないし》大字宗谷第二清浜において語られた怪異で、ある人物が白蛇を殺害したところ、この祟りに遭い、頭痛や背中の痛みに襲われた。そのため木幣《もくへい》を削り、祈禱《きとう》をして白蛇の霊に離れてもらうようひたすら謝ったところ、その効果があったという。

早川昇著『アイヌの民俗』にある。

半身が焼け爛れた少女の霊［はんしんがやけただれたしょうじょのれい］

和人に伝わる怪異。一九四〇（昭和一五）年頃のこと。風連町《ふうれんちょう》（現名寄市《なよろし》）の長谷寺の檀家《だんか》であったある男性の夢に、半身が焼け爛れた六歳ぐらいの少女が現れ、「自分は行くところに行けないでいるので、地蔵に石をあげてくれ。その石に穴が開けば行けるところに行けたということになるので、その時に安心してください」と言った。そんな夢が二ヶ月も続いたため、その男性は長谷寺の地蔵に二〇個の石を捧げ、毎日一言でもお経を読んでくださいと住職にお願いし、住職も快く承諾した。

それからしばらく経ち、祭りの相談で人々が寺に集まったとき、ふと地蔵に供えられた石を見ると、その中の一つに小指の太さほどの穴が空いていた。人々は驚いたが、それであの夢に現れた少女も成仏しただろうと話し合ったという。

小林成光著『北海道縁起物語』にある。

光る祠［ひかるほこら］

和人に伝わる怪異。増毛《ましけ》（現増毛郡増毛町）がニシン漁場として繁栄していた頃のこと。別刈《べつかり》の番屋で炊事夫をしている若者がいた。この若者は食材が余ると番屋の裏の土手にそれを捨てていたが、漁場を引き揚げる日が来て、若者も番屋を去った。

しかし彼の乗った船がカムイト岬に差し掛かった頃、番屋の方から「おーい、おーい」という声が聞こえてきた。しかしその声は若者にしか聞こえないようで、若者がそちらの方を見ると番屋の近くできらきらと光るものがあった。

そこで若者が引き返してみると、そこには彼が投げ捨てた食べ物のほかに小さな祠《ほこら》があった。それでもう一度船を出すと、やはり若者にだけ「おーい、おーい」という声が聞こえ、あの祠が金色に光って見えた。

そのため若者はこれは自分が食べ物を粗末にしたため、神が怒り、故郷に返さないようにしているのだと思い、もう一度そこに戻って自分で捨てた食べ物を拾い、きれいに処理し、祠に祈りを捧げたという。

浜道人著『北海道・ロマン伝説の旅』にある。

幻の陸軍第七師団二八連隊［まぼろしのりくぐんだいしちしだんにじゅうはちれんたい］

和人に伝わる怪異。陸軍第七師団は大日本帝国時代、屯田兵《とんでんへい》を母体として編成され、北海道に置かれた常備師団であり、道民に北鎮部隊と呼ばれた。

日露戦争で日本の勝利に貢献して以降、シベリア出兵、満州事変など様々な歴史的な戦いに参加した部隊であるが、太平洋戦争においては歩兵第二八連隊がガダルカナル島での戦いで一木清直率いる支隊が米軍の攻撃により全滅する。

その戦いが行われたのが一九四二（昭和一七）年八月二一日だったが、この日、旭川市では第七師団の完全武装の一隊が帰還してきた姿が多くの人々によって目撃された。

兵士たちは空の兵舎に押し合いながら入ろうとしていたが、誰もが無言で、突然跡形もなく消えてしまったという。

その後、同じ日に第二八連隊の全滅の知らせが旭川にも届いたが、この日以降、師団官舎の屋根がからからと音を立てる、重戦車の動く音が聞こえる、誰もいない兵舎から大勢の笑い声がする、といった怪現象が度々《たびたび》発生するようになった。

人々は日本に帰れなかった兵士たちが、魂だけになって帰還したのだろうと話したという。

合田一道《ごうだいちどう》著『北海道おどろおどろ物語』にある。

三毛狐［みけぎつね］

和人に伝わる妖怪。苫前村《とままえむら》（現苫前郡苫前町）の古丹別川《こたんべつがわ》の川尻の後ろにある山に棲《す》んでいたという夫婦の狐で、よく人を騙《だま》したという。

ある時には一人の男の前に若い女の姿になって現れ、男は三本の指を見て正体を見破ったものの、女にしつこく付きまとわれ、付きまとわれた男は家に着くなり重い病気になって床に就いた。そのまま男は「良い娘が来る」、「娘が俺を誘いに来た」などと言いながら衰弱死してしまったとされる。

その後、狐は金宝院《きんぽういん》という寺の坊主の夢に現れ、自分が男を殺したこと、人が入ってきて草原もなくなり困るから寺の横に棲まわせてほしいことなどを告げた。そのため、金宝院の隣には三毛狐を祀《まつ》るお堂が造られたという。

北海道庁編『北海道の口碑伝説』にある。

ミナイカムイ［みないかむい］

アイヌ及び和人に伝わる怪石。礼文島《れぶんとう》香深村《かふかむら》（現礼文郡礼文町）には、ミナイカムイという岩がある。かつて天塩《てしお》アイヌと宗谷アイヌが戦争を起こした際、宗谷アイヌは利尻島と礼文島のアイヌに応援を求めた。この時、香深村の首長が部下を集めて出陣させたが、その中に一隊長としてカルアンという若者がいた。この若者の妻は病気であったため夫の出陣を悲しみ、海岸の岩に登って夫の舟の行方を見守るうち、岩になってしまった。

この岩は礼文島の見内《みない》神社の御神体となっている岩の上部にある人の形をしている部分とされる。今では安産、流行病除け、ニシン漁の神として祀《まつ》られているが、昔は和人がここを通って岩を見ると、何か不幸なことが起きるとして囲いを巡らして隠していた。そのため、「見ないカムイ」と呼ばれ、ミナイカムイが名前となったのだという。

更科源蔵著『アイヌ伝説集』にある。アイヌ同士の戦争によって生まれたものとされているが、話の内容から和人によって脚色された部分もあるものと思われる。

中村安造著『礼文山水と趣味の伝説』では、このように記されている。

昔、礼文アイヌは天塩《てしお》アイヌを主として宗谷アイヌと戦っていたが、ある時、その戦いにカルアシという名前の壮年のアイヌが呼ばれた。彼にはセレナという若い妻がいたが、戦場に連れて行くわけにもいかず、決別の宴を行い、やがて別れの朝が来た。

カルアシは舟に乗って島を去ったが、セレナはその舟をずっと岬の上から見つめていた。そして夕刻になったとき、彼女の体は突然岩に変わったという。

この話では妻の名前が「セレナ」とされているが、アイヌの女性名として確認できないため、和人の創作が混ざっているものと考えられる。

喪服の群れ「もふくのむれ」

現代に伝わる怪異。ある人物が国道一二号線を車で走って旭川市に帰る途中、右手に火葬場のある坂道で百人以上の喪服の集団がいるのを目撃した。そのうち数人が棺《ひつぎ》のようなものを担いでいたが、突然その棺の蓋《ふた》が開き、中からこの世のものとは思えないおどろおどろしい物体が飛び出してきたという。また、この物体が何であったか人に話したところ、その人物が交通事故に遭って大怪我をしたと語られている。

合田一道《ごうだいちどう》著『北海道 幽霊の住所録』にある。この話は旭川市からの投稿として、投稿者の友人が体験した話として語られているが、この体験者は他にも四メートルもある巨大なお化けを見たという。詳しくは**四メートルの平安人**を参照。

もんじゃ火「もんじゃび」

和人に伝わる怪異。利尻島にはもんじゃ火と呼ばれる怪火の伝承があり、これは沖で遭難した人々の霊魂が時化《しけ》の前後になって現れることをいったのだという。

しかしこのもんじゃ火は一九三八（昭和

一三）年を最後にぱったりと出なくなったとされる。

合田《ごうだ》一道《いちどう》著『北海道おどろおどろ物語』にある。同書では「もんじゃ火」は「亡者火」のことなのではないかと考察されている。

【や】

焼尻島の天狗 ［やぎしりとうのてんぐ］

和人に伝わる妖怪。苫前郡《とまえぐん》羽幌町《はぼろちょう》に属する島、焼尻島。この島には大木が生い茂っていたが、島のアイヌはこの木を使い、住居や燃料にしていたため、いつの間にか山が禿《は》げてしまった。

そんな中でも一ヶ所だけ伐採ができない場所があり、赤エゾ松が生えたその場所は、焼尻島の主である天狗が棲《す》んでいたという。この場所にはアイヌは近寄らず、無理に近づくと祟《たた》りがあると言われた。あるアイヌがこの場所で赤エゾ松を切り倒したところ、その木に潰されて死んだという。

この話は明治以降になっても島に語り継がれ、島に移り住んだ和人にも知るところとなっていた。しかしある時、若者が酔って天狗を祀《まつ》った祠《ほこら》を谷底に蹴落《けお》としてしまった。和人は天狗の祟りを恐れたが、それ以降何も起こることはなく、天狗の森の木が一本枯れてしまっただけだったという。

高橋明雄著『シュシュシナイの権六狸』にある。同書ではアイヌに伝わっていた天狗とされているが、アイヌに天狗を呼ぶ言葉はないため、和人によって語られるようになった話、もしくはアイヌに伝わっていた話が和人に伝わる過程で変質したものだろうと思われる。

天狗の棲む木の伝承は本州、四国、九州でも数多く残されており、その木を切ってはならない、もし切った場合祟りが起きるなどと伝えられている。

四メートルの平安人

［よんめーとるのへいあんじん］

現代に伝わる怪異。旭川市に住むある人物が遭遇したという化け物で、顔は平安時代の女性のようであるが、背の高さが四メートルあったという。

合田一道《ごうだいちどう》著『北海道　幽霊の住所録』にある。平安貴族がいたはずのない北海道にこのようあ化け物が現れるのがなんだか面白い。同書によれば、この人物は他にも百人以上いる**喪服の群れ**という怪異に遭遇しているらしい。

【ら】

ライクルエチカップ

［らいくるえちかっぷ］

アイヌに伝わる妖怪。「死人を食う鳥」を意味する。かつて旭川市近文《ちかぶみ》で野盗が全滅させられた際、その死体を食ったという鳥で、今でもその付近で夜営をすると、近くの木に止まって「チ・エ・ロペ・タ・チ・エ（食べたものを、また食べたい）」と鳴くと言われている。そのため、この辺りでは決して夜営をしてはならないと伝えられている。

更科源蔵著『アイヌ伝説集』にある。

利尻富士の怪

［りしりふじのかい］

和人が記録した妖怪。かつて、宗谷アイヌのひとりが利尻富士に登ったところ、登山の途中、谷間や峰の方から様々な不思議な獣が現れた。その中には顔が人間で体が獣のもの、虎のようなものもいたが、何とか頂上に達した。するの頂上の沼に何か動くものがあり、それが水面に跳び上がると、急に暴風雨が発生し、木の根や岩にすがってやっと難を逃れることができたという。

更科源蔵著『アイヌ伝説集』によれば、これは一八〇一（寛政一三／享和元）年、高橋重賢《しげかた》によって記された『松前随商録《まつまえずいしょうろく》』に記録されたものなのだという。

道東

【あ】

アトゥイエサマン［あとぅいえさまん］

アイヌ語でラッコを表す言葉。そもそもラッコもアイヌ語なのだが、美幌《びほろ》では普段ラッコのことをアトゥイエサマンと呼ぶ。夜間にその名を呼ぶとカワウソが化けて出てくるため、夜はラッコと呼んでいたところ、そちらの名前が定着した、という話が伝えられているようだ。カワウソはアイヌ語でエサマンと呼び、アトゥイは海の意味であるため、アトゥイエサマンは「海のカワウソ」という意味になる。

知里真志保《ちりましほ》著『分類アイヌ語辞典 植物編・動物編』にある。また、同様にエサマンも夜間にこの名を呼ぶとカワウソが化けて出てくるとされていたため、美幌では夜にカワウソを表すときにはペッニルという言葉を使ったという。

アノマモイ［あのまもい］

アイヌに伝わる怪異。「我らが恐れて近づかぬ入江」という意味。現在の網走市《あばしりし》の能取《のとろ》岬近くの入江で、この入江には昔悪魔が棲《す》み着いており、人を食ったという。

知里真志保《ちりましほ》著『アイヌ語地名解』（『知里真志保著作集3』収録）にある。

あばら家の怪［あばらやのかい］

アイヌに伝わる怪異。十勝地方の話に出てくる不思議な家。ある年、ひとつの国で大きな飢饉《ききん》が起き、その国のアイヌは隣国へ食物を得るため、度々《たびたび》行き来をしていた。その途中に一軒のあばら家があったが、そこに泊まったアイヌは誰一人として生きて帰ってこなかったため、恐れられていた。

ある時、アイヌの英雄**オタシトンクル**の子がこの家に泊まった際、団子を供えたところ、かつてこの家の主人であったらしい男の声が聞こえ、「今日までここに来た人間は食物を供えることもしなかったから、腹が立って皆殺してしまったが、あなたはありがたい人だ」と言った。それから団子に舌鼓を打つ音が聞こえたため、夜が明けた後、オタシトンクルの子はこの家で死んだ人々への慰めに弔いを述べ、あばら家をたち、無事隣国に辿り着くことができたという。

吉田巌《いわお》著『アイヌ童話』にある。

イエスチャロ［いえすちゃろ］

アイヌに伝わる怪異。「エエスチャロ」とも呼ばれる。「男女岩」と訳されるこの岩は厚岸郡《あっけしぐん》にあるが、こんな物語が伝えられている。

その昔、人の口真似を得意とする男と女の二神があった。ある時、天の神が地上にいる神に「我は天の貴い神である」と言ったのを聞いて、それを口真似した。

これを聞いた天の神は大変に怒り、二柱の神を岩にしてしまった。しかしこの二柱の神は、岩になってからもアイヌの口真似をしたと伝えられている。

中田千畝著『アイヌ神話』にある。

イタンキの婿［いたんきのむこ］

アイヌに伝わる妖怪。イタンキとはお椀の意味で、そのままお椀が人間の姿になって人間の娘と婚姻を結んだ話が阿寒郡《あかんぐん》鶴居《つるい》村《むら》に残されている。

昔、娘が一人住んでいる家に突然男が現れ、鹿や熊を獲ってきて毎日食べさせてくれるようになった。そのため、娘はこの男と結婚し、子どもも生まれた。

しかし、この男が炉端《ろばた》で寝ているとき、その姿がお椀に変わっていることを妻が見てしまった。そのため妻は「イタンキクテネッテクマッコロ（お椀のくせに妻を娶《めと》るなんて）」と声を上げてしまい、それで目を覚ましたお椀は男の姿に戻った。

男は正体を見られたからにはもう一緒にはいられないと話し、自分の正体はかつて妻の両親が祭壇に捨てたお椀であり、祭壇に行けば自分の本当の姿がある。妻の両親が木幣《もくへい》をつけて送ってくれなかったため、行くところに行けず、やむなく人間の姿になってお前と夫婦になったのだと明かした。妻は自分の口走ったことを謝ったが、男は、せめて子どもとともに木幣を作って、自分を行くべき場所へ送ってくれと頼み、子どもを大事に育て、その子どもに世話になれば、自分も行くべき場所に安心して行けると告げた。

そのまま男はしょんぼりと家を出て行き、妻もまた泣く泣く柳の枝を使って子どもとともに木幣を作り、祭壇に行った。そこにはぺしゃんこになったお椀があり、これに木幣をあげて、後々までこのことを語り継いだという。

一眼の者［いちがんのもの］

アイヌに伝わる妖怪。千歳列島のアイヌがキイタップ（現厚岸郡《あっけしぐん》浜中町の霧多布《きりたっぷ》）に交易に来た際に語った話の中に登場し、このアイヌが船に乗っていた際、風で遠くに流され、ある島に船を停めたところ、そこに一つ目の人々がいたという。この者たちには言葉が通じなかったとされる。

一七三九（元文四）年に金座役人の坂倉源次郎によって記された『北海随筆』にある。

イモシタグル［いもしたぐる］

アイヌに伝わる怪人。十勝国に住んでいたという極悪人だったが、病死した後もカムイモシリ（神々の世界）に行くことが許されず、蘇《よみがえ》ってさらに悪事を働いたとされる。このため人々に追いやられ胆振国《いぶりのくに》に逃げたが、今度は有珠山《うすざん》で山火事が起きているのを見て喜んでいた。それを見た神々は大変に腹を立て、イモシタグルを踏み殺した。その時山の頂上が踏み抜かれたため、有珠山は噴火するようになったという。

吉田巌《いわお》著『アイヌ童話』にある。「イモシタクル」と表記される場合もある。

イワンオンネチェプカムイ
［いわんおんねちぇぷかむい］

アイヌに伝わる妖怪。巨大なイトウの怪物とされ、その体長は六〇メートルに及ぶとされる。十勝管内の然別湖《しかりべつこ》の主といわれており、かつて、狩人が大きな熊を見つけて追いかけて行くと、この沼に飛び込んだことがあった。この熊は然別湖の中ほどまで泳いでいったと思うと、急に沈んでしまった。そこで丸木舟を漕《こ》いで見に行ってみると、イワンオンネチェプカムイが熊を呑んだが、呑み込み切れずに熊の片腕を口の端からはみ出させて死んでいたという。

更科源蔵著『アイヌ伝説集』にある。同書にはイワンオンネチェプカムイの名前の意味は記されていなかったが、名前を分けてみると「イワン（多くの）」＋「オンネ（大きな、年老いた）」＋「チェプ（魚）」＋「カムイ（神）」となり、「非常に大きな魚の神」もしくは「大変に年老いた魚の神」といった意味であったと思われる。また然別湖には巨大なアメマスが存在するという伝承もある。詳細は**然別湖の大アメマス**の項目を参照。

ウペペサンケ山の怪
［うぺぺさんけやまのかい］

和人に伝わる怪異。大正時代のこと、河《か》東郡《とうぐん》鹿追町と上士幌町《かみしほろちょう》に聳《そび》えるウペペサンケ山に住む開拓民のある夫婦には六歳の息子がいて、三人で暮らしていた。

ある年、雪が降った日の夜遅くに戸口を叩く音がして、父親が戸を開けてみると、年の頃二五、六歳の見知らぬ青年がおり、熊狩りに来て仲間とはぐれたので一晩泊めてほしいという。そのため家に入れてやると、物音に起きてきた息子が青年の背後に回り、「こわいよう、こわいよう」と言って泣き出した。

気が付くと若者は姿を消しており、落ち着いた息子に聞いてみると、息子は青年の背中に血だらけの女の顔が浮かび上がっているのを見たのだという。

翌朝、村の駐在がやってきて、昨晩村で殺人事件があり、犯人が山に逃げ込んだという知らせがあった。

父親が表に出たが、そこに犯人の足跡は既になく、あの青年の足取りはその後も分からなかったという。

上村信太郎著『山の不可思議事件簿』にある。

この類の怪談は全国で語られており、山の温泉宿を舞台にすることが多い。主にある男が山の宿にやってきて一晩泊めてほしいと言うが、子どもが泣き出すため帰ってもらう。後に子どもに聞いたところ、その男の背中に血だらけの女がいたと話す。翌朝警察が来て、近くで女を殺した男がおり、現在逃走中であると知らされる、という展開になっている。

この話は女の幽霊が背中にいるのではなく、背中に女の顔が浮かび上がっていたとされており、その部分は珍しい。

また夫が殺した妻が夫の背中におり、息子にだけその姿が見えるという怪談もある。詳細は**おんぶ幽霊**を参照。

ウライチャシクル ［うらいちゃしくる］

アイヌに伝わる星の神。名前は「簗口《やなぐち》にいるもの」を意味する。天の川に杭《くい》を打ち、簗をかけ、その口のところに袋網を設置して夜になると天の川を下ってくるマスを獲っているのだとされる。

しかし網に入ったマスを後ろの杭にかけてまた魚を獲っていると、他の神がその魚を持って行ってしまうため、いつも赤い顔をして怒っているのだという。

更科源蔵著『アイヌ民話集』にある。同書によれば、網走郡《あばしりぐん》美幌町《びほろちょう》で記録された話だという。

同書によれば、この星はおうし座のアルデバランなのだという。

エトゥロップの女神の祟り ［えとぅろっぷのめがみのたたり］

アイヌに伝わる怪異。現在の広尾郡広尾町茂寄《もより》の海岸の山には、かつて夫婦の神が住んでいた。この夫婦神が喧嘩をして別れることになり、女神はエトゥロップ（現択《えと》捉島《ろふとう》）へと去った。しかし十勝のことを忘れることができず、毎日泣いて暮らした。その涙は凍り、夏でも溶けない氷となったという。またエトゥロップは鼻水を意味する言葉で、女神が泣いた際に一緒に流した鼻水がその由来となっているという。しかし十勝のアイヌがこのエトゥロップを訪れると、女神の恨みにより病気になったり死んだりするとされ、十勝の語源である**トカプチ**は「死」を意味し、これも女神の祟りによる死が由来であるという。

更科源蔵著『アイヌ伝説集』にある。トカプチには幽霊という意味もあるとされる。詳細は当該項目を参照。ちなみに、トカプチには「乳」という意味や「水は枯れ、魚は腐れ」という呪いの言葉の意味であるなど、様々な説があり、一定しない。

エラミウンナイ ［えらみうんない］

アイヌに伝わる怪異。上川管内及び胆振《いぶり》管内を流れる鵡川《むかわ》の上流には、両側を切り立った岩山に挟まれた大崩れと呼ばれる場所がある。かつてこの場所には非常にマムシが多く、「魔物のいる川」を意味するエラミウンナイと呼ばれていた。

このマムシにはこんな由来が伝わっている。ある時、穂別《ほべつ》（現勇払郡《ゆうふつぐん》むかわ町）の集落が豊かなことを聞いた湧別《ゆうべつ》（現紋別郡湧別町）の夜盗の一団が、夜襲を企てて鵡川の上流までやってきた。すると切り立った岩の上に子どもを背負った女神がおり、赤い布で鉢巻をして踊っていた。これを見た夜盗は自分たちを応援してくれているのだと考え、感謝してこの山峡で野営していたが、突然両側の岩が崩れ落ち、夜盗は生き埋めになって死んでしまった。この夜盗たちの魂がマムシと化したのが、エラミウンナイのマムシなのだという。

更科源蔵著『アイヌ伝説集』にある。

オササンケカムイ［おささんけかむい］

アイヌに伝わる不思議な人々。裸族と訳される札内川《さつないがわ》上流の山の中に住んでいたという存在で、服を纏《まと》わず生活するが、冬になると獣の皮を纏ったという。そんなオササンケカムイに纏《まつ》わるこんな話が残されている。

明治の中頃のこと。ヤム・ワッカ（現幕別町）に住んでいた一人のアイヌの狩人が札内川の上流に狩りに行ったときのこと、山に詳しい彼はなぜかこの日だけは迷ってしまった。

湖に辿り着き、水を飲んで一息ついていたところ、彼の背後にオササンケカムイの女性が現れ、こう告げた。

「我々の里に入った者はここを出ることは許されない。ここを出ることは死ぬことである」

しかし狩人には妻子がいたため、女性に三日間の猶予をもらい、最後の別れをしに村へ戻り、一切のことを語って再びオササンケカムイの里へと戻って行った。それ以来、この狩人を見たものはいないという。

チカップ美恵子著『森と大地の言い伝え』にある。同書によれば、この裸族の人々は山に住む先住民族だったと記されている。

また、チカップ美恵子の伯父である山本多助の著作『オッパイ山 カムイ・ユーカラ』では裸族伝説としてこれとほぼ同様の話が載っているが、裸族はタバコを好むというアイヌに伝わる山の妖怪、**キムナイヌ**と同じ性質が語られている。この話では種族存続のため、裸族は時折優秀なアイヌの若い男を攫《さら》うと記されているが、女性だけの種族というわけではなく、男の裸族も存在しているようだ。

名前は「オサンケ」が「陰部を露出する」という意味があることから、「陰部を露出する神」になるだろうか。

オベライベ［おべらいべ］

アイヌに伝わる妖怪。湖の主とされる巨大なイトウを指す言葉だという。オベラメともいう。摩周湖にはこの巨大なイトウがおり、湖の主とされていた。ある時、西別川の水流がいつもより非常に少ないことがあり、アイヌたちはその原因を探りに上流へ登ると、川幅が狭くなった場所に大木のように巨大なイトウが横たわっていた。この大魚によって川がせき止められていたのだ。

直後、大魚の死体を越えて水が溢《あふ》れ出し、この大魚もまとめて流されていった。幸いにも大事には至らなかったが、大魚が流された先に向かうと、川の途中で大魚の死体が引っかかっていた。そこで改めて大魚の死体を調べてみると、その腹から鹿の角が突き出していた。人々は摩周湖に落ちた鹿をこの大魚が食ったのだろうと話したという。

　チカップ美恵子編著『森と大地の言い伝え』にある。この話では大魚はイトウであったと記されているが、摩周湖の主は巨大なアメマスであるという話も江戸時代には既に記録されている。詳細は**摩周湖の大アメマス**を参照。

【か】

カスンテ［かすんて］

アイヌに伝わる悪神。カスンデと表記される場合もある。疱瘡《ほうそう》神（パコロカムイ）と人との間に生まれた男で、彼が歩くとどんなに暗い夜でも水面に月が浮かぶように光り輝いたという。

　このカスンテはイクレシェという人物を唆《そその》かし、イレクシェの一族の首長を殺させ、宝物を得ようとした。しかし首長の死によりその一族がカスンテに報復を行い、これを殺した。

　カスンテは神の子であったため、幾度も生まれ変わったが、最後にはその上下の顎をばらばらにし、上顎を木の股枝に立てて縛り、下顎を石に括《くく》り付けて海底に沈めたことで蘇《よみがえ》らなくなった。

　しかしこの悪神の祟《たた》りにより、釧路の厚《あっ》岸《けし》のアイヌたちは疱瘡を患って死に、残った者は津波によって攫《さら》われ、このために厚岸のアイヌは全滅してしまったという。

　吉田巌《いわお》著『アイヌの妖怪説話（続）』にある。

　更科源蔵著『アイヌ伝説集』によれば、厚岸にはカスンテについての別の伝説も残っているという。それによれば、カスンテは非常に雄弁であったが心が正しくなかった。そのため叔父に殺害されたが、生き返ってさらに悪行を重ねるので、今度は父親によって殺害された。父親はカスンテの顎を上下に分け、下顎を高い木の上に飛ばし、上顎を石に縛り付けて川底に沈めた。これによりカスンテは生き返ることができなくなった。

　しかし実はカスンテは疱瘡神であるパコ

ロカムイの子であったため、パコロカムイは非常に怒り、たちまち厚岸のアイヌを全滅させた。そしてカスンテを蘇生させようとしたが、下顎だけがどうしても見つからなかった。そのため木で下顎を作り、カスンテを蘇らせたが、カスンテはパコロカムイの元に行き、どうか世界の人間を全滅させてほしいと頼み込んだ。

　これを聞いた天上の神々は、何とかカスンテの仇討ちを思い止まらせようと夜明けの明星をカスンテのところに嫁にやった。

　このため、カスンテが暴れ出しそうになったら夜明けの明星は家にいて、彼を慰めなければならない。それで、夜明けの明星が空に出てこないことがあるのだという。

　このことから、夜明けの明星が空に見えない時には、カスンテが暴れ出し、病が流行るかもしれないので、気を付けなければならないと伝えられている。

カチョコロマッ・ソロバンコロマッ ［かちょころまっ・そろばんころまっ］

　アイヌに伝わる怪異。カチョコロマッは「太鼓を持つ女」、「ソロバンコロマッ」は「算盤を持つ女」の意味で、釧路市の春採《はるとり》の辺りでは、この女たちを敵軍に差し向け、敵軍がこの女たちに見とれている間に皆殺しにした、という伝承が残っている。

　吉田巌《いわお》著『アイヌの伝承について』（『北海道郷土史研究』収録）にある。断片が伝わっている話のようで、この二人の女が何者なのか、いったい何の軍と何の軍が戦っていたのかは分からなかった。

　名前は「カチョ」が「太鼓」、「ソロバン」がそのまま「算盤」、「コロ」が「持つ、所有する」、「マッ」が「女」の意味となる。

カムイサップ ［かむいさっぷ］

　アイヌに伝わる神。雷を表す言葉だが、十勝アイヌでは北方の山にいる神が大地に向かって降りてくると考え、非常に恐れたという。

　吉田巌《いわお》著『杖《つえ》のみたま』にある。「カムイ」は「神」、「サップ」は同書によれば「下る」という意味で、「神が下る」の意となる。アイヌでも雷の神を竜神、蛇神として考える話が多い（**カンナカムイ**参照）が、これもそのひとつだろうか。

カムイソワ ［かむいそわ］

　アイヌに伝わる妖怪。足寄《あしょろ》の伝説などに登場する蜂で、ヒグマを獲るほど巨大なスズメバチなのだという。

　知里真志保《ちりましほ》著『分類アイヌ語辞典 植物編・動物編』にある。「カムイ（神）」＋「ソワ（蜂）」で「神の蜂」という意味になる。

カムイトーの怪 ［かむいとーのかい］

　アイヌに伝わる怪異。利別川《としべつがわ》とペンケオワシップ川が落ち合うところに、かつてカムイトー（神の沼）と呼ばれる沼があった。この沼には長く大きいものがいると伝えられ、この沼に近づく者はいなかった。ある時、日高の人が足寄《あしょろ》に住みたいと言ったため、足寄のアイヌはカムイトーにいるものを退治したら住んで良いと彼に伝えた。そこで日高の人はカムイトーに向かい、そこにいるものに対し何かを話して聞かせたところ、そこにいたものはいつの間にかいなくなっていたという。

更科源蔵著『アイヌ伝説集』にある。カムイトーは屈斜路湖《くっしゃろこ》を指す名前として有名だが、この沼は別の沼のようである。カムイトーにいた何者かについては具体的に示されておらず、長く、大きいという情報から大蛇の類であったかと予想ができるのみである。

カムイパ［かむいぱ］

アイヌに伝わる怪異。カムイパは「魔神の頭」を意味し、斜里郡《しゃりぐん》斜里町にある「獅《し》子岩《いわ》」とも呼ばれる岩を指す。この岩はかつて大蛇の頭であったが、その大蛇が生きていた頃、アイヌの文化神サマイクルの妹を呑もうとしたため、サマイクルに踏み潰され、この岩になったのだという。

知里真志保《ちりましほ》著『アイヌ語地名解』（『知里真志保著作集3』収録）にある。

カムイベツの主［かむいべつのぬし］

和人に伝わる妖怪。カムイベツは現在の斜里町《しゃりちょう》を流れていた川だというが、その水源地には主と呼ばれる巨大なイトウがいた。

このイトウは体長が鯨ほどもあり、水中だけでなく陸上も移動することができた。また人間がこの沼でごみを捨てようとすると、「捨てるな！」と声を発したともいう。

栗沢喜重郎著『反逆 哀愁のアツカンベツ』にある。同書によれば、この巨大イトウは一八八七（明治二〇）年頃にも目撃されていたという。

カラマ［からま］

アイヌに伝わる怪異。音別川《おんべつがわ》の奥、三〇キロほど入って行ったところにカラマという場所がある。昔、厚岸《あっけし》のアイヌがこの場所に舟でやってきて、木彫りの魚に本物の魚の皮を被《かぶ》せてマレッキという漁具で突き、「カラマ、カラマ、カラマ」と騒いでいると、山から大水が出てきて皆それに流されて死んでしまった。

それからというもの、誰かがここに山狩りに来て泊まったりすると、川の中を走る音がしたり、水を汲《く》んできて狩小屋に掛ける音、多くの人が騒ぐ声や木を伐《き》る音などが聞こえてくるようになったという。

更科源蔵著『アイヌ伝説集』にある。

くちばし女［くちばしおんな］

現代に伝わる怪異。帯広市にある「つみき公園」という公園に出現するとされる正体不明の女で、夕方になると出現するという。

学校の怪談編集委員会編『学校の怪談16』にある。同書によれば、この公園には他にも多くの怪談があるとされる。帯広市には「つみき児童公園」という公園があるが、つみき公園はここを指すのだろうか。

屈斜路湖の山の神［くっしゃろこのやまのかみ］

和人に伝わる神。屈斜路湖畔には山で働く男たちを守る女神の伝説が伝えられている。かつてこの湖畔に仲の良い木こりの夫婦がいたが、ある時妻が山で働く夫の姿が見たいと言い出した。夫は山の神が怒ると大変だから、と説得しようとしたが、妻が納得しないので仕方なく連れて行った。そして木を切っていると、いつの間にかとても美しい女が夫の腰に抱き着いていた。

驚いた妻が「その女は⁉」と叫ぶと、女の姿が消え、直後伐《き》った木が夫の方に倒れてきて、そのまま押し潰してしまった。

実は夫の腰に抱き着いていた女こそ、木こりたちを守っていた山の女神だったのだという。

浜道人著『北海道・ロマン伝説の旅』にある。同書によれば、この山の神は一九一七（大正六）年に黒滝初太郎という人物が山上に祀《まつ》ったのが始まりで、現在は屈斜路湖神社に天照大神《あまてらすおおみかみ》、源義経とともに祀られているという。この山の神は三股の木に宿るという伝承もあり、山で三股の木を見つけても伐採してはならないとされていたようだ。

また年に二度、一二月一二日には「送り山の神祭り」、一月一二日には「迎え山の神祭り」という祭りが催され、この日には女神である山の神が山に鎮座すると言い伝えられていた。そのため、この日は女神を傷つけないように刃物を使わないこと、炊事、洗濯など普段女性がやる仕事も男性が率先して行わなければならないなどの禁忌が伝えられていた。

山の神を女神として考え、山仕事に女性の関与を忌避する信仰は東北地方などに残るため、北海道にもその信仰が流入したものと思われる。

ケネウ［けねう］

アイヌに伝わる妖怪。美幌《びほろ》でマスノスケを表す言葉。真っ赤な着物を着た女の姿になり、赤子を背負って歩くという。また石狩川の付近でこれと出会った人間がいたが、ケネウはその人間に誰にも言うなと忠告し、出会った人間はその後すぐに死んでしまったという。

知里真志保《ちりましほ》著『分類アイヌ語辞典 植物編・動物編』にある。

児取り柏［ことりかしわ］

アイヌに伝わる妖怪。十勝地方に伝わる話に出てくる妖怪で、オタスツ（現寿都郡《すっつぐん》寿都町）にあったという柏の木。

この木は斧《おの》や鉈《なた》で伐採しようとすると

「切ってくれるな、伐《き》ってくれるな、頼む、頼む」と声が聞こえてくるため、誰も切ろうとしなかった。

しかしある時、オタスツの英雄**オタシトンクル**の子どもが行方不明になるということがあった。するとオタシトンクルはこの柏の木の元に向かい、柏の木の懇願も聞かずに切り倒した。すると木の割れ目から光る玉のようなものが転げ出た。それを家に持ち帰り、洗うと我が子の姿になったという。

それから親子は同じ夢を見た。その夢で「俺は元来、子ども好きだがとりわけオタシトンクルの子がかわいいので、捕って育ててやろうと隠していたが、取り戻されたのは残念だ。どうかその心に免じて一滴の酒でも供えてくれ」と柏の木が告げた。そこでオタシトンクル親子は酒を供え、山や海の幸が捕れるたび、欠かさずそれを捧げるようになった。アイヌの人々が柏の木を神木と崇《あが》めるのはこれが由来なのだという。

吉田巌《いわお》著『アイヌ童話』にある。

【さ】

座敷わらし［ざしきわらし］

和人に伝わる妖怪。座敷わらしは東北地方、特に岩手県で語られる童子の姿をした妖怪だが、北海道でもいくつか出現した例がある。

根室市弥生町では、一九〇一（明治三四）年一二月頃、真夜中の遊郭《ゆうかく》に一三、四歳の坊主頭で色の透き通るように白く美しい少女が現れた。この少女は薄黄色の薄い衣物《きもの》を着て袖屏風《そでびょうぶ》をしており、目撃した男が一度部屋に戻り、もう一度見ると既にいなかったという。

また函館市では遊郭の三階の座敷でトントンと手を叩く音がすることがあり、これが聞こえると遊郭の主人は羽織袴《はかま》で料理を持って行ったという。

佐々木喜善《きぜん》著『ザシキワラシの話』（『人類学雑誌』第二十九巻第四号～第六号収録）にある。

この他にも江差町《えさしちょう》には、小坊主の妖怪が出ると繁盛したという座敷わらしのような性質を持つものが出た旅籠《はたご》の話がある。詳細は**のどやの小坊主**を参照。

サタウラカムイ［さたうらかむい］

アイヌに伝わる悪神。美幌《びほろ》にはこんな話が残されている。ある男性が網走湖《あばしりこ》で大勢の人々がそりを引いて来るのを見た。直後、それが鳥の群れになって飛び立った。これがサタウラカムイであり、こういうものを見た場合には、老年になるまで決して口外してはならないという。

知里真志保《ちりましほ》著『分類アイヌ語辞典 植物

編・動物編』にある。同書では「群れを成して浜辺に出てくる神」という意味ではないかと考察されている。

札内川の怪 [さつないがわのかい]

和人に伝わる怪異。十勝管内を流れる札内川は、かつて北西風が吹くと、どんなに快晴であっても水量がにわかに増えると伝えられていた。これは水源である幌尻岳《ぽろしりだけ》の後ろに大きな湖があり、北西風が吹くと湖の水が波立ち、氾濫して川に流れ込むのだという。

しかしこの場所に人間が行こうとするとたちまち神罰が下り、天候が荒れ、雷雨が激しく降りしきり、赤と青の二頭のヒグマが襲い掛かり、草木は蛇に変じるとされる。

渡辺茂編著『北海道伝説集 和人篇』にある。実際には札内川の上流に湖はないが、北西の風が吹くと暖かくなるので幌尻岳の雪が解け、それが流れるため生まれた伝説だろうと同書では考察されている。

この話に登場する幌尻岳は様々な怪異が生じる伝承が残っている。ヌプリコムカムイ、**幌尻岳の白熊**、**カイカイウント**、**ポロトゥクシシ**の項目を参照。

佐藤の山の幽霊 [さとうのやまのゆうれい]

和人に伝わる怪異。河西郡更別村《かさいぐんさらべつむら》には小さな堂が建っているが、この中に安置されている地蔵にはこんな由来がある。

一九三三、四（昭和八、九）年頃、更別村には佐藤の山と呼ばれる場所があり、そこにある三叉路《さんさろ》に幽霊が出現するようになった。当時、帯広と広尾を繋《つな》ぐ広尾線が開通した頃で、線路がその付近を通っていたため、鉄道事故で亡くなった人の霊ではないかと噂されるようになった。

この時代、鉄道建設にはタコという蔑称で呼ばれた労働者たちが送り込まれ、この地で酷使され、食事も満足に与えられないまま死んだ者も大勢いた。その死体は弔われることもなく線路脇に穴を掘って埋められた、などと語られていた。

それが本当かどうかは分からないが、人々はそうして無念の死を遂げた人々が幽霊と化して現れたのだと考えた。そのため迷える霊魂を救おうと地蔵の建立を思いつき、一九三五（昭和一〇）年、地蔵がその地に立った。それからというもの、幽霊は姿を現さなくなったという。

合田一道《ごうだいちどう》著『北海道おどろおどろ物語』にある。現在は既に「佐藤の山」がどこを指すのかも分からなくなってしまったという。

シートッコニ [しーとっこに]

アイヌに伝わる妖怪。巨大なマムシ、マムシの王を表す言葉。網走市《あばしりし》の能取《のとろ》にはキナチャウシナイという沼があり、そこにシートッコニが棲《す》んでいた。この大蛇は非常に強い悪臭を放ち、犬が近づくと体が腫《は》れるほどだった。それから何年かして、その草原で樽でも転がしたように草が一列に倒れていた。人々はシートッコニが竜になってそこを通り、海に出たのだろうと話したのだという。

知里真志保《ちりましほ》著『分類アイヌ語辞典 植物編・動物編』にある。名前は「シ（大きい）」+「トッコニ（マムシ）」でそのまま「巨大マムシ」という意味になる。

然別湖の大アメマス
［しかりべつこのおおあめます］

アイヌに伝わる妖怪。十勝管内にある然《しか》別湖《りべつこ》の主は大アメマスだと伝えられる話がある。湖の近くで大きな熊を見つけた狩人がこの熊を両側から挟み撃ちにしたところ、熊は湖に飛び込んで逃げた。しかし泳いでいる途中、何者かに水中に引きずり込まれ、逃げ出すということを繰り返した。やがて熊はほうほうの体で岸に辿り着いたが、狩人たちに捕獲されてしまった。その体は傷だらけで、湖の主である大アメマスに呑まれようとしたのを、大アメマスを蹴《け》って何とか逃げ出したのだろうと言われたという。

更科源蔵著『アイヌ伝説集』にある。然別湖の主は巨大なイトウであるという話もある。詳細は**イワンオンネチェプカムイ**の項目を参照。

シトンピーチロンノップ
［しとんぴーちろんのっぷ］

アイヌに伝わる妖怪。太陽神であるチュプカムイに代わって天に昇り、太陽となって地上の民から尊敬されることを望んだ黒い狐とされ、チュプカムイが位を譲ろうと考えていた彼の息子のポンチュプカムイを誘拐する。シトンピーチロンノップはそのままポンチュプカムイを殺害しようと目論《もくろ》むものの、シトンピーチロンノップの六人娘のうち、末の娘だけは心が優しく、ポンチュプカムイを助けてしまった。

それでポンチュプカムイを殺すことに失敗したシトンピーチロンノップは自ら天に昇り、子を誘拐されて悲しみのあまり病気になっているチュプカムイに躍りかかった。チュプカムイはそのまま地上へと落ちそうになるが、地上の民が歌を唄ってチュプカムイを勇気づけたことでチュプカムイは再び元の位置まで上昇し、また地上の村人が放った矢のうち一本がシトンピーチロンノップに突き刺さり、その真っ黒な体が大地に落ちた。

それからというもの、ポンチュプカムイは天に昇って月となり、彼を助けた末の娘が新たな太陽の神となって空を照らすようになった。

しかしシトンピーチロンノップはいまだ太陽神となることを諦めておらず、隙を狙って太陽や月に近づくため、日食や月食が起こるのだという。

更科源蔵著『アイヌ民話集』にある。同書によれば、川上郡弟子屈町《てしかがちょう》で記録された話であるとのこと。

シトンピーチロンノップの名前の意味は記されていないが、「シトンピー（シトゥンペ）」及び「チロンノップ（チロンヌプ）」はどちらも狐を表すアイヌ語である。

シバカズコ［しばかずこ］

現代に伝わる怪異。一九六六（昭和四一）年、上川郡新得町《しんとくちょう》の北海林友会社佐幌事務所の造材飯場に四〇人ほどの人々が住み込みで働いていた。

当時、この飯場には青白い顔の女の幽霊が出現し、頻繁に目撃されていた。年齢は二七、八歳ほど。絣《かすり》の着物を着ており、人の前に現れたり、眠った人間がうなされたりした。そのため町の祈禱師《きとうし》を呼んで占ったところ、この幽霊は「シバカズコ」という女性で、氏名を紙に書いて供養すれば良いと言われた。そのためその通りにすると、霊は出なくなった。

シバカズコはその当時から七年前、青森から行商に来て行方不明になった人物であったという。

合田一道《ごうだいちどう》著『北海道こわいこわい物語』にある。

シュマコッネの蛇神［しゅまこっねのへびがみ］

アイヌに伝わる妖怪。昔、根室の国後郡《くなしりぐん》でアイヌと和人の戦いがあった時のこと。根室から遠く離れた胆振《いぶり》でも、勇払《ゆうふつ》にアイヌ集落の代表者を一人ずつ集めるよう和人から連絡があり、これに応じて集まったアイヌが和人の罠《わな》で、吊り天井に潰されて殺害される事件があった。

しかしこの時、シュマコッネというところの川の中に大蛇がおり、鵡川《むかわ》から川を下っていたアイヌが通れず、結果的に吊り天井の罠を逃れることができた。

それ以来、シュマコッネではこの蛇神に捧げものを供えて感謝するようになったという。

更科源蔵著『アイヌ伝説集』にある。この国後郡におけるアイヌと和人の戦いは一七八九（天明九／寛政元）年に起きた「クナシリ・メナシの戦い」だと思われる。この戦いは不当な労働環境や商売の条件に不満を持ったアイヌが蜂起したことで起こり、和人七一人が犠牲となり、アイヌ三七人が処刑されたという。

シュマコッネは現在でいうむかわ町旭岡にあたる場所で、鵡川という川が今も流れている。

少女の影［しょうじょのかげ］

現代に伝わる怪異。端野町《たんのちょう》（現北見市）のある会館の壁には、小さな女の子の形をした影がくっきりと浮かんでいる。この影はかつて会館前の横断歩道を渡っていた少女が車にはねられて死亡してから現れるようになったと伝えられ、何度塗り直しても現れるのだという。

合田一道《ごうだいちどう》著『北海道 幽霊の住所録』にある。これと類似した話は茨城県つくば市にあり、姉壁と呼ばれている。こちらは公務員住宅の外壁に「姉さん」という文字が浮かび上がるというもので、何度塗り直しても同じ文字が出現した。この文字が出現したのはその場所で車にはねられた少年が、向かい側の道路にいた自分の姉に「姉さん」と叫んだのが最後の言葉だったからと伝えられている。

常紋トンネルの幽霊
［じょうもんとんねるのゆうれい］

和人に伝わる怪異。現在のJR石北《せきほく》本線にある常紋トンネル。このトンネルには今も幽霊が出現するというが、その由来は明治時代まで遡《さかのぼ》る。

一九一二（明治四五）年、この鉄道の工事が着工されたが、常紋トンネルの工事に携わった多くの人々が死亡した。労働者たちは近くに建てられた飯場に監視付きで収容され、ろくな食事も与えられずに一日中こき使われた。また病気になっても治療は受けられず、動けなくなった者は一定の場所に監禁され、死体はまとめて穴に埋められた。また生きた人間を埋めて人柱にしたという話もあった。

こんな場所であったからか、常紋トンネルが開通すると、このトンネルを通る列車に乗った客からトンネル内で火の玉が飛んだ、信号が不意に消えて血だらけの男が立っていた、などの噂が語られるようになった。また職員の家族に病人が多く出た際には、死んだ労働者たちの祟《たた》りだとも言われた。このため、祟りを鎮めようとトンネルの近くに歓和《かんわ》地蔵尊が建てられた。

それから何十年も経った一九七〇（昭和四五）年、常紋トンネルの壁の裏側から人骨が発見され、実際にトンネルで人柱にされた労働者がいたことが明らかになった。その後、さらに掘り起こしが進められ、計一〇人分の人骨が見つかった。

このことから殉職者追悼碑が建立された。しかし死んだ労働者たちの怨念が消えたわけではないようで、今でも常紋トンネルでは幽霊たちの出現や怪異現象が報告されている。

合田一道《ごうだいちどう》著『北海道おどろおどろ物語』にある。

庶路の古沼の主
［しょろのふるぬまのぬし］

和人に伝わる妖怪。白糠郡《しらぬかぐん》白糠町の庶路にある古い沼には、かつて大蛇が棲《す》んでいたと伝えられている。この大蛇は体の太さが一尺（約三〇センチ）もあり、時折湿原の草をなぎ倒して茶路《ちゃろ》の古沼に通うとされた。

この大蛇が通った跡の草は皆枯れてしまい、何とも言えない生臭い臭気が漂っていたとされる。またこれと遭遇した人間はひどい病気に侵されるという。また、目撃者によればこの大蛇の尾は切断されたようになっており、何か光るものが付いていたとされる。

渡辺茂編著『北海道伝説集 和人篇』にある。大蛇が異様な臭気や毒気を放ち、周辺にいる人間や植物に害を与えるという性質はアイヌに伝わる大蛇の話に多く伝わる（**ホヤウ**、**サクソモアイェプ**の項目を参照）。

白蛇姫 ［しらへびひめ］

和人が伝えた女神。河東郡《かとうぐん》鹿追町には白蛇姫と呼ばれるある蛇の伝説が残されている。かつて鹿追町がクテクウシと呼ばれていた頃、十勝地方で寒い時期が続き、植物も動物も食べられるものがなくなってしまった。そこでクテクウシのアイヌたちは神に何日もの間祈り続けた。やがて精根尽き果て、眠り込んだ人々の夢に女神が現れ、明朝、彼らの目の前に現れる白蛇の後をついていくようにと告げた。

すると目が覚めたアイヌたちの前に本当に白蛇が現れたため、彼らが夢で見た女神の言う通りにすると、白蛇は山の上へと登って行き、やがて大きな沼に辿り着いた。その沼にはたくさんの魚がおり、人々はその魚を食べることで餓死の危機から脱した。

それからあの女神が現れ、この魚はオショロコマといい、この湖にしか棲《す》まぬ魚であるから、凶作の時のみ食べるがよい。いたずらにこの魚を捕れば人の心を失うことになる、と警告した。

この沼は今でいう然別湖《しかりべつこ》で、和人がこの地に入ってきたときもオショロコマは生息していた。しかし和人が面白半分にこの魚を捕ったため、急激にオショロコマは姿を消していった。これは女神の警告を和人が破ってしまったからなのだという。

小林成光著『北海道縁起物語』、鹿追町のホームページによる。この物語はオショロコマが乱獲によって然別湖から姿を消し始めた、昭和に入ってから創作された物語であるため、アイヌに伝わる話ではない。しかし現在でも鹿追町ではこの物語を元にした「白蛇姫まつり」が開催され、人々に親しまれている。

蟬のエカシ ［せみのえかし］

アイヌに伝わる妖怪。ある山の中に、老人と子どもが二人で暮らす家があった。二人は不自由なく暮らしていたが、ある日、老人は子どもに、お前はもう一人前になったからと鉈《なた》を渡し、一人で獲物を獲ってくるように言った。子どもはその鉈を使って大きな熊を倒し、家に帰ってそれを老人に伝えたところ、老人は熊が倒れた場所に行き、熊の皮のはぎ方を教えた。

そして家に帰った夜、老人は子どもに真実を教えた。子どもは実は老人の子ではなく、偉い首長の子であること、子どもがかつて魔物に攫《さら》われたため、かわいそうに思って自分が育てたこと、そして自分の正体は実は蟬であること。

それを告げた後、老人は蟬の姿になって天窓から去って行った。残された子どもは熊獲りの名人となり、大人になってからも恩を忘れず、熊を獲って酒を飲むときには、必ず蟬にも酒を捧げたという。

更科源蔵著『アイヌ民話集』にある。同書によれば、中川郡本別町《ほんべつちょう》で採取された話だという。

同書には、魚が多く捕れる漁場を独占する、老人に化けた蟬の話も載せられている。

タプカルニ［たぷかるに］

アイヌに伝わる怪異。「踊る木」と訳されるこの名前には、以下のような由来がある。昔、川上郡の辺りに踊りを舞ってばかりで家のことを顧みない女がいた。そのため彼女の夫は子の養育を含め家のことを全てしなければならず、これに同情し、また女に怒った天の神が女を木に変えてしまった。これがタプカルニなのだという。

中田千畝著『アイヌ神話』にある。

チウェンチャシの子ども［ちうぇんちゃしのこども］

アイヌに伝わる怪異。紋別市元紋別あたりの海岸に、チウェンチャシ（我らの悪い砦《とりで》）という場所がある。昔、外から来た者が勝手に山に入って狩りをするため、この者を捕らえて木に縛り、痛めつけると宝物を差し出して謝るため、許した。

しかしこの者は受けた行いを恨み、大勢を引き連れて仕返しに来たため戦争となった。どちらが勝ったのかは不明だが、それから夏になると裸の子どもが二人、この砦のあった海辺に出てきて遊ぶようになった。この子どもの正体は分からず、あの戦争の際に隠した宝物が化けて出るのではないかということになり、その場所をチウェンチャシと呼ぶようになったのだという。

更科源蔵著『アイヌ伝説集』にある。

トイニッネカムイ［といにっねかむい］

アイヌに伝わる悪神。魚のような体を持ち、えり首や背中に大きなこぶがある恐ろしい姿をしている。ある物語では、トイニッネカムイが川に陣取り、川を遡上《そじょう》してくる魚を水ごと呑み込んだことから、アイヌも神々も飢えてしまったので、ソコロカムイ（滝を支配する神）に退治されたという。

藤村久和《ひさかず》・若月亨《とおる》訳・註『アイヌの神々の物語』にある。この神が出てくる物語は白糠郡《しらぬかぐん》白糠町に伝わっていたものだという。

トイニッネカムイの名前は「トイ（とても、ひどく）」＋「ニッネ（堅固な、しぶとい、悪い）」＋「カムイ（神）」で「非常に悪い神」というような意味となる。**ニッネカムイ**という悪神は様々なアイヌの伝説や物語で悪役として登場するが、この物語に出てくるトイニッネカムイは伝承者により具体的な容姿が伝えられている。

トーエトクウシペ［とーえとくうしぺ］

アイヌに伝わる怪異。「湖の奥にある山」を意味する。この山はかつて屈斜路湖《くっしゃろこ》の奥にあったが、わがままで、何かというと煙を吐いたり火を降らして暴れたという。

更科源蔵著『アイヌ伝説集』にある。

トッコロカモイ［とっころかもい］

和人に伝わる悪神。知床《しれとこ》には獅子岩《ししいわ》と呼ばれる岩があるが、こんな由来が伝えられている。かつて源義経に従って蝦夷《えぞ》地に渡ってきた弁慶であったが、ある時、マムシの神であるトッコロカモイが弁慶の妹を呑もうとしていたため、弁慶はこの大蛇を踏み潰してしまった。このトッコロカモイが変化したのが獅子岩なのだという。

渡辺茂編著『北海道伝説集 和人篇』にある。マムシは「トッコニ」であるため、元々は「トッコニカムイ」だったと思われる。

【な】

ニタイラサンペ［にたいらさんぺ］

アイヌに伝わる妖怪。その名は「湿地の妖婆《ようば》」を意味するとされ、その名の通り湿地帯に棲《す》む老婆の姿をした妖怪だという。網走郡《あばしりぐん》美《び》幌町《ほろちょう》では以下のような話が伝わっている。

湿地にある谷《や》地《ち》眼《まなこ》はこのニタイラサンペが作った罠《わな》であり、そこに生えた青草を食べに来た鹿は泥に足を取られて沈んでしまい、やがてニタイラサンペの籠に入れられてしまうのだという。

ニタイラサンペはその鹿に呪いをかけて餌とし、人間がこれを捕らえて食べたりすると、その人間はニタイラサンペと同じ心にしてしまうのだとされる。

更科源蔵著『アイヌ民話集』にある。同書では「湿地の妖婆」と訳されているが、「ニタイ」は「森」の意味であり、「湿地」を意味するアイヌ語は「ニタッ」である。本来の名前は「ニタッ・ラサンペ」だったのかもしれない。ちなみに**ラサンペ**は「化け物」の意味である。また、**ニタッラサンペ**と呼ばれる妖怪については、ニタイラサンペとは全く別の性質を持っているものがいるため、当該項目を参照。

他にも同書にはこの妖怪は陰毛がないという特徴が語られており、陰毛がない女を嫁にもらってはならないという言い伝えがあったことが記されている。

類似した名前の妖怪に**ニタッテウナルベ**がいる。詳細は当該項目を参照。

【は】

バイカイカムイ〔ばいかいかむい〕

　アイヌに伝わる妖怪。網走《あばしり》に伝わる霊鳥で、バイカイカムイチカプともいう。この鳥が現れると必ず流行病が発生し、多くの死者が出るという。

　宗谷、紋別、湧別《ゆうべつ》を飛びまわり、各地で多くの死者を出したバイカイカムイが、網走までやって来たため、能取《のとろ》の山の神が、「もしこれ以上人を殺すのならば、アイヌたちを集めて合戦をする」と告げた。これを聞いたバイカイカムイは山を越えて海へ行き、大岩に止まって「チバシリ」と鳴いた。これが訛《なま》り、「アバシリ」となり、今の「網走」の語源となったという。

　松浦武四郎著『戊午《ぼご》日記』にある。流行病の神の一種。同書では「バイカイ」は「徘《はい》徊《かい》」、「カムイ」は「神」で、「徘徊する神」の意味とされる。ちなみに「チカプ」は「鳥」の意味であり、バイカイカムイに限らず流行病をもたらす存在を鳥に見出す思想はアイヌに広く存在している。

万代橋の手〔ばんだいばしのて〕

　現代に伝わる怪異。万代橋という橋では、満月になると手だけの存在が現れ、追いかけてくるという。

　ポプラ社編集部編『映画「学校の怪談」によせられたこわーいうわさ』にある。同書によれば河東郡《かとうぐん》から投稿された事例のようだが、鹿追町の然別川《しかりべつがわ》に掛かる橋に万代橋という名前の橋があるため、この橋が舞台だろうか。付近に鹿追小学校があり、この学校に通っている子どもたちによって噂された怪異なのかもしれない。

火散布の竜〔ひちりっぷのりゅう〕

　和人に伝わる妖怪。厚岸郡《あっけしぐん》浜中町にある火散布と呼ばれる地域の海岸には、かつて洞窟に竜の化身が棲《す》み、時たま暴れて海を大荒れにすると伝わっていた。そのため人々は洞窟の竜を竜神として祀《まつ》り、これが火散布竜神社となったという。

　小林成光著『北海道縁起物語』にある。

人捕り石〔ひととりいし〕

　アイヌに伝わる妖怪。十勝地方に伝わる話に出てくる不思議な石で、一見すると何の変哲もないが、この石に触れると体を放すことができなくなるという。

　実はこの石は妖怪が仕掛けた罠《わな》で、あるアイヌの男性がこの石から放れられずにいると、頭に大きな口がある一つ目の老婆がやってきて石ごと人間を袋に入れ、棲《す》み処《か》に連れ帰った。その棲み処には老婆と同じく頭に口がある一つ目の妖怪の子どもがいた。しかしこの子どもが獲物見たさに男性の入った袋をいじったところ、袋が破け、そのまま石が妖怪の子どもを押し潰して殺してしまった。すると石から体が放れ、男性は逃げることができたのだという。

吉田巖《いわお》著『アイヌ童話』にある。樺太《からふと》アイヌに伝わる**ウンカヨ**は、同様に体がひっつく木を罠とし、人間を捕らえる話がある。詳細は当該項目参照。

人捕り鼠［ひととりねずみ］

アイヌに伝わる妖怪。年を経た鼠の化け物で、十勝地方に伝わる話に登場する。話の舞台は天塩《てしお》（現天塩郡天塩町）で、昼間は山の麓の洞穴に棲《す》み、夜な夜な村に現れては人を食い殺していたが、オタスツからやってきた勇者によって、鉾《ほこ》で滅多刺しにされて殺されたという。

吉田巖《いわお》著『アイヌ童話』にある。

ピラッカムイ［ぴらっかむい］

和人が記録した妖怪。厚岸郡《あっけしぐん》厚岸町には、かつてピラッカムイと呼ばれる巨大な怪魚がおり、船を背に乗せて転覆させるということをしていた。

ある時、アイヌの女性がバサラン岬という場所で魚を乾かしていると、ピラッカムイが現れ、突然石と化してしまったという。

北海道庁編『北海道の口碑伝説』にある。同書ではピラッカムイは「神魚」と訳されているが、「ピラッ」はアイヌ語で下駄を表す言葉であるため、直訳すると「下駄の神」となる。

古木兎のお化け［ふるきうさぎのおばけ］

アイヌに伝わる妖怪。十勝地方に伝わる昔話に登場する妖怪で、黒い小人の姿をしているが、その正体は古木兎なのだという。

吉田巖《いわお》著『アイヌ童話』にある。古木兎がどのような兎なのかは不明。また、アイヌ語の名前も表記されていなかった。

フンカプ［ふんかぷ］

アイヌ語で化け物を表す言葉。

知里真志保《ちりましほ》著『アイヌ語地名解』（『知里真志保著作集3』収録）によれば、網走湖《あばしりこ》近くに「フンカㇷネイ」という地名があり、これは「化け物がいたところ」という意味で、ここで化け物退治をしたことから名づけられたのだという。

フンドチ［ふんどち］

アイヌに伝わる妖怪。河童のような存在で、「フンドチカムイ」ともいう。釧路市頓化《とんけし》辺りのベットマイ（元々沼があったところ）を霧の深い晩に歩いていると、いつの間にか目の前を歩く人の姿が現れる。知人かと思い声をかけても返事はなく、足跡は鳥のものに似ている。不思議に思っていると、ふとその姿が消え、今度は後ろからついて来ていて、水中に引きずり込まれてしまう。そのため、夜にこの辺りを独り歩きするものではないと言われていたという。

　更科源蔵著『アイヌ伝説集』にある。同書によれば、釧路市の春採湖《はるとりこ》にもフンドチがいるが、こちらは犬のような姿だという。

別海の竜娘［べっかいのりゅうむすめ］

和人に伝わる妖怪。野付郡《のつけぐん》別海町には、こんな話が伝わっている。かつて、土地に住む漁師が漁に出ているときに突然嵐に襲われ、船が沈没したとき、どこからともなく美しい娘が現れ、彼を助けた。

　漁師は自分に婚約者がいるにもかかわらずこの娘と結婚の約束をする。しかし漁師はその後、約束を無視して元の婚約者と結婚してしまう。

　これに怒った娘は漁師を漁に誘い、海で竜に変じて嵐を呼び、漁師を溺死《できし》させてしまった。これを知った村人たちは、竜神の祟《たた》りを恐れて祠《ほこら》を建てて祀《まつ》った。これが現在の竜神社なのだという。

　小林成光著『北海道縁起物語』にある。

ポネオプウングル［ぽねおぷうんぐる］

アイヌに伝わる怪異。かつてポネオプ（現上川郡清水町の羽帯《はおび》）に住んでいた人々がいた。彼らはポネオプウングルと呼ばれたが、そのうちの八人が山へ出かけて行方不明になり、とうとう帰ってこなかった。そのため人々は彼らは山霊と化したのだとして諦めたが、以来この地域では雷鳴が激しいとき、「ポネオプウングル　サンミツボ　エシタップ　クネルアンネ（ポネオプの住人の後裔《こうえい》であることは疑いがない）」と唱えると落雷で死ぬことはないと伝えられるようになったという。

　工藤梅次郎著『アイヌ民話』にある。名前は「ポネオプ（ポネオプという地名）」＋「ウン（ある、いる）」＋「グル（人）」で「ポネオプに住む人」という意味になる。

ポンエカシ［ぽんえかし］

アイヌに伝わる妖怪。「小さい老爺《ろうや》」を意味するが、利別川《としべつがわ》筋のところどころにある沼に出現した河童のような存在を指して呼んだ名前だという。この妖怪は「ポンフッチ（小さい老婆）」とも呼ばれ、頭が禿《は》げており、時折「フン！」という大きな声を上げたとされる。また海に行きたくなると大水を出したともいう。

　更科源蔵著『アイヌ伝説集』にある。

【ま】

摩周湖の大アメマス［ましゅうこのおおあめます］

アイヌに伝わる妖怪。昔、摩周湖には巨大なアメマスが棲《す》み着いていたが、鹿を丸呑みした際にその角が腹の中で刺さって死んでしまった。しかしこの死体が西別川の湧水池の出口に引っかかってしまったため、摩周湖の水が溢《あふ》れそうになってしまった。このことを鳥の神である閑古鳥が知らせたが、川上の集落の人々が逃げたのに対して、川下の集落の人々はこの巨大な獲物に大喜びでこれを引っ張ったため、水が溢れ出して人々を押し流してしまったという。

更科源蔵著『アイヌ伝説集』にある。摩周湖に大アメマスがいる、という伝説は近世の時点で既に松浦武四郎著『後方羊蹄《しりべし》日《にっ》誌《し》』に記されており、同様に大アメマスがいる湖として洞爺湖《とうやこ》、支笏湖《しこつこ》が挙げられている（**洞爺湖の大アメマス**、**支笏湖の大アメマス**参照）。

鱒女房［ますにょうぼう］

アイヌに伝わる妖怪。中川郡本別町《ほんべつちょう》の美《び》里別《りべつ》のアイヌの中には、「ケネウ・イトッパ」というマスノスケ（キングサーモン）を先祖とする印を持つ人々がいた。

昔、マスノスケは陸に上がって蕗《ふき》を食べたり、人間に化けたりすると伝えられていたが、ある日美里別川に蕗を採りに行った男が鼻歌を歌いながら蕗を採る女と出会った。この女は男の姿を見て驚き、川に飛び込んでマスノスケの姿になって逃げようとしたが、男は全裸になって川に飛び込み、股を開いてマスノスケの進路を妨害した。そのためマスノスケは仕方なく陸に上がって再び女の姿になり、やがてこの男の女房となった。

その子孫はこの鱒女房の子孫であることを示すため、ケネウ・イトッパを用いるようになったのだという。

更科源蔵著『アイヌ伝説集』にある。

マッネモショミ［まっねもしょみ］

アイヌに伝わる怪異。網走郡《あばしりぐん》美《び》幌町《ほろちょう》にあったという非常に強力な宝刀。ある時、タンネシラリというところの崖に住む魔神を倒すため、この刀の力を借りた人物がいたが、魔神にマッネモショミを投げつけたところ、この刀は怪しい光の尾を引いて飛んでいき、魔神に飛びついてたちまち食い殺してしまったという。しかし崖の上に投げつけられた刀を取りに行くことができる人はおらず、歳月が経つうち刀は蛇となり、それ以来美幌には宝刀がなくなってしまったと伝えられたという。

更科源蔵著『アイヌ伝説集』にある。「マッネ」は「女性の」という意味であるが、「モショミ」については、知里真志保《ちりましほ》著『アイヌ語地名解』（『知里真志保著作集3』収録）では「マッネモソミ」という名で紹介されており、「細身の女剣」という語義であったとされていることから「細身の剣」という意味であろうか。同書ではマッネモソミが食い殺したのはフーリ（**フリー**を参照）という怪鳥だったとされる。

ミルマ［みるま］

和人に伝わるアイヌの怪異。かつて網走《あばしり》湖《こ》の周りにいくつものコタン（集落）があったが、そのコタンのひとつにミルマという娘が住んでいた。ミルマは美しい女性に育ったが、誰とも婚姻を結ばずにいた。実は彼女が一六歳の成女式を迎えた日、コタンの習慣として網走湖で身を清めていたところ、水の精が現れ、「お前はこの世で最も美しいが、結婚してはならない」と告げられていたのだ。

しかしミルマは、同じコタンのセカチという若者と恋に落ちた。そのためミルマは「結婚してはいけない」という悩みを水の精に相談するため、再び網走湖に赴いたが、そのまま戻らなかった。ミルマは水の精によって湖の奥底に連れ去られたのだった。

これを知ったセカチが網走湖に行き、ミルマの名前を呼び続けたが、彼女は帰ってこなかった。そんなある日、湖を今まで見たことのない白い花が覆った。セカチは白い花に誘われるように湖に入り、それ以来戻ってこなかった。

この花はペカンペと呼ばれ、悲恋話として長くコタンに語り継がれたという。

因幡勝雄編著『アイヌ伝承ばなし集成』にある。アイヌの話として語られているが、こういった悲恋話は和人によって創作されたものが多く、ミルマという名前もアイヌのものでは馴染みがない。ちなみに「ペカンペ」はアイヌ語で「ヒシ」を表す言葉。

モコㇿエスイパカムイ［もころえすいぱかむい］

アイヌに伝わる悪神。眠りに誘う神であり、これに憑《つ》かれると突然寝入ってしまうほか、起きてからも眠ることばかりを考えるようになってしまうという。

藤村久和《ひさかず》・若月亨《とおる》訳・註『アイヌの神々の物語』にある。「モコㇿカムイ」と呼ぶ場合もある。

「モコㇿ」は「眠る」、「エスイパ」は「居眠りする」という意味であり、「モコㇿエスイパカムイ」は「眠りの神」、「眠りに誘う神」になる。同書によれば、この神が出てくる物語は白糠郡《しらぬかぐん》白糠町に伝わっていたものだという。

【や】

ヤダモチの舟 ［やだもちのふね］

アイヌに伝わる妖怪。ある時、**オタシトンクル**というアイヌに伝わる英雄がカツラとヤダモチで舟を作ったが、カツラの舟の方がヤダモチの舟に比べて軽く、扱いやすかったため、そちらばかり使っていた。

そんなある夜、舟を置いてある浜の方で女二人が互いを罵《ののし》り合う声が聞こえたため、オタシトンクルが起きてその様子を見に行ってみると、一人は髪の縮れた女で、もう一人は長く髪が伸びた女だった。その長い髪の女はもう一人に向かって「お前ばかりが毎晩漁について行って、かわいがられて腹も一杯だろうが、私はいつも陸に上げられたまま乾いて、痩せこけている。少しは人の身にもなってみるものだ」と言った。

オタシトンクルはこれを見て刀を抜くと、髪の長い女を切ってしまった。するとその舟はたちまち真っ二つに割れたヤダモチの舟となり、もう一人もカツラの舟に変わった。カツラの舟はヤダモチの舟に散々痛めつけられたと見えて、傷だらけになっていた。

オタシトンクルはそのままヤダモチの木で舟を作ることはしなかったという。

更科源蔵著『アイヌ民話集』にある。同書によれば、これは網走郡《あばしりぐん》美《び》幌町《ほろちょう》で語られていた話なのだという。

矢の自白 ［やのじはく］

アイヌに伝わる怪異。十勝地方のアイヌに伝わる童話では、昔、矢は射ることさえすればどんなに離れた熊でも見つけ出して追尾し、突き刺さって殺したものであったという。しかしある時、熊狩りの得意な老《ろう》爺《や》がいつものように矢を放ったところ、矢は熊を追いかける途中で地面に落ちてしまった。

そこで老爺《ろうや》が「熊を取り逃したのか」と尋ねたところ、矢は「あまりに熊が速いので、倒れました。これからなんでも確かに目に見えたものでなければ、決して私を放ってはなりません」と告げた。以来、矢を射るときには目に見えたものに対して射らねば当たらなくなったという。

吉田巌《いわお》著『アイヌ童話』にある。

指が三本 ［ゆびがさんぼん］

現代に伝わる怪異。釧路市で四人の女学生がこっくりさんを行ったところ、一人の気分が悪くなった。その女学生は帰ることにしたが、校門に近づいたときに何か話し声が聞こえてきた。不思議に思い、声を追って体育館の裏の器具室の中を見たところ、セーラー服にモンペ姿の女の子たちがいた。彼女たちは「私は指が三本しかない」、「私なんて腕が一本だけ」と言う。恐ろしくなり、女学生が逃げ出したところ、「くそおっ！」という声が聞こえてきたという。

合田《ごうだ》一道《いちどう》著『北海道 幽霊の住所録』にある。

ユワラサベ ［ゆわらさべ］

アイヌに伝わる妖怪。河東郡《かとうぐん》音更町《おとふけちょう》の山奥にいた怪物で、人や獣を取って食らっていたという。正体は六つの毒の精が凝り固まったもので、アイヌの英雄神であるサマイクルはこれを懲らしめ、エサマンという名を付けて川に流したという。

稲田浩二・小沢俊夫編『日本昔話通観1巻 北海道（アイヌ民族）』にある。エサマンはカワウソの意味であるため、カワウソの起源を語った話と思われるが、この物語ではカワウソの尾が長いのは六つの木が一つになったため、足が短いのは草が変化したため、とあるため、ユワラサベは植物の妖怪だったのかもしれない。名前は「六精霊」と訳されていることから見るに、元々は「イウ（六の）」＋「**ラサンペ**（化け物）」だろうか。

四本角の怪物 ［よんほんづののかいぶつ］

アイヌに伝わる妖怪。十勝地方の話に登場する化け物で、頭部と臀部《でんぶ》に角が二本ずつあり、目から光を放ち、剣のような牙を伸ばし、その咆哮《ほうこう》は木々を揺らし、砂を飛ばすほどだという。夜になるとある山に出現し、人々を恐れさせていたが、神から魔剣を授かった一人の女性と相打ちになり、倒されたとされる。

吉田巌《いわお》著『アイヌ童話』にある。アイヌ語の名前は記されていなかった。

【ら】

ラプスカムイ ［らぷすかむい］

アイヌに伝わる妖怪。中川郡豊頃町《とよころちょう》の十《とお》弗《ふつ》の山に棲《す》んでいたという怪鳥で、この鳥の下を通った風に当たると、人でも獣でもその毒気で、必ず病むか、死んだという。

吉田巌《いわお》著『杖《つえ》のみたま』にある。名前はおそらく「ラプシ（羽の生えた）」＋「カムイ（神）」であろう。同様の名前を持つ**ラプシカムイ**という妖怪がいるが、こちらは鳥ではなく竜蛇の類とされる。しかし、体から非常に強い悪臭を放つなど、類似した点が見られる。

リコップオマナイ［りこっぷおまない］

アイヌに伝わる怪異。リコップオマナイは現在の目梨郡羅臼町《らうすちょう》を流れる居麻布川《おるまっぷがわ》のことだが、かつてこの場所に星が落ちてきて、暗夜になると光を放ったという話がある。

永田方正著『北海道蝦夷語地名解』にある。同書では「リコフ」は「星」の意味とされており、中田千畝著『アイヌ神話』においてはこれが脚色されたものか、川に落ちてきたのは星の子どもであると記されている。この子どもは星の世界の規則を守らず、いたずらばかりするので天上の神の怒りに触れ、地上に落とされたのだという。同書では「リコップ」で「星」の意味と記されている。

レクチタクネアイヌ［れくちたくねあいぬ］

アイヌに伝わる妖怪。「首の短い男」を意味する。ある説話においてこう語られている。レクチタクネアイヌはその名の通り首がひどく短く、背が低く黒い体の男だったという。この男は東方からやってきて村々を訪れては、その村の首長の家を訪れ、小便を飛ばして六つの谷を越えることができるか競争しようと持ちかけ、できなかった者を殺して回っていた。この噂を聞いたある村の首長のところにもやはりレクチタクネアイヌは現れた、小便飛ばしの競い合いを吹っ掛けられ、その場で殺してしまおうかとも考えたが、その首長は本当にこの男が小便を六つの谷を越えて飛ばせるかを見てからでも殺すのは遅くないと思い直し、挑戦を受け入れた。

翌日、レクチタクネアイヌと首長の男は六つの谷が並んだ場所に赴いた。驚くべきことに、レクチタクネアイヌの小便は本当に六つの谷を越えて長く長く飛んだ。しかし首長の男は小便をしている途中のレクチタクネアイヌを後ろから突き飛ばし、崖下に落とした。するとレクチタクネアイヌの体は転がりながら一本の首がもげた徳利《とっくり》になり、その口から水が流れ出ていた。

首長の男はまたも驚き、この徳利に対し善い葬送《そうそう》をすべきか、悪い葬送をすべきか迷っていると、泊まった狩り小屋の中で知らずのうちに眠ってしまった。その夢の中にレクチタクネアイヌが現れ、男に感謝して自分の素性を思い出すことができたと話した。それによれば、レクチタクネアイヌは元々オイナカムイという神の狩り小屋で水入れとして使われていたが、土砂崩れで小屋が押し流された際、川の中に落ちて石にぶつかって首がもげ、最後には海の底で転がっていた。これを海の神であるアトゥイカムイが哀れみ、人間の世界に打ち上げてくれたが、その時には自分の素性を忘れ、正体を知るために村々を巡っていたのだという。そして自分を善き葬送にて送ってくれれば、富を約束すること、また自分が殺した他の首長たちも魂を追いかけて生き返らせたことを話した。

夢から覚めた首長の男は、さっそく首の

もげた徳利を持ち帰り、妻とともにもげた首の部分にイナウ（木幣《もくへい》）を付け、神の国へ帰れるように祈った。それからというもの、この夫婦は子宝にも恵まれ、他に並ぶもののいない長者となったという。

知里真志保《ちりましほ》著『説話掌編集』（『知里真志保著作集2』収録）にある。同書によれば、この話における首長は浦士別村《うらしべつむら》（現網走《あばしり》市《し》）の首長という設定で語られているようだ。

レクチタクネアイヌはこの首のもげた徳利が化けた男を表す固有名詞というより、首が短いその男の姿を形容した言葉だと思われるが、他に適当な名前がないため、そのまま項目名として使用している。

【わ】

Yちゃん［わいちゃん］

現代に伝わる怪異。Yちゃんは人間の少女だったが、事故に遭って亡くなった。しかしそれ以来、Yちゃんは生前親しかった人々の前に現れるようになった。

ある少女は部活帰りに「いたいー、いたいー」という声を聞いて振り返ると、血まみれのYちゃんが立っていた。Yちゃんはその少女に向かって「わたしとからだこうかんしよ」と言ったため、少女は慌てて逃げ帰ったという。

学校の怪談編集委員会編『学校の怪談13』にある。同書によれば、紋別郡から投稿された話だという。

わし岩［わしいわ］

アイヌもしくは和人に伝わる怪異。知床《しれとこ》半島の先端付近には鷲《わし》の形をした岩があるが、その由来としてこんな話が伝わっている。

昔、シレトコタンの首長である老人がオジロワシの雛《ひな》を捕まえ、大事に育てていた。オジロワシはすくすくと育ち、成鳥になると老人の狩りを手伝うようになったが、ある冬の日、老人は吹雪に巻き込まれ、そのまま倒れて帰らぬ人となった。

オジロワシはこの老人を探し、ついに見つけたが、決して動かないこの老人の元から去ろうとしなかった。そしていつまでもその場所に留まるうちに岩になってしまった。それがわし岩なのだという。

因幡勝雄編著『アイヌ伝承ばなし集成』にある。

ワッカチャラセノミカムイ

［わっかちゃらせのみかむい］

アイヌに伝わる神。現在の釧路市益浦《ますうら》辺りでのこと。昔、アイヌの漁師二人が漁で沖に出たところ、天候が急変し、霧が辺りに立ち込め、風が吹いて舟が進路を失った。舟はやがて暗礁地帯に乗り上げ、転覆してしまう。

漁師たちは荒波の中に放り出されてしまったが、不思議なことに大きく耳が垂れた犬のような動物が二匹現れ、二人の漁師の周りを回り始めた。そして彼らを岸まで送ってくれたという。

二匹の不思議な動物は漁師たちとともに岸に上がったが、一度身震いした後、立て岩の前に立った。するといつの間にか姿を消してしまった。

漁師たちは立て岩の前で礼拝し、この岩の神が犬のような姿に化身して助けてくれたに違いないと考えた。そしてこの立て岩には神酒が捧げられるようになったという。

チカップ美恵子編著『森の大地と言い伝え』にある。

名前は「ワッカ（水）」＋「チャラセ（滑る）」＋「ノミ（祈る、祀《まつ》る）」＋「カムイ（神）」となるので、「水上を滑るものを祀った神」というような意味となろうか。「ワッカチャラセ」だと「水が滑り落ちる」ということで「滝」を意味する場合があるが、ここでは滝が出てこない。

樺太

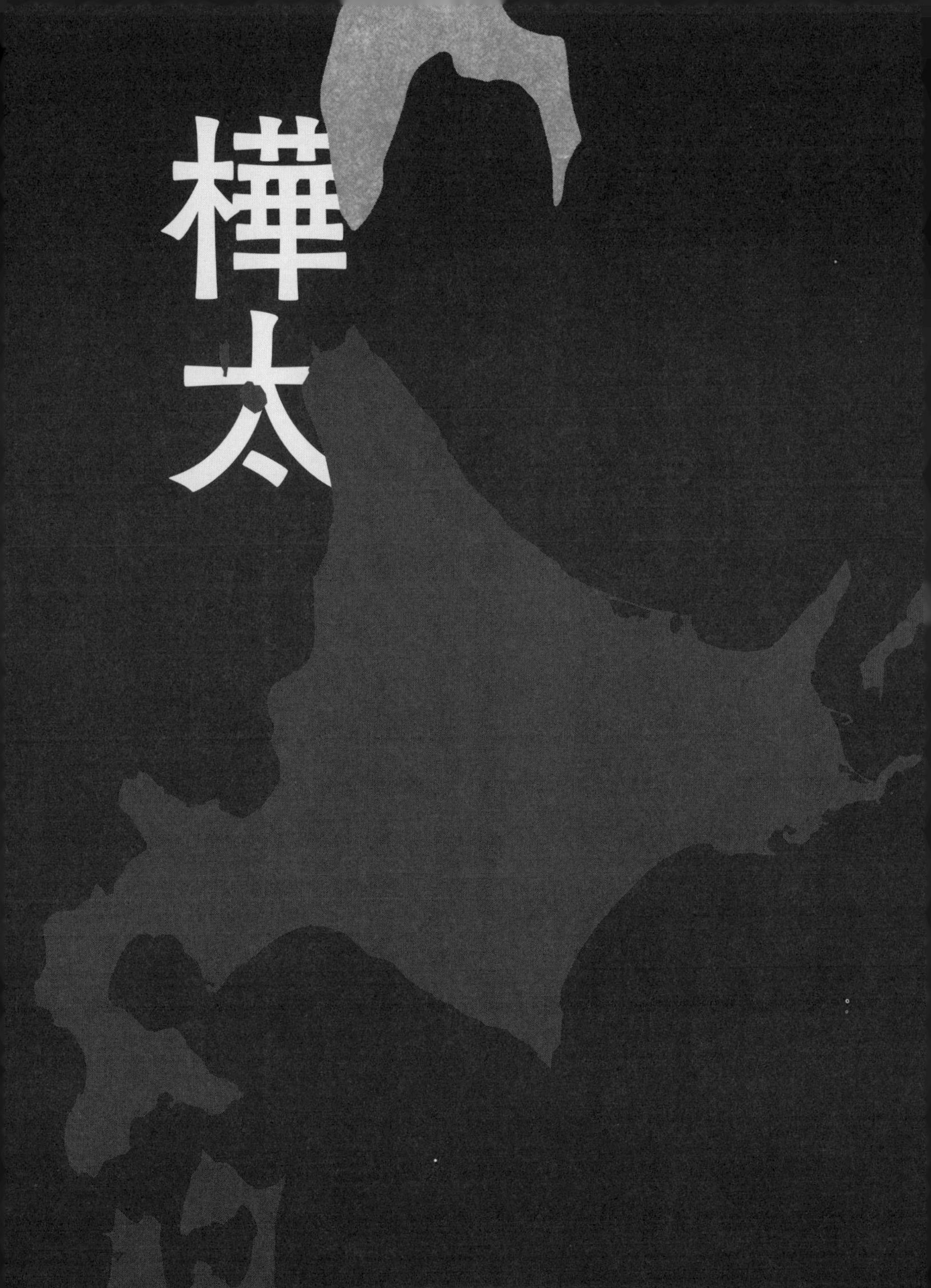

【あ】

アララン［あららん］

ニヴフ（ギリヤーク）に伝わる妖怪。クラゲのような形をした赤い火の玉で、空から地面に向かって降りてきて地上を転がる。この時、追いかけまわして火を消すことができれば問題はないが、そうしない場合、アラランに取り憑《つ》かれて心臓を止められ、殺されることがあるという。またこの火の中をよく見ると頭も目も口も存在しているとされる。

山本祐弘著『北方自然民族民話集成』にある。

イシネカハ［いしねかは］

樺太《からふと》アイヌにおいて化け物を表す言葉のひとつ。

知里真志保《ちりましほ》著『樺太アイヌの説話（一）』（『知里真志保著作集1』収録）にある。同書では、「狐の化け物（イシネカハ）」という形で使われている。

イワイサルシカムイ［いわいさるしかむい］

樺太《からふと》アイヌに伝わる妖怪。「六尾の神」を意味する。顎を開くと下顎が大地に、上顎が天に届くほどに巨大な怪物であるという。

知里真志保《ちりましほ》著『知里真志保著作集（一）』（『知里真志保著作集1』収録）にある。同じ様に上下の顎が天地に届くほど巨大と語られる妖怪に、アイヌに伝わるショキナがいる。

ウンカヨ［うんかよ］

樺太《からふと》アイヌに伝わる妖怪。子どもを背負って攫《さら》ってしまう化け物だという。

村崎恭子編訳『浅井タケ口述 樺太アイヌの昔話』にある。同書によれば、攫われた子どもは途中でアザラシに取り上げられ、その後海の方へ向かったが、しばらくしてから鯨の脂を背負って帰ってきたという。

また同書には他にもウンカヨが山からやってくる人食いの化け物として登場している。この話では、体がくっつく木を罠として使い、人間を捕まえる様子が描かれている。

ウンカヨアチャハチポ［うんかよあちゃはちぽ］

樺太《からふと》アイヌに伝わる妖怪。昔話に登場し、「化け物ババ」を意味するという。見た目は人間の老婆だが、人肉を食らう化け物として語られる。

村崎恭子編訳『浅井タケ口述 樺太アイヌの昔話』にある。「**ウンカヨ**」は「化け物」、「アチャハチポ」は「老婆」を意味する言葉。

オッケオヤシ［おっけおやし］

樺太《からふと》アイヌの伝承に現れる妖怪。「屁《へ》っぴりお化け」を意味し、「オッケルイペ（屁っこき野郎）」とも呼ばれる。屋内に一人でいると突然炉の中で「ポア」という音がすることがある。すると、あちこちで同じ音が聞こえ、異臭が漂う。これを撃退するには、自らも屁を放つか、それができなければ口で「ポア」と言うだけでも、この妖怪は退散していくという。

知里真志保《ちりましほ》訳編『えぞおばけ列伝』にある。

同書によれば、ある話ではこの屁を放つ類の妖怪の放屁《ほうひ》は船を舳先まで裂いてしまう威力があったという。また同話ではこの妖怪の正体は黒狐であったと語られている。

オハチスエ［おはちすえ］

樺太《からふと》アイヌに伝わる妖怪。「空き家の番人」を意味する名前で、空き家になっている家に勝手に棲《す》み着く妖怪だという。その姿は魚皮製の粗末な衣服を纏《まと》った毛だらけの老人で、凶暴であるとされる。さらにすさまじい切れ味の刀を持ち、多くの人畜を殺傷した話が残されている。また、人の真似をよくするという性質もある。

知里真志保《ちりましほ》著『えぞおばけ列伝』にある。

同書にはこの妖怪と実際に遭遇したという樺太アイヌの首長の話も載せられており、その話ではオハチスエはその首長の行動を真似たり、自分に襲い掛かってきた犬をその刀で切り刻んだりしたという。

オヤシ［おやし］

樺太《からふと》アイヌにおいて化け物、妖怪を表す言葉。

知里真志保《ちりましほ》著『えぞおばけ列伝』などによる。村崎恭子編訳『浅井タケ口述 樺太アイヌの昔話』によれば、オヤシは人肉を食うお化けとされている。屁をこくだけのオッケオヤシや、食べ物をねだるマワオヤシなど、とくに人を食う描写のない妖怪にもオヤシという名前が使われることがある。

オヤシキピ［おやしきぴ］

樺太《からふと》アイヌに伝わる妖怪。「化け物」や「妖怪」を意味する言葉のひとつ。

村崎恭子編訳『浅井タケ口述 樺太アイヌの昔話』にある。同書では人骨だらけの家の天井に潜む化け物に対し、この名前が使われている。

【か】

カムイイワキ［かむいいわき］

樺太《からふと》アイヌに伝わる怪異。樺太（現サハリン）の東海岸にあるトッソ山の頂には海獣や海魚が棲《す》む沼がある。またその岸辺には人々が使い捨てた器具の類が山になっている。ある時、この場所を訪れた男がいたが、男が帰ってきた後に語った話では、そこは人間が神に送った木幣《もくへい》、使い捨てた器物、死者と一緒に埋めた副葬品などの霊が帰っていく場所だったという。そしてこの男はそれを話してから間もなく死んでしまった。

知里真志保《ちりましほ》著『アイヌ宗教成立の歴史的背景』（『和人は舟を食う』収録）にある。

名前は「カムイ（神）」＋「イワク（帰る）」＋「イ（〜するところ）」で「神の帰り住むところ」という意味になる。

カヨーオヤシ［かよーおやし］

樺太《からふと》アイヌに伝わる妖怪。「人呼びおばけ」を意味する。山狩りなどに行った際、どこからか「おーい」と自分を呼ぶ声が聞こえるため、うっかりその方へ行ってしまうと命が危ないという。

知里真志保《ちりましほ》著『えぞおばけ列伝』にある。

同書には他にも山中で何者かに呼ばれる怪異について記されている。それによれば、北見国《きたみのくに》美幌《びほろ》（現網走郡《あばしりぐん》美幌町）においては、何者か分からぬものに呼び掛けられた場合にはすぐに返事をしてはならず、一度目、二度目は聞き流し、三度目に人間の呼び声だと分かってから返事をする。また、その際にも普通に答えてはならず、山の中でのみ使う言葉として「ハンペー」という言葉を使う。人里におけるように「ホーイ」、「オーイ」などと答えると、妖怪にもその意味が分かり、その人間のところにやってくるが、「ハンペー」では何のことか分からないので諦めて行ってしまうのだと伝えられている。

同様に胆振国《いぶりのくに》穂別《ほべつ》（現勇払郡《ゆうふつぐん》むかわ町）では「カッチー」という言葉を使ったと伝えられている。

同書によれば、幽霊でも魔でも人を呼ぶときには一声しか呼ばないため、山でも沖でも必ず三度呼ばれて人間の声だと分かったときにしか返事をしてはならないという教訓がどこのアイヌにも伝わっているという。

「カヨー」は樺太アイヌ語で「呼ぶ」、「オヤシ」は「化け物、お化け」の意味であるため、「カヨーオヤシ」は「呼ぶお化け」の意味となる。

こういった話は北海道以外にもあり、民俗学研究所編纂《へんさん》『総合日本民俗語彙』には、岐阜県では山で妖怪が人を呼ぶ際は一声しか声をかけないため、人を呼ぶ際には必ず二声かけて呼ばなければならないという話が記されている。この妖怪が声をかける現象は「一声呼び」と呼ばれたようだ。

カリジヤメ［かりじやめ］

ウィルタ（オロッコ）、ニヴフ（ギリヤーク）に伝わる妖怪。オロッコ語で「子どもを盗《と》る化け物」を意味する名前を持ち、その名の通り大人には目も向けず子どもばかりを誘拐していく。その体は二メートル以上あるが、血を恐れるため、わざと自分の血を流すと逃げて行くという。

山本祐弘著『北方自然民族民話集成』にある。同書によれば、ニヴフ語では「ゲニクブン」という名前で呼ばれるという。同じくニクブンの名前を持つ妖怪に**バルンニクブン**がいる。詳細は当該項目を参照。

カルジャメ［かるじゃめ］

ウィルタ（オロッコ）に伝わる妖怪。人間よりも巨大な大男で、頭が尖《とが》っており、水たまりを渡らないなどの特徴がある。また血を怖がり、人間の子どもを攫《さら》い、石の家に住む。

腰には小さい入れ物を下げているが、この中には人間や獣の爪が入っている。人間がこの中に入っている人間の爪に触ると死ぬが、獣の爪はウィルタにとって最も高貴な授かりものとなるという。

池上二良著『オロッコ族の民話とうた数例』（『民族学研究』一九六三年二七号四号収録）にある。同様にウィルタに伝わる妖怪として巨人で子どもを攫う**カリジヤメ**というものがいるが、名前や性質の類似点から同じものではないかと考えられる。

雁皮の籠の化け物［がんぴのかごのばけもの］

ニヴフ（ギリヤーク）に伝わる妖怪。その名の通り雁皮でできた籠《かご》が化けた妖怪で、大木の半分はあるという巨大な人間の姿をしている。古い形の土小屋に住んでおり、**化物川**と呼ばれる川に現れては舟ごと人を攫《さら》い、食い殺していたという。

ある男がこの化け物に矢を射ってその血の跡を追うと、土小屋の中に矢の刺さった雁皮の手提《てさげ》籠があり、その周辺に人間の骨が散らばっていたと語られている。

山本祐弘著『北方自然民族民話集成』にある。同書によれば、この化物川はアムール川のすぐ近くにあり、その名の通りよく化け物が現れたという。詳細は当該項目を参照。

金の角の赤狐［きんのつののあかぎつね］

ニヴフ（ギリヤーク）に伝わる妖怪。タ

ライカという場所に一人のウィルタ（オロッコ）の猟師がいたが、ある日、金の角を二本持った赤狐を捕った。それから猟師はその二本の角を折り、襤褸《ぼろ》に包んだ上で木《もく》幣《へい》に巻いて隠しておいた。それからこの猟師はいくらでも狐が獲れるようになり、やがて金持ちになったという。

山本祐弘著『北方自然民族民話集成』にある。

グルフ［ぐるふ］

ニヴフ（ギリヤーク）に伝わる悪神。病気の神の中でも大将に当たり、人間に大病を引き起こすという。

山本祐弘著『北方自然民族民話集成』にある。同書によればウィルタ（オロッコ）では「グリフ」と呼ぶという。軽い病を引き起こす神は**タ**ハと呼ばれる。

ケヌブン［けぬぶん］

ニヴフ（ギリヤーク）に伝わる妖怪。ケヌブンとはニヴフのある一族の名前だが、大昔には熊の口から入り肛門から出てくるほど体が小さかったとされる。またかつて三人の兄弟と二人の姉妹の家族があったが、この姉妹は満月になると口や鼻からミミズがたくさん出てくるという症状を患っていた。この始末に困った三人兄弟は彼女らを騙《だま》して山からトナカイの皮に乗せて滑り落とし、崖に衝突させて殺したが、その際に彼らの口や鼻からもミミズが出て止まらなくなった。

それ以来、ケヌブンの家には口や鼻からミミズを吐く女が生まれるようになったという。

山音《さんおん》文学会著『ギリヤーク民話』にある。

ケムランカ［けむらんか］

ニヴフ（ギリヤーク）に伝わる、太陽の中にいる娘の姿をした妖怪。

山本祐弘著『北方自然民族民話集成』にある。同書によれば、「ケムランカ」は「太陽の娘」を表す言葉なのだという。

シカトロチカ ［しかとろちか］

樺太《からふと》アイヌに伝わる妖怪。樺太の真岡《まおか》では渡り鳥の一種とされるが、疱瘡《ほうそう》を運ぶ疱瘡神の一種とされ、人が死ぬとこの妖怪に生まれ変わることがあると伝えられていた。この鳥は子どものような声で鳴き、これが止まった集落では疱瘡が流行るという。

知里真志保《ちりましほ》著『分類アイヌ語辞典 人間編』にある。シカトロは「シ」（糞）＋「カッ」（形・体）＋「オロ」（所）で「糞形の所」という意味になるが、疱瘡を表す言葉としてよく使われる。「チカ」は、「チカプ」と同じく鳥の意味だろうか。渡り鳥を疱瘡神や流行病の神と見なす考え方はアイヌ全般にあり、シカトロチカに類似した妖怪に**シカトロカムイ**がある。

セタホロケウポ ［せたほろけうぽ］

樺太《からふと》アイヌに伝わる妖怪。「犬男」を意味する。犬の毛皮を纏《まと》い、片耳に穴が開いている男の姿をしており、蕗《ふき》を採っている人間を見つけると、その人間に蕗をねだり、蕗を受け取る際にその人間を引っ張って水中に落として殺す、ということを繰り返していた。

ある時セタホロケウポは一人の娘を川に落とすことに失敗し、その娘と一緒に暮らすことになった。しかしセタホロケウポが留守の時、人間の男がやってきて、娘にセタホロケウポの正体について、彼は犬であると教えた。そしてそれが真実かどうかを知りたければ魚を食べさせてから外に出て、「日の光よ、出ていけ」と言えばいい、と告げた。

そしてセタホロケウポが仲間を連れて家に戻ってきたとき、魚を食べさせてから娘が外に出て「日の光よ、出ていけ」と告げると、男たちは外に飛び出して吠《ほ》え始めた。

これにより、セタホロケウポたちは一人を除いて棒で殴られて死んでしまった。その正体はやはり犬だったという。

最後の一人は「私が殺されてしまったら、この辺りの犬は皆いなくなってしまう」と人々を説得し、そのセタホロケウポは娘と夫婦になって幸せに暮らしたという。

村崎恭子編訳『浅井タケ口述 樺太アイヌの昔話』にある。「セタ」は「犬」、「ホロケウポ」は普通「狼の子ども」を表すが、樺太アイヌの昔話の中においては「若者」を表す言葉となる。

道央
道南
道北
道東
樺太
広域
その他

【た】

タースダーダーダル ［たーすだーだーだる］

サハ（ヤクート）に伝わる妖怪。地獄からやってきたという鬼であったが、空から降りてきた天の男によって懲らしめられ、地獄へ逃げ帰ったという。

山本祐弘著『北方自然民族民話集成』にある。

タハ ［たは］

ニヴフ（ギリヤーク）に伝わる悪神。感冒（風邪）の神であり、鳥や人間など様々な姿になって現れるが、これと遭遇すると病気になるとされる。

山本祐弘著『北方自然民族民話集成』にある。同書によればこの神は軽い病気を引き起こす神であり、他に病の神の大将として**グルフ**という神が伝わっているという。

チカイタチベ ［ちかいたちぺ］

樺太《からふと》アイヌに伝わる妖怪。鯨を呑むほどの大魚だとされ、その牙は長さ一尺五、六寸（約四五～四八センチ）、太さ六、七寸（約一八～二一センチ）もあるとされる。

三保喜左衛門《みほきざえもん》著『唐太話《からふとばなし》』にある。同書は一八〇四～一八一八年（文化年間）に喜左衛門が樺太島に渡航した際に見聞したことを記録したものである。同書ではチカイタチベは**オキナ**（当該項目参照）と同じものとしているが、オキナには見られない牙を持つという特徴が語られており、ある人はイッカクのような姿をしていると語った、という話も記されている。

喜左衛門は実際にこの角を見せてもらったと述べていたというので、イッカクの角やセイウチの牙などがチカイタチベの角とされていたのかもしれない。

また同じく近世の『一宵話《ひとよはなし》』には**シカツイタシベ**という角を持つ怪物の話が載せられており、こちらは魚ではなく獣とされているが、恐らく同一のものかと思われる。詳細は当該項目参照。

チッポ虫 ［ちっぽむし］

樺太《からふと》アイヌに伝わる妖怪。昔話に登場する詳細不明の謎の虫で、体が光る、木の中を棲《す》み処《か》とする、人の言葉を話したり、歌ったりするなどの特徴が見られ、非常に貴重な存在として扱いを受けているが、現実に存在するどの虫に近いのかは分からない。

村崎恭子編訳『浅井タケ口述 樺太アイヌの昔話』にある。

チハルシュ［ちはるしゅ］

ニヴフ（ギリヤーク）に伝わる妖怪。海の化け物の一種で、舟に乗っている人間を海に引きずり込むとされる。チハルシュは兎を嫌うため、舟に乗る時は兎の皮や足を持っていると良いとされる。

もしそれらを持っていなくても、チハルシュが舟に近づいてきて、「何を食べるのか」と問われたら「兎だ」と答えると怖がって逃げて行くという。

山田仁史他編『水雪氷のフォークロア』にある。同書にはこんな話も載る。チハルシュはかつてある村の人々と友好的な関係にあったが、ある時そんなチハルシュと人間の関係を知らない娘が村に嫁《とつ》いできた。チハルシュはその娘に生まれた赤子を見に来たが、娘は赤子を包んでいた兎の毛皮をチハルシュに向かって投げつけた。すると恐怖のあまり一人のチハルシュが死んでしまい、それ以来その村とチハルシュの友好関係は失われたという。

チャグシュ［ちゃぐしゅ］

ニヴフ（ギリヤーク）に伝わる妖怪。月の中に棲《す》む白い牝《めす》犬で、この犬が月に噛《か》み付くと月が欠けていくという。ニヴフは月を水と寒さの神として信仰しており、月がなくなると困るため、月食が始まると屋外に出て木片や鍋を叩き、「チャグシュ！チャグシュ！」と騒ぎ立てる。もしチャグシュが月に噛み付いていることを知りながら何もしないと罰が当たるのだという。

山音《さんおん》文学会『ギリヤーク民話』にある。「チャグシュ」はニヴフ語で「白い牝犬」の意味。ニヴフでは同じく日食が起こる場合も牝犬が太陽に噛み付いていると考えられており、その牝犬は赤いとされる。詳細は**バガシュ**の項目を参照。

チャハマクの子［ちゃはまくのこ］

ニヴフに伝わる妖怪。チャハマクとはガンギエイを表す言葉。ある時、ニヴフの村に一人のアイヌが暮らしていた。そのアイヌは一人で海に行って釣りをしていた時、チャハマクを釣り上げ、その腹を見ると人間の女陰に似ていたため、性交した。そして事が終わると、そのアイヌはチャハマクを海に生きたまま返してやった。

それからしばらくして、三人の村人が近くの岬に行くと、小さな子どもが波打ち際で泣いていた。子どもは村人を見つけると、「そこの人たち、私を父のところへ連れて行ってくれませんか」と言う。そこで父親が誰かを尋ねると、村のあのアイヌの名前を言った。

そのため、子どもをアイヌのところに連れて行くと、アイヌはこのことは誰にも言わないでくれ、と言って子どもを育てることにした。その子どもは男とガンギエイの間にできた子どもであったという。
山田仁史他編『水雪氷のフォークロア』にある。

血を飲む老爺［ちをのむろうや］

ニヴフ（ギリヤーク）に伝わる神。ある村に三人の兄弟と一人の飯炊き女が住んでいた。三男の少年は長男、次男からいじめられていた。ある時彼らは山に家を建てたが、村に帰るときに三男は手足を縛って置き去りにされ、家の入口には丸太を積まれて出られなくされた。

それから四日経ち、家の外から声がして、一人の老爺が家に入ってきた。三男が助けを求めると、老爺は「血を飲みたい」と言うため、血を渡す約束をして手足を縛る紐《ひも》をほどいてもらった。

それから三男は村に帰り、こっそりと自分の家に侵入して飯炊き女の太ももを切り、その血を桶《おけ》に溜めて老爺の元に持って帰った。すると老爺は「おいしい、おいしい」と言いながら血を啜《すす》った後、三男にこの後どうすれば平和に暮らすことができるかを教え、消えてしまった。それで三男はこの老爺が神であることを知ったという。

山音《さんおん》文学会著『ギリヤーク民話』にある。

トイポクンオヤシ［といぽくんおやし］

樺太《からふと》アイヌに伝わる妖怪。「地下のお化け」を意味し、「トイポクンペ（地下の者）」ともいう。

その名の通り地下に潜み、決して姿を見せないとされるが、体の一部を地上に露出させる場合がある。

林野を女性が歩いていると、行く手に突然、地中からきのこのようなものが現れて、立ったり倒れたりしている。その時には慌てずに着たものの前を捲《まく》り、「お前さんのだけが立派だというの？　私のだって負けないわよ！　したいのならしましょうよ！」と言ってその所作を真似ると満足して退散するという。

これは相手が男性のトイポクンオヤシの場合だが、相手が女性のトイポクンオヤシであれば、カラス貝のようなものだけを地表に露《あら》わにし、ゆらゆらと揺らせる。

これを見た場合は「おや、すばらしい代物だな。だが俺のだって負けやせんぜ。やりたいならやらかそうじゃないか」と言いながらその所作を真似ると、大いに満足して退散するという。

知里真志保《ちりましほ》編訳『えぞおばけ列伝』にある。ストレートに下ネタの妖怪である。

ドゥースアンバニ［どぅーすあんばに］

ウィルタ（オロッコ）に伝わる妖怪。ある狩人たちが猟小屋に泊まっていたところ、虎の化け物であるドゥースアンバニが入ってきて、戸を閉めてしまった。

そのままの状態で三日が過ぎたが、猟小屋の中にいた老人の夢に老爺《ろうや》が現れ、お前には敵意はないから、小屋の外へ出してやると言った。起きると化け物が少し戸を開けたため、そこから外へ出ることができた。

その後、どうしようもなくてタバコをもてあそんでいたところ、彼の子どもである若者がやってきてタバコを奪い、ドゥースアンバニの上に乗ってタバコを粉々にした。ドゥースアンバニは怒り、子どもを追いかけたが、若者が二股の木を飛び越したのを追った際にその木に挟まってしまった。

それでドゥースアンバニは負けを認め、彼に自分の背に乗せて自分の土地へ連れて行こうと夢の中で言ったため、翌朝若者はそれに従った。

ドゥースアンバニは遥か遠くにある自分の家までその若者を連れて行ったが、そこにはドゥースアンバニの親である老爺がいた。老爺がどうして弱い人間を連れてきたのかと問うと、ドゥースアンバニは明日別の化け物と戦うから、助っ人として連れてきたのだという。

そこで翌朝、若者はドゥースアンバニとその八匹の兄弟たちとともに別の化け物と戦い、槍《やり》で突き殺した。

これによりドゥースアンバニは勝利し、若者はお礼に彼の妹を嫁にもらって人間の村へ帰ったという。

池上二良著『オロッコ族の民話とうた数例』（『民族学研究』一九六三年二七号四号収録）にある。「ドゥース」は「虎」、「アンバニ」は「化け物」の意味なので、「虎の化け物」という意味の名前になる。

トポチ ［とぽち］

樺太《からふと》アイヌに伝わる妖怪。川岸で全裸になって踊る美女の姿をした妖怪で、樺太に伝わる昔話では以下のように語られる。

サンヌイペシ村という村に三人の兄弟がおり、一番上の兄が魚を捕るために川を上って行くと、川岸で踊っている女がいた。女は「お前さんの小舟を岸の草原の奥へ引き上げなさいよ。仲良くしましょう」と歌う。そこでその通りにすると、今度は「お前さんの舌をこっちへお出し。しゃぶってあげれば心もとろける。仲良くしましょう」という。その通りにすると、女は彼の舌を突然噛《か》み切り、殺してしまった。

一番目の兄が帰ってこないため、二番目の兄が探しに川を上って行くと、やはり女がいて、同じ歌を歌っていた。そこで女の誘いに乗った二番目の兄も一番目の兄と同じように女に舌を噛み切られ殺されてしまった。

末の弟は兄二人の帰りが遅いのを心配し、やはり川を上っていくと、女が川岸で踊り、歌っていた。しかし末の弟はそれに対し「おいおい、ぶったたくぞ」と言うと、女は「いやあ、舌出せ、しゃぶろう。仲良くしましょう」と言う。末の弟は隙を見てこの女の首を切り、骨も肉も切り刻んでこの女の家と思しき家に入ってみると、兄たちの舌が干して吊るしてあり、頭は床の上に並べてあった。そのため兄たちの頭と舌を家に持ち帰り、舌を頭に差し込むと兄たちは生き返って元の体に戻ったという。

知里真志保《ちりましほ》編訳『えぞおばけ列伝』にある。同書によれば、この女の妖怪は北海道アイヌでいう**パウチ**と同じものだという。同書によれば、トポチは「憑神《つきがみ》」、「巫女《ふじょ》」といったものを意味していたのだとされる。

またジョン・バチラー（バチェラー）著『アイヌの暮らしと伝承』には、木の精霊を呼ぶ名前としてトポチという名前が出てくる。こちらは人々が病の癒えを祈るために呼びかける存在とされる。

トポンチ［とぽんち］

樺太《からふと》アイヌに伝わる妖怪。「沼の精」と訳される。美しい女の姿をしているとされ、アイヌの英雄であるヤイレスプと婚姻した、という話が残っている。

知里真志保《ちりましほ》著『樺太アイヌの説話（一）』（『知里真志保著作集1』収録）にある。

戸を欲しがるお化け［とをほしがるおばけ］

樺太《からふと》アイヌに伝わる妖怪。ある時、神降ろしを行う老婆が一人で暮らしている家に、夜お化けがやってきて戸をがたがた揺さぶり、それを外して墓場の方へと背負って行った。

老婆はそのお化けを追いかけて行き、戸を奪い返して元通りに直した。するとお化けは再びやってきて、「戸をよこせ!! 戸をよこせ!!」と叫びながらがたがたと戸を揺すった。

老婆は「私はまだ子どもだから何も知らないんだ。なんでも知っている連中のところへ行っておくれ」と言ったが、戸を揺らす音は止まなかったという。

知里真志保《ちりましほ》著『えぞおばけ列伝』にある。

トンチトンチ［とんちとんち］

樺太《からふと》アイヌに伝わる妖怪。樺太アイヌの伝説や伝承に登場する小人で、北海道のアイヌでいう**コロポックル**と同じものだという。

知里真志保《ちりましほ》著『アイヌ艶笑談《えんしょうだん》』（『アイヌ民譚集《みんたんしゅう》』収録）にある。

【な】

ヌムリアンバニ［ぬむりあんばに］

ウィルタ（オロッコ）に伝わる妖怪。犬を連れた化け物で、山に入るとよく遭遇したという。この犬は人間を見つけると吠《ほ》え、人間がいることを知らせるという。

山本祐弘著『北方民族民話集成』にある。ウィルタ語で「アンバニ」は「化け物」を意味する言葉。アイヌにも山に入ると遭遇するという**キムナイヌ**なる妖怪がいるが、キムナイヌも**キムンセタ**という犬を連れていると語られることがある。

【は】

バガシュ［ばがしゅ］

ニヴフ（ギリヤーク）に伝わる妖怪。ニヴフでは太陽の中に赤い牝犬《めす》がいると考えられており、この牝犬が悪神に勧められて太陽に噛《か》み付くことで日食が起き、太陽が黒くなっていくという。

そのため人々は「バガシュ！　バガシュ！」と叫んで木片や鍋を叩き、犬が太陽から離れるようにするのだという。

山音《さんおん》文学会著『ギリヤーク民話』にある。「バガシュ」はニヴフ語で「赤い牝犬」を表す言葉。

類似した話ではアイヌには**シトンピーチロンノップ**という狐が太陽の日食の原因となっているという話がある。またニヴフには他にも月食の原因は白い牝犬という話もある。詳細は**チャグシュ**の項目を参照。

化物川［ばけものがわ］

ニヴフ（ギリヤーク）に伝わる怪異。黒竜江（アムール川）の近くには化物川と呼ばれる川があり、その名の通りよく化け物が出た。

ある時、アムール川の近くに住んでいる男が焚火《たきび》をしながら鮭《さけ》を焼いていると、近くで足音がしたため、焚火の側で着物を脱ぎ、素っ裸になり、焚火の炭で尻に二つの目を描いた。男はその尻を化け物の方に向けて股の間から化け物を見ていたが、化け物はそんな男を見て「今まで人間をたくさん見たが、お前のような大きなやつは見たことがない」と言った。男が股の間から「なんでもっと近くへ来ない……」と言うと、化け物は「お前のような大きい顔をした化け物は見たことがないぞ」と言って、近づいてこない。男はさらに「ぐずぐずしていると、俺と同じような仲間が大勢やってくるぞ。早く逃げろ。これから来たらだめだぞ」と脅したため、化け物は「もう来ない」と言って逃げてしまった。それから化物川に化け物が出ることはなくなったという。

山本祐弘著『北方自然民族民話集成』にある。股の間から覗《のぞ》き見ることで化け物の正体を確認するという風習は日本全国にあるが、尻に炭を塗ることで自分を化け物に誤認させる、という話は珍しい。

この化物川と呼ばれる川には他にも化け物が出た話が残る。詳細は**雁皮の籠の化け物**を参照。

バルンニクブン［ばるんにくぶん］

ニヴフ（ギリヤーク）に伝わる妖怪。山に入ると遭遇するという山男で、人を襲うという。
山本祐弘著『北方民族民話集成』にある。

バルンニクブンは「山の人」を意味する言葉。山に入ると山男に遭遇するという話はアイヌの**キムナイヌ**、ウィルタの**ヌムリアンバニ**など北方民族に広く伝わるほか、道南に移住した近世の和人も山に**大人**《おおひと》が出るという話を伝えている。

バルンニクブンは雷と敵対関係にあり、夏場は雷が強いためバルンニクブンは雷が鳴ると木の陰に逃げる。一方、冬場はバルンニクブンが強いため、バルンニクブンは雷が化けたカレイを探し出し、これを突いて獲るのだという。

また、バルンニクブンは**ブン**という虫に化ける話もある。詳細は当該項目参照。

人喰赤子［ひとくいあかご］

ニヴフ（ギリヤーク）に伝わる妖怪。あるところに六人姉妹がいたが、草刈りをしているとき、刈った草の中から赤ん坊の泣き声が聞こえたため、その赤子を連れて帰った。

翌日から家を出るときには必ず一人が残って赤子の世話をすることになったが、その時必ず赤子は突然言葉を発するようになり、「母さんの心臓の肉の刺身が食べたーい」「子守歌を歌ってちょうだい。そうしたら眠るよ」などと言う。どの姉妹もこれを経験し、さらに誰も家にいないときに家の中をこっそり覗《のぞ》いてみると、小刀を丸呑みしていたため、あれは化け物の赤子に違いない、となった。そのため、姉妹は赤子の前にごちそうを置いて時間を稼ぎ、その間に逃げ出すことにしたが、赤子はすぐにごちそうを食い尽くして姉妹を追ってきた。

そこで姉妹のうち、長女が櫛《くし》を投げて「にかわのついた網になれ」と言ったところ、その通りになったが、赤子はそれを踏み越えて姉妹に迫り、力尽きて倒れた長女を食い殺した。次に次女が櫛を投げながら「金網になれ」と言ったところ、その通りになったが赤子はそれも乗り越え、二女を食った。次に三女が指革を投げて「棘《とげ》山になれ」と言うとその通りになったが、やはり赤子に食われてしまった。四女は流櫛を投げて「笹山になれ」と言ったが、やはり食い殺される。次に五女がモトコジャッカ（婦人用の小刀）を投げ、「崖になれ」と言ったが、赤子はその崖を飛び降りて迫り、ついに五女も犠牲になった。

そして一人残った六女が針を取り出し、「大きな沼になれ」と叫んだ。そして後ろも振り返らずに走ると川があり、向こう岸で舟を作っている老人がいた。そこで六女は川を渡してくれるよう老人に頼むと「おいしい蕗《ふき》を口に投げてくれ」と言うため、その通りにすると、老人は六女がいる方の岸まで足を伸ばし「膝に乗らないように注意しながらその上を渡ってくるように」と告げた。それに従うと六女は向こう岸まで無事に辿り着くことができた。

その後、あの赤子も同じ川に着き、老人に川を渡すように頼んだため、老人が同じように蕗を取ってくるよう頼んだが、その蕗が苦いものだったため、老人は膝に乗らないように言わずに赤子の方に足を伸ばした。赤子はその足を渡ろうとするが、膝に乗ってしまったため、川へ落ちてしまった。それを何度か繰り返し、ついにこの化け物は溺死《できし》してしまったという。

山音《さんおん》文学会著『ギリヤーク民話』にある。化け物から逃走する際に物を投げ、それを変化させて化け物の進行を止めようとする話は古くは記紀神話において伊邪那岐《いざなぎの》命《みこと》が黄泉《よみ》から逃走する際の物語として語られており、ここでも櫛が使われている。昔話の「三枚のお札」を思い出す人も多いかもしれない。

「人喰赤子」の名前は出典資料による。

人さらいの化け物［ひとさらいのばけもの］

ニヴフ（ギリヤーク）に伝わる妖怪。その名の通り人を攫《さら》う化け物で、袋に子どもを入れてどこかへ持ち去るという。その姿は背が高く、目が大きい男性だとされる。

山音《さんおん》文学会著『ギリヤーク民話』にある。この話だと単に人間の誘拐犯が現れたようにも思われるが、同書では化け物と書かれている。子どもを攫う妖怪は日本全国におり、隠し神と総称される。袋を担いで子どもを攫うものだと青森県津軽地方の叺《かます》親父《おやじ》、長野県の袋担ぎなどがいる。

ブン［ぶん］

ニヴフ（ギリヤーク）に伝わる正体不明の虫。蜂に似ているが、蜂のようには刺さないとされる。ブンは山男が化けたものとも考えられており、家に入ってくるとすぐに追い出さねばならないという。なぜなら山男は雷と敵対関係にあるため、そのままにしておくと家に雷が落ちるのだとされる。

山本祐弘著『北方自然民族民話集成』にある。同書によれば、ニヴフにおける山男は**バルンニクブン**と呼ばれるとされる。詳細は当該項目参照。

プンダイ［ぷんだい］

ウィルタ（オロッコ）に伝わる怪異。地獄で作られた焼干魚で、黴《かび》が生えて白く腐っており、これを食べると生きた人間は必ず死んでしまうという。

山本祐弘著『北方民族民話集成』にある。同書によればオロッコでは地獄は人間の世界とは季節が逆になっており、夏に地獄に行くと冬の保存食である焼干魚を持ち帰るのだとされる。また地獄の人間には生きた人間は見えないのだという。

ペンタチコロオヤシ［ぺんたちころおやし］

樺太《からふと》アイヌに伝わる妖怪。名前は「松明《たいまつ》をかざすお化け」という意味となる。夜中に松明をかざして徘徊《はいかい》する妖怪で、人を見つけると背後からついてくる。ある時、トヨクシという村落の首長がこの妖怪と出会い、刀でこれを突き刺して殺した。翌朝その死体を見に行ってみると、その正体はワタリガラスであったという。

知里真志保《ちりましほ》著『えぞおばけ列伝』にある。

ポヌンカヨ［ぽぬんかよ］

樺太《からふと》アイヌに伝わる妖怪。樺太アイヌの昔話に登場し、小さい子どもの姿に化け、自分を拾った人間を食おうと考えていた。しかしその正体を見破った娘たちはポヌンカヨから逃げ出し、正体を現して追いかけてきたポヌンカヨは川を渡ろうとして流され、腹に木の枝が刺さって死んだという。その裂けた腹からは、トカゲや蛙が出てきたとされる。

村崎恭子編訳『浅井タケ口述 樺太アイヌの昔話』にある。名前は恐らく「ポン（小さい）」＋「**ウンカヨ**（人食いお化け）」で、「子どものウンカヨ」、「小さなウンカヨ」を意味する。

【や】

雪男［ゆきおとこ］

樺太《からふと》アイヌに伝わる妖怪。ある一人の娘が家にやってきた顔色の悪い男と親しくなり、婚姻を結んだ。それから二人は夫婦で生活を始めたが、ある日、男は薪を取りに斧《おの》を持って外に出かけた。ほどなくして家の外で「私は雪であるから、消えてしまう」という声がしたため、娘が様子を見に行くと、丘の斜面で一つの雪の塊が溶けようとしていた。男は雪男だったのだ。

山田仁史他編『水雪氷のフォークロア』にある。

【ら】

ロンコロオヤシ［ろんころおやし］

樺太《からふと》アイヌに伝わる妖怪。山に棲《す》む頭が禿《は》げた人間のような妖怪で、荷物が重いときなどに助けを頼むと手伝ってくれたりするという。

一方、禿げ頭の話だけは禁物で、うっかり禿げ頭の話などしようものならロンコロオヤシが憤慨して山は荒れ、雨が降り出し、どこからか木片が飛んできたり大木が倒れたりするという。

知里真志保《ちりましほ》著『えぞおばけ列伝』（『アイヌ民譚《みんたん》集』収録）にある。

【わ】

ワルシヤ ［わるしや］

サハ（ヤクート）に伝わる妖怪。足が一本、胸の真ん中から腕が一本、目が額の真ん中にひとつ、鼻の穴もひとつ、舌は頭を九回まわり、陰茎も九曲がりという姿の化け物とされる。一本足ながら足は非常に速く、言葉を話し、武器として刀を使う。しかしサハの若者であるガルパーネと戦い、殺されたという。

山本祐弘著『北方自然民族民話集成』にある。

COLUMN

和人とともにやってきた怪異・妖怪 02

和人と蝦夷地、今でいう北海道との交流は、古くは奈良時代にはあったと考えられている。

そして鎌倉時代には多くの和人が蝦夷地に渡り、アイヌの人々と交流したり、時には争ったりしていた記録が残っている。この時代には和人が道南地域に定住していた。

蝦夷地が北海道と名付けられたのは明治二年（一八六九年）で、この頃には多くの和人が開拓民として北海道に移住した。

このように、北海道における和人の歴史は長く、彼らとともに本州から蝦夷地へと渡ってきた神や妖怪もいた。

例えばオーシラ神だ。オーシラ神もしくはオシラ神と呼ばれる神の信仰は、元々東北地方にあり、柳田国男の『遠野物語』などで広く知られているが、北海道にもオーシラ神信仰があり、主に道南地域に分布している。これは東北地方から北海道に移住してきた人々が、オーシラ神の分霊を持ってきたことに始まるという。

また留萌《るもい》地方の離島、焼尻島には天狗がいるという話がある。アイヌには天狗の伝承はないため、和人とともに蝦夷へと渡ってきたと思われる。

他にも岩見沢市では開拓期の頃、何度架けても流されてしまう橋の工事を成功させるため、橋姫さまの宮を建てたという話が残っている。橋姫は京都の宇治にある橋姫神社に祀《まつ》られたものが有名だが、柳田国男は論考『橋姫』において「橋姫といふのは、大昔我々の祖先が街道の橋の袂《たもと》に祀っていた美しい女神のことである」と記している。

これとは逆に、和人がアイヌの怪異・妖怪を目撃したり、伝承した例もある。

様々な歴史や文化を通じ、怪異・妖怪たちはこの北の大地で共存しているのだ。

広域

【あ】

アイシリ［あいしり］

アイヌ語で幽霊を表す言葉のひとつ。アイシリカムイともいう。

更科源蔵著『アイヌの民俗（下）』にある。同書によれば、これは北海道の北東部で使う言葉とされ、ケヤマウコギやタラノキなどの棘《とげ》の多い植物、もしくは臭いの強いイヌエンジュを家の入口に立てるなどして、その侵入を防いだという。

アイヌカイセイ［あいぬかいせい］

アイヌに伝わる妖怪。空き家や古屋に現れる妖怪で、アットゥシというアイヌの着物がボロボロになったものを纏《まと》っており、よく眠っている人間を襲ってその胸や首を圧迫するのだという。

佐々木喜善《きぜん》著『遠野のザシキワラシとオシラサマ』にある。名前は「アイヌ（人間）」＋「カイセイ（死体）」であるため、人間の死体が妖怪化したものか。知里真志《ちりまし》保《ほ》著『分類アイヌ語辞典 人間編』によれば、「アイヌカイセイ」で「人間の死体」をそのまま表す場合もあるようだ。

アイヌトゥカプ［あいぬとぅかぷ］

アイヌ語で幽霊を表す言葉。人間の幽霊を指す。

萱野茂著『萱野茂のアイヌ語辞典』にある。「アイヌ（人）」＋「トゥカプ（幽霊）」の意味。同書によればこの言葉は「化けた人間」や「幽霊に化けた人間」を表すというが、具体的にどのようなものを指すのか不明。また悪口にも使われるという。

アイヌライトゥカプ［あいぬらいとぅかぷ］

アイヌ語で亡霊を表す言葉。

萱野茂著『萱野茂のアイヌ語辞典』にある。名前は「アイヌ（人間）」＋「ライ（死ぬ）」＋「トゥカプ（幽霊）」となる。

アイヌラマトゥ［あいぬらまとぅ］

アイヌ語で幽霊を表す言葉。「アイヌラマチ」とも言う。死後に迷って出てくる霊魂を言う。

知里真志保《ちりましほ》著『分類アイヌ語辞典 人間編』にある。「ラマトゥ」もしくは「**ラマチ**」だけでも「霊魂、幽霊」という意味になるが、ここでは「アイヌ（人間）」とつくことでより具体的に人間の幽霊であることが強調されている。

赤い石に棲む化け物［あかいいしにすむばけもの］

アイヌに伝わる妖怪。川の中に巨大な赤い石がある場合、そこには男の人魚の化け物が棲んでいるという。その姿を人間が見ることはできないが、赤い石がある川を渡ろうとする人間がいると襲って殺してしまう。また性根が悪い人間はこの化け物に祈りを捧げ、自分の憎い相手を殺してくれるよう依頼する。するとその憎い相手が川を歩いて渡ろうとすると、必ずこの化け物が出て来て相手を殺してしまうとされる。

ジョン・バチェラー著『アイヌの暮らしと伝承』にある。同書によれば、この化け物を鎮めるために人々は「ニウエンホリッパ（猛々《たけだけ》しい踊り）」を踊り、赤い石にイナウ（木幣《もくへい》）を供え、酒を捧げたのだという。

赤い紙・青い紙［あかいかみ・あおいかみ］

現代に伝わる怪異。トイレに入ると上から「赤い紙がいいか、青い紙がいいか」という声がする。これに「赤がいい」と答えると天井から血の雨が降り注ぐ。「青がいい」と答えると全身の血を抜き取られて真っ青になるという。

北の生活文庫企画編集会議編『北海道の口承文芸』にある。この話は全国に分布する学校の怪談で、紙ではなくマントを選ばせる場合も多い。

赤いちゃんちゃんこ［あかいちゃんちゃんこ］

現代に伝わる怪異。ある人が小学校の給食室の横のトイレに入ったところ、「赤いちゃんちゃんこ着るか？」と言いながらお化けが出現した。そのため驚いて警察を呼ぶと、婦警が来てそのトイレに入った。

するとやはり先ほどのお化けが現れ、「赤いちゃんちゃんこ着るかー」と聞いて来る。婦警が思わず「着ます」と答えたところ、赤いちゃんちゃんこを着せられ、直後その場から消えてしまった。

北の生活文庫企画編集会議編『北海道の口承文芸』にある。赤いちゃんちゃんこの学校の怪談は全国に分布するが、基本的に「赤いちゃんちゃんこを着るか？」という声だけが聞こえ、その問いに「着る」と答えた場合、背中を切りつけられるなどして自身の血で背を血まみれにされ、まるで赤いちゃんちゃんこを着せられたようになってしまう、という話であることが多い。そのため、最初からお化けが出現したり、本当に赤いちゃんちゃんこを着せられて消されるという展開は珍しい。

鱝魚［あかえい］

和人に伝わる妖怪。巨大な魚で、稀《まれ》に海面に浮かんでくることがあるが、その体の広さは六、七〇丈（約一八〇～二一〇メートル）もあるという。

一七八五（天明五）年、林子平によって書かれた地理書『三国通覧図説』にある。巨大なアカエイの怪物は一八四一（天保一二）年に書かれた『絵本百物語』にあるものが有名だが、こちらで「赤ゑいの魚」と称される妖怪が出たのは安房国《あわのくに》（現千葉県）の海とされている。

アシトマチカプ［あしとまちかぷ］

アイヌに伝わる妖怪。子どもが言うことを聞かぬ場合、脅かすために使うお化けの名前。

知里真志保《ちりましほ》著『分類アイヌ語辞典 植物編・動物編』にある。「アシトマ」は「恐ろしい」、「チカフ」は「鳥」であるため、「恐ろしい鳥」という名前になる。

同様にアイヌにおいて子どものしつけに使われるお化けに**キサラリ**がいる。

アシトマプ［あしとまぷ］

アイヌ語で妖怪を表す言葉。萱野茂著『萱野茂のアイヌ語辞典』にある。名前の由来は「ア（私たちが）」＋「シトマ（恐れる）」＋「プ（もの）」。また「アシトマ」で「恐ろしい」という意味にもなるので、「私たちが恐れるもの」、「恐ろしいもの」を指す言葉として使われたようだ。

アッコロカムイ［あっころかむい］

アイヌに伝わる妖怪。噴火湾に棲《す》み着いているという大蛸《おおだこ》で、鯨や船を丸呑みにしてしまうほどの巨体であるという。またその体は真っ赤で、アッコロカムイがいるところは体色が反射して空が赤く見えるため、近寄ってはならないと伝えられたという。

森野正子著『北海道昔話』にある。「アッコロ（蛸）」＋「カムイ（神）」で、「蛸の神」となる。ちなみに「アッコロ」は「アッ（紐《ひも》）」＋「コロ（持つ）」で「紐を持つもの」、「触手を持つもの」というような意味。

同書によれば、この大蛸は元々は六本足の化け蜘蛛《ぐも》であったという。詳細は**ヤウシケプ**の項目を参照。

アトゥイコシンプク［あとぅいこしんぷく］

アイヌに伝わる妖怪。海に現れる人魚のような妖怪とされ、**コノトランクル**とコノトランマッという夫婦神の子孫だという。

ジョン・バチラー（バチェラー）著『アイヌの伝承と民俗』にある。「アトゥイ」は「海」、「コシンプク（**コシンプ**）」は「化け物、妖怪」という意味なので、そのまま「海の化け物」というような意味となる。

アトゥニウェンユク［あとぅにうぇんゆく］

アイヌに伝わる怪異。悪いオヒョウの木を指す言葉で、オヒョウには悪神が棲《す》み着いていると考えられている。その由来は以下のように語られる。

ある時、人々が断崖の上に生えた立派なオヒョウの木の元に赴き、その樹皮を取るため、根元に切り込みを入れた。そしてそれを引っ張ったところ、全く予想外に樹皮が幹からするりと抜けた。人々は何とかこの樹皮に捕まっていたが、そのまま崖下に落ちて死んだ。

これはオヒョウの木に潜む悪神のためだと考えられ、オヒョウは悪の木とみなされるようになったという。

ジョン・バチラー（バチェラー）著『アイヌの伝承と民俗』にある。名前は「アトゥニ（オヒョウの木）」+「ウェン（悪い）」+「ユク（鹿や熊など獲物となる動物）」となり、「ウェンユク」と繋《つな》げる場合は主に人を食う熊を表す言葉として使われる。一方、名前の後ろにウェンユクと付く妖怪の類も多いため、人に害をなす存在を不特定に表す言葉としても使われていたのではないかと推測できる。そのため、名前は「オヒョウの木の魔物」というような意味となるだろうか。

また、「ウェンユク」で鹿の化け物を指して使われた用例もある。詳しくは**ウェンユク**の項目を参照。

アナイシㇼ ［あないしり］

アイヌ語で死人、死人の幽霊を表す言葉。萱野茂著『萱野茂のアイヌ語辞典』にある。同書によれば、アイヌはアナイシㇼと遭遇する場合があり、その場合は背中を向けて右の拳を前に突き出し、屈伸しながら「フム カッポヘアン（なんだその姿は）」と何度も繰り返すのだという。

アネケムオッカヨ ［あねけむおっかよ］

アイヌに伝わる妖怪。昔話や神謡などに登場する細い針で、家の住人に頼まれてその家に隠れ、入って来た化け物や悪神に突き刺さって懲らしめる役割で登場する。

名前は久保寺逸彦著『アイヌの神謡』による。意味は「アネ（細い）」+「ケム（針）」+「オッカヨ（男）」で「細い針男」となる。

アネケムオッカヨは他にも臼《うす》や蜂、栗などと共演することが多く、侵入者が次々と彼らに懲らしめられる様子はさながら昔話『猿蟹《さるかに》合戦』を思い起こさせる。

アプトルヤンベウェンユク ［あぷとるやんべうぇんゆく］

アイヌに伝わる妖怪。「暴風雨の魔物」というような意味の名前を持つ。大雨が降る場合は、この妖怪が地上を訪れているのだと考えられた。

ジョン・バチラー（バチェラー）著『アイヌの伝承と民俗』にある。「アプトルヤンベ（アプトルヤンペ）」は「大雨、暴風雨」を意味する。「ウェンユク」は「人食い熊」という意味とされるが、ここでは人を襲う存在をこの言葉に見立てているように思われるため、「魔物」と訳した。吹雪を妖怪視した**ウパスルヤンベウェンユク**と同じく、荒天を妖怪視したものなのだろう。

アペオンマ［あぺおんま］

アイヌに伝わる妖怪。「炎を背負った馬」を意味し、この馬に乗ると頭上から火炎が降ってくるという。

中川裕校訂・大塚一美編訳『キナラブックロ伝 アイヌ民話全集』にある。名前は「アペ（火）」＋「オ（乗る）」＋「ウンマ（馬）」であろう。単純に訳せば「火が乗る馬」となる。

同書によれば、この馬は神謡の中に登場し、天の神が飼育する馬とされ、この神の妹に近づいたウパㇱチロンヌㇷカムイ（エゾイタチの神）を殺すために使用される。天の神はウパㇱチロンヌㇷカムイに、乗るだけで炎が降りかかってくるアペオンマに乗って国の上端、下端へ各六回巡ることができれば命を助けてやると告げる。しかし天の神の妹が雨の模様が描かれた黄金の扇をかざしたことで、みぞれやひょうがウパㇱチロンヌㇷカムイの頭上に降りかかり、炎を消してしまった。そのためウパㇱチロンヌㇷカムイは無事に国土を巡ることができたという。

同じ話に登場し、対になる存在に氷の馬である**ルヤンペオンマ**がいる。

アペサムタソモアイエカムイ［あぺさむたそもあいえかむい］

アイヌに伝わる悪神。竜蛇の類で、火の側でこの神の名を語ると出現すると考えられている。

知里真志保《ちりましほ》著『分類アイヌ語辞典 植物編・動物編』にある。名前の意味は「火の側で言われぬ神」。蛇は暑いときには元気で、寒さに弱い習性のため、アイヌでは火の側で名前を呼ぶとこの蛇神が現れると考えられていた。これと同様の理由で名前を言うのが忌まれた蛇神にサクソモアイェプ（夏には言われぬもの）がある。

アㇻウェントゥカプ［あらうぇんとぅかぷ］

アイヌ語で悪魔や化け物を表す言葉。

萱野茂著『萱野茂のアイヌ語辞典』にある。名前は「アラ（本当に）」＋「ウェン（悪い）」＋「トゥカプ（化け物、幽霊）」となる。類似した意味を持つ言葉に**アラクントゥカプ**がある。

アラエンカムイ［あらえんかむい］

アイヌの神話に登場する悪神。自分が威を振るうために邪魔となる太陽神のトカプチュプカムイを襲ったが、鳥の神であるバスクルカムイが太陽神を救うため、アラエンカムイの口の中に飛び込み、その喉を詰まらせた、という話に登場する。これによってトカプチュプカムイは難を逃れることができたという。

中田千畝著『アイヌ神話』にある。名前としては「アラ（全く、本当に）」と

「**ウェンカムイ**（悪神）」の組み合わせで「真に悪い神」というような意味となるだろうか。

アラクントゥカプ［あらくんとぅかぷ］

アイヌに伝わる怪異。アイヌ語で悪魔を表すという。

吉田巌《いわお》著『アイヌの妖怪説話』（『人類学雑誌』第二十九巻第七号）にある。名前の意味は「アラ（本当に）」＋「クントゥ（巨大な）」＋「トゥカプ（化け物、幽霊）」だろうか。合わせると「全く巨大な化け物」というような意味になる。同じような意味の名前に**アラウェントゥカプ**がある。

アラサルシ［あらさるし］

アイヌに伝わる妖怪。熊の化け物とされる。

知里真志保《ちりましほ》著『分類アイヌ語辞典 植物編・動物編』にある。アラサルシともいう。

ジョン・バチラー（バチェラー）著『アイヌの伝承と民俗』では「アラサラウシ」とされ、その名は「一本の尾を持つもの」というようなものとなり、体毛がなく、非常に大きな体を持っているとされる。

イウェンテプ［いうぇんてぷ］

アイヌ語で悪鬼、悪魔を表す言葉。

萱野茂著『萱野茂のアイヌ語辞典』にある。名前の意味は「イ（それ）」＋「ウェン（悪い）」＋「テ（させる）」＋「プ（もの）」で「それ（人）を悪くさせるもの」となる。

イウェンテプコシンプ［いうぇんてぷこしんぷ］

アイヌに伝わる妖怪。**コシンプ**（化け物）を指す名称の一種で、コシンプに惚《ほ》れられた人間が不幸になる場合、この名前で呼ばれる。

知里真志保《ちりましほ》著『ユーカラの人々とその生活』（『知里真志保著作集3』収録）にある。

名前は「我らを不幸にするコシンプ」を意味するという。逆に惚れられると幸福になる場合は**イニシパレコシンプ**と呼ばれるという。

イウタニオッカヨ［いうたにおっかよ］

アイヌに伝わる妖怪。神謡に登場する杵《きね》で、家の住人に頼まれてその家に隠れ、入って来た化け物が針や蜂、栗などに襲われて慌てて家の外に逃げる際、内戸の上から落ちてきて頭を叩く役割で登場する。

名前は久保寺逸彦著『アイヌの神謡』によった。意味は「イウタニ（イユタニ）（杵）」＋「オッカヨ（男）」で「杵男」となる。イウタニオッカヨは他にも臼などと共演することが多く、侵入者が次々と彼らに懲らしめられる様子はさながら昔話『猿蟹《さるかに》合戦』を思い起こさせる。

イウトゥルウェンテ［いうとぅるうぇんて］

アイヌに伝わる妖怪。夫婦になろうとする人間があまり会わずにいると、その仲を不仲にするという化け物だとされる。

萱野茂著『炎の馬 アイヌ民話集』にある。名前の意味を考えると、「イ」は「その、あなたの」、「ウトゥル」は「間」、ウェンは「悪い」、テは「～させる」という意味になるため、「あなたたちの仲を悪くさせるもの」というようなものになるだろうか。

イカメナシレラ［いかめなしれら］

アイヌに伝わる妖怪。大気中の悪魔とされ、その意味は「南東風」となるが、由来は不明。

ジョン・バチラー（バチェラー）著『アイヌの伝承と民俗』にある。同書では「イカメシエラ」とされているが、「イカメナシ（南風、南東風）」＋「レラ（風）」ではないかと思われるため、この項目名とした。日野巌《いわお》著『日本妖怪変化語彙』では、同じものと思われる妖怪が「イカメナシュレナ」という名前で掲載されている。

イクカトリ［いくかとり］

アイヌに伝わる妖怪。イクカチカプともいう。人を捕る鳥で、大人が子どもを怖がらせる際に言う妖怪だとされる。

金田一京助著『アイヌ聖典』にある。名前は「イッカ（盗む）」＋「トリ（鳥）」で「盗む鳥」であろう。「チカプ」もアイヌ語で「鳥」を表す言葉。

イコンタピプ［いこんたぴぷ］

アイヌに伝わる妖怪。悪い病を持ち歩く魔魚だという。

日野巌《いわお》著『日本妖怪変化語彙』（『動物妖怪譚《たん》（下）』収録）にある。アイヌ語の意味は分からなかった。

イコンヌプ［いこんぬぷ］

アイヌに伝わる怪異。「不吉なことをもたらすもの」という意味であるという。

ジョン・バチェラー著『アイヌの暮らしと伝承』にある。同書では足が一本真っ白な奇形のウミガメを捕まえた際、そのウミガメをイコンヌプと呼び、その白いひれを切断して海に返した後、「嵐を起こす悪神よ。我らは今そなたの大事な生き物を元に戻してやったのであるぞ。充分に面倒を見るがいい」と告げたという。

また知里真志保《ちりましほ》著『ユーカラの人々とその生活』（『知里真志保著作集3』収録）によれば、イコンヌプは山の化け物を意味する言葉とされ、元々は「予兆する者」を意味し、シャーマンに関係する言葉だったものと考察されている。

イシネレプ ［いしねれぷ］

アイヌ語で化け物や幽霊を表す言葉。萱野茂著『萱野茂のアイヌ語辞典』にある。名前は「イシネレ（化ける）」＋「プ（もの）」で「化けるもの」となる。何か別の姿、存在に化けるものを指して使うことが多いようだ。

イシリシナ ［いしりしな］

アイヌに伝わる呪い。憎い誰かを呪う場合に、その人物の魂や心、またその生命を縛り付ける目的を果たそうとする行為であるという。

ジョン・バチェラー著『アイヌの暮らしと伝承』にある。同書では「しっかりと縛り付ける」という意味であると解説されている。

名前を分解してみると、「イ（それ）」＋「シリ（土地、様子）」＋「シナ（縛る）」であるため、訳すると「その場所に縛りつける」という意味となろうか。金縛りのような現象を起こさせる呪術のように思われるが、体ではなく魂や心、生命といったものに作用する呪いのようだ。

イソニッチネ ［いそにっちね］

アイヌ語で鬼神を表す言葉とされる。永田方正著『北海道蝦夷語地名解』にある。同書ではただ鬼神の意とのみ記されているが、根拠は不明。

イチャシカラ ［いちゃしから］

アイヌに伝わる呪い。名前は「周りを取り囲む」という意味になるが、同時に「呪いをかける」という意味を含んでいるという。方法はヨモギで「イモシ」と呼ばれる人形を作り、自分の家の近くの地面を掘る。そして「おお、**トイポクウンチリ**よ、憎みても余りある男の人型を今そなたの元へ送る。この男よりその魂を抜き取り、その体とともに地獄まで運んでいかれよ。この憎むべき男を悪神の姿に変え、そなたの仲間に加えられよ」といった呪いの言葉を唱え、逆さまに埋める。そして地面の中でイモシが腐ると、呪われた人間の体も同じように腐っていくという。

ジョン・バチェラー著『アイヌの暮らしと伝承』にある。同書にはもうひとつ呪いの方法が載せられており、それによればイモシを枯れた立ち木の幹の下に埋め、「おお、悪神よ。枯れ木とともに地中に埋めしこの人形が表す人物をなにとぞ病に罹《かか》らせ、この枯れ木とともに朽ちるように仕向け、やがてその命を絶っていただきたい。おお、**トイクンライトゥムンチ**を名乗る悪神よ、よく聞かれよ。直ちにこの人物の魂を体から抜き取ってそなたたち悪神の仲間に加えられよ」と唱えれば、対象の人物は枯れ木が朽ちるとともに死んでしまうという。

トイポクウンチリ及びトイクンライトゥ

ムンチについては当該項目を参照。また、同様に呪いの際に現れる妖怪には**トイコシンプク**がいる。そちらも参照。

イッカチカプ［いっかちかぷ］

アイヌに伝わる妖怪。子どもを誘拐する鳥と考えられており、集落の後ろにある山に棲《す》む。子どもを脅かす際によく使われるという。

知里真志保《ちりましほ》著『分類アイヌ語辞典 植物編・動物編』にある。名前は「イッカ」が「盗む」、「チカプ」が「鳥」で「盗む鳥」という意味になる。

イッカトリ［いっかとり］

アイヌに伝わる妖怪。山に集団で棲《す》み着いており、人の形をしたものを見つけると攫《さら》って行く鳥だとされる。

久保寺逸彦著『アイヌの神謡』にある。名前は「イッカ（盗む）」＋「トリ（鳥）」で「盗む鳥」となる。同様の名前を持つものに**イッカチカプ**がいる。

イトゥレン［いとぅれん］

アイヌに伝わる怪異。憑《つ》き物が憑くことを指し、動物や物の霊が人間に乗り移ることをいう。その憑き物によって幸運、不運が左右されるという。

萱野茂著『萱野茂のアイヌ語辞典』にある。名前は「イ（それ）」＋「トゥレン（憑く）」で「それに憑く」という意味になる。またこの憑く存在を「イトゥレンカムイ」ともいう。

イトゥンナプ［いとぅんなぷ］

アイヌ語で蟻《あり》のこと。アイヌの伝説によれば、蟻は雄であれば人間の男に、雌であれば人間の女に化け、人間の異性を騙《だま》し、仲間にしてしまうと伝えられている。

知里真志保《ちりましほ》著『分類アイヌ語辞典 植物編・動物編』にある。

イトトゥオロケ［いととぅおろけ］

アイヌ語で魂を表す言葉。知里真志保《ちりましほ》著『分類アイヌ語辞典 人間編』にある。金田一京助著『アイヌ聖典』では「死霊」と訳され、ユーカラ（神謡）において死んだ神の魂が天に昇る場面でこの言葉が使われている。

イニシパレコシンプ［いにしぱれこしんぷ］

アイヌに伝わる妖怪。**コシンプ**（化け物）を指す名称の一種で、コシンプに惚《ほ》れられた人間が幸福になる場合、この名前で呼ばれる。

知里真志保《ちりましほ》著『ユーカラの人々とその生活』（『知里真志保著作集3』収録）にある。名前は「我らを長者にするコシンプ」を意味するという。逆に惚れられると不幸になる場合は**イウェンテㇷネコシンプ**と呼ばれるという。

イヌンペカミアシ [いぬんぺかみあし]

アイヌに伝わる妖怪。「炉端《ろばた》の化け物」を意味する。その名の通り家の中の炉端に棲《す》み着いている化け物で、ある物語では怠けてばかりいる子どもがいることをこの化け物が天の神々に告げ口したため、その子どもは月に囚《とら》われたと伝えている。

中川裕校訂・大塚一美編訳『キナラブックロ伝 アイヌ民話全集』にある。月に囚われた子どもについては、**チュプオルシクンネ**の項目を参照。

同書によれば、炉端は火の神の枕として好意的に捉えられる地域がある一方、沙流《さる》郡平取町《ぐんびらとりちょう》などでは炉端は悪神が集まるところであり、その角や近くを枕にすると、悪神が体に入ってくると伝えられていたという。

イノトゥ [いのとぅ]

アイヌ語で霊魂を表す言葉。アイヌが死ぬと、イノトゥがごろごろと音を轟《とどろ》かせながら天へ昇ると考えられていた。

知里真志保《ちりましほ》著『分類アイヌ語辞典 人間編』にある。

イペオプ [いぺおぷ]

アイヌに伝わる妖怪。人食い槍《やり》と呼ばれる槍で、持ち主を祟《たた》り殺すのだという。

金田一京助著『ユーカラ概説』（『金田一京助全集 八』収録）にある。名前は「イペ（食べる）」＋「オプ（槍）」で、先述したように「人食い槍」と訳されることが多い。アイヌの物語や伝承では「人食い刀」である**イペタム**も有名。

イペタム [いぺたむ]

アイヌに伝わる妖怪。「エペタム」と表記される場合もある。「人食い刀」と訳される刀の化け物で、ひとりでに動き、人を斬り殺して回るという。また一度外に出すと人を斬るまでは仕舞うことができないとされる。

イペタムに関する伝説では、旭川市に残るものが有名だろう。

昔、上川アイヌの首長の家に、古い煤《すす》けた包みに入れられた刀があった。この家では代々家訓として、この包みは決して開けてはならないと伝えられていた。

しかしある時、この包みから目を射るような鋭い妖光が差し、その光は夜になるとアイヌの集落に飛んで行って、家々を襲った。これに襲われた人々は鋭い刃物で切り裂かれ、死んでいたという。

そこでその時の首長が刀の入った包みを山奥まで持って行き、捨てたが、首長が家に帰るより先に刀が家に戻ってきていた。そこで今度は土に埋めたり、川に捨てたりしたが、やはり結果は同じであった。そしてその間もこの刀に斬られ、死ぬ人々は増えるばかりだった。

首長が困り果てていると、ある夜、彼の夢に神が現れ、アサムサクトという底なし沼の畔《ほとり》に巨岩があるから、これに祭壇を作って刀を捧げると良い、と告げた。

そのため首長がその沼を探し、言われた通りに祭壇を作って祈ると、不思議にもその岩が炎を上げて両側に裂け、エコンノンノ（えぞいたち）が現れて胡桃《くるみ》の実をアサムサクトに落とした。すると沼の水が急に小さな波を立てたので、首長は神懸かったようになって刀を沼に投げ込んだ。

すると沼のさざ波が静まった。実はさざ波に見えたものは何百という小さな蛇の蠢《うごめ》きで、刀を底なし沼に沈めてしまった。それ以来、刀が集落に戻ることはなかったという。そしてこの時の巨岩はエペタムシュマと呼ばれ、現在も残っている。

近江正一著『伝説の旭川及びその附近』にある。

この他にもイペタムの話は全道に残されており、更科源蔵著『アイヌ伝説集』では穂別町《ほべつちょう》（現勇払郡《ゆうふつ》むかわ町）にペップトコタンというアイヌの集落があり、イペタムが秘蔵されていた。夜盗に襲われた際にはこのイペタムを出して祈願すれば、刀はひとりでに動き、夜盗が何百人いようと切り裂き、追い払ったという。しかししばらく人を斬ることがないと箱の中で暴れ出すため、底なし沼に捨ててしまった。それから間もなく夜盗が襲ってきて、人々はイペタムを捨てたことを後悔したが、一計を案じて山刀の目釘を抜いて振ったところ、かたかたと音を立てた。それで夜盗たちはイペタムが現れたものと思い、逃げて行ったという。同様に樺戸《かばと》郡《ぐん》新十津川町《しんとつかわちょう》にもイペタムを沈めた底なし沼があり、それは玉置《たまき》神社（現新十津川神社）の傍にある沼だとされる。このイペタムは箱に石と一緒に入れている間は石を齧《かじ》っているが、齧るものがなくなると箱を飛び出して人を斬り殺したため、沼に沈められたのだと伝えられている。

同書には他に沙流《さる》にあった砦《とりで》に置かれていたイペタムや、厚別川の砦で目釘の折れた古い山刀を振り、かたかたと音を立ててあたかもイペタムがあるかのように装い、野盗を追い払った話などが載せられている。

金田一京助著『ユーカラ概説』では、鯇《あまご》や人間の女の姿に変化するイペタムの話が記されている。このイペタムは持ち主に祟《たた》りをなし、女の姿に変化して家の主人や子どもの喉を掻《か》き切って殺している。

イペハメキキリ［いぺはめききり］

アイヌに伝わる妖怪。人間の体内に巣食う虫のこと。この虫が体内にいる場合、その人間はある一定の食物のみ食べる気にならず、考えるだけで病気のようになってしまうという。

知里真志保《ちりましほ》著『分類アイヌ語辞典 人間

編』にある。名前は「イペ（食物）」＋「ハメ（食べない）」＋「キキリ（虫）」で「食物を食べない虫」という意味になる。この虫を持つ人間は「イペハメキキリコロアイヌ」と呼ばれ、「偏食家」の意味となる。また「イペハメキキリコロ」だけでも「拒食症」という意味になるようだ。

イペルスイチカプ 〔いぺるすいちかぷ〕

アイヌに伝わる鳥の姿をした悪神。アイヌに伝わる伝説では、この鳥はコタンカルカムイが世界を創造したとき、ドロノキで火鑽《ひき》りをした際、白いもみくずから生まれた魔神のひとつなのだという。

知里真志保《ちりましほ》著『分類アイヌ語辞典 植物編・動物編』にある。同書によれば、この時ともに生まれたのは**オリパㇰカムイ**、**モシリシンナイサム**、ケナシウナラペだったとされる。

名前の意味は「イペルスイ（空腹の）」＋「チカㇷ（鳥）」で「空腹の鳥」となる。同書ではこれを「アホウドリ」を表す名前としているが、これ以外でアホウドリとしている資料は見えない。

イモㇱカムイ 〔いもしかむい〕

アイヌに伝わる神。コタンカルカムイが造ったヨモギの人形の神で、コタンカルカムイがハルニレを焼いた際に生まれた悪神たちが創造主に反乱したため、その戦いのために作り出された。この人形たちは戦場で黒い小男の姿となって戦い、コタンカルカムイを勝利に導いたという。

知里真志保《ちりましほ》著『分類アイヌ語辞典 植物編・動物編』にある。

イヨイタクシ 〔いよいたくし〕

アイヌ語で他者に呪いをかけることを言う。

萱野茂著『萱野茂のアイヌ語辞典』にある。名前は「イ（それ、人）」＋「オ（それ）」＋「イタㇰ（言葉）」＋「ウシ（つける）」で「言葉を人になすりつける」となる。このため、言葉を使った呪術を指すようだ。

イワイセポ 〔いわいせぽ〕

アイヌに伝わる妖怪。「山の兎」を意味するが、その体は非常に大きく、ノウサギのような姿をしているものの耳だけで六〇～九〇センチもの長さがあるという。色は黒く、鹿のような声で鳴くとされる。

ジョン・バチラー（バチェラー）著『アイヌの伝承と民俗』にある。

イワエサングル 〔いわえさんぐる〕

アイヌに伝わる妖怪。「山から下りてくるもの」を意味し、熊の姿で現れる。悪意を持ったときにのみ人前に姿を見せるという。

ジョン・バチラー（バチェラー）著『ア

イヌの伝承と民俗』にある。同書によればこれと遭遇した場合には**トイポクウンチリ**や**トイクンラリグル**に祈るのだという。

イワエチシチシ〔いわえちしちし〕

アイヌに伝わる妖怪。「山で鳴くもの」を意味し、鳥の姿をしていて、牝牛《めうし》のような声で鳴くとされる。この妖怪は山の様々な妖怪と同盟を結んでいるという。

ジョン・バチラー（バチェラー）著『アイヌの伝承と民俗』にある。

イワエトゥンナイ〔いわえとぅんない〕

アイヌに伝わる妖怪。山に棲《す》み、石や木をはじめとした様々なものを突き抜け、時には穴を穿《うが》って飛ぶ一つ目の怪物だという。

吉田巌《いわお》著『アイヌの妖怪説話（続）』（『人類学雑誌』第二十九巻第十号）にある。

更科源蔵著『アイヌの民俗（下）』では「イワエンドナイ」という名前で、国造りの神であるコタンコロカムイが火切臼《ひきりうす》と火《ひ》切杵《きりぎね》をドロノキで作り、火を起こそうとした際、火が生まれず、木屑《きくず》ばかりが出た。そのため木屑を吹くと、黒い木屑はパコロカムイに、白い木屑はパウチカムイに、火切臼はイワエンドナイに、火切杵は**ケナシウナルペ**になったという。また同書ではイワエンドナイは「深山の怪鳥」と訳されている。

イワオロペネレプ〔いわおろぺねれぷ〕

アイヌに伝わる妖怪。「山を潰すもの」を意味する。夜に飛ぶ鳥で、鹿のような声で鳴く。その声は非常に激しく、鳴き声が響くたびにその振動が岩をも砕いてしまうという。もしこれを人が聞いてしまうと、その人は生きてその声から逃れることはできないとされる。

ジョン・バチラー（バチェラー）著『アイヌの伝承と民俗』にある。

イワコシンプ〔いわこしんぷ〕

アイヌに伝わる妖怪。山にいる妖精の類だという。

萱野茂著『萱野茂のアイヌ語辞典』にある。同書によれば海の妖精である**ルルコシンプ**と対になる存在で、男女がいるという。名前の意味は「イワ（山、岩）」＋「**コシンプ**（化け物、妖精）」で「山の化け物」もしくは「山の妖精」となる。

知里真志保《ちりましほ》著『ユーカラの人々とその生活』（『知里真志保著作集3』収録）によればコシンプのうち海に棲《す》むものをルルコシンプといい、山に棲むものはイワコシンプ、林野に棲むものを**ニタイコシンプ**と呼ぶという。これらコシンプの類は人間と同じ姿をしているが、色が白く、大変な美貌を持つとされる。また山に棲むコシンプは狐の姿に化ける伝承もあるという。キムンアイヌ（**キムナイヌ**参照）と同じものだという説もある。

イワラサンペ 〔いわらさんぺ〕

アイヌに伝わる妖怪。岩の底にいる化け物だが、その姿は不明だという。

萱野茂著『萱野茂のアイヌ語辞典』にある。名前は「イワ（岩）」＋「ラウ（底）」＋「サンペ（心臓）」で「岩の底の心臓」という意味になる。しかし架空の化け物であるため、姿を見た者はいないという。同書によればこれと対になる存在に**トラサンペ**（湖の底の心臓）がいるが、これはマリモを意味するアイヌ語である。

イワンアイヌイキリエポソルネマッ 〔いわんあいぬいきりえぽそるねまっ〕

アイヌに伝わる神。六代にわたって人の世を生き続けた女性であり、低い崖と高い崖に住む人々に、海津波と山津波がやってくるからより高い方へと移動しなさいと歌で警告した。低い崖に住む人々はこれを笑い飛ばし、高い崖に住む人々はそれを信じてより高いところに移動したところ、本当に海津波と山津波が起こって低い崖の人々はみな死んでしまった。またイワンアイヌイキリエポソルネマッと高い崖に住んでいた人々も海の上を漂流することとなったが、イワンアイヌイキリエポソルネマッがこの人々とともに自分が死ねば、海の神（**アトゥイコロエカシ**）にその死臭が纏《まと》わりつくこととなるだろう。それが嫌ならば急いで私を助けてください、と歌ったところ、これに怒ったアトゥイコロエカシによって掌《てのひら》で握り潰され、イワンポクナモシリ（地獄）へ落とされてしまった。

しかし建国の神であるコタンコロカムイの妹が紡《つむ》ぎ車の串を地面に刺したところ、それが地獄まで届き、イワンアイヌイキリエポソルネマッはその穴を通って地上へ戻り、そして蟬《せみ》となったと伝えられる。

ニコライ・ネフスキー著『アイヌ・フォークロア』にある。

名前は「イワン（六）」＋「アイヌ（人）」＋「イキリ（列）」＋「エ（それ）」＋「ポソ（潜る）」＋「ルネマッ（老女）」で「六代の人の世を生きた老女」となる。ただしアイヌにおける六という数字は多数を表現するため、きっかり六代生きた、という意味ではない可能性が高い。

イワンサパエウㇱチロンヌㇷ゚ 〔いわんさぱえうしちろんぬぷ〕

アイヌに伝わる妖怪。六つの頭と六つの尾を持つ狐の化け物で、それぞれの頭がユカラ（叙事詩）、シノッチャ（歌）、拍子、オイナ（聖伝）を歌ったり、語ったりすると記されている。

神謡ではイワンサパエウㇱチロンヌㇷ゚がアイヌの始祖とされるオキクルミの前に現れる話が語られる。

化け物がやって来ることを知ったオキクルミは針、栗、蟹《かに》、臼《うす》、杵《きね》に頼んで家に隠れ潜ませ、自身は屋根の上で待ち伏せた。そしてイワンサパエウㇱチロンヌㇷ゚がやってくると針、栗、蟹、臼がそれぞれこの化け物を攻撃し、臼に踏まれて動けなくなっているところにオキクルミがやってきて、杵を摑《つか》んでその頭をめちゃくちゃに叩き潰した。しかしそれでも死ぬ様子がなかったため、細かい肉片に刻んだが、肉片が両側からそれぞれ近づいて元に戻ろうとするため、囲炉裏から燃えさしと灰を掬《すく》い、それを上からかけてさらに切り刻んで、やっと完全に殺すことができたという。

中川裕『アイヌ口承文芸テキスト集17 白沢ナベ口述 カムイユカラ アテヤテンナ：六つ首の狐』（『千葉大学ユーラシア言語文化論集』第20号収録）にある。名前は「イワン（六個の）」＋「サパ（頭）」＋「エウㇱ（～の上の方についている）」＋「チロンヌㇷ（狐）」で「六つの頭がある狐」という意味になる。

また栗や蜂、臼が登場して化け物を撃退する流れは昔話の『猿蟹合戦』のようだが、この類の話はアイヌに多く伝承されている。

ウェイスネ ［うぇいすね］

アイヌに伝わる怪異。人魂を表す言葉。

知里《ちり》真志保《ましほ》著『分類アイヌ語辞典 人間編』にある。名前は「ウェン（悪い）」＋「スネ（松明《たいまつ》）」で「悪い松明」が語源となるという。

ウエソヨマ ［うえそよま］

アイヌに伝わる魔女。アイヌの英雄神であるアイヌラックルと戦ったと伝説の中で語られる魔女で、彼の婚約者の白鳥姫を誘拐し、さらにアイヌラックルの視力を奪う。

しかしアイヌラックルは治療を受けて視力を回復し、魔女の住み処《か》である地下の暗黒の国へと侵入し、魔人や悪魔たちを切り捨て、ウエソヨマも討伐したという。

山本多助著『カムイ・ユーカラ』にある。

ウェンイッレンコロ ［うぇんいっれんころ］

アイヌ語で鬼の類を表す言葉。

吉田巖《いわお》著『アイヌの妖怪説話』（『人類学雑誌』第二十九巻第七号）にある。

語源は不明だが、人の物を奪い取ろうとして言いくるめることを指す言葉に「ウェニレンカコㇿ」というものがある。それに類する言葉だろうか。

ウェンウッシウニッネ ［うぇんうっしうにっね］

アイヌに伝わる妖怪。「下郎の鬼」と訳される存在で、叙事詩に登場する。ウカムペシカクルという者が従えているとされる。

金田一京助訳『虎杖丸《いたどりまる》』（『金田一京助全集 九』収録）にある。

ウェンウナラベ ［うぇんうならべ］

アイヌに伝わる妖怪。「悪い小母《おば》」を意

味する。人間の娘を育てていたが、麗人に育ったその娘と自分の姿かたちを入れ替え、娘の許婚《いいなずけ》であった身分の高い男と結婚しようとする。しかしその男に正体を見破られ、逃げ回ったものの最後には首を切断され、**ポクナモシリ**（アイヌの地獄）へと落とされたという。

アイヌ無形分化伝承保存会編『アイヌの民話Ⅰ』にある。

ウェンエタㇱペ［うぇんえたしぺ］

アイヌに伝わる悪神。巨大なトドの神であり、自分より力の強いものはいないと考えていた。そこで力を誇示するために地上に現れ、山の神（ヒグマ）と戦ったが、その肉体をバラバラにされて殺された。散らばった肉片は川に流れ、やがて今でも見られる小さなトドになったという。

藤村久和《ひさかず》・若月亨《とおる》訳・註『アイヌの神々の物語』にある。「ウェン」は「悪い」、「エタシペ」は「トド」を表すアイヌ語のため、名前は「悪いトド」という意味になる。

ウェンオヤシ［うぇんおやし］

アイヌに伝わる怪異。アイヌ語で悪魔を表す言葉だという。

吉田巌《いわお》著『アイヌの妖怪説話』（『人類学雑誌』第二十九巻第七号）にある。「ウェン」は「悪い」、「**オヤシ**」は主に樺太《からふと》アイヌで「化け物、妖怪」などを表す言葉。つまり「悪い化け物」というような意味になる。

ウェンカムイ［うぇんかむい］

アイヌ語で悪神、化け物を表す言葉。

萱野茂著『萱野茂のアイヌ語辞典』にある。アイヌの物語や伝承では頻繁に登場する言葉で、悪事を働いた神全般を指す。

主に神や人間に対し危害を加える神がこの名前で呼ばれることが多く、どんな神であってもカムイとウェンカムイのどちらでも呼ばれることがある。またアイヌの世界観では動物や物の多くをカムイとして考えるため、現実にいる動物がカムイからウェンカムイに変化する場合もある。

例えばアイヌはヒグマを**キムンカムイ**（「キム（山）」＋「ウン（いる）」＋「カムイ（神）」）と呼び、非常に位の高い神と考えているが、ヒグマが人を襲った場合、これはウェンカムイであるとして討伐の対象となる。地域にもよるが、ウェンカムイと認定されたヒグマは通常であれば天上の神の世界に送り返すために行われる神送り（イオマンテ、カムイホプニレ）を行わないとする場合が多い。これはヒグマにかかわらず、**レプンカムイ**（「沖の神＝シャチ」）など他の動物でも同様で、人に危害を加えた場合はウェンカムイとされる。

同様に天上の神の国である「カムイモシリ」においても悪心を持った神や悪事を働く神はウェンカムイとされ、神謡や英雄叙事詩、聖伝においては神や英雄と戦い、地獄である「**ポクナモシリ**」に落とされて退治される。

一方、ウェンカムイはただ悪い神として見なされるかと言えばそうではない。山田孝子著『アイヌの世界観』においては流行病をもたらす疱瘡《ほうそう》神が文化神であるアエオイナの父とされていることや、**ミントゥチ**が生贄《いけにえ》を求めながらも豊漁を与えることなどに触れ、悪神といえども善神としての側面を持つとしている。同書では逆に善神であっても人に危害を加えることもあり、カムイとウェンカムイの区分は絶対的なものではないとしている。実際、アイヌの物語や伝承を見てみると、カムイ、ウェンカムイの両方の立場で登場するものも多い。

また先に挙げたミントゥチ、淫魔《いんま》とされる**パウチ**、妖精と訳されることが多い**コシンプ**、悪臭で人を殺す大蛇**サクソモアイェプ**など、一般的には妖怪と括《くく》られそうな存在もよくウェンカムイと呼ばれる。

ウェンカムイと同様に悪神と訳されるものに**ニッネカムイ**がある。詳細は当該項目参照。

ウェンシリカプ［うぇんしりかぷ］

アイヌに伝わる妖怪。巨大なツノザメの化け物。叙事詩の中に登場し、サマイウングルとオキクルミという神に銛《もり》で突かれるが、そのまま舟ごと引きずり回し、ついにサマイウングルを力尽きさせ、逃げ去る。しかし去り際にオキクルミが告げた言葉の通りに腹の中に残った銛で骨や肉を抉《えぐ》られ、さらに銛に結ばれていたイラクサやシナノキを材料にした綱から草原と森林が生じたことでウェンシリカプは死に、その死体は陸へと打ち上げられたと語られる。

金田一京助著『ユーカラ概説』(『金田一京助全集 八』収録)にある。体に森林や草原が生じたとされることから、非常に大きな体を持っていたものと考えられる。名前は「ウェン(悪い)」+「シリカプ(ツノザメ、メカジキ)」となる。同書では「シリカプ」は「角鮫」と訳されていることから、名前の意味は「悪いツノザメ」といったようなものとなろうか。

ウェンチェクチェク［うぇんちぇくちぇく］

アイヌに伝わる妖怪。名前の意味は「悪いゴメ」となり、人を呪う化け物だとされる。

中川裕校訂・大塚一美編訳『キナラブックロ伝 アイヌ民話全集1 神謡編』にある。

ゴメは北海道の方言でカモメを意味し、魚の群れがいる海の上に集まることが多いため、魚の場所を教えてくれる良い神として扱われることが多いが、稀《まれ》にこのように悪い存在と考えられることがあるようだ。

ウェンチクニ［うぇんちくに］

アイヌに伝わる悪神。アイヌの神であるアエオイナが舟を造ろうとして木を伐採したものの、中が空洞であったため打ち捨てられ、その朽ち木が人間の姿に化生した存在だという。アイヌの村々の首長の家を回り、自分の素性を知っているか尋ね、知らなければその家の一番の宝物をもらうか、さもなくば村人たちを皆殺しにしていた。

　しかしある村でその素性を言い当てられ、観念して今まで奪ってきた宝をその首長に渡し、イナウ（木幣《もくへい》）を供えて自分を天に送ってもらうように頼んだ。その直後、人間の姿をしていたウェンチクニは朽ち木の山に戻った。

　久保寺逸彦著『アイヌの神謡』にある。名前は「ウェン（悪い）」+「チクニ（木）」で「悪木、悪樹」といったものになるだろう。

ウェンブタカウイ［うぇんぶたかうい］

　アイヌに伝わる妖怪。魔神の一種で、河童の類だという。

　日野巌《いわお》著『日本妖怪変化語彙』（『動物妖怪譚《たん》（下）』収録）にある。「ウェン」は「悪い」、「カウイ」は恐らく「カムイ」で「神」の意味と思われるが、「ブタ」が分からなかった。一応アイヌ語で「豚」を「プタ」と言うが、河童の類という話に似合わない。

ウパシケツタナ［うばしけったな］

　アイヌに伝わる妖怪。雪が降ると現れる化け物で、飛び出してきて狩りの邪魔をするという。

　更科源蔵著『アイヌの民俗（下）』にある。

ウパシメノコ［うばしめのこ］

　アイヌに伝わる妖怪。オタスツという場所に住んでいる独り身の男の元に、ある吹雪の日、雪のように白いメノコ（女の子）がやってきた。白いメノコは勝手に家に上がり込んできたが、ひどい吹雪なので男が土間の火を強くして温めてやろうとすると、部屋の端っこに移動する。そのため火に当たるように言って食事の準備をしていると、白いメノコはいなくなっており、彼女がいた場所にはただ雪が積もっていた。

　男は人間の女だと思っていたものの正体が雪だったことに気付き、どんなカムイが自分を騙《だま》そうとしているのだろうと怖がりながら、その雪を外に持って行き、浜から海へと捨てた。そして、これはきっとカムイが独り身でいる自分をからかおうとしているのだろうと思い、翌日隣のコタン（集落）に行って嫁をもらうことにした。

　翌日、食事を済ませた後、隣のコタンに赴き、大きな家を訪ねて昨日のことを話すと、同情したその家の者は彼を泊めてくれた上に、娘を嫁にくれた。そのため男は幸せに暮らすことができ、子どもが大きくなった後には雪のメノコに騙された話を聞かせ、大きくなったらなんでもきちんとやらなければならないと言い聞かせたのだという。

　浅井亨《とおる》編『日本の民話 北海道』にある。名前は「ウパシ」で「雪」、「メノコ」で「女、女性、少女」なのでそのまま「**雪女**」になる。

ウパスルヤンペウェンユク ［うぱするやんぺうぇんゆく］

アイヌに伝わる妖怪。「吹雪の魔物」というような意味の名を持つ。

ジョン・バチラー（バチェラー）著『アイヌの伝承と民俗』にある。「ウパス（ウパシ）」は「雪」、「ルヤンベ（ルヤンペ）」は「雨、嵐」を表す言葉で、「ウパシルヤンペ」は「吹雪」の意味となる。「ウェンユク」は普通「人食い熊」を表す言葉だが、ここでは人を害す存在を指す言葉として使われているようなので、「魔物」と訳した。

馬の足音 ［うまのあしおと］

現代に伝わる怪異。ある小学校ではどこからともなく馬の足音が聞こえてくることがある。その由来は小学校が建てられる前、その場所に馬の首切り場があったためだという。

学校の怪談編集委員会編『学校の怪談16』にある。

ウムマライゲパラゴアツ ［うむまらいげぱらごあつ］

アイヌに伝わる怪異。馬が人間に憑《つ》くことをいう。

吉田巌《いわお》著『アイヌの妖怪説話』（『人類学雑誌』第二十九巻第七号）にある。

犬が憑くことを**セタパラゴアツ**、猫が憑くことを**メコパラゴアツ**と呼ぶ例からして、名前は「ウンマ（馬）」＋「ライケ（殺す）」＋「パラゴアツ」だろうか。

ウレペッシュキ ［うれぺっしゅき］

アイヌに伝わる妖怪。足の指の先に目がある怪物だという。

吉田巌《いわお》著『アイヌの妖怪説話（続）』（『人類学雑誌』第二十九巻第十号）にある。名前の意味は「ウレペへ」は「足指」、「シュキ」は「目」を意味する「シク（シキ）」で「足指の目」だろうか。

エカシオッパレ ［えかしおっぱれ］

アイヌに伝わる怪異。あるところに老爺《ろうや》に育てられた子どもがいた。老爺はその子どもに肉の良い部分を与えたり、焚火《たきび》に当たる際もよく燃える木を子どもの方にくべたりして、大事に育てていた。

やがて子どもは大きくなり、一人で生きていける歳の若者になったが、彼は老爺に恩を返すわけでもなく、むしろ目も見えなくなった老爺を邪魔だと考えるようになった。そこで食事も満足に与えず、ついに自分で動けなくなった老爺を見捨てて家を出た。

その途中、若者は川べりにクッチ（サルナシ）の木を見つけ、その実がどうしても食べたくなった。そこで木に登ってクッチの実をひとつふたつ食べると、急に体が動かなくなった。そして自分の体を見ると、クッチの蔓《つる》が体を突き刺している。

そこで老爺のことを思い出し、大声で助

けを求めたがもちろん老爺は来ない。その時、川の上流から丸木舟に乗って二人の若者がやってきた。彼らはクッチの木に捕らわれた若者を助けることはなく、竿《さお》で殴りつけ、お前はお祖父《じい》さんに不孝をした罰でこうなったのだ。火の神様がお前の悪行を見ていて、このような罰を与えたのだ、と告げた。

　それからというもの、川を通る者は必ずクッチの木の若者を殴ってから通って行くようになった。やがて若者の肉体は溶け、骨ばかりになったが、頭だけは生きていて、ずっと苦痛を感じ続けた。そして最後に、祖父母に不孝をしてはならないと告げ、死んでいったという。

　萱野茂著『アイヌの昔話　ひとつぶのサッチポロ』にある。名前の意味は「エカシ」は「おじいさん」、「オッパレ」は恐らく「ウオクパレ」と同義で「親不孝、虐待する」の意味となり、合わせると「祖父不幸」というような名前となるだろうか。

エカッキクㇱ［えかっきくし］

アイヌに伝わる怪異。祟《たた》りが憑《つ》く、化け物が憑く、といったことを表す。

萱野茂著『萱野茂のアイヌ語辞典』にある。

エカトゥハンケ［えかとぅはんけ］

アイヌに伝わる怪異。化け物を見るなどして死期が早まったり、死んでしまうことをいう。

萱野茂著『萱野茂のアイヌ語辞典』にある。見ると死期が早まるなどとされる妖怪には**モシリシンナイサム**、**キラウㇱカミヤシ**などがいる。

エトゥラチチ［えとぅらちち］

アイヌに伝わる妖怪。アイヌの叙事詩に登場し、その姿は小山が手と足を生やしたような巨人で、皮膚は爛《ただ》れ、山の地滑りのような顔をして、巨大な鼻がそこから生えている。舟の櫂《かい》のように大きな刀を持ち、人を捕らえて食う。エトゥラチチが棲《す》む国はポンモシリコタンという。

　食べるために捕らえたカムイオトプシというアイヌの英雄神に逃げられ、彼の弟であるポイヤウンペと戦いを繰り広げるも、敗れて岩の峰に叩きつけられて死んだという。

　金田一京助著『アイヌの文学』（『金田一京助全集　七』収録）にある。名前は「エトゥラ（鼻）」＋「ラチチ（垂れ下がる）」で「鼻が垂れ下がったもの」というような意味になる。同書では「吊鼻天狗」と訳されている。

エヌイライクル［えぬいらいくる］

アイヌに伝わる怪異。人の声がするとパッと消え失せる人の姿をしたものとされる。

吉田巌《いわお》著『アイヌの妖怪説話（続）』（『人

類学雑誌』第二十九巻第十号）にある。ここではアイヌの英雄ポンヤウンペの兄とされている。名前の意味は「エヌイ」は不明だが、「ライクル」は「死人」や「幽霊」という意味になる。亡霊のような存在なのだろうか。また、ポンヤウンペの兄とされる存在にはアイヌラックルがいるが、これにも名前が似ている。

エラシラシケポンヘカチ
［えらしらしけぽんへかち］

アイヌに伝わる妖怪。河童のようなものとされ、**ミントゥチ**と同じものとされる場合もある。

昔話では子熊に化けて人間に捕まえられ、檻《おり》の中で育てられていたが、ある夜その正体がばれ、村の人々に退治された。

この退治の方法は、まずエラシラシケポンヘカチに腹いっぱい食べ物を食わせ、二人の女のラウンクッ（女の貞操を守るための紐《ひも》）を繋いで眠っているエラシラシケポンヘカチの檻を結ぶ。そして夜明けを待ち、呪文を唱えると、まるで見えない手に首を絞められたように悶《もだ》え死んだという。

その後エラシラシケポンヘカチの肉体はばらばらに切り刻まれ、この化け物を祀《まつ》る祭壇が作られた。そしてイナウ（木幣《もくへい》）が供えられ、やがてエラシラシケポンヘカチの肉片はイナウとともに風に乗って飛んでいったとされる。

萱野茂著『アイヌの昔話 ひとつぶのサッチポロ』にある。これと類似した話が**ケナシコルウナルペ**の話にも見られる。これらの話で見られるように、アイヌでは親もなく一匹でいる子熊は化け物であると伝えられていたようだ。

名前は「河童」と訳されることが多いが、分解してみると「エラシラシケ（かさぶただらけの）」+「ポンヘカチ（赤子、幼児）」となると考えられる。そのため、男児や赤子、もしくはそれに似た姿の妖怪なのだろう。かさぶたがあるのかどうかは定かではない。

オアイヌ
［おあいぬ］

アイヌに伝わる怪異。「空聞き」を意味し、方言によって「オワイヌ」、「オハイヌ」とも発音される。あの世の人々が互いに名前を呼び合う声を指し、自分の名前を呼ばれたと思ってうっかり返事をしてしまった場合には、必ず改名しなければならないとされる。

知里真志保《ちりましほ》著『えぞおばけ列伝』にある。「オアイヌ」、「オハイヌ」は「空耳」、「空聞き」、「幻聴」を普遍的に表す言葉であるため、このような化け物に名前を呼ばれる以外の現象でも様々に使われる。ちなみに「空見・幻覚・幻視」などの場合は**オハインカラ**という言葉が使われる。詳細は当該項目を参照。

同書には何者かに呼ばれ、返事をしたが、改名しなかった話も載せられている。それによれば、明治の初めの頃、美幌町《びほろちょう》にイコトナシという老婆がいたが、名前を呼ばれたような気がして返事をしたところ、誰もいなかった。イコトナシはそのまま過ごしていたが、数年後に突然原因不明のまま死んでしまったという。

オーシラ神［おーしらしん］

和人に伝わる神。道南に見られる信仰で、オーシラ神と呼ばれる男女一対の神体や馬と娘の神体を祀《まつ》る。

家神、漁神、農作神としての祀られ方があり、家神として祀られる場合は夫婦和合、家内安全の神などとされ、家に何かが起きそうな時は一六の鈴が鳴って前兆を知らせるという。漁神の場合はイタコなどに漁の予言や占いの判断をする際、オーシラ神の神体が使われるとされる。農作神の場合は畑仕事、田仕事などの農業に関わるものを神体に託して占うという。

またオーシラ神の由来を語る祭文も残されており、それによればある長者の娘が飼っている馬と恋に落ち、一夜の契りを結ぶ。しかしその後馬が食欲不振になり、長者が占い師を呼んで占わせると恋煩いと出る。これを癒すには娘に十二単《ひとえ》を着せ、右の手には鍬《くわ》を持ち、左の手には九条すすきを持ち、赤いたすきを綾《あや》にかけて餌を食べさせることとされる。しかしこれにより馬が娘に恋をしたことがばれ、馬は長者に殺される。娘はこれを悲しみ、桂《かつら》の大木の下に腰を下ろし、般若心経《はんにゃしんぎょう》を読み、西の方から降りていた五色の雲に乗り、つむじ風に誘われて天竺《てんじく》へと昇る。そして天竺で馬と再会するが、親不孝をした償いにと馬とともに滝に打たれ、砕かれて蚕となることを決め、心中を図る、という内容になっている。

高倉新一郎監修・矢島睿《さとし》編『北海道の研究7 民俗・民族篇』にある。

オーシラ神、もしくはオシラ神の信仰は元々東北地方にあり、この由来譚《たん》も類似したものが岩手県や青森県などに伝わっている。同書によれば道南のオーシラ神信仰も元々は東北地方から北海道に移住してきた人々が、家に伝わっていたオーシラ神の分霊を持ち込んだのが始まりだとしている。

道南のオーシラ神信仰自体は近世に既に記録が残っており、東寧元槙著『東海参《とうかいさん》譚《たん》』には「おほしら神」という名前でこの神への信仰が描写されている。それによれば、桑の木で彫られた男女二体の神で、何かをこの神に願う時は絹や木綿で包み、左右に持って呪詛する。するとおほしら神が巫女《みこ》に乗り移り、吉凶を告げるのだという。同書ではこれは犬神と類似したものかと述べている。

犬神は西日本に伝わる犬の霊がなるという憑《つ》き物の一種で、民間呪術にも利用されていた。

深瀬春一著『蝦夷地における和人伝説考』では松前近傍にオシラ神による禍福吉凶を占う民間信仰があったことについて記されている。それによればその形体は東北地方で行われているものと大差はないとある。

大蚯蚓［おおみみず］

アイヌに伝わる妖怪。アイヌの神謡に語られる化け物で、大きな沼に棲《す》み着いていた老いた蚯蚓だという。人間に巻き付いて殺してしまうほどの巨体を持ち、人が沼を訪れると沼を泳いで近づき、何人も殺していた。

しかしある時、アイヌの英雄であるオキクルミが女とともにこの沼を訪れた際、大蚯蚓が女の方に巻き付いたところを、オキクルミの鎌によってずたずたに切り裂かれてしまったという。

久保寺逸彦著『アイヌの神謡』に載る。アイヌ語の名前は記されていなかった。

オキナ［おきな］

アイヌに伝わる妖怪。鯨の化け物と考えられており、口を開けば上顎は天を覆い、下顎は海の底に届き、普通の鯨を丸呑みにしてしまうという。また人間の舟もこれに出会うと一呑みにされてしまうため、非常に恐れられた。

その大きさは二、三里（八キロメートル弱〜一一・八キロメートル弱）に及び、背中は黒く、小山のように見えるとされる。数十里の大きさと語られることもある。

知里真志保《ちりましほ》著『ユーカラの人々とその生活』（『知里真志保著作集3』収録）にある。同書でも触れられているが、このオキナの存在は串原正峯《くしはらまさみね》の『夷諺俗話《いげんぞくわ》』で「ヲキナという大魚の事」という題で記されており、同書が記された一七九二（寛政四）年には既に知られていたことが分かる。また同書ではアイヌはこれをアトゥイコロカムイ（海を支配する神）と呼ぶ、と記されている。

さらに遡《さかのぼ》ると坂倉源次郎の『北海随筆』（一七三九年）では鯨を呑む化け物として「ヲキナ」という怪物について記されており、ヲキナは漁船も襲い、海底から雷のような声を出すため、これを聞いた漁船はすぐに逃げるのだとある。

林子平の『三国通覧図説』（一七八五年）でも蝦夷の海に現れる巨大な魚としてオキナが紹介されており、その巨体は山のようであるとされるほか、同じく巨大な体を持つとされる鱝魚《あかえい》とともに紹介されている。

最上徳内の書いた『渡島筆記《おしまひっき》』（一八〇八年）にはアイヌはオキナを「ヤツインゲ」と呼ぶとある。「ヤツイ」は恐らく「アトゥイ（海）」のことだと思われるが、「ンゲ」の部分が何を表すのかは不明。同書ではこのオキナが出現する際には二、三日前から海が黒くなり、海がひっそりと静かになるという。またこれが姿を現すときは山が海から現れるようで、その巨体は数十里にわたるとある。

尾張藩の学者、秦鼎《はたかなえ》の随筆『一宵話《ひとよばなし》』（一八一一年）にも「翁魚」の名でオキナのことが記されており、よく人に知られているとある。

知里真志保著『ユーカラの人々とその生活』（『知里真志保全集3』収録）によれば、

オキナが生まれた過程として、元々アイヌの人々は鯨を海の神として崇拝していたが、その崇拝が衰えるにつれ、海の神としての概念だけが残り、それが海の中の化け物のように考えられるようになって、鯨を呑む怪物という怪奇な伝説を生むに至ったと考察している。

オケン［おけん］

アイヌに伝わる妖怪。悪魔の使者であり、鳥の姿をしている。

知里真志保《ちりましほ》著『ユーカラの人々とその生活』（『知里真志保著作集3』収録）にある。同書によれば、この名前は「悪い予兆をする」という意味にも用いられ、元々はシャーマンに関する言葉だったのではないかと考察されている。

オコッコ［おこっこ］

アイヌ語で化け物、幽霊、亡霊、妖怪などを表す言葉。

萱野茂著『萱野茂のアイヌ語辞典』にある。これらの意味のほかにオコッコで「蛇」の意味で使う用例もある。また同書ではオコッコは道の西側を歩くため、生きた人は道の西側を歩かないようにするという話が記録されている。

オコッコパラトゥ［おこっこぱらとぅ］

アイヌに伝わる怪異。「蛇に憑《つ》かれる」ことを意味し、蛇が何かを呑んでいるのを女性が見てしまった場合、その女性は蛇に憑かれると考えられていた。そのためそれを目撃した場合には、すぐに蛇を殺し、その頭にヨモギを刺して蛇の霊が自分に憑くのを防がねばならないと伝えられたという。

ジョン・バチラー（バチェラー）著『アイヌの伝承と民俗』にある。

オソイネプ［おそいねぷ］

アイヌに伝わる妖怪。**ミントゥチ**と同様のもので、河童に似た妖怪。アイヌにタバコをもらった代わりに助けることもあれば、借りたものを返さない人間を巨鳥**フリー**に食わせたりもしたという。

更科源蔵・安藤美紀夫著『北海道の伝説』にある。名前は「オソイ（外から）」＋「プ（もの）」で「外から来るもの」という意味になる。類似した名前を持つものに**モシリシンナイサム**がいるが、更科源蔵はこの妖怪も河童の一種としている。

オソユンペカㇻ［おそゆんぺから］

アイヌに伝わる怪異。寝ているときに夢《む》魔《ま》にうなされることを言う。

知里真志保《ちりましほ》著『分類アイヌ語辞典 人間編』にある。名前は「オソユンペ（魔、憑《つ》き物）」＋「カㇻ（憑く）」で、「魔が憑く」

という意味になる。これが起きると胸の上に何者かが乗った感覚があり、声も出せぬ状態になるという。

オタパチェクル［おたぱちぇくる］

アイヌに伝わる妖怪。海岸で砂を舞い上げる存在だという。

ジョン・バチェラー著『アイヌの暮らしと伝承』、『アイヌの伝承と民俗』にある。同書ではそのまま「海岸で砂を舞い上げる者」、「砂を飛ばす人」と訳されている。

名前を分解すると、「オタ」は「砂」、「パチェ」は「飛ばす」、「クル」は「人」という意味になる。

オッカヨカッポイェンヌプ［おっかよかっぽいぇんぬぷ］

アイヌに伝わる妖怪。アイヌの叙事詩であるユーカラ「ポンオイナ」に登場する。アイヌに伝わる死後の国、ボクナモシリに現れる化け物で、冥界を流れる川の両岸のあちこちにある土饅頭《つちまんじゅう》が変化した、いわば土人形のようなもの。人間の男の形をしているが、編み掛けの手籠《てかご》のようなものや擦り切れた襤褸《ぼろ》の糸筋のようなものを体にぶら下げ、顔は掌《てのひら》のようで、目は爪痕のように細く、土だらけで黒ずんでいるという。猛毒の矛《ほこ》と弓とを携えて、おびただしい数が現れたという。またその体から腐った泥の匂いを発していたとされる。

金成マツ筆録・金田一京助訳注『ユーカラ集I』にある。名前は「オッカヨ」は「男」、「カッポ」は「姿、外見」、「イ」は「ものに」、「エ」は「～で」、「ウヌ」で「はめる、入れる」、「ㇷ」は「もの」という意味なので、「男の姿をしているもの」という意味になろうか。

これと同時に女の形をした化け物も現れている。詳細は**メノコカッポイェンヌプ**を参照。

オニ［おに］

アイヌに伝わる妖怪。文字通り鬼のこと。アイヌの物語には、たまにそのままオニという名前で登場する。

パナンペ・ペナンペ物語においては人を食う化け物として描かれ、子どものオニはポンオニと呼ばれ、小鬼と訳されている例が見える。物語でオニに捕まったパナンペはこのポンオニたちを騙《だま》して自分を解放させ、ポンオニたちに教えられたオニの宝を使ってまずポンオニを殺害し、その肉をオニに食わせて難を逃れる。それから再び宝を使ってオニから逃げ切ったという。

その後、宝を羨《うらや》んだペナンペがパナンペから逃げ切った方法を聞き、同じことをしようとするが、今度はオニも騙されず、ペナンペは食われてしまったという。

知里真志保《ちりましほ》著『アイヌ民譚《みんたん》集』にある。パナンペ・ペナンペ物語は川下に住むパナンペと、川上に住むペナンペが主役となる物語で、基本的にパナンペが何かしらのことをうまくこなし、それを羨ましがったペナンペがパナンペにやり方を聞くなどして実行するも、既に相手側に手の内が伝わっているため失敗する、という話が多い。また、この人食いの怪物を出し抜く話は**オンカミ・アチャボ**や**ニッネカムイ**など、複数の妖怪で同様の話が伝わっている。

オニシテ［おにして］

アイヌに伝わる怪異。ラッコを煮て食べる際、その場に男女が同数揃っていないと、ラッコの肉を煮る匂いに情欲を掻《か》き立てられて気絶し、放置するとそのまま死んでしまう状態を言う。これはラッコのつがいが片方を獲られると、もう片方も死んでしまうことから生まれた俗信で、石狩川筋や天塩川《てしおがわ》筋で語られていた話なのだという。

更科源蔵著『アイヌの民俗（上）』にある。この現象は野田サトルの漫画『ゴールデンカムイ』の中に登場し、大きな話題となった。その詳細はぜひ自身の目で確かめてほしい。

また、知里真志保《ちりましほ》著『アイヌ艶笑談《えんしょうだん》』（『アイヌ民譚《みんたん》集』収録）では、ラッコの肉を煮ると欲情する理由をラッコの神が非常に好色だから、としている。また同著者の『分類アイヌ語辞典 人間編』では、非常に強烈な色話を聞いてオニシテになることもあり、やはり放っておくとそのまま死んでしまうという。

オニマクシメノコ［おにまくしめのこ］

アイヌに伝わる妖怪。女性器に歯が生えた女性たちで、これと性交しようとした男性はその生殖器を噛《か》み千切られ、死んでしまうという。

知里真志保《ちりましほ》著『分類アイヌ語辞典 人間編』にある。「オ（陰部）」＋「ニマク（歯）」＋「ウシ（生えている）」＋「メノコ（女性）」で「陰部に歯が生えている女」という意味になる。この女性たちは遥か東方の海上にあるひとつの島のメナシパ（東南の意）というコタン（集落）に棲《す》んでいるとされ、食いちぎった男性器は紐《ひも》を通して首飾りにする。この首飾りは女たちの間で奪い合いが起きるほど人気なのだという。またオニマクシメノコは東風が吹くとそちらに向かって陰部を露出する。すると子どもを妊娠することができる。

そのため、アイヌでは父親のいない子を産むことを「メナシホクコル（東風の夫を持つ）」と呼ぶのだという。

オハインカラ［おはいんから］

アイヌに伝わる怪異。幻視、幻覚を意味し、通常では見えないものが見えることを言う。

知里真志保《ちりましほ》著『えぞおばけ列伝』（『アイヌ民譚《みんたん》集』収録）では山野を行く際などに突然あらぬ場所に山や川などが現れて行く手を遮ることがある。そういうときは、必ず神に祈りながら引き返さないと悪い熊に殺されるか、種々の凶変に遭うとある。

名前の意味は「オハ」は「空っぽの」、「インカㇻ」は「見える」という意味で、「幻視、幻覚」となる。そのため上に挙げた以外にも**モシリシンナイサム**に遭遇する場合もオハインカㇻと言われる。また神が警告や啓示のためにオハインカㇻを見せる場合もあるようだ。

幻覚ではなく幻聴が起きる場合もあり、その際はオハイヌ（**オアイヌ**参照）という言葉が使われる。

オハユンペ［おはゆんぺ］

アイヌ語で魔や憑《つ》き物を表す言葉。

知里真志保《ちりましほ》著『分類アイヌ語辞典 人間編』による。オハユンペは本来「外から来る者」という意味なのだという。

オムケカムイ［おむけかむい］

アイヌに伝わる悪神。風邪や流行病の神とされる。

知里真志保《ちりましほ》著『分類アイヌ語辞典 植物編・動物編』にある。同書によれば、この神は鳥の姿をしているという。名前は「オムケ（咳《せき》をする）」と「カムイ（神）」で「咳をする神」というような意味となる。

オヤピ［おやぴ］

アイヌ語で悪魔を表す言葉。

吉田巌《いわお》著『アイヌの妖怪説話』（『人類学雑誌』第二十九巻第七号）にある。語義は不明。「オヤ」は「他の、外の」という意味の言葉だが、「他界から来るもの」という意味合いで樺太《からふと》アイヌでは「**オヤシ**」という言葉で妖怪、化け物を表す。これも類似した言葉だろうか。

オヤラマッ［おやらまっ］

アイヌに伝わる怪異。霊魂を表す言葉。

吉田巌《いわお》著『アイヌの妖怪説話』（『人類学雑誌』第二十九巻第七号）にある。名前を見てみると、「ラマッ」そのものが霊魂を表すアイヌ語となっている。では「オヤ」は何かといえば、「外の、他所の」というような意味となり、「オヤコタン」という場合には「他界、死者の国」といった意味で訳される。そのため「オヤラマッ」は「死者の霊魂」というような意味合いになるのではないかと思われる。

オラウンクルカムイ［おらうんくるかむい］

アイヌ語でヨタカのこと。「地下界から来る神」、「あの世の神」を意味し、ヨタカはあの世が不景気になると現世に現れる幽霊鳥だと考えられ、忌まれていたという。

また、野宿して焚火《たきび》に当たっているとその人間の頭上に現れ、「クレ・クス・クェㇰ（俺は鳴くために来た）」と鳴く。この時「あっちに行け」と言うと近くに寄ってくるので、「よく来たな、もっと近くで鳴け」と言うと逆に去って行くとされる。

知里真志保《ちりましほ》著『分類アイヌ語辞典 植物編・動物編』にある。

オリパクカムイ［おりぱくかむい］

アイヌに伝わる悪神。疱瘡《ほうそう》神の一種。

知里真志保《ちりましほ》著『分類アイヌ語辞典 人間編』にある。「オリパク」は「恐れ多い、もったいない」、「カムイ」は「神」の意味で、「恐ろしい神」といった名前になる。

また知里真志保著『分類アイヌ語辞典 植物編・動物編』によれば、この疱瘡神はコタンカルカムイが世界を創造したとき、ドロノキで火鑽《ひき》りをした際、白いもみくずから生まれたのがオリパクカムイなのだとされる。この時ともに生まれたのが**イペルスイチカプ**、**モシリシンナイサム**、ケナシウナラペという悪神たちだったという。

おんぶ幽霊［おんぶゆうれい］

現代に伝わる怪異。ある夫婦がひどい喧嘩をし、勢いで夫が妻を殺してしまった。その夫婦には一人息子がいたが、子どもは母親がいなくなってから父親のことを妙な目で見るようになり、殺したことがばれてしまったのかと気が気でなかった。

そんなことが一週間続いた。そして食事をしている時、息子が突然父親に向かって「お父さん、なぜいつもお母さんおんぶしているの?」と言ったという。

北の生活文庫企画編集会議編『北海道の口承文芸』にある。この話は全国に分布するが、殺人を気付かれたと思い込んだ父親が子どもを殺害しようと企てているときに息子が「なんでお母さんをおんぶしているの？」と尋ねるパターンもある。

【か】

カイポクンクル［かいぽくんくる］

アイヌに伝わる悪神。「波の下に住むもの」を意味する。海岸から少し離れたところに住み、舟を沈めるという。また妻にカイポクンマッという悪神がいるとも伝えられる。

ジョン・バチラー（バチェラー）著『アイヌの伝承と民俗』にある。同書によれば、この名前は「カイペ（波）」＋「ポク（下）」＋「クル（人、者）」という名前のようだ。

怪魔神［かいまじん］

アイヌの神話に現れるとされる魔神。ある山にいたという一つ目の巨人で、姿は人間に似るがその身長は天にも届くほどであったという。その一つ目の大きさも鍋蓋《なべぶた》ほどあり、怪光《かいこう》を発した。この怪光に射られた人間は目がくらんで倒れてしまったとされ、怪魔神はそうして人間を捕らえ、食らったという。

ある時勇猛な神がこの怪魔神と出会い、魔神の目を射った。これにより怪魔神は倒れ、勇ましい神は魔神が蘇《よみがえ》るのを恐れて屍《しかばね》を火にかけ、焼いた。そして残った灰を天に向かって撒《ま》いたが、不思議なことにその灰はたちまち無数の蚊やアブと化したという。

中田千畝著『アイヌ神話』にある。同書にはこの怪魔神のアイヌ語の名前は記されておらず、単に「怪魔神」または「大怪魔神」と記されている。

鬼の死骸を焼いた灰が蚊やアブ、ブヨなどに変化する、害虫の起源を語る話は全国に分布する。北海道においても他に京都の大江山に出現したことで有名な鬼、酒呑童《しゅてんどう》子《じ》の伝承が元となっていると思しき**四天堂児**という鬼の話に同様の展開が見られる。詳細は当該項目を参照。

カシカムイ［かしかむい］

アイヌ語で憑神《つきがみ》を表す言葉のひとつ。知里真志保《ちりましほ》著『分類アイヌ語辞典 人間編』にある。

カシマさん［かしまさん］

現代に伝わる怪異。様々な怪談、姿で語られる幽霊で、よく知られた話としてはカシマさんの話を聞いた人間の元に手足を欠損した女の幽霊が現れ、「手をよこせ」、「足をよこせ」、「この話、誰から聞いた?」といった問いかけをし、これに正しく答えられないとその体の部位や命を奪っていくというもの。これらの問いに対する回答としては「今使っています」、「今必要です」、「カシマさんです」と答えると良い、とされることが多い。また問いかけに関係なく「仮は仮面のカ、死は死人のシ、魔は悪魔のマ」、「カシマさん、カシマさん、カシマさん」と唱えると撃退できるともいう。この他、足や腕を欠損したバレリーナ、足だけを欠損した霊、下半身を欠損した霊、火傷《やけど》を負った霊、傷痍《しょうい》軍人などの姿で現れることが多い。女性の場合が多いが、男性のパターンもある。

また、話を聞いた人間の元に一定期間内に現れるとされることも多く、その場合は一定数以上の人間にカシマさんの話をすると逃れることができるともいう。

現れる場所も様々で、夢の中、トイレ、枕元、話を聞いた人間の元であればどこにでも、学校の各教室などがある。

七〇年代から現在にかけて口頭、書籍、チェーンメール、インターネットなど様々な媒体を通して広がっているカシマさんだが、現時点で確認できる最も古いカシマさんの記録は札幌市を舞台にしている。松山ひろし著『呪いの都市伝説 カシマさんを追う』によれば、平凡出版の週刊誌『平凡パンチ』の一九七二（昭和四七）年八月七・一四日合併号にて掲載された話で、以下のようなものだという。

夜中の一一時から一二時頃に化神魔サマと呼ばれる下半身のない妖怪が現れ、三つの質問をする。この質問に答えられないと呪い殺されてしまう。またこの話を聞くと三日目の夜に化神魔サマは現れるが、それを防ぐためには三日以内に同じ話を五人に正確に伝えねばならないという。

同書にはこの他にもいくつか北海道を舞台にしていたり、北海道にて語られたカシマさんの話が記されているため、紹介してみよう。

まず、カシマ様と呼ばれる片足と片腕を欠損した幽霊が釧路から札幌にやってきた。このカシマ様が家にやってきたときは決してドアを開けず、「遊ぼう」と言われたら「今は駄目です」と答える。すると「どうして」と聞いてくるので「片腕と片足がないから、だめ」と答えるとカシマ様は消える。しかし理由を答えられないとドアを開けられて殺されてしまうという話が載せられている。

さらに、「カシマさん／札幌市苫小牧1−8−9」という名前と住所を覚えていないと、忘れてしまったその日の夜に恐ろしい幽霊がやってきて殺されてしまうという話もある。札幌市の中に苫小牧はなく、苫小牧市が自治体として別に存在しているため、明らかに架空の住所が語られている。

他にもカシマさんのフルネームとして「カシマレイコ」という名前が語られることも多いが、こちらの名前も北海道を舞台にして語られることがある。

先ほどの『呪いの都市伝説 カシマさんを追う』に載せられた話は北海道のある町にて七九年から八〇年頃に語られていたという話で、小学校の教室で使う、石炭ストーブの石炭を保管している石炭倉庫に出現したとされる。元々はその倉庫で首を吊った女性で、一人で石炭を取りに行くと死んだときに着ていた白いワンピース姿のままで目の前に現れるとされ、漢字は「仮死魔霊子」という字が当てられていたようだ。

函館市の高校で女子高生が知っている不思議な話を集めた久保孝夫の著作『女子高生が語る不思議な話』にもカシマレイコの名前が見られ、それによればその話を聞くと電話が掛かって来るため、三秒以内に「かはかめんのか、しは死、まはあくまのま、かしまれいこさま」と答えなければならない。答えられないと夜中にノックの音が聞こえ、ドアの前に焼けただれた少女がいて、「わたしがかしまれいこです」と言って去って行くという。

カシンデ［かしんで］

アイヌに伝わる怪異。惨《むご》い殺され方をしたアイヌの首長で、怨霊《おんりょう》と化した後、病気の神と結託して北海道を荒らしたのだという。

更科源蔵著『アイヌの神話』にある。カシンデと類似したカスンデ、**カスンテ**という名前はアイヌに伝わる話の中でよく村の首長として登場するほか、疫病神と人との間に生まれた半人半神の怪物として語られる話もある。

カッキクシ［かっきくし］

アイヌに伝わる怪異。魔物や化け物に取り憑《つ》かれることや、悪霊などに祟《たた》られることを意味する。

萱野茂著『萱野茂のアイヌ語辞典』にある。

河童［かっぱ］

アイヌ、和人に伝わる妖怪。アイヌにおいてはよく水の妖怪が河童と訳される。

更科源蔵著『アイヌ伝説集』によれば、新冠町《にいかっぷちょう》の新冠川の河口にある判官岩の下には昔から河童が出るといわれている。またそこには蓑《みの》の形をした岩があり、これが水の上に姿を現すと水死人が出ると恐れられていたという。

同書によれば日高の染退川《しべちゃがわ》（現静内川《しずないがわ》）にも河童がいたといい、この川では不漁となることがないが、必ず一年に一人か二人、川で命を失ったのだという。これは旭川で人間の女の家に婿入りした河童が、川で死人を出すことと引き換えに豊漁になるようにしていたが、それがばれて石狩川を追われ、染退川に移って同じ悪さをしているからなのだという。

同書ではほかにも石狩川に棲《す》む河童は頭が禿《は》げていて男女がおり、男は人間の女に憑《つ》いたり、女は人間の男を籠絡《ろうらく》するなどするが、巨鳥フリーから人を守るためのお守りを授けた話もあるという。

チカップ美恵子編著『森と大地の言い伝え』では釧路の方面でもホッキ貝を採りに来たところ、河童と遭遇したという話があったことが載せられており、大正時代ぐらいまではアイヌも和人も河童の存在を信じていたという。

カトゥフカラ［かとぅふから］

アイヌに伝わる怪異。アイヌ語で「惑わす」という意味だが、特に化け物が人間に取り憑《つ》き、おかしな行動をさせていると想定される場合に使うという。

萱野茂著『萱野茂のアイヌ語辞典』にある。

カニケソラプ［かにけそらぷ］

アイヌに伝わる神鳥。黄金の鳥で、鷲《わし》のような姿をしているとされる。アイヌの英雄、オキクルミはこの鳥を追ってアイヌモシリ（北海道のこと）を出てポンルルカという土地に去ったという。

金田一京助著『アイヌの神話』（『金田一京助全集 七』収録）にある。「カニ」は

「金」、「**ケソラㇷ゚**」はアイヌに伝わる架空の鳥。ケソラㇷ゚の詳細は当該項目参照。

カパプカムイ［かぱぷかむい］

アイヌに伝わる神。カパプカムイは「蝙《こう》蝠《もり》の神」を意味し、アイヌにおいては流行病を防ぐ神と考えられている。

アイヌに伝わる物語では、カパプカムイは天から降りてきた神ではなく、地上で創造神が新たに作り上げた存在だとされる。ある時、アイヌの英雄であるポイヤウンペが悪神たちと戦い、流行病の悪神が大挙して押し寄せてきた際、ポイヤウンペは自分の砦《とりで》を守ることをカパプカムイに頼み、カパプカムイも同意した。それからポイヤウンペの砦に流行病の神がやってきて、カパプカムイはその毒矢に倒れたが、悪神が砦を占領した後に蘇《よみがえ》り、驚いた悪神の隙をつき、その毒矢を奪って殺してしまった。そのため、カパプカムイはアイヌの人々を流行病から守ってくれる神として崇《あが》められるようになったという。

ジョン・バチェラー著『アイヌの暮らしと伝承』にある。

カバフト［かばふと］

アイヌ神話に現れる悪神。アイヌの女性が口元に刺青《いれずみ》をするようになったのは、この悪神がアイヌの女性を奪って逃げることを繰り返したため、口元に髭《ひげ》に似せた文様を入れたことが起源とされる。

中田千畝著『アイヌ神話』にある。アイヌの女性に特徴的な口元の刺青についてはその起源に関して複数の物語があるため、これもそのひとつと思われる。

カミアシ［かみあし］

カミヤシ、カメアシともいう。アイヌ語で化け物や妖怪を表す言葉の一つ。

萱野茂著『萱野茂のアイヌ語辞典』などにある。神に敵対する化け物が登場する場合、この言葉が使われることが多い。また人に対する悪口としてこの言葉を使うこともある。

カミヤシ［かみやし］

アイヌ語で化け物を表す言葉の一つ。**カミアシ**と表記される場合もある。

知里《ちり》真志保《ましほ》著『分類アイヌ語辞典 植物編・動物編』にある。同書によれば、これはマムシを表す言葉の一つでもあるという。「カムイ（神）」＋「**オヤシ**（化け物）」が語源。

カムイピㇼ［かむいぴり］

アイヌ語でかまいたちを表す言葉。「カムイピㇽ」ともいう。

知里《ちり》真志保《ましほ》著『分類アイヌ語辞典 人間編』にある。意味は「カムイ（神）」＋「ピル（傷）」で「神の傷」、「神によって生じる傷」というものとなる。日本本土では前触れなく生じる切り傷を「鎌鼬《かまいたち》」という鼬の妖怪をはじめとした、悪神や鎌の妖怪などの仕業と考えていたが、アイヌでも神が生じさせる傷として認識していたようだ。

カンナカムイ［かんなかむい］

アイヌに伝わる神。雷神の意味とされ、しばしば大蛇や竜の姿で語られる。またアオダイショウがカンナカムイの使いと考えられることもある。基本的には天上の世界に住むが、たまに地上に降りてきて人の世界を覗《のぞ》くなどとされる。中川裕著『アイヌの物語世界』などにある。

知里真志保《ちりましほ》著『分類アイヌ語辞典 植物編・動物編』においても蛇体の神と考えられていると載り、雷の姿を蛇に見立てていたことがうかがえる。

先の『アイヌの物語世界』においてはカンナカムイはシンタ（揺《ゆ》り籠《かご》）に乗って天から降りてくるとされる。久保寺逸彦著『アイヌの神謡』ではカンナカムイがこのシンタに乗って人間の村を見に来たが、ある女がカンナカムイを罵《ののし》ったため、シンタの上手と下手を激しく打ち、炎の虹と岩の雨を空から降らせて村を壊滅させる話が載せられている。

また蛇とカンナカムイの関係として面白いものがあり、中川裕校訂・大塚一美編訳『キナラブック口伝 アイヌ民話全集』においては、蛇が六〇年間人の目に触れないと天に昇ってカンナカムイになる、という話が載せられている。

カンナカムイポホ［かんなかむいぽほ］

アイヌに伝わる妖怪。「竜神の息子」を意味する名前で、アイヌの昔話には、この神が次々と人間を殺害した話が残されている。それによれば、ある美しい娘に恋をしたカンナカムイポホはその娘の元に婿に行く者たちを次々と殺し、それを苦にして自殺した娘の魂を神の国へ連れ去ろうとしていた。しかしアショロの神からその話を教えられた若者が、武器として渡された針でカンナカムイポホの尾を突き刺し、これを退治した。

倒れたカンナカムイポホは自身の行いを反省し、殺した婿たちのうち何人かを生き返らせ、若者に宝物を渡したという。

萱野茂著『カムイユカラと昔話』にある。同書によれば、**カンナカムイ**（竜神）はアイヌの中で生まれたものか、外来のものを取り入れたのかは分からないという。

また、同著者の『アイヌの昔話 ひとつぶのサッチポロ』には、カンナカムイの息子が人間の若者に化け、人間の娘と婚姻しようとするものの、スス（柳）とチキサニ（ハルニレ）の木の神の助力を得た本物の若者によって倒され、大蛇の正体を現すという昔話が載せられている。

ちなみにカンナカムイは雷神を表すことも多い。詳細は当該項目を参照。

キサラリ［きさらり］

アイヌに伝わる妖怪。「耳ながお化け」と訳される。伝承に残る妖怪ではなく、大人が子どもを怖がらせるために生み出した妖怪で、しつけなどに使われる。

作り方は鎌を嘴《くちばし》に見立て、両側に長さ五、六寸（約一五～一八センチ）の耳を付ける。この耳には赤い布を巻き、嘴には黒い布を巻く。

このキサラリを窓の外から覗《のぞ》かせ、最初は「グーッグーッ」と人間の声には聞こえないような声を出すと、大抵の子どもは驚いて泣くことも忘れるという。また、それ以降は「キサラリエッナ（キサラリが来るぞ）」と言えば、駄々をこねていた子どももぴたりと泣き止むとされる。

萱野茂著『おれの二風谷《にぶたに》』にある。

キナシュツウングル［きなしゅつうんぐる］

アイヌに伝わる妖怪。大地の悪神の長とされ、その名前は「草の根の間に住んでいるもの」を表すという。

ジョン・バチラー（バチェラー）著『アイヌの伝承と民俗』にある。同書にも記されているが、キナシュツウングルやキナストゥンクルという場合、蛇やアオダイショウを表すことが多い。

キナポ［きなぽ］

アイヌに伝わる妖怪。かつてアイヌの英雄神であるオキクルミがアイヌモシリ（北海道）に降り立った際、そこに鬼がいて、この島は自分のものだと言うのでオキクルミは術比べをし、勝利する。そしてオキクルミは鬼に対しお前は人を食う意地汚いものであるから、意地汚いところは魚になれ、と鬼の体の半分を海に投げたところ、人を食うキナポという大魚になったという。

金田一京助著『アイヌの神話』（『金田一京助全集 七』収録）にある。「キナポ」はアイヌ語で「マンボウ」を表す言葉とされることが多いが、この神話で語られるキナポがマンボウそのものかは不明。ちなみに残った鬼の体の半分はサマイウンクルというアイヌの英雄となったと語られている。

キムナイヌ［きむないぬ］

アイヌに伝わる妖怪。キムンアイヌ、キムンクルともいう。山中に棲《す》む人間と同じような姿をした化け物。全身が毛深く、体には衣服を纏《まと》わず、時にアイヌを殺害するという。

吉田巖《いわお》著『アイヌの妖怪説話（続）』（『人類学雑誌』第二十九巻第十号）にある。キムナイヌの話は他にも数多く伝わっている。

知里真志保《ちりましほ》著『えぞおばけ列伝』（『アイヌ民譚《みんたん》集』収録）によれば、キムナイヌは「キム（山）」＋「ウン（ある、いる）」＋

「アイヌ（人）」で「山にいる人」の意味となる。キムンクルも「クル」が「人、神」の意味であるため同様の意味となる。他にもタバコを好むため、山でタバコをのんでいると寄ってくるが、タバコを一つまみ、二つまみ置いておけば悪さはしないという。また禿《は》げ頭だという特徴も語られている。

更科源蔵著『アイヌ伝説集』にも様々なキムンナイヌの話が複数載り、その特徴や容姿にも違いがある。

日高の山奥にはキムンアイヌと呼ばれる山男がおり、よく人を食っていたという。このキムンアイヌは人間の三倍もの体長があり、口には牙があって口の外に飛び出ている。一応衣服を纏っているが、その材料は分からない。虫でも潰すように鹿や熊を素手で獲り、大木も根こそぎ引っこ抜いてしまうという。雨竜沼の付近にも山男がいるが、これはぎょろぎょろとした恐ろしい目をしているものの、タバコを渡すとにこにこと笑って去って行くという。そのため山に入るときにはタバコを持って行かねばならないと伝えられていた。

十勝のキムンアイヌは顔まで毛が生えた大男で、マサカリを使うなど道具を使用したという。このキムンアイヌは天から用を言い遣わされて降ろされた存在だったが、タバコをもらってこられず困っていたところ、アイヌと出会ってタバコをもらい、そのお礼にマサカリを渡したという。このマサカリは大きくて普段使いはできなかったが、家に置いておくだけで猟がうまくいくようになり、そのアイヌはとても豊かな生活をできるようになったという。この話は河東郡《かとうぐん》音更町《おとふけちょう》に伝わっていたとされる。

屈斜路湖畔《くっしゃろこはん》のクトゥンヌプリという山にいるキムナイヌは普通の人間と姿は変わらないが、木を伐《き》るときに下から上へ切り上げるのが違うという。またこのキムナイヌは山犬（**キムンセタ**参照）を連れているとされる。

天塩郡幌延町《てしおぐんほろのべちょう》を流れる問寒別川《といかんべつがわ》の奥にはキムンアイヌコタン（キムンアイヌの集落）があるという話もあり、アイヌがたまにキムンアイヌにこの集落に連れて行かれ、仲間にされるという。これと同じような伝承を持つものに同じく山の民である**オササンケカムイ**がいる。

キムンカミアシ［きむんかみあし］

アイヌに伝わる妖怪。あるアイヌの村長の息子が猟に行くと**カミアシ**が襲ってきた。このカミアシはキムンカミアシ六体がひとつになったもので、息子の許嫁《いいなずけ》を自分のものにしようとその殺害を企てていた。しかし家にまで侵入してきたカミアシを村長の息子が宝刀で斬りつけると、火の神の助けもあって追い払うことができた。これを好機にと村の人々でカミアシを追いかけ、ばらばらに切り刻んで倒したという。

稲田浩二・小沢俊夫編『日本昔話通観1巻 北海道（アイヌ民族）』にある。名前は「キム（山）」＋「ウン（いる）」＋「カミアシ（化け物）」で「山の化け物」という意味になる。

キムンカムイ［きむんかむい］

アイヌ語でヒグマのこと。アイヌの世界観においては代表的なカムイであり、「カムイ」と言えばヒグマを指す場合もある。ただし、全てのヒグマが「キムンカムイ」と呼ばれるわけではなく、このように敬意を払われるのは山の上に住むヒグマであり、山の裾に住む神は性格が悪く、人をよく害するため、カムイとは呼ばれず「ヌプリケスンプリウェンクル（山裾の根性の悪いやつ）」と呼ばれるという。

中川裕著『アイヌの物語世界』にある。同書によれば、山裾付近に棲《す》み着いたヒグマがこのように呼ばれたのは、人里に近いところに棲み着いているゆえ、食べ物がなくなれば人家を荒らしたり、人に危害を加えるなどする機会が多かったためだろうと記している。逆に山の上に棲むヒグマは基本的に人間に遭遇することが少なく、人間を見ても向こうの方から去って行くため、威厳を感じていたのではないかと記されている。

知里《ちり》真志保《ましほ》著『分類アイヌ語辞典 植物編・動物編』においてはアイヌは熊をその性質に関して二種類に分けるとあり、黒っぽい毛皮のものはおとなしい良い性質の熊で、ノユク、キムンカムイと呼ぶ、とある。またこういった熊は山の真ん中にいるため、「ヌプリノシキウンカムイ（山の真ん中にいる神）」、「**ヌプリコルカムイ**（山を持つ神）」とも呼ぶという。

一方、毛皮の腰から上が褐色で腹から下が灰色の熊は性悪の人に危害を加える熊で、「ウェンユク（悪い熊）」と呼ばれ、山の裾に棲むと考えられていたことから「ヌプリケスンカムイ（山の下手にいる神）」などと呼ばれるとある。また人食い熊のことを「ウェンユク」、「**ウェンカムイ**」と呼ぶとも記されている。

同書によればヒグマを表すアイヌ語はこの他にも多数あり、その性質や姿、年齢などで使い分けていたようだ。

またヒグマが語り手となるアイヌの神謡も多く、そこには人を助けるヒグマもいれば、人に危害を加えるヒグマもいる。またアイヌには親のいない子熊を連れ帰り、村で育てる風習があり、ある程度成長した後、神の国に送るイオマンテという儀式を行った。ヒグマはアイヌにとって天上の世界から降りてきて毛皮や肉を与えてくれるカムイとしても崇拝されており、天上の神の国に送り返す際には非常に丁重に扱った。このため、人に育てられる子熊を主人公として神謡も数多く残されている。野生のヒグマを天に送り返す場合はイオマンテではなくカムイホプニレと呼ばれる儀式を行う場合もあった。一方、人に危害を加えたヒグマはこの神送りの儀式の対象とならなかったという。

また、アイヌにとっては身近な動物であったためか、ヒグマの妖怪も数多く語られている。**アラサルㇱ**、**ウホㇱサパウㇱ**、**チチケゥ**、**プリカンダカムイ**などを参照。

キムンセタ［きむんせた］

アイヌに伝わる妖怪。山男、**キムナイヌ**が連れているという犬で、通常の犬や狼とは違う存在だが、非常に恐ろしいとされる。

更科源蔵著『アイヌ伝説集』にある。名前は「キムン（山）」＋「セタ（犬）」で「山犬」になる。キムナイヌについては当該項目参照。

クウケェシュキ［くうけぇしゅき］

アイヌに伝わる妖怪。肩の上に目がある怪物だという。

吉田巌《いわお》著『アイヌの妖怪説話（続）』（『人類学雑誌』第二十九巻第十号）にある。名前の意味を考えてみると、「クウケ」という言葉の意味は不明だが、「肩」を表すアイヌ語に「クケウ」があるため、恐らく本来は「クケウ」なのではないかと思われる。「エ」は「〜に、〜の」、「シュキ」は「目」を表す「シク（シキ）」だと考えると、「クウケェシュキ」は「肩の目」という意味になる。

クウケエパロ［くうけえぱろ］

アイヌに伝わる妖怪。肩の上に口がある怪物だという。

吉田巌《いわお》著『アイヌの妖怪説話（続）』（『人類学雑誌』第二十九巻第十号）にある。名前の意味は「クウケ」という言葉の意味は不明だが、「肩」を表すアイヌ語に「クケウ」があるため、恐らく本来は「クケウ」なのではないかと思われる。「エ」は「〜に、〜の」、「パロ」は「口」なので、「肩の口」というような意味となる。

口裂け女［くちさけおんな］

現代に伝わる怪異。赤いコートを着た背の高い女で、口元をマスクで隠している。そして下校中の子どもと遭遇すると、「わたし、きれい？」と問いかける。

これに対し「きれい」と答えると「これでも？」と言いながらマスクを外し、耳まで裂けた口を露《あら》わにする。逆に「ブス」などと答えると、怒り狂ってハサミやナイフなどの凶器で殺されてしまうなどという。また「きれい」と答えた場合、凶器で同じように口を裂かれるという場合もある。

言わずと知れた二〇世紀を代表する化け物だが、全国を席巻した彼女は、当然北海道にも現れている。

口裂け女の噂が起こったのは一九七八（昭和五三）年一二月の岐阜県であったとされるが、それから彼女は北へ南へ東へ西へとものすごい勢いで広まっていった。

室生忠著『都市妖怪物語』によれば、発生から約半年後の一九七九年六月一三日に北海道新聞の記事に口裂け女が登場し、札幌、函館などの道央、道南で口裂け女の噂が広まっている、という内容が記されている。

また久保孝夫著『女子高生が語る不思議

な話』では、五時までに帰ってこないと「口裂け女」が出る、と脅かされたという話が函館市の女子高生の報告として載せられている。

クッコロカムイ［くっころかむい］

アイヌに伝わる悪神。「崖を支配する神」という名前を持つ。山々の間に住んでいた神で、タカを使役し、陸や海の鳥を殺させてはそれを食料としていたという。

アイヌの人々はこの悪神を決して礼拝してはならないと考えている。なぜなら、礼拝すればその人間を助けてくれるが、その後必ず見返りとしてその人間の生命を奪おうとするためだという。

ジョン・バチラー（バチェラー）著『アイヌの伝承と民俗』にある。

クトネシリカ［くとねしりか］

アイヌに伝わる宝刀。「虎杖丸《いたどりまる》」と訳されることが多い。叙事詩にて語られ、アイヌの英雄ポイヤウンペが愛刀として振るう。

金田一京助が訳した『虎杖丸』（『金田一京助全集 九』収録）の描写では、以下のように語られている。クトネシリカは反りのある刀で、鞘《さや》の口には耳の先に毛が生えた夏狐の化け物（**サクキモッペシンナイサム**）の飾りがあり、この化け物は口から黒い雲を吐いて敵の目を惑わせる。また柄の上に飾られた狼の神（**ホロケウカムイ**）が身を捻《ひね》って牙を剝《む》き、鍔《つば》の縁では雷神である竜（**カンナカムイ**）の雄が角を高々と立て、鞘には雌の竜が絡み付いているという。この龍神たちは一斉に鱗《うろこ》を立てて敵を威嚇《いかく》するようだ。これらの怪物・神はポイヤウンペの危機に際して自ら動き出し、彼の危機を救うという。

首無し胴体［くびなしどうたい］

アイヌに伝わる悪神。神謡に登場する女神で、元々は首も胴もある神だった。神謡によると、英雄神アイヌラックルがこの女神の兄たちに奪われた婚約者を取り戻しに来た際、女神自ら兄たちを皆殺しにしてアイヌラックルに婚約を申し込む。しかしアイヌラックルはそれを拒否し、この女神の首を引っこ抜いて二つに切り裂き、半分を山へ、もう半分を海へ投げてそこから出さないように命じた。

しかし女神はまだ生きており、首を奪われた怒りで胴体のままアイヌラックルに襲い掛かり、剣で打ち合った。しかしアイヌラックルには叶わず、滅多切りにされて地獄に落とされたという。

金田一京助著『アイヌ叙事詩 ユーカラ』（『金田一京助全集 十』収録）にある。同書にはアイヌ語の名称は記されていなかった。

クリパンテク［くりぱんてく］

アイヌに伝わる怪異。消える、見えなくなることを意味するが、特に目の前にいた化け物が消えた際に使う言葉だという。

萱野茂著『萱野茂のアイヌ語辞典』にある。

クルイセ［くるいせ］

アイヌに伝わる妖怪。叙事詩に登場する鳥の一種で、アイヌの英雄ポイヤウンペと敵対するなどの描写が見られる。

金田一京助著『アイヌの文学』（『金田一京助全集 七』収録）にある。

クㇽトゥナシ［くるとぅなし］

アイヌに伝わる怪異。魔が取り憑《つ》いて気分が悪くなること、もしくは魔が憑きやすいことを表す言葉だという。

知里真志保《ちりましほ》著『分類アイヌ語辞典 人間編』にある。

クルンニ［くるんに］

アイヌに伝わる怪異。ドロノキを指す言葉。「魔の棲《す》む木」という意味となり、アイヌでは流行病をもたらす神はこの木から生まれる、という考えがあり、病が流行ると絶対にこの木を火にくべてはならないと言われていた。

知里真志保《ちりましほ》著『分類アイヌ語辞典 植物編・動物編』にある。

クロランウェンカムイ［くろらんうぇんかむい］

アイヌに伝わる悪神。かつてクロラン国という国にいた神で、アイヌによって討伐されたという
吉田巌《いわお》著『アイヌの妖怪説話（続）』（『人類学雑誌』第二十九巻第十号）にある。クロラン国が何を指すのかは不明だが、たまにアイヌの叙事詩などに登場する。

クンネチカㇷ゚［くんねちかぷ］

アイヌに伝わる妖怪。黒い怪鳥だとされる。

吉田巌《いわお》著『アイヌの妖怪説話（続）』（『人類学雑誌』第二十九巻第十号）にある。「クンネ」は「黒」、「チカㇷ」は「鳥」を表すため、そのまま「黒い鳥」という意味になる。

ケウㇰチㇷ゚［けうくちぷ］

アイヌに伝わる怪異。人殺し舟を意味する。

萱野茂著『萱野茂のアイヌ語辞典』にある。

同書によれば、ヤチダモのような重い木で丸木舟を作ると操作しづらいため、度々《たびたび》事故が起きた。アイヌの人々はこのような舟を屍《しかばね》を取る舟といって非常に恐れた。

アイヌの人々が舟を妖怪視してこのように呼んだのか、それとも比喩としてこう呼

んだのかは分からないが、面白い話なので採用した。

ケムタムタム［けむたむたむ］

アイヌに伝わる怪異。「血の塊」を意味するとされ、群盗（トパットミ）は村に夜討ちをかける際、呪いの祈りによりケムタムタムを生み出し、これが火の玉になって夜空を飛んで村の真ん中に落ちる。するとその村の人々は睡魔に襲われ、眠り込んでしまうため、その隙に襲撃したのだという。

更科源蔵著『アイヌの民俗（上）』にある。「ケム」は血を表すアイヌ語だが、「タム」は刀を表す言葉であり、「塊」の場合は「タクタク」ではないかと思われる。そのため、本来は「ケムタクタク」であった可能性がある。

ゴールデン鏡［ごーるでんかがみ］

現代に伝わる怪異。この言葉を二〇歳まで覚えていると、一生呪われるという。

常光徹編著『みんなの学校の怪談 緑本』にある。類似した怪異に**ムラサキカガミ**がある。

コシンプ［こしんぷ］

アイヌ語で妖精、化け物、妖怪などを表す言葉。

萱野茂著『萱野茂のアイヌ語辞典』にある。アイヌの文学や伝承の中で度々《たびたび》登場する名前であり、人間の姿から正体不明の化け物まで、様々な姿かたちで伝えられる。

知里真志保《ちりましほ》著『ユーカラの人々とその生活』によれば、山や海に棲《す》む妖精で、男女ともに美貌の人間の姿をしているという。

また幌別《ほろべつ》や白老《しらおい》ではコシンプク、穂別《ほべつ》、沙《さ》流《る》ではコシンプ、天塩《てしお》、美幌《びほろ》、足寄《あしよろ》ではコスンプ、近文《ちかぶみ》ではコシンプィといったように地域によって呼び方が変わるという。

また更科源蔵著『アイヌの民俗（下）』においては、コシンプは獣が人間の異性に懸想《けそう》して憑《つ》くことを言う、と記されている。

コシンプキンラカㇽ［こしんぷきんらかる］

アイヌに伝わる怪異。**コシンプ**という化け物が取り憑《つ》いた状態を指す。

知里真志保《ちりましほ》著『分類アイヌ語辞典 人間編』にある。この他にも**パウチ**という妖怪が憑く場合もあり、これは**パウチカㇽ**と呼ばれる。

こういった妖怪に憑かれた人間は刃物で自分の体を傷つけるようになる。これはその人間に憑いた妖怪が血を飲みたがっているためであり、目には見えないが、そういった行動をしている人間の背後では、この妖怪が赤い薄刃の菜切包丁《なきりぼうちょう》を持ち、それで自分の胸を叩きながら踊っているのだという。

コシンプやパウチはその血を飲むと一時的に落ち着き、狂気も出てこなくなるが、一ヶ月ほどすると再びこの行動をさせる。また殺人をさせてその被害者の血を飲むこともある。

　コシンプやパウチは頭から憑いて次第に下に降りてくるが、これが心臓まで達するともう治らないため、その前に祓《はら》わなければならないという。

　また、コシンプは人間の異性に惚《ほ》れ込みやすく、その場合はその人間に取り憑く。取り憑かれた人間は配偶者に急に暴力を振るうようになり、やがて狂死する。するとコシンプはその魂を奪って神の国に持って行き、そこで夫婦となるのだという。

コタンイコンヌプ〔こたんいこんぬぷ〕

　アイヌに伝わる妖怪。「村に禍《わざわい》する化け物」という意味で、動物の怪を罵《ののし》る際に使われる。

　久保寺逸彦著『アイヌの神謡』では、兎の化け物が人に祟《たた》るような、人を魅惑するような跳ね方をしながら村に現れた際にこの呼び名が使われている。

　また、アイヌ民族博物館のホームページに記録される「白鳥の知らせ」という話では、**ペペシチカプ**という鳥が現れた際、この言葉が使われている。

　同様の使い方をする言葉に**モシリイコンヌプ**がある。

コタンシンナイサム〔こたんしんないさむ〕

　アイヌに伝わる妖怪。「村の化け物」を意味し、**モシリシンナイサム**と対になる妖怪であるというが、詳細は不明。

　知里真志保《ちりましほ》著『えぞおばけ列伝』（『アイヌ民譚《みんたん》集』収録）にある。

コチウトゥナシグル〔こちうとぅなしぐる〕

　アイヌに伝わる妖怪。「早い流れの者」という意味になる。妻であるコチウトゥナシマッとともに川の中の非常に強い流れに棲《す》み着いているとされる。

　ジョン・バチラー（バチェラー）著『アイヌの伝承と民俗』にある。

コッコチカプ〔こっこちかぷ〕

　アイヌに伝わる妖怪。疱瘡《ほうそう》神の一種で、伝染病を運ぶ鳥とされる。また幼児を脅かす際にこの妖怪の名前を使うこともあるという。

　知里真志保《ちりましほ》著『分類アイヌ語辞典　植物編・動物編』にある。「コッコ」は「恐ろしい」、「チカプ」は「鳥」という意味。伝染病そのものを表すのにこの言葉を使うこともある。

コノトランクル〔このとらんくる〕

　コノトラングルともいう。アイヌに伝わる妖怪。巨大な魚の姿をしており、強風や嵐を起こして舟を難破させたり、魚の群れを追い払ったり、漁師を溺《おぼ》れさせたりして漁の邪魔をするという。

　ジョン・バチェラー著『アイヌの暮らしと伝承』にある。同書では「静かな海に降りてくる者」と訳されている。

同著者の『アイヌの伝承と民俗』によれば、名前を分解すると「コ」が「～に向かって」、「ノト（ノッ）」が「海面」、「ラン」が「降りる」、「クル」が「もの」となる。つまり「海面に向かって降りてくるもの」の意味とされている。

コロポックル ［ころぽっくる］

アイヌに伝わる妖怪。小さな人間の姿をした存在で、アイヌの伝説に度々《たびたび》登場する。蕗《ふき》の葉の下に暮らしており、時にアイヌを助けてくれるという。

萱野茂著『萱野茂のアイヌ語辞典』に載る。名前の意味は「コㇿ（蕗《ふき》）」＋「ポㇰ（～の下）」＋「クㇽ（人、神）」で「蕗の下にいる人」と訳されることが多い。他にも「ポナイヌ（小さな人）」などの呼び方がある。また「トイチセコロ（地面に家を持つ）」、「トイチセウンクㇽ（地面の家に住む人）」という呼び方もあるが、これはコロポックルが穴を掘って暮らしていたという伝承に基づいている。またこの穴の家の入口に蕗の葉を被《かぶ》せて屋根としていたという話もある。

コロボックルと呼ばれることもあるが、これはアイヌ語において「ポ」と「ボ」といった半濁音と濁音の区別がないため。

古い資料では一六一三（慶長一八）年、イギリス船として初めて日本に渡航したジョン・セーリスが記した『日本渡航記』に、コロポックルの名前は出てこないが、蝦夷地の北方にアイヌや和人よりも遥かに背の低い人間がいると記されている。

一六六一（万治四）年、『勢州船北海漂着記《せいしゅうせんほっかいひょうちゃくき》』には、小人島から小人が土を盗みにやってくるという話をアイヌがしていたことが記録されている。さらに遡《さかのぼ》ると、室町時代、義経が蝦夷地に渡ったという物語を描いた御伽草子《おとぎぞうし》『御曹子島渡《おんぞうししまわたり》』でも「小人島」という島に住む小人や、ぬかご島という島に住む小人が登場するが（**小人島の人**及び**ぬかご島の小人**も参照）、これがコロポックルを指しているのかは不明。

一七一〇（宝永七）年の『蝦夷談筆記』にも『勢州船北海漂着記』と類似した記録がある。

一八〇八（文化五）年に著された『渡島《おしま》筆記《ひっき》』には「コロブウンクル」というアイヌ語の名前が登場する。このコロブウンクルは「蕗の下におり、その茎を持っている人」の意味とされており、蝦夷地の東側では「トイチセウンクル」と呼び、これは「土室に住む人」の意味であると記されている。またここではアイヌの女性が刺青《いれずみ》をするのはコロブウンクルに由来するという話が語られている。それによればコロブウンクルは声はすれども姿を見せない種族であったが、アイヌが漁をすると素早く魚を盗み、家に来て魚を乞うこともあったが、これを無視すると害を加えてきた。

ある時、一人のアイヌが窓から手を入れて魚を捕ろうとしたコロブウンクルの腕を摑《つか》み、家の中に引き入れたところ、その姿は美しい女で、三日食事を与えないでいたところ、死んでしまった。その手と唇に美しい刺青があったため、アイヌの女たちがこれを真似したところ、それが蝦夷地全体に広まったという。

また同書ではこれとは逆にコロブウンクルは魚を乞うのではなく、自分たちが獲った魚をアイヌの人々に与えていたという話も記されている。

コロブウンクルはアイヌと戦うこともあり、戦闘の際には鎧兜《よろいかぶと》を纏《まと》って六、七人が蕗の下に伏して待ち伏せるなどしたという。またその住居は地面に穴を掘り、その中に住むと記される。この穴からは稀《まれ》に小さな壺が出てくることがあり、アイヌの人々はこの壺に炭と砂を入れて使ったという。

一八〇六（文化三）年に著された『東海参譚』には蝦夷地に「コルボルグルカモイ」という小人がおり、蕗の下に三人入ることができる小さな人だとアイヌが語っていたという話が記されている。

一八〇〇（寛政一二）年に記された『蝦夷島奇観』においては、コッチャカモイという名でアイヌに伝わる小人の話が記されており、その背丈は四尺（約一・二メートル）で、手足が長かったと記されている。このコッチャカモイは捕らえた魚や獣の肉をアイヌに分けていたが、その漁猟の方法を学ぼうと近づいたアイヌを嫌い、その地を去ったと記されている。またコッチャカモイの女は非常に美しい刺青をしており、それをアイヌの女が真似したという話はここにも見られる。

加えて、手足が長いという特徴や地中に穴を掘って住むという特性から、同様の特徴を持つ『日本書紀』に記された土蜘蛛《つちぐも》と呼ばれる人々と比較されている。

蝦夷地の探索で有名な松浦武四郎も『久《く》摺日誌《すりにっし》』に「コロコクンクル」という小人を伝えており、数多《あまた》に空けられた穴はコロコクンクルが昔住居として使っていた跡なのだとアイヌに教えられたことが記録されている。

一八八四（明治一七）年にはアイヌ文化研究を行ったイギリス人宣教師、ジョン・バチェラーが『蝦夷今昔物語』にて「コロポックル」の伝説がアイヌに伝わっていたことを記している。

こういった記録が多く残っているため、コロポックルは日本の先住民族であるとする説があり、それを肯定する坪井正五郎と否定する小金井良精《よしきよ》を中心とする論争が起きた。これは「コロポックル論争」と呼ばれるが、坪井の逝去により収束。しかしその後の北海道の先住民族に関する研究に影響を与えた。

コロポックルの伝説は近代、現代においてアイヌの人々から話を収集した研究者たちの記録にも残されている。

永田方正著『北海道蝦夷語地名解』には宗谷村泊内《とまりない》（現稚内市《わっかないし》）にチルラトイ（我々が運んだ土）という場所があるが、かつてここにコロポックルがおり、土を運んで砦《とりで》を造り、戦争をした、という伝承があることを記している。

更科源蔵著『アイヌ伝説集』では千歳から江別の辺りにもコロポックルがおり、人に難癖をつけて物を横取りする老爺《ろうや》を懲らしめた話が載る。

同書ではほかに十勝のコロポックル伝説も載せられている。十勝のコロポックルはとても気前の良いものたちで、何か獲物を捕るとこっそりとそれをアイヌの家に差し入れてくれていた。しかし、ある時いつものように鹿肉をアイヌの家に差し入れたところ、そのきれいな手を見たその家の男がコロポックルの腕を引っ張ったため、コロポックルは家の中に入ってしまった。コロポックルの体には美しい刺繍《ししゅう》があったが、無礼な仕打ちに怒ったコロポックルはそれ以来姿を見せなくなったという。

早川昇著『アイヌの民俗』によれば、河《か》西郡《さいぐん》芽室町《めむろちょう》ではコロポックルは「蕗の下の人」というより「蕗の下の神様」という感覚で捉えられており、一五センチほどの身長であったという。この神様は、夜、誰もが寝静まった時刻に家々を訪れ、戸口を少し開けて魚を差し入れていた。ある時、この土地にやってきた和人がこれの正体を確かめようとして、泊まった家で戸口から入ってきた小さな手を摑み、家の中に引き入れると、そこには小さな女性がいた。これを見たその家の老婆は和人を責めたが、コロポックルはこう話した。

「私は、アイヌ（人間）になど、体を見せてはいけなかったのに、すっかり見られてしまいました。ああ。どうしましょう。フチ（老女）よ、私はこれから遠くへ、あなたのアベフチのおられるところへ行くことにします。そのオヤジが、やがて、来年、どんな死にざまをするか。フチ、ご覧よ」

それからコロポックルが姿を見せることはなくなったが、翌年、嵐が起きてその和人の家は焼け、和人も死んでいたという。

この真夜中に魚を差し入れてくる神の手を引っ張る、という展開は同書に載る**ノブクングㇽ**の話にも見られる。

【さ】

サキペ ［さきぺ］

アイヌに伝わる妖怪。穂別《ほべつ》、屈斜路《くっしゃろ》、長《おし》万部《やまんべ》などでマスノスケやクチグロマスを表すが、アイヌではこの魚が人間の姿で赤い厚司衣《アットゥシ》を纏《まと》い、赤子を連れたり、山中で蕗《ふき》を採って食うと信じられていた。

知里真志保《ちりましほ》著『分類アイヌ語辞典 植物編・動物編』にある。

サクキモッペシンナイサム ［さくきもっぺしんないさむ］

アイヌに伝わる妖怪。叙事詩などに登場

する怪物で、狐の化け物だという。

金田一京助訳『虎杖丸《いたどりまる》』（『金田一京助全集 九』収録）にある。同書によれば「サク」は「夏」、「キム」は「山」、「オッ」は「棲《す》む」、「ペ」は「もの」で、「キモッペ」と繋《つな》げる場合はポイヤウンペという神の憑《つき》神《がみ》であり、狐であるという。そのためサクキモッペシンナイサムは「夏狐の化け物」という意味となるという。この化け物を見た場合、運が悪くなるとして恐れられていたようだ。

この狐の化け物は狼神である**ホロケウカムイ**や竜神である**カンナカムイ**とともにポイヤウンペの持つ宝刀、**クトネシリカ**の柄や鞘《さや》に意匠としてその姿が取り入れられており、ポイヤウンペが危機に陥ると自ら動き出してそれを救ったと言う。サクキモッペシンナイサムはその際、口を開けて真っ黒な雲を吐き、敵の視界を妨げたという。

詳細はクトネシリカの項目参照。

サクソモアイェプ ［さくそもあいぇぷ］

「サキソマエップ」ともいう。アイヌに伝わる妖怪。山の沼にいるという存在で、姿は曖昧だが非常に強い悪臭を放ち、この臭いに当たると全身が腫《は》れ、これは神に祈らなければ治らないという。

吉田巌《いわお》著『アイヌの妖怪説話（続）』にある。同書では、ホヤウカムイはサキソマエップの一族と言われる、と記されている。ホウヤカムイについては**ホヤウ**の項目参照。知里真志保《ちりましほ》編訳『えぞおばけ列伝』によれば、ホウヤカムイには「夏には言わせぬ者」を意味するサクソモアイェプという別称があるというが、サキソマエップの名も同源であろう。

更科源蔵著『アイヌ伝説集』には「サクソモイップ」という名前で同様の妖怪が載るが、こちらは鵡川《むかわ》の海岸の沼に棲《す》んでいたと記されており、姿も詳しく描写されている。それによれば、サクソモイップは頭と尻の両端が細く、腹だけが太く、翼が生えていて飛ぶことができる。全身は黒みを帯び、目のふちと口の周りは朱を塗ったように赤く、鼻は鑿《のみ》のように尖《とが》っていて、この鼻がぶつかれば大木であろうとも裂けたように倒れたとされる。

この妖怪が雪の上を歩くと丸太を引っ張ったような跡がつき、二メートルほどの間隔を空けて翼で雪を叩いた跡があり、その跡を歩いただけでも毒気にやられたという。またサクソモイップの毒に当てられた場合、全身が腫れ上がるだけでなく、腫れが引いた後は髪の毛が全て抜けてしまうと語られている。

サクラカムイ ［さくらかむい］

アイヌに伝わる悪神。「変死の神」という名の通り、人を変死や事故死させる神だという。特に溺死《できし》が多いとされる。

ジョン・バチラー（バチェラー）著『アイヌの伝承と民俗』にある。同書によれば、これは**ミントゥチ**の別名だとされる。

さとうくん ［さとうくん］

現代に伝わる怪異。ある学校のトイレで右から二番目のトイレに入り、「さとうくん」と呼ぶとさとうくんがトイレットペーパーでお尻を拭いてくれるという。

北の生活文庫企画編集会議編『北海道の口承文芸』にある。

サパハカシタパシクルレウアペコロオカイペ ［さぱはかしたぱしくるれうあぺころおかいぺ］

アイヌに伝わる妖怪。アイヌの物語に登場する、頭にカラスが止まっているような姿をした怪人たちで、怪鳥フリーの妻を誘拐し、殺害しようとするが、それをフリーに見つかり、皆殺しにされたとされる。

ニコライ・ネフスキー著『アイヌ・フォークロア』にある。名前の意味は「サパハ（その頭）」＋「カシ（〜の上）」＋「タ（〜に）」＋「パシクル（カラス）」＋「レウ（止まる）」＋「アペコロ（のような）」＋「オカイペ（者たち）」で「その頭の上にカラスが止まったような者たち」となろうか。同書では「頭の上にカラスを載せている者」と訳されている。

サム ［さむ］

アイヌに伝わる悪神。その名は「地の果て」を意味し、世界が創造される前から存在しており、創造神によって地の果てへ追いやられ、人の住む地に住むことを禁じられた神だという。

大変に性悪な神であったが、あるとき貂《てん》の神と力比べをしようと貂の家を訪ね、勝負を申し込んだ。これに貂が同意すると、サムはすぐに貂の体を殴り倒し、何度も殴る蹴《け》るしてから囲炉裏の中に投げ込んだ。そのまま貂の神を焼き殺すつもりであったが、貂の神は無傷で囲炉裏から出てきて、家から出ようとしていたサムに摑《つか》みかかった。そのままサムは囲炉裏の中に投げ飛ばされ、燃やされてしまう。

サムは魂を煙に変えて逃げようとしたが、貂はこの煙に対して激しく息を吐きかけたため、何度も囲炉裏の中に追い戻され、そのまま息絶えた。残ったのは様々な色の灰だけだった。

しかしこの灰は狐や猫の姿に変わった。そのため狐や猫に憑《つ》かれると、とても恐ろしいことになると伝えられているという。

ジョン・バチェラー著『アイヌの暮らしと伝承』にある。

シアラサルシ ［しあらさるし］

アイヌに伝わる妖怪。馬の尾のように長い尾を持つ熊の化け物。

知里《ちり》真志保《ましほ》著『分類アイヌ語辞典 植物編・動物編』にある。**アラサルシ**と同様の妖怪かと思われるが、同書ではアラサルシは単に熊の化け物とされており、尾の形状については記されていない。「シ」はアイヌ語で「大きい」を意味するため、「巨大なアラサルシ」を意味するのかもしれない。

シカツイタシベ［しかついたしべ］

和人に伝わる妖怪。江戸時代、蝦夷の海に棲《す》むと考えられていた怪物で、尾張藩の学者、秦鼎《はたかなえ》の随筆『一宵話《ひとよばなし》』によれば、彼が手に入れたシカツイタシベの角は長さ一尺八寸（約五四センチ）、周囲の長さは七寸（約二一センチ）、重さは二貫（約七・五キロ）あったという。

シカツイタシベは通常は海底に生息し、時折陸へあがって角を岩に掛けて眠る。一度眠ると一日、二日は目覚めないとされる。

その皮膚は厚く、アイヌが毒矢で射っても貫通しないという。またこれは『長崎見聞録』に載っている**落斯馬**《らしま》と同じものだという。

秦鼎著『一宵話』（『日本随筆大成 第一期第一九巻』収録）にある。これと同様の妖怪と思われるものに落斯馬のほか、**チカイタチベ**がいる。

シシクロット・トコㇿカムイ［ししくろっと・ところかむい］

アイヌに伝わる病の神。トコㇿカムイは「沼の神」を意味し、シシクロットはこの神が住んでいた沼の名前。この神が自分の妻に会いに行くために沼から浮かび上がると、その呼吸が風となって国中を覆い、それに当たった者は咳病となったという。

中川裕校訂・大塚一美編訳『キナラブック口伝 アイヌ民話全集』にある。

シソヤオッカヨ［しそやおっかよ］

アイヌに伝わる妖怪。昔話や神謡などに登場する蜂で、家の住人に頼んでその家の窓などに隠れて待ち構え、侵入して来た化け物や悪神にその針を刺して懲らしめる役割で登場する。

名前は久保寺逸彦著『アイヌの神謡』によった。意味は「シ（大きい）」＋「ソヤ（蜂）」＋「オッカヨ（男）」で「大蜂男」となる。

シソヤオッカヨは他にも臼《うす》や栗などと共演することが多く、侵入者が次々と彼らに懲らしめられる様子は、同じメンバーが登場する昔話『猿蟹《さるかに》合戦』を思い起こさせる。また同じく突き刺す役割を担う針男（**アネケムオッカヨ**参照）と共演することも多い。

シチェプ［しちぇぷ］

アイヌに伝わる妖怪。並外れて巨大な鮭《さけ》を表す言葉。

知里真志保《ちりましほ》著『分類アイヌ語辞典 植物編・動物編』にある。同書によれば、この言葉で表される鮭はイルカほどもある大きな鮭で、この鮭が捕れたら上客があった際のごちそうにするという。同書名前の由来は「シ（大きい）」＋「チェプ（魚、鮭）」となる。

四天堂児 ［してんどうじ］

和人に伝わる妖怪。昔、南の島に四天堂児という鬼がおり、善良な人々をかたっぱしから食い殺していた。これを知った雷光という男は、鬼の蛮行を止めるため四天堂児と戦い、長い年月を経てついに四天堂児を降伏させた。

雷光は四天堂児を処刑することにしたが、その首を斬られる直前、四天堂児は「俺は鬼だ。たとえ首を斬られても死ぬものか。死んだとしても必ずこの仕返しをしてやるぞ」と喚《わめ》いた。

雷光はこれを聞き、「首を切った後は焼いて灰にしてくれるわ」と怒鳴り返し、四天堂児の首を落とした。

そして四天堂児の死体をその場で焼いたが、突然一陣の風が吹き、灰が四散して全国に広がり、それがブユになった。

アイヌの人々はブユをこの四天堂児の変身であると考え、噛《か》まれたら全身の血を吸い取られるのだと非常に恐れたという。

栗沢喜重郎著『反逆 哀愁のアツカンベツ』にある。同書ではこの話はアイヌの人々に伝わる伝説として紹介しているが、四天堂児のモデルは平安時代の京都を舞台に語られる御伽草子《おとぎぞうし》『酒呑童子《しゅてんどうじ》』などで知られる鬼、「酒呑童子」かと思われる。また雷光の元になっているのは酒呑童子と戦った武士、源頼光《らいこう》だろう。

妖怪の死体が害虫と化す話は日本全国で確認でき、アイヌにも倒した魔神の死体を焼いたところ、その灰が蚊やアブになったという話がある（**怪魔神**の項目を参照）。そういった話を元にしていると考えると、四天堂児や雷光の名は和人の創作ではないかと思われる。

シネレ ［しねれ］

アイヌ語で化ける、なりかわることを表す言葉。アイヌでも狐が人に化けるといった考えがあり、そういった場合にこの言葉が使われた。

萱野茂著『萱野茂のアイヌ語辞典』にある。

シノッペトゥンマッ ［しのっぺとぅんまっ］

アイヌに伝わる悪神。シノッペという国の美しい女神だが、剣で何度切ってもすぐに再生する特殊な体を持つ。神伝に語られる話では、アイヌの祖神である英雄アイヌラックルと戦い、その再生能力で渡り合うとともに、アイヌラックルにシノッペを攻められれば、自身は人間の国を踏み荒らし、水浸しにするなどした。しかし最後の戦いでシノッペトゥンマッはアイヌラックルにより体を縦半分に引き裂かれ、体半分を山に投げられ、魔物の**イワコシンプ**へ、もう半分は海に投げられ、**ルルコシンプ**へと渡された後、アイヌラックルの命でそこから移動させてはならないとされた。そのためシノッペトゥンマッは再生できなくなり、死んだという。

金田一京助著『アイヌ聖典』にある。

シノベッマッ［しのべっまっ］

アイヌに伝わる魔女。聖伝にて描かれ、シノッベッ村という村に住んでいた六人兄弟の悪神のひとつとされる。この悪神たちが殺してその魂を箱に閉じ込めていたカイペコロカムイ（波の神）の妹神を救うため、アイヌの英雄神であるアイヌラックルが現れたことで戦闘になる。

その容貌はとても美しい少女だが、武力もあり、アイヌラックルと互いに互いの体を斬り合う試合を行った。初めにシノベッマッがアイヌラックルの体を何度も叩き切ったが、アイヌラックルはそのたびに再生し、殺すことはできなかった。次にシノベッマッがアイヌラックルに叩き切られたが、やはり何度も再生した。しかし最後には再生が追いつかなくなり、ばらばらの肉片になって死んでしまったという。

久保寺逸彦著『アイヌの神謡』にある。

シュプラカイネ［しゅぷらかいね］

アイヌに伝わる不思議な魚。神謡に登場する謎の魚で、**カイカイウント**という沼に生息しているという。

久保寺逸彦著『アイヌの神謡』にある。この魚はどのような魚か不明だという。カイカイウントはアイヌに伝わる伝説の沼で、幌尻岳《ぽろしりだけ》の頂上にあるなどと言われている。同書では怪鳥フーリがこの沼の付近に棲《す》み、シュプラカイネと**カイラカイネ**という魚を食って暮らしていたという。フーリについては**フリー**の項目を、カイカイウントについては当該項目参照。

シララカッケン［しららかっけん］

アイヌに伝わる魔女。石狩の神が全ての神を招いて酒宴を開いていたときのこと、石狩の神は唯一大魔女であるシララカッケンを招待するのを忘れたため、その妹を攫《さら》われ、赤ん坊に変えられてしまう。多くの神がこれを助けに行くが、目的を果たせず帰ってきてしまうため、石狩の神が自ら大勢の神を引き連れてシララカッケンの元に向かう。

魔女は城を大沼に造り変えていたが、神々は白銀の網で沼を包み込み、岩や氷塊を落として対抗する。そのまま膠着《こうちゃく》状態が続いたが、地位の高い神が現れ、シララカッケンを退治したという。

稲田浩二・小沢俊夫編『日本昔話通観1巻 北海道（アイヌ民族）』にある。

シリクルオヤシ［しりくるおやし］

アイヌに伝わる妖怪。「地を支配する化け物」という意味で、地下に棲《す》む妖怪であるという。元々は地上にいる老婆の化け物であったが、子どもの魂を盗んで自分の村へ連れ去った際、ヤイレスプ（アイヌの神謡に伝わる英雄）が鳥の姿になってこの子どもの魂の注意を引いた。子どもはこの鳥を追いかけはじめ、シリクルオヤシは慌ててそれを追いかけたが、化け物は昼に弱いため、次第に地中へと体がめり込んでいった。やがてシリクルオヤシの体は地中に没し、ヤイレスプは子どもの魂を連れて帰り、その体に戻して蘇生させたという。

知里真志保《ちりましほ》編『えぞおばけ列伝』にある。

同書には他にシルクル魔という妖怪を載せるが、こちらは老爺《ろうや》の怪とされ、美しい女の魂を奪うものと記されている。

シリサマイヌ［しりさまいぬ］

アイヌに伝わる妖怪。**ミントゥチ**と同じもの、つまり河童を表す言葉だという。

ニコライ・ネフスキー著『アイヌ・フォークロア』にある。同書に載るこのシリサマイヌを主人公とした物語によれば、地上でミントゥチと呼ぶものは天ではシリサマイヌと呼ぶのだという。名前の意味は「シリ（山）」＋「サム（〜のそば）」＋「アイヌ（人）」で「山の側の人」となる。これについては、金田一京助の『北海道の河童』（『金田一京助全集 十二』収録）にて、「シリ」は海岸、川岸など水の側にある丘陵を指す言葉として使われると解説されている。このため、山の側とは言うが、実際には水の側にある山に棲《す》むものという意味でこの名前が使われていると予想できる。

また西日本では河童が山に移り棲むことがあり、その場合山童《やまわろ》などの名前で呼ばれるという伝承が各地に残っている。この場合は季節ごとに場所を変えるとされる場合が多い。

シルウェンカムイ［しるうぇんかむい］

アイヌに伝わる悪神。「化物神」を意味するという。ある神謡においては、シルウェンカムイは国の端からやってきては美しい人妻を連れ去り、家で自分の周りに侍《はべ》らせていた。その姿は人間の男が刺繍《ししゅう》のある着物を着て、頭巾を被《かぶ》っているようだったとされる。

しかし妻を奪われた一人の男が算盤《さんばん》でこの化け物の正体を占い、その居場所と正体を突き止めた。化け物の家に侵入した男は、シルウェンカムイに向かって「お前はサマイエクル（アイヌの英雄神）が舟を作った際、船材として余ったために海に捨てられた木の根が変化したものだ。お前の着物の刺繍に見えるのは、虫が食ったり、歩いたりした跡なのだ」とその正体を言い当てた。するとシルウェンカムイは突然ぺちゃんこになって消えてしまったという。

中川裕校訂・大塚一美編訳『キナラブック口伝 アイヌ民話全集』にある。シルウェンカムイという言葉はこの怪物のみを表す言葉ではなく、**ウェンカムイ**（悪神）の中でも特に悪い神や、憎い神を呼ぶ際に使う言葉のようだ。

シンナイサム［しんないさむ］

アイヌ語で妖怪やお化けを表す言葉のひとつ。

金田一京助訳『虎杖丸《いたどりまる》』（『金田一京助全集 九』収録）にある。同書によればこの言葉は悪口にも使われ、「アイヌシンナイサム（アイヌのお化け）」、「シサムシンナイサム（和人のお化け）」というような使い方があるという。

またこの言葉を使う妖怪の名前には**モシリシンナイサム**、**サクキモッペシンナイサム**、**コタンシンナイサム**がいる。

スムラ［すむら］

アイヌに伝わる伝説上の魚。沼に棲《す》む小魚で、神々がこれを巡って戦い、命を落とすほど貴重で価値がある存在と語られる。

金田一京助著『アイヌ聖典』にある。

スムレラウェンユク［すむれらうぇんゆく］

アイヌに伝わる妖怪。「西風の魔物」を意味する。風を妖怪視した存在のようだ。

ジョン・バチラー（バチェラー）著『アイヌの伝承と民俗』にある。「スム」は「西」、「レラ」は「風」を意味する。「ウェンユク」は「人食い熊」を意味するが、ここでは人を害するものを表す言葉として使われているため、「魔物」と訳している。

セタパラゴアツ［せたぱらごあっ］

アイヌに伝わる怪異。「犬に祟《たた》られる」ことを意味する。犬に残酷な行いをしたものは犬の霊に取り憑《つ》かれ、犬のように吠《ほ》えるようになり、最後には痩せ衰えて死んでしまうという。これを防ぐためには、殺した犬の一部を食べると良いとされる。

ジョン・バチラー（バチェラー）著『アイヌの伝承と民俗』にある。同様に猫に憑かれる場合もあり、それは**メコパラゴアツ**と呼ばれる。

セレマク［せれまく］

アイヌ語で憑神《つきがみ》を表す言葉のひとつ。

知里真志保《ちりましほ》著『分類アイヌ語辞典 人間編』にある。

ソヤカムイ［そやかむい］

アイヌに伝わる妖怪。巨大な蜂とされ、山に猟に行ったとき、その夜にこの蜂が一匹飛んで来たら良い熊を得る前兆だが、一夜に三匹やってきた場合は恐ろしい熊がやってくる前兆だと解される。

吉田巌《いわお》著『杖《つえ》のみたま』によると、例えば六頭の熊がいても、五匹のソヤカムイがやってくれば、ソヤカムイの方が熊に勝つほどに強いとされる。

「ソヤ（ソワ）」は「蜂」、「カムイ」は「神」の意味であるため、「ソヤカムイ」で「蜂の神」となる。類似した名前を持つ妖怪に**カムイソワ**がいるが、これも巨大な蜂とされ、熊をも倒すとされる。同じものを指しているのかもしれない。

【た】

タシコロアツテカムイ ［たしころあつてかむい］

アイヌに伝わる神。「寒気を司《つかさど》る神」の意とされ、冬の寒さの原因となる神で、人間をも凍らす寒気を操るとされる。この神が騒ぐと冬が二度続くこともあるという。

更科源蔵著『アイヌの神話』にある。

タマ ［たま］

アイヌ語で魂を表す言葉。

藤村久和《ひさかず》著『アイヌの霊の世界』にある。

同書によれば、アイヌでは人間には六つの魂があると考えられており、これを六つ全て取られると人は死んでしまうのだとされる。

チウカピンネカムイラメトク ［ちうかぴんねかむいらめとく］

アイヌに伝わる妖怪。魚に似た悪神で、川の流れの中に棲《す》み処《か》を持つとされる。

ジョン・バチラー（バチェラー）著『アイヌの伝承と民俗』にある。同書によれば、これは「チウカ（流れにさかのぼる）」＋「ピンネ（雄）」＋「カムイ（神）」＋「ラメトク（勇敢な）」という名前になり、「勇敢で神聖な男の流れ」という意味になるという。

チクワエカリ ［ちくわえかり］

アイヌに伝わる怪異。脳卒中の発作で倒れることを指すが、アイヌではこれは目に見えぬ死人がつく杖《つえ》に当たった時、その人間が脳卒中を起こすと考えられていたという。

知里真志保《ちりましほ》著『分類アイヌ語辞典 人間編』にある。意味は「チ（我々が）」＋「クワ（杖）」＋「エカリ（に当たる）」で「我々が杖に当たる」という意味になる。

この他にも脳卒中で半身不随になることは「ライカムイカル（死者の霊にぶつかる）」、「ライカムイオシコニ（死者の霊に追いつく）」などと表現されていたようで、死霊と関連付けられて語られることが多かったようだ。

チチケウナ ［ちちけうな］

アイヌに伝わる妖怪。ある毛のない熊のような化け物とも、耳と尾にわずかに毛が残る狼のような化け物とも伝えられる。

ある物語では人食いの妖怪として登場し、さらにそれを窘《たしな》めに来た巨鳥、フリの頭も食ってしまう。しかし続いてやってきた英雄神サマイクルによって倒され、アイヌ世界の地獄、**ポクナモシリ**に堕《お》とされたという。

中川裕校訂・大塚一美編訳『キナラブック口伝 アイヌ民話全集』にある。知里真志《ちりまし》保《ほ》著『分類アイヌ語辞典』においては、馬の尾のように長い尾を持ち、体が小さく、足が大きく、リスのように木の上を移動できる熊の化け物とされる。

また、類似した名前の妖怪に**チチケゥ**がおり、こちらも様々な形で物語などに登場する。詳細は当該項目を参照。

チッソヤカムイ［ちっそやかむい］

アイヌに伝わる神。チッソヤはスズメバチのことなので、スズメバチの神のこと。アイヌに伝わる昔話では、食料を求めてパシクル（カラス）たちが村を襲ってきたため、村の長が**キムンカムイ**（ヒグマ）に解決法がないか尋ねたところ、キムンカムイは自分の黒い毛皮を狙って襲ってくるチッソヤカムイというものがいるから、同じく黒い羽を持つパシクルたちを攻撃してくれるよう、チッソヤカムイに頼んでくれた。

それから間もなくチッソヤカムイの大群が現れ、パシクルたちを襲った。パシクルたちも抵抗したが、チッソヤカムイの数には叶わず、ついに村を離れて逃げて行ったという。

富樫利一著『ウレシパ物語』にある。

チニタ［ちにた］

アイヌに伝わる怪異。夢魔《むま》にうなされることを指す言葉。

知里真志保《ちりましほ》著『分類アイヌ語辞典 人間編』にある。

チュプオルシクンネ［ちゅぷおるしくんね］

アイヌに伝わる怪異。「月の中にいる子ども」というような意味になる。

アイヌに広く伝わる物語によれば、この子どもは元々人間の子どもであったが、怠け者で親の言い付けである水くみの仕事さえサボり、小刀で炉端《ろばた》を刺して遊んでいた。しかしこの炉端の神である**イヌンペカミアシ**は魔性のものだったので、天の神々に向かって「この子どもはひどい怠け者です」と告げた。そのため神々はそんなに怠け者であれば、何もせずにじっとしていたいのだろうから、月に立たせておこう、と判断し、この子どもを月の中に立たせて、そこから動けなくしてしまったという。

このため、子どもたちは決して怠け者になってはならないと教えられるようになったという。

中川裕校訂・大塚一美編訳『キナラブック口伝 アイヌ民話全集』にある。同書では「月の中にいる人」と訳されている。

名前を分解してみると、「チュプ」は「太陽、月」、「オル（オロ）」は「中に」、「シ」は「子ども」、「クンネ」は「黒、暗い、夜」となるであろうか。

チュポコィエレラ［ちゅぽこぃえれら］

アイヌに伝わる妖怪。旋風《つむじかぜ》や竜巻を指す名前で、アイヌではこういった渦巻く風は妖怪視されていた。

ジョン・バチラー（バチェラー）著『アイヌの伝承と民俗』にある。これは**ウェンレラ**と同様のものだという。

「チュポコィエ」は「混ぜる」、「レラ」は「風」の意味となる。また、同書では「チウポコイエレラ」という名前で載せられているが、より発音が近いと思われる名前を項目名としている。

超足が速い人［ちょうあしがはやいひと］

現代に伝わる怪異。高速道路を時速一〇〇キロで走るという謎の存在。

常光徹編著『みんなの学校の怪談　緑本』にある。北海道からの投稿として載るが、どんな姿をしていたのかなどの話はなかった。

チロンヌプカムイ［ちろんぬぷかむい］

アイヌに伝わる神。狐の神のこと。主にキタキツネを指す。

アイヌにも狐に纏《まつ》わる多くの話が残されており、人間に害をなすこともあれば、護《まも》ることもある。

知里真志保《ちりましほ》著『分類アイヌ語辞典　植物編・動物編』（『知里真志保全集　別巻Ⅰ』）によれば、「チロンヌプ」とは「チ（我らが）」＋「ロンヌ（どっさりと殺す）」＋「フ（もの）」で「我らがどっさりと殺すもの」の意味で、元々は狐以外にも野山でたくさん獲れた獣たち、狸や鼬《いたち》、兎、シマリスなど様々な小さな獣を表す言葉だったものが、狐を指す言葉として残ったのだという。

アイヌの狐も化ける動物とされ、人や神を化かす話が伝わっている。久保寺逸彦著『アイヌの神謡』には神の国にいた狐の神がオキクルミ（アイヌの英雄神）の妹に恋慕し、人の姿に化けて近づいたが、オキクルミに尻尾が生えていることがばれ、追いかけられて殺される話が載る。

更科源蔵著『アイヌ民話集』には女の姿に化ける狐の話が記されている。それによればこの狐はシュカラカムイという神の元に嫁が来るという話を聞き、女の姿に化けてシュカラカムイの元に勝手に嫁に行く。しかし口が裂けており、尻尾が生えているというお粗末な化け方であったため、それを指摘されて騙《だま》しているのがばれたと思い、逃げて行ったとある。また同書には嵐を巻き起こす狐の話も載せられているが、こちらはオキクルミに退治されている。

一方、同著者の『アイヌ伝説集』には、アイヌを助けたチロンヌフカムイの話も載る。この狐神はカッケンピラパケチランノップカムイ（カッケン崖の頭の狐神）と呼ばれ、かつて穂別町《ほべつちょう》（現勇払郡《ゆうふつぐん》むかわ町）の集落がひどい飢饉《ききん》に見舞われた時、この神が柳の枝にたくさんの小魚を刺したものを与え、人々を危機から救ってくれたとされる。

また、チロンヌプ以外にも狐を表すアイヌ語は多数あり、特にシトゥンペと呼ばれる狐はアイヌに尊ばれた狐で、主にクロキツネを指すという。

チワシエコッマッ［ちわしえこっまっ］

アイヌに伝わる神。河口を取り仕切っている女神で、川の水と潮水が混じり合う場所を見張っているという。

鮭《さけ》を誘導するのもこの女神の仕事であるため、人々は敬意を持って祈り、イナウ（木幣《もくへい》）を供えなければならないが、これを怠ると鮭が不漁になったり、人を溺《おぼ》れさせたりするという。

ジョン・バチェラー著『アイヌの暮らしと伝承』にある。

同書では「川と水の混ざる場所を治める女神」と訳されている。分解してみると、「チワシ」は「急流、河口」、「エ」は「〜を」、「コッ」は「持つ」、「マッ」は「女」と考えられ、「河口を司《つかさど》る女神」というような意味となる。

津波の魔の物搗き音［つなみのまのものつきおん］

アイヌに伝わる怪異。沖の方から粟《あわ》を搗くような音が聞こえてくることがある。これが聞こえた場合、その年は津波に襲われるという。またこの音が山から聞こえてくる場合、「山津波の魔の物搗き音」と呼び、その年には必ず山津波（地すべり）があると伝えられていたという。

知里真志保《ちりましほ》著『えぞおばけ列伝』にある。

テクンベコルベ［てくんべこるべ］

和人に伝わる妖怪。首は蟹《かに》で尾は海老という奇妙な姿をしており、首に真珠があるという。松前の人はこれをシャリ蟹と呼んだとも伝えられる。

秦鼎《はたかなえ》著『一《ひと》宵《よ》話《はなし》』（『日本随筆大成　第一期　第一九巻』収録）にある。奇妙な生物として記されているが、恐らくこれは今でいう「ニホンザリガニ」のことかと思われる。当時の日本ではザリガニは北東北と北海道にしかいなかったため、不思議な生き物と考えられていたのだろう。

テケテケ［てけてけ］

現代に伝わる怪異。ある少女が学校に忘れものをして、夜に取りに行った。教室は真っ暗だったため、とにかく早く帰ろうと考えていると、暗闇からテケテケという音が聞こえてきた。不審に思っていると、だんだん近づいてきたため、後ろを振り向くと下半身のないお化けが床を這ってテケテケと追いかけてきていた。これに捕まると足を切られるという。

北の生活文庫企画編集会議編『北海道の口承文芸』、久保孝夫著『女子高生が語る不思議な話』にある。テケテケは日本全国で語られる怪談で、特に初期の噂は沖縄県で語られた例が多い。そのため北海道からすると正反対の南国が本場の怪異に思えるが、テケテケよりも以前に現れ、現在では同一視されることも多い上半身だけの怪異、**カシマさん**の最古の例が北海道であったり、テケテケの前日譚《たん》として語られる**冬の踏切事故伝説**が北海道を舞台にしているため、何かと関連がある。

テケレイペ［てけれいぺ］

アイヌ語で蛙のこと。アイヌには蛙の由来としてこんな話がある。かつて悪女が死んだ際、地獄で釜にゆでられた。それが生まれ変わったのが蛙であり、生前の悪女の刺青《いれずみ》の名残で蛙の足には刺青のような模様がついているのだという。

吉田巌《いわお》著『アイヌの蟲類《ちゅうるい》説話』（『人類学雑誌』第三十一巻第八号）にある。

テンキセイチェプ［てんきせいちぇぷ］

アイヌに伝わる妖怪。寿命を全うして死ぬ直前に鱗《うろこ》が剝《は》げ落ちる鮭《さけ》を指し、「疱瘡《ほうそう》を運ぶ魚」として、この鮭を食べてはならないといわれていたという。

ジョン・バチェラー著『アイヌの暮らしと伝承』にある。

テンコチェッポ［てんこちぇっぽ］

アイヌに伝わる不思議な魚。ある木原の中にある沼に生息しているという魚で、非常に美味だが、現実に存在するどの魚に当たるのかは分からないという。

久保寺逸彦著『アイヌの神謡』にある。

トイクンライトゥムンチ［といくんらいとぅむんち］

アイヌに伝わる妖怪。**イチャシカラ**という呪いをかける際に呼びかける悪神とされ、枯れ木の下にヨモギで作った人形、イモシを埋めてトイクンライトゥムンチに祈ると、呪いの対象となった人物は枯れ木が朽ちるとともに死んでしまうという。

ジョン・バチェラー著『アイヌの暮らしと伝承』にある。「トイ」は「土」、「ライ」は「死ぬ」、「**トゥムンチ**」は気性の荒いアイヌの一族や、一族が住む土地を表す言葉として度々《たびたび》登場するほか、**トゥムンチカムイ**の名で戦神の役割を持つ神として登場したり、化け物として語られたりする。そのため、ここでは化け物の意味と考えるのが自然だろう。しかし「クン」だけは何を表すのか分からなかった。

推測してみるに、同じくイチャシカラで祈りの対象となる妖怪である**トイポクウンチリ**と同様に、元々は「トイポクウン」であったと考えると、「地下にいる」という意味になるため、「地下にいる死の化け物」といった意味合いになる。木の根元に埋めるという方法からも、地下の妖怪であったのではないだろうか。

トイクンラリグル［といくんらりぐる］

アイヌに伝わる悪神。「地上で休息する

もの」という意味を持ち、野生動物に襲われた際に祈る対象だという。この神の妻はトイクンラリマッだとされる。

ジョン・バチラー（バチェラー）著『アイヌの伝承と民俗』にある。

トイコシンプク［といこしんぷく］

アイヌに伝わる妖怪。妻が夫を呪い殺そうとする際、呼びかける悪神だとされる。呪いの方法は夫が使っている頭巾を、人が死んだ際にその亡骸を包むために使う袋に入れ、地面を掘ってそこに埋める。その後、妻はトイコシンプクに向かってこう唱える。

「この袋に入れた頭巾が腐るのと一緒に、私の夫の体も腐るようにお願いいたします、そのために、私は今、夫の身代わりをここに埋めました。ああ、トイコシンプクの悪神様よ、どうか私の願いをお聞き届けください。今すぐ夫の魂をその体から抜き取り、あなた方悪神の仲間に加えてやってください」

この願いを悪神が叶えると、間もなくその夫は死んでしまうのだという。

ジョン・バチラー著『アイヌの暮らしと伝承』にある。名前の意味は「トイ」が「土」で、「コシンプク」は「化け物」や「妖怪」と訳される「**コシンプ**」と同義であると考えると、「土の化け物」となる。これに類似した名前を持つ妖怪に「波の化け物」と訳される「**ルルコシンプ**」、「山の化け物」と訳される「**イワコシンプ**」がいる。

トイヘクンラ［といへくんら］

アイヌの伝説に伝わる悪鬼。悪鬼の長であるタツウナラベ（「谷地の叔母」の意）の子孫であり、肥大した体を持つ。頭は大きく、毛髪は天を突くように鋭く上に伸び、カバノキを擦《こす》り合わせるような音を出して歩く。昼間は棲《す》み処《か》である魔宮に籠っているが、夜になると出現し、人や熊をはじめとする動物に取り憑《つ》いて狂乱させると考えられている。天の世界の神々と世界の果てにいる**モシリシンナイサム**という悪鬼以外には恐れるものはいないという。

中田千畝著『アイヌ神話』にある。同書によれば、この悪鬼は『アイヌ神話』が著された当時（一九二四年）でも実在を信じるアイヌがいたといい、夜の外出を忌む理由となっていたという。またもしこれと出会ってしまった場合は、「悪鬼よ、我は久しい前からお前に会って話したいと思っていたことがあったが、今、幸いお前に会ったから話そう。それは他でもないモシリシンナイサムがお前のことを悪口してトイヘクンラは谷地に住んでいるくせにあまりに驕《おご》っているから折を見て、討ち殺してしまうと言っているのだ。早くここを去らないとモシリシンナイサムが来るかもしれないぞ」と言えば、トイヘクンラはすぐに姿を隠してしまうと伝えられていたようだ。

このトイヘクンラの先祖とされるタツウナラベ、天敵とされるモシリシンナイサムについての詳細は当該項目を参照。

ジョン・バチェラー著『アイヌの暮らしと伝承』にはこんな伝説も載せられている。創造神は世界を作る際、六挺《ちょう》の斧《おの》を使い、その斧を山の谷間に投げ捨てた。この斧は谷間で何年も経つうちに朽ち果て、谷川の水で摺《す》り減らされながら川下に流れて行った。そしてアイヌに伝わる化け物たちは、この谷で生まれたという。そのためこの朽ちた斧の一部が流れた川からは地下に棲むあらゆる悪霊たちがやってくるとされ、この川に囲まれた沼地の真ん中には、石の胴体をした悪神の首領が陣取っている。これこそがトイヘクンラだといわれている。

また、吉田巌《いわお》著『アイヌの妖怪説話』ではトイヘクンラはアイヌの間で幽霊を表す言葉として使われていると記されているため、死者の霊を指す用例もあったのかもしれない。

トイポクウンチリ ［といぽくうんちり］

アイヌに伝わる妖怪。アイヌが人を呪う時に害を与えてほしいと願う存在。**イチャシカラ**と呼ばれる呪いを行う際には、ヨモギで作った人形、イモシをその呪いたい相手に見立て、これを地面に埋めながら、トイポクウンチリに対しその人物を地獄まで運んでほしいと頼むのだという。そうするとイモシが腐るにつれて呪われた人物の体も腐っていくとされる。

ジョン・バチェラー著『アイヌの暮らしと伝承』にある。名前の意味は「トイ（土）」＋「ポク（下）」＋「ウン（ある、いる）」＋「チリ（鳥）」となるだろうか。これをそのまま訳すと「地下にいる鳥」となるが、実際に鳥の姿をしているのかは定かではない。

トイレおやじ ［といれおやじ］

現代に伝わる怪異。北海道のある小学校に出現するという妖怪で、このおやじが出現した場合には「チンカラホイ」と唱えなければならない。そうすればトイレおやじは消えるが、唱えないと何かが起きるという。

常光徹編著『みんなの学校の怪談 赤本』にある。「チンカラホイ」は童謡「ちんから峠」の歌詞に登場する言葉。もしくは藤子・F・不二雄の漫画『ドラえもん のび太の魔界大冒険』及びそのアニメ映画に登場する魔法の呪文として知られているが、いずれにせよトイレおやじとの関連は分からない。

トイレの花子さん ［といれのはなこさん］

現代に伝わる怪異。小学校のトイレの入口から三番目のトイレの前に立って戸を三回叩き、「花子さん、遊びましょう」と問いかけると、どこからともなく「はーい」という返事が返ってくる。そして三番目のトイレに入ってしばらく待っていると、「何して遊ぶ?」と声がする。これに「ままごと」と答えると天井から包丁が降ってくるという。

北の生活文庫企画編集会議編『北海道の口承文芸』にある。

また久保孝夫著『女子高生が語る不思議な話』には、函館市で語られていた花子さんの話が複数載る。

それによれば、トイレの右から三番目の個室の前に立ち、「三丁目の花子さん出ておいで」と三回まわってドアを三回叩くと、花子さんが出てきて殺されてしまうという話や、トイレの一番向こうはじの戸を叩き、「花子さん、遊びましょう」と言う。この時返事が返ってこなければ問題ないが、「はーい」と返事があると花子さんと入れ替わってしまうという話などが載る。

他にも男子トイレには太郎くんがおり、同じように奥から三番目のドアの個室を三回ノックすると返事がある、太郎くんが出てくるという話もある。

花子さん、太郎くんの話は全国的に存在しており、書籍やアニメなどのメディアを通して広まっている部分も大きいため、北海道でも他の都府県と同様の怪談が語られる怪異のひとつである。

トゥシテク ［とぅしてく］

アイヌ語で金縛りを表す言葉。

萱野茂著『萱野茂のアイヌ語辞典』にある。同書では、寝ているときに体の上に鼠がいると金縛りになるという、アイヌの俗信が紹介されている。

トゥムンジカムイ ［とぅむんじかむい］

アイヌの伝承に現れる悪神。蝦夷島のほか、スマサンピウカと呼ばれる国などの二、三ヶ所に住んでいるとされ、アペトンピ（火光）を丸く輪にして放ち、それに乗って現れるといわれる。

早川昇著『アイヌの民俗』にある。

トゥムンチ ［とぅむんち］

アイヌ語で化け物や妖怪を表す言葉の一つ。

トゥムンチはそもそも戦争や殺戮《さつりく》などを表す言葉だが、話によっては魔物、悪鬼、悪魔、妖怪、化け物などとも訳される。

また**トゥムンチカムイ**は戦神という意味に訳されることが多いが、人々を殺し合わせるなど悪神としての側面も持つ。詳細はトゥムンチカムイの項目を参照。

トゥムンチカムイ ［とぅむんちかむい］

アイヌに伝わる神。戦神とされ、人間や神に戦いを仕掛けたり、人間同士を戦わせてその血を啜《すす》るという。

アイヌ無形文化伝承保存会編『アイヌの

民話I』にある。同書に載せられた民話によれば、ある人間がトゥムンチカムイから授けられた土でできた箱を持っていたところ、その人間の村で殺し合いが起き、村が全滅するまでに至ったという。その箱の中には槍《やり》や焼き串、まな板やトゥムンチカムイの鎧《よろい》が入っていたとされる。

トゥレンカムイ［とぅれんかむい］

アイヌ語で憑神《つきがみ》のこと。アイヌにとって自分に憑く神は非常に重要な存在であり、その神によって人の運、不運が決まると考えられていた。

萱野茂著『萱野茂のアイヌ語辞典』にある。

トーサランペ［とーさらんぺ］

アイヌに伝わる妖怪。意味は「湖の魔物」で、マリモのこと。魔物の巣であるなどとして、忌み嫌われていたという。

更科源蔵著『アイヌの民俗（下）』にある。

トカプチ［とかぷち］

アイヌ語で幽霊を指す言葉。

トカプチは今でいう十勝の元になった言葉でもある。例えば、永田方正著『北海道蝦夷語地名解』においては、その昔、凶暴だった十勝アイヌに対する憎しみを表す言葉として生まれたと説明されている。また中田千畝著『アイヌ神話』においては、十勝付近のアイヌの集落には、夜になると怪魔が襲ってきたが、この姿を見た者は恐怖のあまり気を失ったと記されている。

トッコニオッカヨ［とっこにおっかよ］

アイヌに伝わる妖怪。神謡などに登場する蛇で、雲の女神に頼まれて彼女の家の水槽の中に隠れ潜む。そしてともに隠れていた**アネケムオッカヨ**、**ヤムオッカヨ**、**イウタニオッカヨ**とともにポロニッネカムイ（大悪神）を攻撃し、撃退したという。トッコニオッカヨはその際にポロニッネカムイの手に噛《か》み付いたという。

名前は久保寺逸彦著『アイヌの神謡』にある。意味は「トッコニ（蛇、マムシ）」＋「オッカヨ（男）」で「マムシ男」となる。

このように家の主人の依頼で家のどこかに隠れたものたちが、侵入者を次々と攻撃して懲らしめる昔話『猿蟹《さるかに》合戦』に類似した話は、アイヌでも数多く伝わっている。トッコニオッカヨが出てくる話は現在、この蜘蛛《くも》の女神の話しか見つけられていないが、他にもあるのかもしれない。

トッコニパラチ［とっこにぱらち］

アイヌに伝わる怪異。蛇に憑《つ》かれることを言う。

吉田巌《いわお》著『アイヌの妖怪説話』（『人類学雑誌』第二十九巻第七号）にある。「トッコニ」は蛇を表すアイヌ語。

トパットゥミ［とぱっとぅみ］

アイヌの民話に登場する悪鬼であり、「夜襲」を表す言葉でもある。

昔、あるところにトパットゥミという悪鬼がいたが、黒皮を纏《まと》っており、その本当の姿を見たものはいなかった。この悪鬼は夜になるとアイヌの集落を襲い、男を皆殺しにして女を奪った。急襲があまりに機敏にして狡猾に行われたため、アイヌの人々はそれを恐れたという。

中村千畝著『アイヌ神話』にある。同書によれば、元々夜間に行われる襲撃は悪鬼の仕業と考えられていたが、いつしかアイヌの部族間における夜襲がトパットゥミ（同書における表記はトパツトミ）と呼ばれるようになったという。

トピシキカムイ［とぴしきかむい］

アイヌに伝わる悪神。沼の神であり、瘧《おこり》（マラリア）の神でもあるとされる。この神が国を遊行すると、国土に瘧の病が広まるという。

知里真志保《ちりましほ》著『疱瘡《ほうそう》神に関する資料』（『知里真志保著作集2』収録）にある。

トラサンペ［とらさんぺ］

アイヌに伝わる妖怪。マリモのことを指すが、アイヌではマリモは湖の底にいる化け物と言い、大切にしなかったという。

萱野茂著『萱野茂のアイヌ語辞典』にある。同書によればトラサンペは**イワラサンペ**という妖怪と対になる存在と考えられていたという。

【な】

泣く刀［なくかたな］

アイヌに伝わる怪異。アイヌの青年が浜に打ち上げられた鯨の肉を、家宝の刀でくりぬき、その刀をまた元の場所に戻しておいた。するとその刀は誰も触れていないのにもかかわらずカタン、カタンと泣き出した。そのためにそのアイヌの青年の祖父は刀が良くないことに使われたことに気付き、トゥス（巫術《ふじゅつ》）によって青年がこの刀を使用したことを知ったという。

因幡勝雄編著『アイヌ伝承ばなし集成』にある。

鍋神［なべがみ］

アイヌに伝わる神。その名の通り鍋の神で、鍋を汚れたまま放置するとその家の者を祟《たた》るという。ある昔話では、鍋を洗わないまま使い続け、汚れがこびりついた状態にしていた家の子どもの顔をかさぶただらけの状態にしてしまったという。これは鍋をきちんと洗い、汚れを落としたことで治まったようだ。

萱野茂著『アイヌの昔話　ひとつぶのサッチポロ』にある。同書ではアイヌ語の名前は載せられていなかった。

ニシカントリ［にしかんとり］

アイヌに伝わる神鳥。アイヌの英雄、アイヌラックルが苦戦していると、空から舞い降りてきて助けてくれるという。

知里真志保《ちりましほ》著『分類アイヌ語辞典　植物編・動物編』にある。

ニシポソインカラ［にしぽそいんから］

アイヌに伝わる妖怪。化け物の一種で、雲を透かして見る化け物とされる。想像上の存在であるため、その姿は分からないという。

萱野茂著『萱野茂のアイヌ語辞典』にある。類似した妖怪に**イワポソインカラ**、**キナポソインカラ**がいる。

ニシムカムイ［にしむかむい］

アイヌに伝わる怪異。悪魔を表す言葉だという。

吉田巌《いわお》著『アイヌの妖怪説話』（『人類学雑誌』第二十九巻第七号）にある。名前の由来は不明。「ニシ」は「空」、「ム」は「塞《ふさ》がる、詰まる」という意味があり、「空を塞ぐ神」というような意味とも考えられるが、確証は持てない。

ニシンナイサムニオヤシ［にしんないさむにおやし］

アイヌに伝わる怪異。「木が立っている荒れ果てた場所のそばの化け物」という意味の名前となる。人が悪い目的を持って呪いを行う際に祈願する相手で、カンボク、エゾニワトコ、ポプラなど、アイヌが悪と考えている木に対しこう唱える。

「おお、なんじニシンナイサムニオヤシ・トゥムンチよ。私は汝《なんじ》を崇拝し、汝にお願いします。私をいじめる人が大勢います。私はそれらの人々の名前を知らせます。汝、急いでください。それらの人々の魂を取ってください。彼らを汝に似た化け物にしてください」

これを唱えると、ニシンナイサムニオヤシが呪いの対象の不意を突いて攻撃してくれるという。

ジョン・バチラー（バチェラー）著『アイヌの伝承と民俗』にある。

ニスオッカヨ［にすおっかよ］

アイヌに伝わる妖怪。神謡に登場する臼《うす》で、家の住人に頼まれてその家に隠れ、入って来た化け物が針や蜂、栗などに襲われて慌てて家の外に逃げる際、戸の上から落ちてきて止《とどめ》を刺す役割で登場する。

名前は久保寺逸彦著『アイヌの神謡』及び中川裕『アイヌ口承文芸テキスト集17 白沢ナベ口述 カムイユカラ アテヤテンナ：六つ首の狐』（『千葉大学ユーラシア言語文化論集』第20号収録）によった。意味は「ニス（臼）」＋「オッカヨ（男）」で「臼男」となる。

ニスオッカヨは他にも針や杵、蟹などと共演することが多く、侵入者が次々と彼らに懲らしめられる様子はさながら昔話『猿《さる》蟹《かに》合戦』を思い起こさせる。

このことについて中川裕は前掲の論文にて以下のような考察を行っている。アイヌに受け継がれる『猿蟹合戦』に似た話は、かつて和人から伝えられたものである可能性が高い。しかし、アイヌの話には、食物を争うという『猿蟹合戦』の前半部分の話を確認することができない。その理由としては、後半部分のみが伝わったのではないかということが考えられる。あるいは、北海道には猿や柿がなかったことから、前半部分の理解が困難だったので、他の話に差し替えられたのではないかとも考えられるという。

ニタイコシンプ［にたいこしんぷ］

アイヌに伝わる妖怪。林野に棲《す》むコシンプだという。

知里真志保《ちりましほ》著『ユーカラの人々とその生活』（『知里真志保著作集3』収録）にある。名前は「ニタイ（林）」＋「**コシンプ**（化け物、妖精）」で「林の妖怪」もしくは「林の妖精」となる。コシンプには多くの種類がおり、その中で林に棲むとされるものを指してこの名前を使うようだ。同様の妖怪だとされるものに**ニテイメテイェプ**がいる。

ニタイサㇰモシㇼ・チカプサㇰモシㇼ［にたいさくもしり・ちかぷさくもしり］

アイヌに伝わる怪異。森も林もなく、鳥もいない場所で、アイヌの人々はこの場所に悪い化け物が追放されていると考えていた。

萱野茂著『萱野茂のアイヌ語辞典』にある。名前は「ニタイ（林、森）」＋「サㇰ（ない）」＋「モシㇼ（国）」及び「チカㇷ（鳥）」＋「サㇰ（ない）」＋「モシㇼ（国）」で「森のない国・鳥のいない国」となる。

ニタケネニ［にたけねに］

アイヌに伝わる怪木。ある時、天の神がウエンピボツクという場所にニタケネニという大木を降ろして植えた。これを見たアイヌのひとりが、その美しさに惑わされ、近寄ったところ、シハパブという病神に取り憑《つ》かれ、腹痛を起こして倒れてしまった。

さらに不思議なことに、この大木は次第に成長していき、天にも届くほど大きくなったかと思うと、大地に倒れて粉々になり、風を起こして地上に散らばった。これ以降、アイヌの間には色々と病気が絶えなくなったという。

中田千畝著『アイヌ神話』にある。名前の意味は「ニタ（湿地）」＋「ケネ（ハンノキ）」＋「ニ（木）」であり、「湿地のハンノキの木」となる。ハンノキは元々湿地帯に生える高木のため、ハンノキそのものを神聖視したものなのかもしれない。

ニタッラサンペ ［にたっらさんぺ］

アイヌに伝わる妖怪。「湿地の化け物」を意味する名前で、マリモのように丸く、直径は六、七寸（約一八〜二一センチ）、茶褐色で羽が生えており、鳥とも獣とも違う姿をしているという。

この化け物を見ると運が悪くなるとされ、全道のアイヌがその名前を知っていたという。

萱野茂著『おれの二風谷《にぶたに》』にある。ほぼ同義の名前を持つ妖怪に**ニタイラサンペ**がいる。詳細は当該項目を参照。

ニタトルンニッネカムイ ［にたとるんにっねかむい］

アイヌに伝わる悪神。蛇体の悪神で、湿地に潜むという。

知里真志保《ちりましほ》著『分類アイヌ語辞典 植物編・動物編』にある。名前の意味は「湿地にいる悪神」となる。

ニッネオコッコ ［にっねおこっこ］

アイヌに伝わる妖怪。名前は「悪い蛇」を意味し、アイオイナという神によって作られたものだという。

遥か昔、アイオイナは川の土手に沿って川を泳いでいたが、釣竿が泥に刺さって折れてしまった。そこで彼は非常に怒り、それを岸に投げた。するとその竿が地面に触れるや否や、皮膚に黒い斑点のある蛇となった。これが毒を持つ蛇で、竿のところどころが黒く焼けていたために、黒い斑点を持つのだという。

ジョン・バチラー（バチェラー）著『アイヌの伝承と民俗』にある。「**オコッコ**」は「蛇」のほか、「化け物」や「妖怪」の意味で使われることもある。北海道に生息する黒い斑点のある蛇というとジムグリがいるが、ジムグリには毒がない。

ニッネカムイシカッカレ ［にっねかむいしかっかれ］

アイヌに伝わる怪異。鬼に憑《つ》かれることを言う。

吉田巌《いわお》著『アイヌの妖怪説話』（『人類学雑誌』第二十九巻第七号）にある。「**ニッネカムイ**」は「固い神」、「悪い神」を表す言葉で、よくアイヌの話に現れ、「鬼」と訳されることもある。「シカッカレ」は「化かす」という意味であるため、「ニッネカムイシカッカレ」は「鬼に化かされる」という意味になるだろうか。

ニッネプパラツ ［にっねぷぱらつ］

アイヌに伝わる怪異。人に悪霊や悪神が憑《つ》くことをいう。アイヌの漁師は海の悪神である**コノトランクル**やその手下に願い、憎い相手にこの現象を起こす。するとその対象となった人間は病に苦しみ、最後には死んでしまうという。

ジョン・バチラー（バチェラー）著『アイヌの伝承と民俗』にある。

「ニッネ」は「固い、悪い」、「プ」は「もの」、「パラツ」は「呪う」を意味し、「悪いものが呪う」、「悪霊が呪う」というような意味合いとなる。

他にも、蛇に憑かれる場合は**オコッコパラトゥ**、犬に憑かれる場合は**セタパラゴアツ**、猫に憑かれる場合は**メコパラゴアツ**、馬に憑かれる場合は**ウムマライゲパラゴアツ**と呼ぶなど、アイヌには何者かに憑かれる現象を指す言葉が豊富にある。詳細は各項目を参照。

ニテイメテイェプ ［にていめていぇぷ］

アイヌに伝わる妖怪。林に棲《す》む妖怪、妖精だという。

知里真志保《ちりましほ》著『ユーカラの人々とその生活』（『知里真志保全集3』収録）にある。同書によれば、これは**ニタイコシンプ**と同じものだという。

二面八足の異獣 ［にめんはっそくのいじゅう］

和人に伝わる妖怪。一七二二（享保《きょうほう》七）年五月一五日、蝦夷地で大地震が起きた。

この時、大山が真っ二つに崩壊し、山中から見たこともない異獣が数多く駆け出してきたが、その中に、二面八足の奇妙な獣があった。蝦夷人（アイヌ）はこれを捕まえようと追ったが、異獣は風のごとく飛び走って、ついに姿を見失ったという。

江戸時代中期の国学者、天野信景《あまのさだかげ》が書いた随筆『塩尻』にある。同書によれば、これは、仙台の人が書いた文章にあった話だという。

妊婦の亡霊 ［にんぷのぼうれい］

アイヌに伝わる怪異。かつてある村で妊婦が死亡し、人々がそれと知らずに葬ったところ、毎晩犬が激しく吠《ほ》えるようになった。そこで犬が吠える墓の方へ行ってみると、いつの間にか小屋ができており、そこに死んだ女がいて、子どもを抱いていた。

女は後ろを向いたまま子どもを差し出し、人々に対して村に戻るまでこちらを振り返ってはならないと告げ、また、これから妊婦が死んだときには、必ず体から子どもを出してから葬るようにと頼んだ。

それ以来、アイヌの人々は妊婦が死んだ際には、必ず子どもを胎内から取り出してから葬るようになったという。

更科源蔵著『アイヌの民俗（下）』にある。アイヌに伝わる風習には、妊婦の死体を小刀や鎌で切って胎内の赤子を取り出し、母親の死体に抱かせて一緒に葬る、というものがある。これは本州でも同様の風習が残っていた記録があるため、アイヌ独自の風習というわけではないようだ。

また、本州では産褥《さんじょく》で死んだ女性は産女《うぶめ》という妖怪になる、という話が残るが、アイヌには特定の妖怪になる、という話はない。

ヌプキオックル ［ぬぷきおっくる］

アイヌに伝わる妖怪。「濁ったところにいる者」を意味する名前で、「ヌプキオッマッ（濁ったところにいる女）」と夫婦の悪神であるという。

この夫婦神は川瀬の水の中に住んでおり、川の水を濁らせるのはこのものたちの仕業だとされる。また川岸を崩すことを好み、特に侮辱《ぶじょく》したりないがしろにしたりした場合、人々が作物の種をまいて育てている場所に夜な夜な現れてその土地を崩してしまうのだという。一方、きちんと崇《あが》めれば喜び、人に危害を加えることはしないとされる。

ジョン・バチェラー著『アイヌの暮らしと伝承』にある。同著者の『アイヌの伝承と民俗』には「コヌプキオツグル」の名前で載せられており、川に住む悪神の中でも序列が最も上であるという。

ヌプリケスウングル ［ぬぷりけすうんぐる］

アイヌに伝わる悪神。「山の麓に住んでいるもの」を意味し、人食い熊の姿で現れて人を殺すという。

ジョン・バチラー（バチェラー）著『アイヌの伝承と民俗』にある。同書によれば、これは**プリカンダカムイ**と同じものだという。

ヌプリノシキコロ ［ぬぷりのしきころ］

アイヌの民話に登場する神。巨大なヒグマであり、その名は「山の真ん中の王」を意味する。かつて海で最も力を持っていた大トドに勝負を挑まれ、一度は断ったものの、しつこく勝負を仕掛けてくるため、大トドを押さえつけて食いちぎり、川の中に投げ込んだ。この肉片はひとつひとつが小さなトドとなり、人間に狩られるほどの大きさになってしまったといいう。

更科源蔵著『アイヌ民話集』にある。大トドについては**ウェンエタシペ**を参照。

ネシコの化け物 ［ねしこのばけもの］

アイヌに伝わる妖怪。ネシコとはクルミを意味する言葉で、ネシコの木がある村の村長の妻に惚《ほ》れ、殺してその魂を奪おうとした物語が昔話として残されている。それによれば、ネシコは根を伸ばして村長の家の下まで辿り着き、腹痛を起こして村長の妻を殺害する。しかし二羽のカラスがそのことを村長に知らせたため、村長は村人たちとともに鍬《くわ》でネシコの根を掘り起こし、燃やして魂を戻す宝で妻を生き返らせたという。また、カラスたちに彼の妻のことを知らせたのは、家の入口を守る神であるアパサムンカムイであったとされる。

　萱野茂著『カムイユカラと昔話』にある。

鼠のエカシ［ねずみのえかし］

アイヌに伝わる妖怪。「エカシ」は「老人」を意味するアイヌ語。この鼠に纏《まつ》わる話は、以下のようなものだ。

　ある山の中に、一人の老人と子どもが住んでいた。老人は山に毎日狩りに出かけるが、決して熊や鹿を一頭丸ごと取ってくることはなく、小さな肉を二切れほど持って帰ったり、わずかばかりの米を持ち帰って子どもを育てた。

　やがて子どもは育ち、一人で鹿を狩ることができるようになると、老人は自分は本当は人間ではなく、鼠であることを明かした。

　子どもの両親が生きていた当時、彼らは家の床下にいたこの鼠を一度足りとも邪険に扱わなかった。そのため、彼らが死んだ後、鼠は人間の姿になって残された子どもを育てることに決めた。しかし鼠であるために狩りなどすることができず、村から少量の食物を盗んで子どもを育てていたのだ。

　一人前になった子どもを見届けた鼠の老人は、家の下に戻ってひとり死ぬことを告げ、最後の挨拶をして、子どもの元から去って行った。子どもは何度も老人を呼んだが、もう二度と彼の姿を見ることはできなかった。

　この物語は、その子どもが大きくなってから人に語った話なのだという。

　更科源蔵著『アイヌ民話集』にある。

【は】

パウチ［ぱうち］

アイヌに伝わる妖怪。パウチカムイともいう。淫魔《いんま》と訳されることが多い妖怪で、妖艶《ようえん》な容姿を見せて人間を誘惑したり、人に憑《つ》いてその人間を淫乱にするなどの話が伝わる。パウチに憑かれた人間は突然裸になって走り狂う。

　こうした場合、パウチを追い出すためには川岸に簡易的な小屋をいくつか作り、それを燃やしてその火の中を次々とくぐらせる。さらにひとつ火をくぐるごとに棘《とげ》の生えた枝を混ぜた手草でパウチに憑かれたものを打ち据える。このためその人間は血だらけになるのだという。それでも駄目な場合は川に投げ込んで溺《おぼ》れさせるなどという。知里真志保《ちりましほ》著『えぞおばけ列伝』（『アイヌ民譚《みんたん》集』収録）による。

同書によれば人間の性交を表す言葉として「ウコパウチコル（互いにパウチを持つ）」というアイヌ語があるほどパウチの存在はアイヌに浸透していたという。また浮気の理由もパウチが人間に取り憑いているため、と考えられることがあったようだ。

同書によれば、幌別郡《ほろべつぐん》（現登別市《のぼりべつし》）の辺りでは、パウチは普段は天のどこかにあるシュシュランペッという川の近くに棲《す》み、男も女も全裸で踊っている。また土手の柳の葉を千切っては川に投げ込むが、この葉が川に入るとシュシャム（シシャモのこと）という魚になるという。そのためアイヌではシュシャムを人に渡す際には決して手渡しせず、投げて渡す風習があったとされる。

パウチは時たまこの天の世界から地上に降りてきて、人間の村の背後にある山野に姿を現し、人間の男女を誘惑して仲間に加え、次第に踊りの群れを大きくしながら世界を回るという。

同書にはこんな話も掲載されている。石狩川の上流、現在の上川郡愛別町にはカムイオペッカウシ（神様が川岸で陰部をさらけ出している所）と呼ばれる岸がある。昔、上川のアイヌの集落を襲おうと、十勝方面から夜盗の一団がいかだに乗って川を下ってきた。その夜盗の一団がカムイオペッカウシに着いた時、岸の上に裸姿で踊る美しい女がいたのだという。夜盗の一団はその女に見とれてしまい、自分たちの乗っているいかだが滝に近づいていることに気がつかなかった。いかだは滝壺に落ちてしまい、夜盗たちはいかだごと滝壺に沈んでしまったのだそうだ。この話に登場する女もパウチであったという。

更科源蔵著『アイヌ民話集』にも石狩に現れたパウチの話が掲載されている。このパウチはあるアイヌの男に惚《ほ》れ、天から降りてきて一冬の間その男とともに暮らし、宝物を置いて天に帰って行った。しかしそれでも男のことが諦めきれず、男を殺して天に迎えようと仲間のパウチを地上に降ろしたところ、誤って石狩の集落に降ろしてしまい、病気を流行させてしまう。そのため病気を洗い流すために神々は集落に洪水を発生させる。これを知ったパウチは男が流されないようにと雨を降らす雲の半分を支笏湖《しこつこ》の方に飛ばすが、それが神々にばれて殺されることとなる。さらに男がパウチと情を交わしていたことも集落の人々に知られることとなり、男は集落の人々に散々に殴られて寝たきりになり、ほどなくして死んでしまったという。

更科源蔵著『アイヌの民俗（下）』によれば、パウチは国造りの神であるコタンコロカムイがドロノキで火切臼《ひきりうす》と火切杵《ひきりぎね》を作り、それで火を起こそうとした際、いくら揉《も》んでも火がつかず、白と黒の揉み屑《くず》だけが出た。その木屑を吹いてみると、白の木屑はパウチカムイに、黒の木屑はパコロカムイになり、さらに火切臼はイワエンドナイ、火切杵は**ケナシウナルペ**と化したという伝承が残されているという。

パウチカㇽ［ぱうちかる］

アイヌに伝わる怪異。**パウチ**という妖怪が人間に憑《つ》くことを言う。

知里真志保《ちりましほ》著『分類アイヌ語辞典 人間編』にある。

この他にも**コシンプ**という妖怪が憑く場合もあり、これは**コシンプキンラカㇽ**と呼ばれる。

こういった妖怪に憑かれた人間は刃物で自分の体を傷つけるようになる。これはその人間に憑いた妖怪が、憑かれた人間の血を飲みたがっているためである。目には見えないが、そういった行動をしている人間の背後には、赤い薄刃の菜切包丁《なきりぼうちょう》を持ち、それで自分の胸を叩きながら踊る妖怪がいるのだという。

パウチやコシンプはその血を飲むと一時的に落ち着き、狂気も出てこなくなるが、一ヶ月ほどすると再び憑いた人間にこのような行動をさせる。また殺人をさせてその被害者の血を飲むこともある。

またパウチは淫魔《いんま》としての性質もよく語られる。詳細は当該項目参照。

パコロチカプポ［ぱころちかぷぽ］

アイヌに伝わる妖怪。羽が灰色で頭のてっぺんが赤い渡り鳥で、大型の鳥ではなく小鳥だという。この鳥を一羽でも殺すと村中に悪い病気が流行るので、その小鳥を殺したり、声をかけることは許されないといわれていた。

ジョン・バチェラー著『アイヌの暮らしと伝承』にある。同書ではバチェラー自身がこの小鳥と海岸で遭遇したとあるため、実在する渡り鳥かと思われる。しかし、灰色の羽と赤い頭頂部を持った渡り鳥は北海道で見つからず、その種類を特定することは難しい。

名前の意味は「パ」は「季節」、「コロ」は「支配する」となるが、これは疱瘡《ほうそう》神である「パコロカムイ」と同じく「パコロ」で「疱瘡、疫病」といった意味合いと考えるのが自然だろう。実際、渡り鳥をパコロカムイと呼ぶこともあるようだ。「チカプポ」は「小鳥」で「パコロチカプポ」は「疫病を運ぶ小鳥」というような意味と考えられる。

パサモク［ぱさもく］

アイヌに伝わる怪異。郭公《かっこう》などの鳥の鳴き声を真似すると、その仕返しに鳥が人間に取り憑《つ》く現象を指すのだという。

吉田巖《いわお》著『アイヌの妖怪説話』（『人類学雑誌』第二十九巻第七号）にある。語彙の由来は不明。

パシクルアペ［ぱしくるあぺ］

アイヌ語で鬼火を表す言葉。萱野茂著

『萱野茂のアイヌ語辞典』にある。同書によれば青白い光だという。

パスイノカ・イコンノカ・エカイニトムネ［ぱすいのか・いこんのか・えかいにとむね］

アイヌに伝わる妖怪。熊の化け物だとされ、神謡に描かれる。

パスイノカ・イコンノカ・エカイニトムネは山岳を領する神の娘の夫であったが、普段は飯を食うか寝るばかりで、それ以外に何もしなかった。ある時、妻の元にその兄弟がやってきて土産を妹に渡すと、パスイノカ・イコンノカ・エカイニトムネは突然起き上がってそれを全て食らった後、外に出て妻の兄弟を殺害し、そのまま妻の家に行って彼女の父、母、姉を殺そうと追いかけていた。そこに妻が現れ、パスイノカ・イコンノカ・エカイニトムネと妻の殺し合いが始まった。

パスイノカ・イコンノカ・エカイニトムネは普通の胆の緒が六本あるのに加え、黄金の胆の緒を六本持っていたが、それら全てを妻に引き千切られ、地獄に落とされたという。

久保寺逸彦著『アイヌの神謡』にある。名前は「パスイ（箸《はし》）」＋「ノカ（〜を模したもの）」＋「イコロ（宝刀）」＋「ノカ（〜を模したもの）」＋「エカイニ（折れ木、切り株）」＋「トム（体、胴体）」＋「ネ（もの）」となり、「箸を模したもの・宝刀を模したもの・折れた木の体を持つもの」となるのだろうか。同書では毛皮に入った文様からこう呼ばれているのではないか、と考察されているが、どのような文様かは不明。

パトゥムカムイ［ぱとぅむかむい］

アイヌに伝わる悪神。疱瘡《ほうそう》神の一種。

知里真志保《ちりましほ》著『分類アイヌ語辞典 人間編』にある。「パトゥム」は「流行病、疱瘡」、「カムイ」は神を表す言葉。

花子さんの手［はなこさんのて］

現代に伝わる怪異。学校の怪談のひとつで、ある学校の北側にあるトイレの三番目の個室に入り、便器の周りを三回まわってから便器をまたぐと、花子さんという女の子の手が便器から現れ、中へ引きずり込まれるという。

北の生活文庫企画編集会議編『北海道の口承文芸』にある。トイレから手が出てくる話は全国にあり、「カミをくれ」と要求してくる怪談が有名。カミをくれはトイレットペーパーを渡すと「このカミじゃない、この髪だ」と言って便器から手が出てきて子どもの髪を摑《つか》み、便器の中に引きずり込む、という展開の話が多い。

ハボトット・フチトット［はぼとっと・ふちとっと］

アイヌに伝わる怪異。「お母さん、お婆さん」と呼びかける声であり、ヨタカを表す言葉として使われる。その由来は以下のようなものだ。

　昔、ある母親が庭に置いた揺《ゆ》り籠《かご》に赤子を寝かせて働きに行った。一仕事を終えて庭に戻ったところ、赤子はどこにもいなくなっていた。

　村の皆で赤子を探したが、一向に見つからず、獣に攫《さら》われたということになった。それから幾日かが経ち、庭の方から「ハボトット・フチトット」という声が聞こえてきた。人々は化け物が赤子の真似をしているのだと怖がり、近づかなかったが、しばらくしてから村中の人々が同じ夢を見た。

　その夢にいなくなった赤子が出てきて言った。

「私はいなくなった子どもです。私が庭の揺り籠に揺られていた時、突然沼の化け物がやってきて、私を攫って沼に隠しました。私は間もなく隙をついて逃げ、母と祖母に呼びかけましたが、誰も私を助けに来てくれませんでした。そこに再び沼の化け物がやってきて、私を鳥の姿に変えてしまいました。私の姿は鳥のようになりましたが、私の声はいつも人間の声のようにハボトット・フチトットと聞こえるでしょう」

　この夢を見てから人々が庭に行くと、そこには揺り籠のような体の形をした鳥がおり、「ハボトット・フチトット」と鳴いたという。

　ジョン・バチラー（バチェラー）著『アイヌの伝承と民俗』にある。

パラゴアツ〔ぱらごあつ〕

　アイヌに伝わる怪異。「パラコアツ」ともいう。「罰が当たる」ことを意味するが、この言葉の前に動物の名前がつくと、その動物に祟《たた》られるという意味になる。

　知里真志保《ちりましほ》著『分類アイヌ語辞典 人間編』にある。例えば**セタパラゴアツ**ならば犬に祟られることを、**メコパラゴアツ**ならば猫に祟られることを意味する。

ピアスの白い糸〔ぴあすのしろいいと〕

　現代に伝わる怪異。ピアスをするために友達に頼んで耳たぶに穴を開けてもらった少女がいた。するとその穴から白い糸のようなものが出てきたため、それを引き抜いた途端、目が見えなくなった。その糸のようなものは視神経だったという。

　北の生活文庫企画編集会議編『北海道の口承文芸』にある。全国に分布する怪談だが、耳たぶには視神経は通っていない。この目が見えなくなった少女が道行く人にピアスをしているか訪ねて回り、していると答えた人間の耳を噛《か》み千切る「耳かじり女」という怪談が語られることもあるが、北海道で語られたものは見つからなかった。

ピカタトノマッネプ〔ぴかたとのまっねぷ〕

　アイヌに伝わる妖怪。「南西風の女神」という意味になる。南西から吹く風が強い場合、人々はこの妖怪に祈り、風を止めてもらおうとするという。

ジョン・バチラー（バチェラー）著『アイヌの伝承と民俗』にある。「ピカタ」は「南風、南西風」、「トノ」は「殿様、役人、神など」、「マッネプ」は「雌」という意味となる。

ピカタニッネカムイ［ぴかたにっねかむい］

アイヌに伝わる悪神。暴風雨の女神とされる。神謡では、人間の国土にいたずらしてみたくなったピカタニッネカムイが、山の上で六日間にわたって踊ると、風が吹き荒れ、波が荒れ狂い、人里は掘り返した畑のように荒れてしまったという。しかし一軒だけ無傷の家があったため、忌々しく思ったピカタニッネカムイはさらに六日間踊ったが、やはり家は壊れない。壊すことをあきらめたピカタニッネカムイは家に帰り、針仕事に勤《いそ》しんでいると、あの倒れない家の主人であるオキクルミ（アイヌの英雄神）がやってきて、逆に暴風を起こしてピカタニッネカムイを懲らしめた。そのためピカタニッネカムイは人間界でいたずらすることをやめたという。

金田一京助著『オキクルミの詞章』（『金田一京助全集 七』収録）にある。「ピカタ」は「南西風、南風」、「ニッネ」は「固い、悪い」で、「**ニッネカムイ**」だと「悪神、魔神」といった意味になる。そのため訳すと「南西風の魔神」というような意味になるだろうか。

ピト［ぴと］

アイヌ語で死者の霊魂を表す言葉。知《ち》里《り》真《ま》志《し》保《ほ》著『分類アイヌ語辞典 人間編』にある。「死ぬ」を意味する「ライ」と組み合わせ、「**ライピト**」と言うこともある。

一つ目の怪物［ひとつめのかいぶつ］

アイヌに伝わる怪異。遥か昔にいたという一つ目の巨人で、全身が熊のような毛で覆われていた。目は額の真ん中についており、人や生き物を見つけると捕まえて喰らっていたという。人々はこの怪物を退治しようとしたが、矢を何本射っても殺すことはできなかった。

しかしある猟師がこの怪物の一つ目を射るとその怪物は倒れた。猟師はこの怪物の死体を焼いたが、その遺体が燃えた灰からはアブやブヨ、カが生まれたという。

ジョン・バチラー（バチェラー）著『アイヌの伝承と民俗』にある。

ピリカミントゥチ［ぴりかみんとぅち］

アイヌに伝わる妖怪。人魚の一種とされ、普通の**ミントゥチ**と違って山に棲《す》んでおり、人々を助ける存在なのだという。

ジョン・バチラー（バチェラー）著『アイヌの伝承と民俗』にある。

フウレチカプ ［ふうれちかぷ］

アイヌに伝わる妖怪。赤い怪鳥だという。吉田巌《いわお》著『アイヌの妖怪説話（続）』（『人類学雑誌』第二十九巻第十号）にある。名前の意味は「フウレ」もしくは「フレ」は「赤い、真っ赤な」という意味、「チカㇷ」は「鳥」という意味なので、「赤い鳥」というそのままの意味となる。

冬の踏切事故伝説 ［ふゆのふみきりじこでんせつ］

現代に伝わる怪異。ある冬の日のこと、北海道に住む一人の少女が雪の中を歩いていた。もうすぐ家に着くというところで線路の警報機が鳴り、彼女の目の前で踏切が閉まり始めた。少女は慌てて線路を渡ろうとし、雪に足を取られて転んでしまう。そのまま立ち上がろうとするも間に合わず、少女は電車に轢《ひ》かれてしまった。

事故に気付いた運転士が電車から降りて確認したところ、少女は上半身と下半身を轢断《れきだん》される形で線路の上に横たわっていた。運転士は気の毒に思いながら少女に近づいたが、亡骸《なきがら》だと思っていた少女の上半身が突然起き上がり、運転士の方に腕を伸ばした。

驚いた運転士は慌てて逃げようとするが、雪で滑って転んでしまう。そうしているうちに少女の上半身が雪の上を這い、近づいて来る。そして少女は「助けて……」と消え入るような声で懇願した。

運転士はそれでも彼女から逃げようと線路沿いにある電柱にしがみつき、登り始めた。しかしその直後、上半身だけになった少女が運転士の背中に負ぶさってきた。

それからしばらくして運転士は少女の死体を背負った状態で気絶しているところを発見されたが、そのまま精神に変調を来たしてしまったという。

実は少女は、体を轢断された際に寒さが原因で切断面が凍り付き、出血が抑えられたことでしばらくの間生き続けていたのだという。

松山ひろし著『呪いの都市伝説 カシマさんを追う』にある。この怪談は日本全国で語られるが、話に説得力を持たせるためか、多くの場合その舞台は冬の北海道とされる。しかし実際には冬の北海道の寒さ程度では体を真っ二つにした際にできる傷口を瞬時に凍り付かせることはできないと思われる。

基本的なパターンでは少女は哀れな事故の犠牲者として語られるが、話によっては少女が人ならざるものと化している場合もある。

運転士の背中に負ぶさるまでは同じだが、少女の死体がいつの間にか消えているものや、上半身だけになった少女が運転士の足をねじ切るものもある。また後日譚《たん》としてこの踏切に上半身だけの少女の霊が現れる、と語られる場合もある。

またこの踏切事故伝説は**テケテケ**や**カシ**

マさん、サッちゃんなど上半身だけの姿で現れる怪異の前日譚として語られることも多い。

フリー［ふりー］

アイヌに伝わる怪鳥。北海道全土で目撃された巨大な鳥で、普段は山の中の洞穴に棲《す》んでいるが、風が吹き出すと穴から出てきて風に乗って舞い上がり、四方を飛び回ったという。この翼は空を覆うほど大きく、これが現れると幾日も太陽の光を隠してしまうため、アイヌはフリーの出現を非常に恐れたとされる。

中村千畝著『アイヌ神話』にある。

アイヌの神謡にも登場し、萱野茂著『カムイユカラと昔話』に載る神謡においては、鯨を丸ごと一頭摑《つか》んで飛ぶことができる巨大な鳥として登場している。また別の神謡では、エゾマツの木の上に巣を作り、人間を攫《さら》っては食い殺す様子が描かれている。このフリーはアイヌの英雄神オイナカムイとの戦いに敗れ、倒されたという。

永田方正著『北海道蝦夷語地名解』には、古宇郡《ふるうぐん》の語源が「フリナイ」であるという説が紹介されている。その由来は、フリーという巨大な鳥が山中の洞窟で翼を休め、風に乗って空を飛ぶ際には翼によって地上が暗闇に覆われる。この鳥が飛ぶ地であったためにフリナイと名付けられた、と記されている。

更科源蔵著『アイヌ伝説集』には、フリカムイとは記されていないものの、同様に巨大な鳥が出現した伝説が載せられている。渡島《おしま》半島にある遊楽部岳《ゆうらっぷだけ》は、かつて日高の山中にいた、片翼が七里（約二七・五キロメートル）もある巨大な鳥が翼を休めるために使っていたため、「ウー（泊まる）」、「ラップ（羽）」と呼ばれ、遊楽部という地名になったのだという。

同書にもあるが、遊楽部の語源は「温泉が流れ下る」という意味のアイヌ語「ユーラップ」が元になっていることから、この話は地名の由来として新たに加えられた話だと考えられる。

他にも同書には、沙流太《さるふと》（現沙流《さる》郡日高町富川）のサントヌプリヒという山に棲んでいたつがいのフリーにまつわる伝説が掲載されている。鵡川《むかわ》（現勇払《ゆうふつ》郡むかわ町）の奥地に、そのつがいのフリーを守り神とした老人がいたという。その老人は死期が近づいたことを悟り、自分を世話してくれていた妾《めかけ》の子どもにこの守り神を譲った。しかし、ある時、雌のフリーがあるアイヌの女とその子どもを攫《さら》うという事件を起こした。そのためフリー退治を命じられた妾の子は、雌のフリーの翼を刀で切り落とし、自ら退治してしまったのである。雌を失った雄のフリーはサントヌプリヒを去り、どこかへ消えてしまったという。

また雨竜郡雨竜町の方ではフリーのことをフウリュウと呼び、雨竜川の奥の松原にいるなどと伝えられていた。フウリュウは女や子どもを毎日のように攫って行ったが、一人の人間によって退治された。そしてこのフウリュウにちなみ、この場所を雨竜と呼ぶようになったとある。

同著者の『アイヌの民俗（上）』においては、かつて釧路湿原にハゲタカが迷い鳥として現れ、馬車に襲い掛かったところを撲殺されたことがあり、こういった迷い込んできたハゲタカがフリーの正体だったのではないかと考察されている。

プリカンダカムイ［ぷりかんだかむい］

アイヌに伝わる悪神。「荒々しい神」を意味し、人食い熊の姿で現れ、人を殺害すると伝えられている。

ジョン・バチラー（バチェラー）著『アイヌの伝承と民俗』にある。同書によれば、これは**ヌプリケスウングル**と同じものだという。

古熊［ふるぐま］

アイヌに伝わる妖怪。アイヌにはヒグマは歳を経ると化けて人間を捕らえるようになるという俗信があり、古熊が化けると、その山野の草木が全て熊になって大きな被害をもたらすと考えられていた。

アイヌのチャシ（砦《とりで》）は、この古熊から身を守るために作られたと伝えられる地域もあるようだ。

他にも人に化ける熊もおり、石狩に伝わる話では年老いた熊は人に化けて、山に入ってきた人に近づいていき、突然正体を現すのだという。

吉田巌《いわお》著『アイヌと熊』にある。この文中で化ける熊は古熊と呼ばれているが、これは妖怪の名前というより年を取った熊の呼称と思われる。しかし他に適当な名称がないため、ここでは項目名に使用している。

フレパシコロカムイ［ふればしころかむい］

アイヌに伝わる妖怪。昔話で語られる妖怪で、以下のような話に登場する。

ある時、子どもが火のついたように泣くため困った母親が神に祈りを捧げたところ、神は天然痘《てんねんとう》の悪魔がフレパシコロカムイに化けて子どもに魅入っている。これを直すためには臭いものを食べさせねばならないといった。母親がその通りにすると子どもは泣き止んだという。

稲田浩二・小沢俊夫編『日本昔話通観1巻 北海道（アイヌ民族）』にある。名前は「フレ」は「赤」、「パシコロ」は恐らく「パシクル」と同じで「カラス」、カムイは「神」で「赤ガラスの神」となる。

ベートーベンの怪［べーとーべんのかい］

現代に伝わる怪異。北海道のある小学校の音楽室の前にはベートーベンの絵が飾られているが、この絵をじっと見つめていると目が動くという。また四時を過ぎると別の絵に変わるという話もある。

常光徹編著『みんなの学校の怪談 赤本』にある。同書によればこの話は北海道の小学生から投稿された事例のようだ。小学校の音楽室にあるベートーベンをはじめとする音楽家の絵画の目が動く、といった話は全国的に語られる学校の怪談。

ペカペカ［ぺかぺか］

アイヌに伝わる妖怪。河童の子を意味する言葉。

知里真志保《ちりましほ》著『分類アイヌ語辞典 植物編・動物編』にある。同書によれば、他にアメンボを意味する言葉でもあるという。

ペシオネアイヌ・トモトゥエアイヌ［ぺしおねあいぬ・ともとぅえあいぬ］

アイヌに伝わる悪神。背の高さが五、六寸（約一五〜一八センチ）、体の横幅が五、六尺（約一・五〜一・八メートル）あるという奇怪な人間の姿をしており、あるアイヌの家の娘を妻にしたが、その娘の両親には食物を与えず、自分と妻だけが食事を取るという生活をしていた。

そこでこの老夫婦の甥《おい》にあたる若者がこの家を訪れ、そのペシオネアイヌ・トモトゥエアイヌとともに漁に行く約束をして、海に出た。そしてそこで遭遇した**アッコロカムイ**（大蛸《おおだこ》）をペシオネアイヌ・トモトゥエアイヌ一人に狩らせるために海に飛び込ませ、若者は素知らぬ顔で帰った。

それからしばらくしてペシオネアイヌ・トモトゥエアイヌが帰ってきたが、妻と連れ立ってどこかへ出て行き、行方知れずになった。これにより老夫婦の生活に平和が戻ったという。

久保寺逸彦著『アイヌの神謡』にある。アイヌ語の名前の意味は分からないが、同書では「丈は五、六寸、横は五、六尺の妖物男」と訳されている。

ペッラサンペ［ぺっらさんぺ］

アイヌに伝わる妖怪。川にいる化け物で、葉の塊のような、襤褸《ぼろ》を手で丸めたような奇怪な姿をしており、川の浅瀬を転がるように移動する。これに遭遇すると寿命が縮まるか運が悪くなるとされる。

「アイヌ民族博物館ホームページ」中の「アイヌ語アーカイブ」にある。名前は「ペッ（川）」＋「ラウ（底）」＋「サンペ（心臓）」で「川底の心臓」となるが、同じような名前を持つ妖怪に**トラサンペ**、**イワラサンペ**がいることを考えると、「**ラサンペ**」が「化け物、妖怪」といった意味になるのではないかとも推測できる。

ペペㇱチカプ［ぺぺしちかぷ］

アイヌに伝わる不思議な鳥。アイヌの村が洪水で流されそうになった際、それを知らせようと鳴きながら川を遡《さかのぼ》って行ったところ、「化け物鳥」と罵《ののし》られ、人々は逃げようとしなかった。村はそのまま洪水に流されてしまったという。

アイヌ民族博物館ホームページに記録される「白鳥の知らせ」という話にある。話のタイトルは「白鳥」だが、ペペㇱチカプという鳥の名は未詳とされている。

ペポソコシンプク［ぺぽそこしんぷく］

アイヌに伝わる妖怪。「水の中をくぐる化け物」を意味し、いわゆる人魚を指す名前だという。

ジョン・バチェラー著『アイヌの暮らしと伝承』にある。また同著者の『アイヌの伝承と民俗』では、ペポソコシンプクは**ミントゥチ**の別名としている。ミントゥチは人魚よりも河童の類とされることが多い。詳細は当該項目を参照。

また、日野巌《いわお》著『動物妖怪譚《たん》』ではペポソコシンプクが「淡水人魚」と訳されており、この名前で北海道の妖怪として紹介されている例も見られる。ただし、「淡水人魚」が紹介される場合は、アイヌの伝承とは全く関係のないものとして扱われていることも多く、その姿や性質も名前から連想して作られたものとなっている。

ホイヌキンラ［ほいぬきんら］

アイヌに伝わる妖怪。「淫魔《いんま》」と訳され、巫力《ふりょく》のある海の化け物とされる。

中川裕校訂・大塚一美編訳『キナラブックロ伝 アイヌ民話全集』にある。「ホイヌ」は「貂《てん》」、「キンラ」は「神がかりになる、狂う」というような意味がある。そのためか、同書では「貂に似た化け物ではないか」という話も記録されている。

また、同書によれば貂の皮や頭が雨乞いをする際に使われた記録があるため、これに類する巫力がある化け物ではないかと考察されている。

同様に淫魔と訳される妖怪に**パウチ**がいる。

ポクナモシリ［ぽくなもしり］

アイヌに伝わる死後の世界。「地獄」と訳されることが多い。人間の世界であるアイヌモシリもしくはカンナモシリが地上にあるのに対し、ポクナモシリは地下にあると考えられ、人が死んだ際や悪神や魔神が戦いに敗れた際に、落とされる場所と考えられている。

山田孝子著『アイヌの世界観』にある。意味は「ポクナ（下の）」＋「モシリ（国）」で「下方の国」というような意味になる。

アイヌの人々は、死ぬとこの世界に行くという伝承もある一方、人間が死後どこに行くのかの見解については研究者によってかなり意見が分かれている。『アイヌの世界観』によれば、ジョン・バチェラーはアイヌは死後、地下の世界であるポクナモシリにまず赴き、そこから生前の行いによって神の国であるカムイコタンに入り、悪人はテイネポクナモシリ（じめじめとした下方の国）に行くと考えた。それに対し吉田巌《いわお》や金田一京助は善人は天上にある神の国に向かい、悪人は地下のポクナモシリもしくはテイネポクナモシリに行くと考えた。久保寺逸彦はポクナモシリがイワンポクナモシリ（六つの下方の世界）と呼ばれることから、地下世界が六重に存在すると考え、そのうち人間が通常行くのはカムイモシリと呼ばれる神の国で、悪霊が落ちるのが最下層にあるテイネポクナモシリとした。

一方、知里真志保《ちりましほ》はアイヌの世界観には天上の神々が住む世界であるカント、地上の人間の住む世界であるカンナモシリ、地下の死者の霊魂が住む世界であるポクナモシリの三つに分けた。このうちポクナモシリはカムイコタンとも呼ばれ、死者の魂が安住する楽しい世界とした。このように元々アイヌの世界では善悪によって死後の世界が分かれるという考え方はなかったが、後にそういった考えが生じるようになり、ポクナモシリをさらに二つに分け、悪人の魂が赴くというテイネポクナモシリの考えが生まれたと考察している。

以上のように様々な説があるアイヌの他界観であるが、広く共通している伝承として、この世とあの世を繋《つな》げる洞穴があり、そこから死者の霊が現れたり、逆に生者がその穴を通して死後の世界に迷い込むというものがある。これについては**アフンルパロ**の項目を参照。

ホックム［ほっくむ］

アイヌに伝わる妖怪。悪い化け物鳥を表す名前だという。

知里真志保《ちりましほ》著『分類アイヌ語辞典 植物編・動物編』にある。

ポナプカㇱカムイ［ぽなぷかしかむい］

アイヌに伝わる悪神。疱瘡《ほうそう》神の一種で、地上に住む娘に求婚しようと天から降りてきた物語がある。

藤村久和《ひさかず》・若月亨《とおる》訳・註『アイヌの神々の物語』にある。「ポン」は「小さい、年若い」、「アフカㇱ」は「歩く」、「カムイ」は「神」で「アフカㇱカムイ」で「疱瘡神」の意味となるため、「年若い疱瘡神」、「疱瘡神の子」といった意味になる。

ポニタク［ぽにたく］

アイヌに伝わる呪術。この術を掛けられた人間は精神に異常を来したり、死んでしまうこともあるという。

更科源蔵著『アイヌの民俗（上）』にある。名前の意味は「ポン（小さい）」＋「イタク（言葉）」で「小さい言葉」となるが、実際には「呪いの言葉」という意味合いになるようだ。この呪いを防ぐための言葉は逆に「ポロ（大きい）」＋「イタク（言葉）」で「ポロイタク」と呼ばれ、こちらは「重要な言葉」という意味になるという。

ホロカレイェプ［ほろかれいぇぷ］

アイヌに伝わる妖怪。川に住むという女神とされ、ねたみ心や意地悪な気持ちを起こした人間を襲うという。

ジョン・バチェラー著『アイヌの暮らしと伝承』にある。ホロカレイェプは「後じさりする妖精」と訳されている。アイヌ語におけるホロカレイェプは「後ずさりするもの」、「後ろに行くもの」というような意味となり、ザリガニを指す名前として使われる。もしかしたらザリガニの妖怪、もしくは神なのかもしれない。

ホロケウカムイ［ほろけぅかむぃ］

アイヌ語でいう狼のこと。
知里真志保《ちりましほ》著『分類アイヌ語辞典 植物編・動物編』（『知里真志保全集 別巻Ⅰ』）にある。

中川裕著『アイヌの物語世界』によれば、アイヌの人々にとってエゾオオカミは重要な動物だったようで、アイヌの神謡では人間の味方となってくれる格の高い神として登場するという。

また金田一京助著『アイヌの神と熊の説話』（『金田一京助全集 十二』収録）によれば、アイヌの神謡に語られるところでは獣の神たちが住む山があり、その山の頂上にいるのがホロケウカムイなのだと記されている。

人間との間に子どもを作る話もあり、更科源蔵著『アイヌ民話集』には、狼が人間の元に行って妾《めかけ》になり、子どもを産んだ後、天に帰る話が載せられている。また同書には、狼と熊の女神を同時に嫁にし、子どもを作った猟師の話も載せられている。

他の神と戦う話もあり、久保寺逸彦著『アイヌの神謡』においてはホロケウカムイの夫婦が化け物と化した熊と戦い、**ポクナモシリ**（地獄）に突き落として倒す神謡が載る。

ホロプ［ほろぷ］

アイヌ語でマツモムシを表す言葉。アイヌに伝わる民話には、ホロプは猛毒を持つ虫として登場する。ある時ホロプが少女の口から体内に入り、病気にするという話がある。この時、ホロプは大変大きな虫であったが、老婆によって少女の体内から追い出され、川に逃げたものの水の神であるワッカシカムイに怒られ、体を切り刻まれて小さな虫にされてしまったという。
浅井亨《とおる》編『日本の民話 北海道』にある。
実際にはマツモムシは毒を持たないが、人を刺す際に消化液を注入するため、蜂に刺されたような激痛が生じる。その辺りから毒を持つ虫と考えられたのだろうか。

ホンポキケウシ［ほんぽきけぅし］

アイヌに伝わる悪神。「山の側でガラガラと音を立てるもの」という意味の名前であるという。山腹に石を落として転がすのはホンポキケウシの仕業だと伝えられている。

ジョン・バチラー（バチェラー）著『アイヌの伝承と民俗』にある。

【ま】

マッナウウェンユク［まっなううぇんゆく］

アイヌに伝わる妖怪。「北風の魔物」を意味する名前であり、非常に悪いものと考えられていたという。

ジョン・バチラー（バチェラー）著『アイヌの伝承と民俗』にある。

マッナウカムイ［まっなうかむい］

アイヌに伝わる悪神。オキクルミとサマイウンクルの兄弟神が海に漁に出たときに嵐を引き起こしたという女神で、神謡に登場する。マッナウカムイによって海底が海上になるほどの大荒れとなり、ついにサマイウンクルは力尽きてしまった。生き残ったオキクルミは弓と矢を取り出し、マッナウカムイの脚を射抜いて折ってしまう。しかしマッナウカムイはそれでも踊り続け、嵐を起こすため、オキクルミはもう一本の脚も射抜いたが、マッナウカムイはさらに飛び跳ねて踊り狂う。そこでオキクルミは腹、両腕を続けて射抜き、マッナウカムイを殺してしまった。これによりマッナウカムイは霊となり、他の嵐の神たちには人間に対し下らぬいたずらをするなと警告したという。

金田一京助著『北方神話の色彩』（『金田一京助全集 八』収録）。名前は「マッナウ（北風）」＋「カムイ（神）」で「北風の神」というような意味となる。類似した悪神に南西風の女神である**ピカタニッネカムイ**がいる。

マリリンコ姫［まりりんこひめ］

アイヌに伝わる神。アイヌの物語に登場する不思議な少女の名前。昔のこと、アイヌのコタン（集落）近くの浜辺に、巨大なホタテ貝が流れ着いた。アイヌの人々は化け物かと恐れていたが、やがてホタテ貝が開き、中に小さな女の赤ちゃんが眠っていた。

そこでコタンの物知りの老夫婦がこの子を育てることになり、女の子はいつしかホタテ姫と呼ばれるようになった。

神の子と考えられたホタテ姫には、一歳の誕生日に彼女を守る役目としてピンキとトンキという双子の兄弟が付くことになった。

不思議なことにホタテ姫の身長は一切大きくならなかった。その代わり体は丸く太っていき、三歳の誕生日にはまん丸の体に小さな顔と、手足が付いている、という姿になっていた。その三歳の誕生日にホタテ姫は自分を育てている媼《おうな》の着物をもらい、喜んで転び回り、飛び回った。それを見た子どもたちは、こんな歌を歌うようになった。

「マリリン　マリリン　マリリンコ　マリリン　天女だ神の子だ　マリリン　マリリン　マリリンコ　マリリン　うれしさかくせない　マリリン　天まで昇れと　飛び上がる　マリリン　マリリン　マリリンコ　マリリン　うれしゅてたまらない　ポンポコポーンと　飛び回る　マリリン　マリリン　マリリンコ」

この歌が歌われるようになってから、ホタテ姫という名前は忘れられ、マリリンコ姫と呼ばれるようになった。

マリリンコ姫の不思議な成長の仕方は一〇歳になっても変わらなかったが、ある夜、マリリンコ姫は突然ピンキとトンキに対し、祖先の国から今夜自分に迎えが来ると告げた。

そして彼女の言う通り、三人が寝ている寝台が静かに空中に浮かび始めた。マリリンコ姫たちの寝ている館の窓が勝手に開き、三人の寝台は夜空に向かって飛び出し、雲間に消えた。

それきり三人が帰ってくることはなかったが、彼女の親代わりであった老夫婦は、近いうちに良い便りが来るはずだとか、少なくとも一〇年後には驚くような良い知らせがあるはずだ、とコタンの皆に言ったのだという。

山本多助著『カムイ・ユーカラ』にある。マリリンコ姫の名前の意味は不明。途中の歌が明らかに日本語のリズムに合わせてあることなどを考えると、元はアイヌに伝わっていた話だとしても脚色が多く施されているように思われる。

マワオヤシ［まわおやし］

アイヌの伝承に見られる妖怪。「腹ぺこお化け」を意味し、「イペカリオヤシ（食べ物ねだりするお化け）」とも呼ばれる。

この妖怪は山野の腐れ木の根元などで弁当を食べようとすると出現し、「食べ物おくれ！」とねだる。

マワオヤシに食べ物をやると、際限なく求めてくる。そこで焼いた砥石《といし》を手にのせると「ないならないと、なぜ言ってくれんのですか！」と叫んで退散するという。また砥石がない場合は燠《おき》をのせても良いとされる。

知里真志保《ちりましほ》訳編『えぞおばけ列伝』にある。

ミントゥチ［みんとぅち］

アイヌに伝わる妖怪。河童のことで、三尺（約九〇センチ）ぐらいの背の高さがあり、頭に髪がなく、頭を煙管《きせる》などで割るとすぐに死ぬのだという。

金田一京助著『北海道の河童』（『金田一京助全集 十二』収録）にある。同書によれば金田一が実際にアイヌの古老は皆「ミントゥチは日本の河童のこと」だと話すのを聞いたのだという。「ミントゥチ」という名前について、金田一はこれは日本語の蛟《みずち》が語源だろうとしている。

　またこのミントゥチの出生譚《たん》も伝わっているが、それによればミントゥチは元々草でできた人形だったという。アイヌの英雄神であるオキクルミが地上を支配していた時代、沖から**パトゥムカムイ**（流行病の神）がやってきて多くの人間を殺したため、オキクルミは六一体の草人形（チシナプカムイ）を作った。チシナプカムイは海の向こうから攻めてくるパトゥムカムイと戦い、うち六〇体が戦死したが、最後に残った一体がついにこの悪神を撃退した。

　しかし、この時の戦いで水死したチシナプカムイたちがミントゥチと化したのだという。チシナプカムイはヨモギを十字に結んで人の形としているため、一本の束が腕を表している。このことからミントゥチは片手を抜こうとすると両手ともに抜けてしまうと言われている。

　この種の人形にまつわる話は本州の河童の話にもあり、やはりそのために河童の腕は一本で繋《つな》がっているのだと説明される。その辺りも河童と似通った性質を持つ。

　一方、ミントゥチの起源譚《たん》としては別の話もある。更科源蔵著『北海道伝説集　アイヌ編』では、十勝のミントゥチは水の神であるワッカシカムイとともに地上に降りてきたとされ、その姿は三歳の子どもと同じぐらいの背丈で、頭に毛がないとされる。

　久保寺逸彦著『アイヌの神謡』には、静《しず》内川《ないがわ》にたくさんの魚が棲《す》むようになった理由として、そこに棲むミントゥチが自分のところに魚を呼び寄せているためだと語られている。このミントゥチは豊漁を約束する代わりに、人間を何人も川に溺れさせて命を奪ったといわれている。

ムニンペシカムイ［むにんぺしかむい］

　アイヌに伝わる悪神。かさぶたを生じる病を撒《ま》き散らす神であるとともに、沼の神であるとされる。

　知里真志保《ちりましほ》著『疱瘡《ほうそう》神に関する資料』（『知里真志保著作集2』収録）にある。同書ではムニペシ彦、ムニペシ媛《ひめ》の名で載る。

　久保寺逸彦・知里真志保著『アイヌの疱瘡神「パコロ・カムイ」に就いて（下）』（『人類学雑誌』第五十五巻四号）によれば、ムニンペシカムイは「腐る病」を表す「ムニンシイェイェ」の神かと考察している。また「ムニンシイェイェ」については、梅毒やハンセン病の類かと考察している。

メコの火［めこのひ］

　アイヌに伝わる怪異。メコはアイヌ語で猫のこと。昔、あるところに一匹の猫が飼われていた。しかしこの猫は鼠を捕らないため、飼い主は怒り、この猫は悪鬼の友に違いないと言いながら猫を火に投げ込んだ。猫はそのまま焼け死んでしまった。

　恨みに思ったその猫は、死後に霊となって、その飼い主の家に火を放ち、何も残らぬほどに焼き尽くした。その際、飼い主は火から逃れることができたが、その後、猫の怨念によって病死したそうだ。

工藤梅次郎著『アイヌ民話』にある。

メコパラゴアツ［めこぱらごあつ］

アイヌに伝わる怪異。「猫に祟《たた》られる」ことを意味する。人が猫を殺すと、その猫の霊に取り憑かれてしまい、猫のような行動を取ったり、猫のようにニャアニャアと鳴くようになったりする。そして、終いには衰弱して死んでしまうという。これを防ぐためには、殺した猫の一部を食べると良いとされる。

ジョン・バチラー（バチェラー）著『アイヌの伝承と民俗』にある。犬が人に憑く場合もあり、これは**セタパラゴアツ**と呼ばれる。

メナシオッカイウェンユク［めなしおっかいうぇんゆく］

アイヌに伝わる妖怪。東風を妖怪視したもので、「東風の雄の魔物」を意味する。

ジョン・バチラー（バチェラー）著『アイヌの伝承と民俗』にある。

メノコカッポイェンヌプ［めのこかっぽいぇんぬぷ］

アイヌに伝わる妖怪。アイヌの叙事詩であるユーカラ「ポンオイナ」に登場する。アイヌに伝わる死後の国、ポクナモシリに現れる化け物で、そこを流れる川の両岸のあちこちにある土饅頭《どまんじゅう》が変化したいわば土人形のようなもの。人間の女の形をしているが、破れた叺《かます》の皮のようなものを頭から被《かぶ》り、破れた襤褸《ぼろ》の糸切れのようなものを体にぶら下げ、その先で房のようなものがいくつも揺れている。その鳴き声は蚊のようであるという。猛毒の縄を持っており、おびただしい数が出現したという。

金成マツ筆録・金田一京助訳注『ユーカラ集Ⅰ』にある。名前は「メノコ」は「女」、「カッポ」は「姿、外見」、「イ」は「ものに」、「エ」は「〜で」、「ウヌ」で「はめる、入れる」、「プ」は「もの」という意味なので、「女の姿をしているもの」という意味になろうか。

これと同時に男の形をした化け物も現れている。詳細は**オッカヨカッポイェンヌプ**を参照。

モコㇿコエク［もころこえく］

アイヌに伝わる怪異。眠っている間に何者かに押さえつけられたようになり、身動きが取れなくなる現象を指す。

知里真志保《ちりましほ》著『分類アイヌ語辞典 人間編』にある。名前は「モコㇿ（眠り）」＋「コ（において）」＋「エㇰ（来る）」となる。意味から察するに、金縛りのような現象を指すのだろうか。

モシリイコンヌプ［もしりいこんぬぷ］

アイヌに伝わる妖怪。「国に祟《たた》りをする化け物」という意味で、動物の怪を罵《ののし》る際に使われる。

久保寺逸彦著『アイヌの神謡』では、兎の化け物が人を祟るような、人を魅惑するような跳ね方をしながら村に現れた際にこの呼び名が使われている。

また、アイヌ民族博物館のホームページに紹介される「白鳥の知らせ」という話では、**ペペシチカプ**という鳥が現れた際、この言葉が使われている。

同様の使い方をする言葉に**コタンイコンヌプ**がある。

モシリイツケチエプ［もしりいつけちえぷ］

アイヌの神話に登場する妖怪。まだ神によって天地が創造されていなかった頃、その荒漠《こうばく》な谷地にはモシリイツケチエプという怪魚が棲《す》み着いていた。しかし天地創造の神であるコタンカラカムイはこの怪魚をそのまま放置してその上に陸地を作った。

モシリイツケチエプはかなりの大きさをしており、頭と尾がそれぞれ世界の端に届くほどであったという。

モシリイツケチエプは天地が生まれてからも生き続け、その大きな口を開いて水を呑むと干潮となり、吐き出すと満潮となった。体調が悪い時には、大量の水を呑んですぐに吐き出すなどしたため、その水が津波となって世界を襲うこともあった。またある時には大変な勢いで暴れ出し、大地震を引き起こした。さらに直接人や鹿を一息に呑み込んでしまうこともあったため、その際はコタンカラカムイが神を二柱遣わし、一柱は左、もう一柱は右に立たせ、モシリイツケチエプが揺れ動くのを押さえ込んだという。

中田千畝著『アイヌ神話』にある。同書では、大地の下にいて地震を発生させるこの怪魚を、本州における大鯰《おおなまず》と比較している。日本においてはしばしば地震を発生させるのは大きな鯰だと伝えられてきた。茨城県鹿嶋市の鹿島神宮には、武甕槌神《たけみかづちのかみ》と経《ふ》津主神《つぬしのかみ》が、それぞれ大鯰の頭と尾を要石で押さえつけることで地震を封じている、という伝説が残されている。

名前の意味は「モシリ（世界）」+「イツ（岬）」+「ケ（〜のところ）」+「チエプ（魚）」で、意訳すると「世界の果てまで存在する魚」というような意味になるだろうか。

モテナイ［もてない］

アイヌに伝わる妖怪。北東から吹く強い風を指す名前で、この風の中に潜む悪魔は非常に邪悪だと考えられていたという。

ジョン・バチラー（バチェラー）著『アイヌの伝承と民俗』にある。「モテナイ」の由来は分からなかった。

同書によれば、この妖怪は邪悪であるが、**イカメナシレラ**には負けるという。

【や】

ヤタロクニッネカムイ［やたろくにっねかむい］

アイヌに伝わる悪神。アイヌの物語に登場する陸に住む魔神で、六柱いる。同じく六柱いる沖の魔神、レプタロクニッネカムイらとともに石狩の村の村長を待ち伏せし、襲おうとした。しかし烏《からす》がこの村長に警告したことにより、村長は難を逃れたという。

ニコライ・ネフスキー著『アイヌ・フォークロア』にある。名前の意味は「ヤ（陸）」＋「タ（〜に）」＋「ロク（座る）」＋「**ニッネカムイ**（悪神・魔神）」で「陸に座す魔神」だろうか。原文では六柱の魔神とされるが、アイヌ語における六は多数の、たくさんの、という意味合いがあるため、六柱以上いた可能性も高い。

ヤムオッカヨ［やむおっかよ］

アイヌに伝わる妖怪。昔話や神謡などに、家の住人の頼みでその家の炉の中に隠れて待ち構え、侵入して来た化け物や悪神に熱した体で体当たりして懲らしめる役割で登場する。

名前は久保寺逸彦著『アイヌの神謡』によった。意味は「ヤム（栗）」＋「オッカヨ（男）」で「栗男」となる。

ヤムオッカヨは他にも臼《うす》や蜂、針などと共演することが多く、侵入者が次々と彼らに懲らしめられる様子は、同じく栗が囲炉裏の中から体当たりする場面が語られる昔話『猿蟹《さるかに》合戦』を思い起こさせる。

妖兎［ようと］

アイヌに伝わる妖怪。人を祟《たた》り、魅惑する跳び方をする兎のこと。人間たちを祟ろうとしたが、オキクルミ（アイヌの英雄神）に騙《だま》されて神々の村に赴き、歓迎されたと幻覚を見させられ、エゾテンナンショウの毒の花を食わされた。そのため妖兎は死んでしまい、やがて腐って土に還《かえ》ったという。

久保寺逸彦著『アイヌの神謡』にある。アイヌ語の名前は記されていなかった。

【ら】

ライカムイ［らいかむい］

アイヌ語で幽霊を表す言葉のひとつ。萱野茂著『萱野茂のアイヌ語辞典』による。「ライ（死ぬ）」＋「カムイ（神）」で「死んだ神」という意味から幽霊を表すのだろうか。

ライタマヌム［らいたまぬむ］

アイヌ語で死者の霊魂を表す言葉。知里真志保《ちりましほ》著『分類アイヌ語辞典 人間編』にある。

刺加而大［らかるた］

和人に伝わる妖怪。蝦夷の海に現れた怪物で、尾張藩の学者、秦鼎《はたかなえ》によれば、体長は一丈（約三メートル）、足には鋭い爪があり、牙は鋸《のこぎり》のようで、鱗《うろこ》は鮫《さめ》に似ており、非常に硬く矢も通さない。姿は鰐《わに》に似ており、どのような大魚もこれに出会うと一口で噛《か》み殺される。陸へ上がり獣を食うこともあるという。これに加え、遠方にいる人間を呼び寄せるために人の声を真似、人間が近寄って来るとたちまち食い殺す。また自身の唾液を地上に吐いておき、これに人や獣が滑って転んだところを襲うなど、知恵もあると記されている。

　刺加而大は陸上では足が遅いため、多くのアイヌがこれを捕ろうとしたが、初めは多くが噛み殺された。しかしアイヌたちはそのうちに腹の部分が柔らかいことを知り、毒矢で三匹は殺したという記録があるという。これは『長崎見聞録』にある刺加而大という怪物と同じものではないかと記されている。

　以上はすべて秦鼎著『一宵話』（『日本随筆大成 第一期 第一九巻』収録）による。

ラサンペ［らさんぺ］

アイヌ語で化け物を表す言葉。知里真志保《ちりましほ》著『分類アイヌ語辞典 植物編・動物編』の**トラサンペ**の項目を引くと「ラサンペ」は語彙不明とされており、萱野茂著『萱野茂のアイヌ語辞典』のトラサンペ、**イワラサンペ**の項目を引くと「ラサンペ」は「ラウ（底）」＋「サンペ（心臓）」とあり、それぞれトラサンペは「湖の底の化け物」、イワラサンペは「岩の底の化け物」と訳されている。

　しかしラサンペという言葉はトラサンペ、イワラサンペの他にも**ニタッラサンペ**（湿地の化け物）、**ペッラサンペ**（川の化け物）と言った妖怪たちの名前に使われていることから、「ラサンペ」の一語で「化け物」の意味を表すのではないかと考えられる。実際、知里真志保は『分類アイヌ語辞典 植物編・動物編』で「アフンラサンペ（アオバズク、ミミズクのこと）」の名前は「アフ（あの世）」＋「ウン（に住む）」＋「ラサンペ（化け物）」としている。

落斯馬［らしま］

和人に伝わる妖怪。イエズス会宣教師、フェルディナント・フェルビーストが著した漢訳世界地誌『坤輿外紀《こんよがいき》』に載る海獣で、体長四丈（約一二メートル）、短い尾があり、刀や矢を通さない非常に硬い体表を持つという。

同様の海獣は京都の蘭方医、広川獬《ひろかわかい》の随筆『長崎見聞録』にも記されており、挿絵には頭から二本の角を生やしたアザラシのような怪物が描かれている。

この海獣は蝦夷の海に出たという話もあり、尾張藩の学者、秦鼎《はたかなえ》によれば**シカツイタシベ**と呼ばれることもあるという。

秦鼎著『一宵話』（『日本随筆大成 第一期第一九巻』収録）にある。シカツイタシベについては当該項目参照。

ラプシオヤウ［らぷしおやう］

アイヌに伝わる妖怪。竜蛇の類のうち、羽が生えたものをいう。

吉田巌《いわお》著『アイヌの妖怪説話（続）』（『人類学雑誌』第二十九巻第十号）にある。知《ち》里真志保《りましほ》著『分類アイヌ語辞典 植物編・動物編』にも竜蛇の類としてこの名前が載る。名前は「ラプシ（羽の生えた）」＋「オヤウ（蛇）」でそのまま「羽の生えた蛇」となる。

ラプシカムイ［らぷしかむい］

アイヌに伝わる悪神。羽の生えた竜蛇の類で、非常に強い悪臭を放ち、これが通った後は草も木も枯れてしまうという。

知里真志保《ちりましほ》著『分類アイヌ語辞典 植物編・動物編』にある。「ラプシ」は「羽のある」、「カムイ」は「神」で「羽のある神」という名前になる。この名前で蛇体の神を表すのは不思議だが、例えば、「羽の生えた霊力のある神」という意味の名前を持つラプシヌプルクルも蛇体の神である。ちなみにアイヌに伝わる蛇の神には羽のあるものが多く、例えば、**ラプシトッコニ**や**ラプシオヤウ**がいる。

ラマチ［らまち］

アイヌ語で魂を表す言葉。

知里真志保《ちりましほ》著『説話掌編集』（『知里真志保著作集2』収録）では、ラマチを「死霊」と訳し、この死者の魂を追いかけて元の体に戻すことで死者を蘇《よみがえ》らせる話が記されている。このように、一度体から離れた魂を戻すことで死者が蘇生する話はアイヌに数多く伝わる。

ルコㇿカムイ〔るころかむい〕

アイヌに伝わる神。便所の神様だという。

萱野茂著『萱野茂のアイヌ語辞典』にある。名前は「ル（便所）」＋「コㇿ（持つ、司《つかさど》る）」＋「カムイ（神）」で「便所を司る神」となる。同書によれば、急病人が出た際などはルコㇿカムイに助けを求めると、最も早く助けてくれる、という話が載る。

ルヤンペオンマ〔るやんぺおんま〕

アイヌに伝わる妖怪。「みぞれを背負った馬」を意味し、この馬に乗ると頭上からひょうやみぞれが降ってくるという。

中川裕校訂・大塚一美編訳『キナラブック口伝 アイヌ民話全集』にある。名前は「ルヤンペ（雨、嵐）」＋「オ（乗る）」＋「ウンマ（馬）」であろう。単純に訳せば「雨が乗る馬」となるが、ルヤンペオンマが登場する話を見るとひょうやみぞれが降ってくる様子が描かれているため、水というより氷を降らせる馬なのだと考えられる。

同書には、ルヤンペオンマが登場する以下のような神謡が紹介されている。ルヤンペオンマは天の神に飼育されており、天の神の妹に近づいたことで、天の神の怒りを買ったウパㇱチロンヌㇷカムイ（エゾイタチの神）というものがいた。彼を殺そうと思った天の神は、自身が飼っているルヤンペオンマに乗って国の上端と下端をそれぞれ六回巡ることができれば命を助けてやる、とウパㇱチロンヌㇷカムイに告げた。ウパㇱチロンヌㇷカムイが馬に乗るとひょうやみぞれが降りかかってきたが、天の神の妹が炎の模様が描かれた黄金の扇をかざして、それらを溶かしてしまった。そうしてウパㇱチロンヌㇷカムイは無事に国土を巡ることができたのだという。

同じ話に登場し、対になる存在に炎の馬である**アペオンマ**がいる。

ルヤンベニッネプ〔るやんべにっねぷ〕

アイヌに伝わる妖怪。「嵐の魔物」というような意味になる。大雨や嵐が起きた際、人々は地上にこの妖怪が現れたと考えたようだ。

ジョン・バチラー（バチェラー）著『アイヌの伝承と民俗』にある。同書によれば、これは**アプトルヤンベウェンユク**と同じものだという。

もし嵐や大雨が来た場合、人々は小屋の外の棒にざるを刺し、「お前ができるなら、水でそれを一杯にしてみろ。できないなら、立ち去る方がいい」と告げる風習があったようだ。

ルルコシンプ〔るるこしんぷ〕

アイヌに伝わる妖怪。海の妖精とされる。

萱野茂著『萱野茂のアイヌ語辞典』にある。名前の意味は「ルル（海）」＋「**コシン**

プ（化け物、妖精）」で「海の化け物」もしくは「海の妖精」となる。

知里真志保《ちりましほ》著『ユーカラの人々とその生活』にある。

吉田巌《いわお》著（『知里真志保著作集3』）によればコシンプのうち海に棲《す》むものをルルコシンプといい、山に棲むものは**イワコシンプ**、林野に棲むものを**ニタイコシンプ**と呼ぶという。これらコシンプの類は人間と同じ姿をしているが、色が白く、大変な美貌を持つとされる。『アイヌの妖怪説話（続）』（『人類学雑誌』第二十九巻第十号）では川や海など全て水に棲《す》む妖怪で、善悪のどちらもおり、悪い方は人に憑《つ》いて種々の悪事を行うとある。

ジョン・バチラー（バチェラー）著『アイヌの伝承と民俗』によれば、これは**コノトランクル**とコノトランマッの夫婦神の子孫だとされる。

金田一京助著『神がかりの話』（『金田一京助全集 十二』収録）によればルルコシンプはニンフもしくは人魚のようなものとされ、これに憑かれた女は自分の意志にかかわらず良い声で歌うという。この歌は「海へ来い、海へ来い」と誘う歌なのだとされる。

ルルプルゲクル［るるぷるげくる］

アイヌに伝わる悪神。大きな口を開けて海水を吸い込み、それを一度に吐き出すことで津波を発生させるという。そのため津波の予兆があると、アイヌの人々はこの神に供物《くもつ》を供えると同時に、海の善神であるトマレコロカムイにも供物を捧げ、ルルプルゲクルを鎮めるのだという。

満岡伸一著『アイヌの足跡』にある。名前は「ルル（海、海水）」＋「プルケ（洪水になる、津波が来る）」＋「クル（人、神）」で「海津波を引き起こす神」というような意味だろうか。また同書ではこの悪神は**アトゥイコロエカシ**の別名だと記されている。

レプタロクニッネカムイ［れぷたろくにっねかむい］

アイヌに伝わる悪神。アイヌの物語に登場する海の沖に住む魔神で、六柱いる。同じく六柱いる陸の魔神、**ヤタロクニッネカムイ**らとともに石狩の村の村長を待ち伏せし、襲おうとした。しかし烏《からす》がこの村長に警告したことにより村長は難を逃れたという。

ニコライ・ネフスキー著『アイヌ・フォークロア』にある。名前の意味は「レプ（沖）」＋「タ（～に）」＋「ロク（座る）」＋「**ニッネカムイ**（悪神・魔神）」で「沖に座す魔神」だろうか。原文では六柱の魔神とされるが、アイヌ語における六は多数の、たくさんの、という意味合いがあるため、六柱以上にいた可能性も高い。

レプンエカシ［れぷんえかし］

アイヌに伝わる妖怪。巨大な海の妖怪

で、船を丸ごと呑み込んだり、鯨を数匹丸呑みするという。

吉田巌《いわお》著『アイヌの妖怪説話（続）』（『人類学雑誌』第二十九巻第十号）にある。「レプン」は「海」、「エカシ」は「老人」を意味するため、「沖の翁《おきな》」というような意味になる。類似した名前の妖怪に**アトゥイコロエカシ**がいるが、『アイヌの妖怪説話（続）』でもアトゥイコロエカシとレプンエカシは同じものか、と考察されている。

一方、知里真志保《ちりましほ》著『分類アイヌ語辞典 植物編・動物編』においては、レプンエカシは鯨の意味であると記されている。

レプンカムイ［れぷんかむい］

アイヌに伝わる神。「沖の神」を意味し、主に鯱《しゃち》を指す。

知里真志保《ちりましほ》著『分類アイヌ語辞典 植物編・動物編』（『知里真志保全集 別巻Ⅰ』）、萱野茂著『萱野茂のアイヌ語辞典』にある。

知里真志保著『ユーカラの人々とその生活』（『知里真志保全集3』収録）によれば、アイヌの人々は鯱を人間に鯨を恵んでくれる神として崇拝していたとされる。また、レプンカムイ以外にも鯱を表す言葉として「アトゥイコロカムイ（海を支配する神）」、「トマリコルカムイ（入江を支配する神）」という呼び方があったようだ。ちなみに「アトゥイコロカムイ」は鯨や海亀を表す場合もあれば、巨大な海の怪物である**オキナ**を指す場合もある。

アイヌの人々にとってはレプンカムイは重要な神であるとともによく知られた神であったらしく、神謡や民話、俗信などにもよく登場する。

久保寺逸彦編訳『アイヌの神謡』には、レプンカムイの女神が、夫で同じくレプンカムイの男神が**キムンカムイ**（ヒグマ）の娘の元に行っていつまでも帰って来ないことに怒り、その娘の元に赴くという神謡が載せられている。この時、キムンカムイの娘は子どもを産んだばかりでまだ産褥《さんじょく》についている状態で、本来であれば干渉してはいけない段階にあった。しかしレプンカムイの女神はむりやりキムンカムイの娘を外に出てこさせ、戦ってこれを殺してしまう。これにより悪心を持ったと見なされたレプンカムイの女神は夫に見放された後、栗鼠《りす》の姿に化生し、海へと戻れなくなってしまったという。

更科源蔵著『アイヌ民話集』では人間の女に惚《ほ》れたレプンカムイがその女の心を惑わせ、女の夫の宝物をわざと捨てさせて夫に殺させようとした話が載る。このレプンカムイは親のレプンカムイにその悪い心を糾弾され、女も最後には無事に元の夫のもとに戻ることができたという。

同著者の『アイヌの民俗（上）』によれば、オホーツク海岸において何日も続く吹雪が起きた際、それはレプンカムイが起こしたものと考えられており、「レプンカムイポーカウシペ（沖の神の子どもの上のもの）」と呼ばれていた。これはレプンカムイが出産を見られないため、吹雪を起こすと思われていたことによるという。

レラカムイ［れらかむい］

　アイヌに伝わる神。風の神のこと。ある物語では、レラカムイはカムイカッケマッ（神々《こうごう》しい淑女）と形容される美しい女性の姿で現れる。レラカムイは空飛ぶ舟に乗り、ある人間の女性の兄と夫を奪おうとする。その代わりに女性に神の首飾りを与えようとするが、怒りに震える女性に首飾りを投げ返され、神は神と、人は人と婚姻を結ぶべきなのに、人を奪おうとする神であるあなたは極悪非道だ、と告げられる。それを聞いたレラカムイはばつが悪そうな顔をして消えてしまった。それからしばらくして、女性の兄と夫も帰ってきたという。

　藤村久和《ひさかず》・若月亨《とおる》訳・註『アイヌの神々の物語』にある。レラは「風」、カムイは「神」で、レラカムイはそのまま「風の神」の意。風の神の総称であるため、今回記したレラカムイ以外にも様々なレラカムイが存在する。

その他

【あ】

馬人［うまびと］

和人に伝わる妖怪。室町時代の御伽草子《おとぎぞうし》『御曹子島渡《おんぞうししまわたり》』にある。源義経が蝦夷が島（北海道）に至る途中に訪れた馬人島という島にいたものたちで、腰から上は人間、下は馬という姿をしている。馬と人の間に生まれたためこの島に流されたのだという。同書では複数いることが記されている。

大島建彦・渡浩一校注・訳『室町物語草子集』にある。ギリシャ神話のケンタウロスのような印象を受けるが、『御曹子島渡』の挿絵では後ろ足から腹の部分にかけてが馬、胸と腕、顔が人間という姿で描かれており、馬の首の部分が人間の胴体になるケンタウロスとはかなり違ったイメージである。

蝦夷が島の鬼［えぞがしまのおに］

和人に伝わる妖怪。室町時代の御伽草子《おとぎぞうし》『御曹子島渡《おんぞうししまわたり》』に登場する鬼たちで、源義経が蝦夷が島（北海道）に上陸した途端、彼を捕らえようと襲い掛かった。その姿は二本角の巨人で、熱鉄の棒を武器とし、口からは火炎の息を吐き、紅の舌を持つという。しかし義経が笛を吹くとそれに魅せられ、自分たちも竹で音を出そうとするがうまくいかなかった。そのうちに笛の音を鬼の帝に奏上しようと**金剛夜叉**《こんごうやしゃ》という位の高い鬼が来て義経を鬼の内裏《だいり》に招いて行ったという。

大島建彦・渡浩一校注・訳『室町物語草子集』にある。

【か】

かねひら大王［かねひらだいおう］

和人に伝わる妖怪。室町時代の御伽草子《おとぎぞうし》『御曹子島渡《おんぞうししまわたり》』に登場する鬼で、蝦夷が島（北海道）までやってきた源義経を歓迎する。その姿は背の高さ一六丈（約四八メートル）、頭が八つあり、それに伴い目と鼻と口が一六あるという怪物で、鬼の内裏《だいり》に棲《す》んで**蝦夷が島の鬼**たちを従えていた。娘にあさひの局《つぼね》という美女がおり、これが義経と相思相愛になったことで義経に勝負に勝てば娘をやるが、負ければ食うと持ち掛ける。

かねひら大王はまず五尺八寸（約一七四センチ）の太刀を使い、義経と戦うが、負けてしまう。そこで跳躍力で勝負するも、やはり負ける。そのため碁で勝負するもやはり及ばず、最後は相撲で戦うも投げ飛ばされてしまう。

そこでかねひら大王は約束通りあさひの局を義経に嫁がせるが、鹿狩りに行っている間に義経が妻に案内をさせて秘伝の巻物を盗み、島を出たことを知る。そこでかねひら大王が舟に乗って追いかけるも、義経が使う様々な術に阻まれ、ついに追いつくことができなかったという。

大島建彦・渡浩一校注・訳『室町物語草子集』にある。

小人島の人 ［こびとじまのひと］

和人に伝わる妖怪。小人島、連歌島などと呼ばれる島に住む体の小さな人々で、その背丈は一尺（約三〇センチ）しかないという。

室町時代の御伽草子《おとぎぞうし》『御曹子島渡《おんぞうししまわたり》』で描かれており、蝦夷が島（北海道）に向かう途中、源義経がこの島を訪れたと語られている。

大島建彦・渡浩一校注・訳『室町物語草子集』にある。

金剛夜叉 ［こんごうやしゃ］

和人に伝わる妖怪。室町時代の御伽草子《おとぎぞうし》『御曹子島渡《おんぞうししまわたり》』に登場する鬼の一種で、蝦夷が島（北海道）に棲《す》む鬼の中でも高い位につく。笛の音を響かせる源義経を説得して鬼の内裏《だいり》へと連れて行き、**かねひら大王**と呼ばれる鬼の帝《みかど》の前で義経に笛を演奏させるなどした。

大島建彦・渡浩一校注・訳『室町物語草子集』にある。かねひら大王については当該項目参照。

【さ】

背高島の人 ［せいたかじまのひと］

和人に伝わる妖怪。室町時代の御伽草子《おとぎぞうし》『御曹子島渡《おんぞうししまわたり》』にある。源義経が蝦夷が島（北海道）に至る途中に訪れた背高島という島にいた人々で、その背は一〇丈（約三〇メートル）ばかりの高さがある。

彼らは常に太鼓を持ち歩いているが、これは一度転ぶと自力で起き上がれないためで、その際には太鼓を叩いて人を呼び、起こしてもらうのだという。

大島建彦・渡浩一校注・訳『室町物語草子集』にある。

【な】

女護の島の女［にょうごのしまのおんな］

和人に伝わる怪異。室町時代の御伽草子《おとぎぞうし》『御曹子島渡《おんぞうししまわたり》』に描かれる、女しか存在しない女護の島と呼ばれる島にいる女たちで、本州から吹く南風で子を宿すという。源義経が蝦夷が島（北海道）へ向かう途中、この島を訪れたが、女護の島では男が現れるとその肉を削《そ》ぎ、骨を煎じて飲む風習があったため、急いで逃げたという。

大島建彦・渡浩一校注・訳『室町物語草子集』にある。アイヌにも女だけが住むメナシパという島に**オニマクシメノコ**という女たちが住んでいると伝わっており、彼女たちは東風によって子を宿すという。

女だけが住む島の話は世界中にあり、日本では女人国《にょにんこく》、女護の島、女護島などと呼ばれる。また風に吹かれて子を宿すという思想は中国宋代の『嶺外代答《れいがいだいとう》』などに既に記述がある。

ぬかご島の小人［ぬかごじまのこびと］

和人に伝わる妖怪。室町時代の御伽草子《おとぎぞうし》『御曹子島渡《おんぞうししまわたり》』に登場する不思議な人々で、ぬかご島に住む、その背は皆、一寸一分（約三・三センチ）しかないという。源義経が蝦夷が島（北海道）に渡る途中、この島を訪れたと語られている。

大島建彦・渡浩一校注・訳『室町物語草子集』にある。同書にはこの島の人々よりは少し大きいが、身長が一尺一分（約三〇・三センチ）しかない人々が住む小人島の話も載せられている。詳細は**小人島の人**を参照。

【は】

ペチカ［ぺちか］

和人に伝わる妖怪。小樽市がかつてヲタルナイと呼ばれていた頃、この土地に、ペチカという美しい娘と、その許嫁《いいなずけ》のイヤサコという名の青年が暮らしていた。

今では立岩と呼ばれている岬の突端に、いつからか異様な光が現れるようになった。それからというもの、ペチカはこの怪光《かいこう》に魅入られたように「あの夜光珠《やこうじゅ》が欲しい」と言うようになり、イヤサコが何度止めても聞かなかった。そして冬が来た頃、ペチカは夜になると一人海辺まで赴き、

「夜光珠が欲しい」と呟《つぶや》くようになった。イヤサコはあの光は魔物だと何度も諭《さと》すが、ペチカは聞き入れない。

やがてペチカの肌は一層青みを帯び、肌は氷のように冷たくなり、その美しさはより際立った。それとは反比例して、屈強な青年だったイヤサコはペチカを案じる故に衰弱していく。それでもペチカを救うため、イヤサコはあの怪光の正体を突き止めることを決めた。

そして月が丸い夜、ペチカは岬の上にいた。そして自分が人間として過ごす最後の夜であることを悟り、元の姿に戻らねばならないと決めた。

ペチカは黒い海の中に身を投げた。その体には白い鱗《うろこ》が光っていた。

それと同じ夜、イヤサコは痩せた体を動かし、舟を漕《こ》いであの怪光に迫っていた。そこに光る二つの珠《たま》、それは見るも恐ろしい大蛇の目であった。イヤサコは持ってきた小刀を振り上げ、大蛇に立ち向かったが、大蛇の目が雷光のように光り、イヤサコは毒気に包まれた。そしてその時、彼は大蛇の側にとぐろを巻いている白蛇を見た。その目には涙が光っていた。ペチカの正体は、白蛇であったのだ。

それからイヤサコの意識は途切れ、主のいなくなった小舟が波間に漂っていたという。

北海道庁編『北海道の口碑伝説』にある。アイヌの男女を主役とした物語だが、一九二四（大正一三）年に発刊された『海の伝説と情話』に収録されている『夜光の珠か魔神か』という作品がほぼ同筋の話となっている。これは永田耕作という人物によって投稿された物語であるため、この物語が後に小樽に伝わる伝説として紹介されるようになったものと思われる。

COLUMN

アイヌの世界観03

アイヌの人々は、自分たちの住む世界をアイヌモシリ（人間の世界）と呼び、その下にも上にも世界があると考えていた。

下にあるのは死者の国であるポクナモシリ、英雄などに倒された悪神や化け物が堕《お》とされるテイネポクナモシリと考えられていた。

一方、天にはカムイモシリ、すなわち神の国があると考えていた。また、天の国はさらに六層に分けられるとされる伝承もあり、その場合、カムイモシリは最も高い位置に存在するという。

このカムイモシリからアイヌのカムイたちは度々《たびたび》地上に降りてくる。カムイはカムイモシリにおいては人間と変わらぬ姿をしており、家を持っていて、衣服を着て生活する。しかし地上に降りる際には様々な姿になる。

例えば熊の神は黒い毛皮を纏《まと》い、ヒグマの姿になって地上に降りる。そうして人間に肉や毛皮の恵みを与えてくれるため、アイヌの人々はヒグマを殺した際には盛大な儀式を行い、捧げものとともにその魂を盛大に天上へと送り返した。これはヒグマ以外の動物に対しても行われた。

一方、神が人間に仇《あだ》をなした時には人間側も容赦せず、ウェンカムイ（悪神）として断罪された。アイヌの人々は神の来歴を明らかにすることで、善神であればより加護を与えられ、悪神であれば力を失わせて退散させることができると考えていた。

また神は人に恵みを与え、人は神の世界にはないものを贈るとされ、そのために神は地上に降りてくるのだと考えられていた。また、人間は死後にカムイモシリに昇り、カムイになるという伝承も残されている。

このように、アイヌの人々にとって神は絶対的な力を持つ存在ではなく、互いに交流し、干渉し、人が神に抗《あらが》い、退散させることもできる、対等な関係を持っていたのだ。

五十音順索引

この索引は、本書収録の全怪異・妖怪を五十音順に配列したものである。

う

か

き

さ

し

ひ

ふ

ジャンル別索引

この索引は、本書収録の全怪異・妖怪をジャンル別に配列したものである。

アイヌに伝わる怪異・妖怪

アイヌ、和人に伝わる怪異・妖怪

アイヌ、和人のどちらに伝わるかが曖昧な怪異・妖怪

樺太アイヌに伝わる怪異・妖怪

現代に伝わる怪異・妖怪

出没場所別索引

この索引は、怪異・妖怪の出没場所を五十音順に配列したものである。なお、出没場所についての具体的記述がないものは立項していない。

家

丘

崖

学校

川・水辺

公園

ゴミ処理場

地獄

死後の世界

湿地

自動車

島

市町村別索引

この索引は、怪異・妖怪が目撃された場所および語られた場所を市町村別に配列したものである。なお、場所についての具体的記述がないものは立項していない。

札幌市

函館市

古宇郡神恵内村

積丹郡積丹町

余市郡仁木町

余市郡余市町

空知郡上砂川町

夕張郡長沼町

夕張郡栗山町

樺戸郡月形町

樺戸郡新十津川町

雨竜郡雨竜町

上川郡上川町

上川郡東川町

空知郡上富良野町

増毛郡増毛町

留萌郡小平町

苫前郡苫前町

おわりに

私は北海道に生まれました。

その後、親の転勤で本州や四国を回ったものの、小学一年生の頃には北海道に戻ってきました。そして高校を卒業するまで過ごし、大学で東京に出た後、就職でまた北海道に戻ってきました。作家としてデビューしたのも、そして今この原稿を書いているのも、この北の大地においてです。

北海道は特殊な土地です。この広い大地には、ずっと昔からアイヌと呼ばれる人々が住み、独自の文化を育み、独自の歴史を歩んできました。また、中世の頃には本州や四国・九州から人々が移り住み、暮らしていました。

そのためか、怪異・妖怪という観点から見ると北海道はなかなか注目されづらい土地でもあります。これは本州のように、何百年も前から残る史跡というものが少なく、各土地と怪異・妖怪とを結びつけるような活動も活発ではないためで、印象に残りにくいせいもあるでしょう。

しかし、こうして一冊の事典ができたように、北海道にはたくさんの怪異・妖怪にまつわる話が残されているのです。

アイヌの人々が伝承した物語や詩歌には、様々な妖怪や神々が登場します。これらは近代から現代にかけて、多くのアイヌ研究者によって記録され、今に残されたものです。

また、北海道に移住した和人も、多くの怪異・妖怪を記録しました。その中には本州から人々とともに渡ってきた怪異・妖怪もあれば、北海道に渡ってきた後に和人がこの地で見聞きしたものもあります。開拓期には厳しい北の大地の自然環境と戦いながら、多くの人々が大自然の中に怪異・妖怪を見ました。

そして現代でも多くの怪異・妖怪たちが見たり聞いたりされています。

本書は、そんな私の故郷、北海道に生きる怪異・妖怪たちを集めたいと考え、作った本です。アイヌ、和人、現代人、そして樺太の人々が語り継ぎ、記録してきた怪異・妖怪。その数は膨大ですが、その一部を皆様に紹介し、ご興味を持って頂けたなら、一人の北海道民として、そして怪異・妖怪好きとして大変に嬉しく思います。

本書を皮切りに、今後、各地方別の『日本怪異妖怪事典』が続々と刊行される予定です。どのような怪異が登場するのか、監修者として、とても楽しみにしています。

最後に、編集を担当して頂いた山口晶広様、引き続きカバーイラストを担当して頂いた裏逆どら様、執筆にあたり参考にさせて頂いた資料の著者・編者、研究者の方々、そして、この本を手に取って頂いた皆様に、深く感謝を申し上げたいと思います。

二〇二一（令和三）年六月

朝里樹

- 萩中美枝著『アイヌ文化への招待　女性と口承文芸』2009年、三弥井書店
- 葉梨孝幸著『おとべ百話』1999年、乙部町史研究室
- 浜道人著『北海道・ロマン伝説の旅』1976年、噴火湾社
- 早川昇著『アイヌの民俗』1970年、岩崎美術社
- 日野巌著『動物妖怪譚（下）』（中公文庫 BIBLIO）2006年、中央公論新社
- 平野威馬雄著『日本怪奇物語』1986年、日本文芸社
- 藤村久和著『アイヌの霊の世界』（小学館創造選書）1982年、小学館
- 北海道庁編『北海道の口碑伝説』1940年、日本教育出版社
- ポプラ社編集部編『映画「学校の怪談」によせられたこわーいうわさ』1996年、ポプラ社
- 水口忠著『おたる歴史ものがたり』1992年、北海道教育社
- 満岡伸一著『アイヌの足跡』1962年、三好商店
- 村上健司編著『妖怪事典』2000年、毎日新聞社
- 村崎恭子編訳『浅井タケ口述 樺太アイヌの昔話』2001年、草風館
- 室生忠著『都市妖怪物語　現代の不思議と恐怖』1989年、三一書房
- 森影依著『北海道怪異地図』1992年、幻洋社
- 森野正子著『北海道昔話』1970年、山音文学会
- 柳田国男著『山島民譚集』1969年、平凡社
- 山田孝子著『アイヌの世界観　「ことば」から読む自然と宇宙 』（講談社学術文庫）2019年、講談社
- 山田仁史・永山ゆかり・藤原潤子編『水・雪・氷のフォークロア　北の人々の伝承世界』2014年、勉誠出版
- 山本多助著『オッパイ山』1982年、北海道上士幌町役場
- 山本多助著『イタク カシカムイ《言葉の霊》』1991年、北海道大学図書刊行会
- 山本多助著『カムイ・ユーカラ』（平凡社ライブラリー）1993年、平凡社
- 山本祐弘著『北方自然民族民話集成』1968年、相模書房
- 湯本豪一編『明治妖怪新聞』1999年、柏書房
- 吉田巌著・小林正雄編『アイヌ童話』1965年、帯広市教育委員会
- 吉村昭著『羆嵐』（新潮文庫）1982年、新潮社
- 渡辺茂著『北海道伝説集　和人篇』1956年、楡書房

【論文】

- 池上二良（1963）「オロッコ族の民話とうた数例」、民族學研究』27巻4号、pp.627-638, 日本文化人類学会
- 久保寺逸彦・知里真志保（1940）「アイヌの疱瘡神「パコロ・カムイ」に就いて（下）」『人類學雑誌』55巻4号、pp.169-199, 日本人類学会
- 吉田巌（1912）「夢に関するアイヌの説話」、『人類學雑誌』28巻7号、pp.394-403, 日本人類学会
- 吉田巌（1914）「アイヌの妖怪説話」、『人類學雑誌』29巻7号、pp.267-276, 日本人類学会
- 吉田巌（1914）「アイヌの妖怪説話（續）」、『人類學雑誌』29巻10号、pp.397-409, 日本人類学会
- 吉田巌（1916）「アイヌの蟲類説話」、『人類學雑誌』31巻8号、pp.267-272, 日本人類学会
- 吉田巌（1956）「杖のみたま：十勝アイヌ故老の談話記録」『民族學研究』19巻3-4号、pp.313-334, 日本文化人類学会

【WEB サイト】（最終閲覧 2021.3）

- 「国立アイヌ民族博物館アイヌ語アーカイブ」https://ainugo.ainu-museum.or.jp/
- 「国立歴史民俗博物館データベース」https://www.rekihaku.ac.jp/doc/t-db-index.html

- ジョン・バチェラー著・小松哲郎訳『アイヌの暮らしと伝承』1999 年、北海道出版企画センター
- ジョン・バチラー著・安田一郎訳『アイヌの伝承と民俗』1995 年、青土社
- 菅江真澄著、内田武志・宮本常一編訳『菅江真澄遊覧記 1～5』（平凡社ライブラリー）2000 年、平凡社
- 空知地方史研究協議会編『空知の民話シリーズ第 1 集　空知のむかし話』1983 年、空知地方史研究協議会
- 空知地方史研究協議会編『空知の民話シリーズ第 2 集　空知のむかし話』1984 年、空知地方史研究協議会
- 空知地方史研究協議会編『空知の民話シリーズ第 3 集　空知のむかし話』1985 年、空知地方史研究協議会
- 高倉新一郎監修・矢島睿編『北海道の研究 7 民俗・民族篇』1985 年、清文堂
- 高橋明雄著『シュシュシナイの権六狸』1981 年、みやま書房
- 谷川健一他編「日本庶民生活史料集成　第 4 巻』1984 年、三一書房
- チカップ美恵子編著『森と大地の言い伝え』2005 年、北海道新聞社
- 千葉章仁著・内山滿博編・高橋克典イラスト・Lee Lustre 訳『十勝のアイヌ伝説 The Rich Earth 豊かな大地』2018 年、内山企画会社
- 千葉幹夫編『全国妖怪事典』（小学館ライブラリー）1995 年、小学館
- 知里真志保著『アイヌ語入門　とくに地名研究者のために』1956 年、北海道出版企画センター
- 知里真志保著『地名アイヌ語小辞典』1956 年、北海道出版企画センター
- 知里真志保著『知里真志保著作集 1　説話・神謡編Ⅰ』1973 年、平凡社
- 知里真志保著『知里真志保著作集 2　説話・神謡編Ⅱ』1973 年、平凡社
- 知里真志保著『知里真志保著作集 3　生活誌・民族学編』1973 年、平凡社
- 知里真志保著『知里真志保著作集 4　アイヌ語研究編』1974 年、平凡社
- 知里真志保著『知里真志保著作集　別巻 2　分類アイヌ語辞典　人間編』平凡社、1975 年
- 知里真志保著『知里真志保著作集 別巻 1　分類アイヌ語辞典 植物編・動物編』平凡社、1976 年
- 知里幸恵編訳『アイヌ神謡集』（岩波文庫）1978 年、岩波書店
- 知里真志保訳『アイヌ民譚集　えぞおばけ列伝・付』（岩波文庫）1981 年、岩波書店
- 知里真志保著『和人は舟を喰う』2000 年、北海道出版企画センター
- 知里真志保著・小坂博宣編『知里真志保の「アイヌ文学」』2012 年、クルーズ
- 知里幸恵著訳・北道邦彦注解『アイヌ神謡集を読む』（北方新書）2017 年、北海道出版企画センター
- 常光徹編著・楢喜八イラスト『みんなの学校の怪談 赤本』（講談社 KK 文庫）1995 年、講談社
- 常光徹編著・楢喜八イラスト『みんなの学校の怪談 緑本』（講談社 KK 文庫）1995 年、講談社
- 角田陽一著『図解　アイヌ』2018 年、新紀元社
- 富樫利一著『ウレシパ物語　アイヌ民族の〈育て合う物語〉を読み聞かせる』2015 年、寿郎社
- 苫前町編『新苫前町史』2015 年、苫前町史編さん委員会
- 中川裕著『アイヌの物語世界』2020 年、平凡社
- 中川裕校訂・大塚一美編訳『アイヌ民話全集　キナラブック口伝』1990 年、北海道出版企画センター
- 中川裕著・野田サトル絵『アイヌ文化で読み解く「ゴールデンカムイ」』（集英社新書）2019 年、集英社
- 中田千畝著『アイヌ神話』1924 年、報知新聞社出版部
- 永田方正著『北海道蝦夷語地名解　附・アイヌ地名考』1972 年、国書刊行会
- 中村安造著『礼文山水と趣味の伝説』1932 年、青空誌社
- ニコライ・ネフスキー著・エリ・グロムコフスカヤ編・魚井一由訳『アイヌ・フォークロア』1991 年、北海道出版企画センター
- 日本随筆大成編輯部編『日本随筆大成 第 1 期 第 19 巻』1994 年、吉川弘文館
- 日本民話の会学校の怪談編集委員会編『学校の怪談 16　100 不思議通信スペシャル』1994 年、ポプラ社
- 野上ふさ子著『アイヌ語の贈り物　アイヌの自然観にふれる』2012 年、新泉社
- 野呂進著『北国の史話と伝説（上巻）』1971 年、山音文学会
- 野呂進著『北国の史話と伝説（下巻）』1971 年、山音文学会

- 金田一京助著・金田一京助全集編集委員会編『金田一京助全集第 7 巻　アイヌ文学Ⅰ』1992 年、三省堂
- 金田一京助著・金田一京助全集編集委員会編『金田一京助全集第 8 巻　アイヌ文学Ⅱ』1993 年、三省堂
- 金田一京助著・金田一京助全集編集委員会編『金田一京助全集第 9 巻　アイヌ文学Ⅲ』1993 年、三省堂
- 金田一京助著・金田一京助全集編集委員会編『金田一京助全集第 10 巻　アイヌ文学Ⅳ』1993 年、三省堂
- 金田一京助著・金田一京助全集編集委員会編『金田一京助全集第 11 巻　アイヌ文学Ⅴ』1993 年、三省堂
- 金田一京助著・金田一京助全集編集委員会編『金田一京助全集第 12 巻　アイヌ文化・民俗学』1993 年、三省堂
- 金田一京助著・世界聖典全集刊行会編『世界聖典全集　アイヌ聖典』1930 年、改造社
- 工藤梅次郎著『アイヌ民話』1926 年、工藤書店
- 久保孝夫著『津軽海峡圏の昔話』1993 年、青森県文芸協会出版部
- 久保孝夫著『女子高生が語る不思議な話』1997 年、青森県文芸協会出版部
- 久保寺逸彦編訳『アイヌの神謡』2004 年、草風館
- 久保寺逸彦著『久保寺逸彦著作集 4　アイヌ語・日本語辞典稿』2020 年、草風館
- 栗沢喜重郎著『反逆 哀愁のアツカンベツ』1973 年、斜里郷土研究会
- 合田一道著『北海道こわいこわい物語』1988 年、幻洋社
- 合田一道著『北海道ゆかいゆかい物語』1988 年、幻洋社
- 合田一道著『北海道ふしぎふしぎ物語』1989 年、幻洋社
- 合田一道著『北海道いがいいがい物語』1990 年、幻洋社
- 合田一道著『北海道 幽霊の住所録　HBC へ寄せられた情報から』1991 年、幻洋社
- 合田一道・友成純一著『北の幽霊、南の怨霊』2001 年、同朋舎
- 河野本道著『アイヌ史 / 概説』1996 年、北海道出版企画センター
- 国立大学法人千葉大学編『アイヌ語の保存・継承に必要なアーカイブ化に関する調査研究事業　第 2 年次（北海道沙流郡平取町）調査研究報告書』2015 年、国立大学法人千葉大学
- 児島恭子・アイヌ民族博物館監修『アイヌ文化の基礎知識』2018 年、草風館
- 小寺平吉著『北海道の民間信仰』1992 年、明玄書房
- 小林成光著『北海道縁起物語』1992 年、小林興業社
- 小松和彦監修・常光徹・山田奨治・飯倉義之編『日本怪異妖怪大事典』2013 年、東京堂出版
- 佐々木馨著『北海道の宗教と信仰』2009 年、山川出版社
- 佐々木喜善著『遠野のザシキワラシとオシラサマ』（中公文庫 BIBLIO）2007 年、中央公論新社
- 札幌中央放送局編『昔話北海道』1948 年、北方書院
- 札幌放送局編『北海道郷土史研究』1932 年、富貴堂書房
- 更科源蔵著『北海道伝説集　アイヌ篇』1955 年、楡書房
- 更科源蔵著『日本の伝説 17　北海道の伝説』1977 年、角川書店
- 更科源蔵著『更科源蔵アイヌ関係著作集Ⅰ　アイヌ伝説集』1981 年、みやま書房
- 更科源蔵著『更科源蔵アイヌ関係著作集Ⅱ　アイヌ民話集』1981 年、みやま書房
- 更科源蔵著『更科源蔵アイヌ関係著作集Ⅲ　アイヌの神話』1981 年、みやま書房
- 更科源蔵著『更科源蔵アイヌ関係著作集Ⅳ　アイヌの民俗（上）』1982 年、みやま書房
- 更科源蔵著『更科源蔵アイヌ関係著作集Ⅴ　アイヌの民俗（下）』1982 年、みやま書房
- 更科源蔵著『更科源蔵アイヌ関係著作集Ⅵ　アイヌ語地名解』1982 年、みやま書房
- 更科源蔵・更科光著『コタン生物記Ⅰ　樹木・雑草篇』2020 年、青土社
- 更科源蔵・更科光著『コタン生物記Ⅱ　野獣・海獣・魚族篇』2020 年、青土社
- 更科源蔵・更科光著『コタン生物記Ⅲ　野鳥・水鳥・昆虫篇 』2020 年、青土社
- 三元社編『旅と伝説　3 巻 10 号・通巻 34 号』1930 年、三元社
- 時雨音羽著『島ものがたり』1948 年、宗谷観光協会
- 四宅ヤエ著、藤村久和・若月亨翻訳『アイヌの神々の物語 四宅ヤエ媼伝承』2018 年、藤田印刷エクセレントブックス

参考資料

【書籍資料】

- アイヌ無形文化伝承保存会編『アイヌの民話 1』1983 年、アイヌ無形文化伝承保存会
- 赤木三兵編『ギリヤーク民話』1971 年、山音文学会
- 浅井亨編『日本の民話　北海道』1979 年、ぎょうせい
- 伊東博著『いわみざわの民話 第一集』1976 年、岩見沢市郷土資料室
- 伊東博著『いわみざわの民話 第二集』1978 年、岩見沢市郷土資料室
- 伊東博著『いわみざわの民話 第三集』1979 年、岩見沢市郷土資料室
- 稲田浩二・小沢俊夫責任編集『日本昔話通観　第 1 巻　北海道』1989 年、同朋舎出版
- 因幡勝雄編著『アイヌ伝承ばなし集成』2007 年、北海道出版企画センター
- 宇田川洋著『アイヌ伝承と砦』2005 年、北海道出版企画センター
- 江差町民話の会編『江差ものがたり』1983 年、江差町民話の会
- 江差民話研究会編『江差百話　江差の民話・伝説・史話』1993 年、江差民話研究会
- 大島建彦・渡浩一校注・訳『新編　日本古典文学全集 63　室町物語草子集』2002 年、小学館
- 大友喜作編・解説・校訂『北門叢書　第一冊』1972 年、国書刊行会
- 大友喜作編・解説・校訂『北門叢書　第二冊』1972 年、国書刊行会
- 大友喜作編・解説・校訂『北門叢書　第三冊』1972 年、国書刊行会
- 大友喜作編・解説・校訂『北門叢書　第四冊』1972 年、国書刊行会
- 大友喜作編・解説・校訂『北門叢書　第五冊』1972 年、国書刊行会
- 大友喜作編・解説・校訂『北門叢書　第六冊』1972 年、国書刊行会
- 金巻鎮雄編『北海道 屯田兵絵物語』1982 年、総北海
- 上村信太郎著『山の不可思議事件簿』2015 年、山と渓谷社
- 萱野茂著『カムイユカラと昔話』1988 年、小学館
- 萱野茂著『おれの二風谷』1990 年、すずさわ書店
- 萱野茂著『アイヌの昔話』（平凡社ライブラリー）1993 年、平凡社
- 萱野茂著『萱野茂のアイヌ語辞典』1996 年、三省堂
- 萱野茂著『炎の馬　アイヌ民話集』1998 年、すずさわ書店
- 萱野茂著『アイヌ歳時記　二風谷のくらしと心』（ちくま学芸文庫）2017 年、筑摩書房
- 萱野茂著『アイヌと神々の物語　炉端で聞いたウウェペケレ』（ヤマケイ文庫）2020 年、山と渓谷社
- 萱野茂著『アイヌと神々の謡 カムイユカラと子守歌』（ヤマケイ文庫）2020 年、山と渓谷社
- 川上勇治著『増補版　サルウンクル物語』2003 年、すずさわ書房
- 金成まつ・金田一京助著『アイヌ叙事詩　ユーカラ集Ⅰ』1959 年、三省堂
- 金成まつ・金田一京助著『アイヌ叙事詩　ユーカラ集Ⅱ』1961 年、三省堂
- 金成まつ・金田一京助著『アイヌ叙事詩　ユーカラ集Ⅲ』1963 年、三省堂
- 金成まつ・金田一京助著『アイヌ叙事詩　ユーカラ集Ⅳ』1964 年、三省堂
- 金成まつ・金田一京助著『アイヌ叙事詩　ユーカラ集Ⅴ』1965 年、三省堂
- 金成まつ・金田一京助著『アイヌ叙事詩　ユーカラ集Ⅵ』1966 年、三省堂
- 金成まつ・金田一京助著『アイヌ叙事詩　ユーカラ集Ⅶ』1966 年、三省堂
- 金成まつ・金田一京助著『アイヌ叙事詩　ユーカラ集Ⅷ』1968 年、三省堂
- 北の生活文庫企画編集会議編『北海道の口承文芸』（北の生活文庫）1998 年、北海道新聞社
- 木村誠一著『上砂川市井史』1957 年、上砂川郷土史研究会
- 木村盛武著『慟哭の谷　北海道三毛別・史上最悪のヒグマ襲撃事件』（文春文庫）2015 年、文藝春秋
- 金田一京助・荒木田家寿著『アイヌ童話集』（角川ソフィア文庫）2019 年、KADOKAWA

朝里 樹（あさざと・いつき）

怪異妖怪愛好家・作家。1990年、北海道に生まれる。2014年、法政大学文学部卒業。日本文学専攻。現在公務員として働く傍ら、在野で怪異・妖怪の収集・研究を行う。著書に『日本現代怪異事典』（笠間書院）、『日本のおかしな現代妖怪図鑑』（幻冬舎）、『日本現代怪異事典 副読本』（笠間書院）、『大迫力！日本の都市伝説大百科』（監修、西東社）、『歴史人物怪異談事典』（幻冬舎）、『世界現代怪異事典』（笠間書院）、『大迫力！世界の都市伝説大百科』（監修、西東社）、『日本の都市伝説大事典』（監修、新星出版社）、『日本怪異伝説事典』（監修、笠間書院）、『日本異界図典』（監修、ジー・ビー）、『放課後ゆ〜れい部の事件ファイル』（集英社）がある。

日本怪異妖怪事典 北海道

令和3年（2021）6月25日　初版第1刷発行

著者 ―――― 朝里 樹

カバー・扉イラスト ― 裏逆どら

発行者 ― 池田圭子

発行所 ― 笠間書院

〒101-0064　東京都千代田区神田猿楽町2-2-3

電話:03-3295-1331　FAX:03-3294-0996

https://kasamashoin.jp/　mail:info@kasamashoin.co.jp

ISBN 978-4-305-70941-7　C0539

アートディレクション ―― 細山田光宣

装幀・デザイン ―――― 鎌内 文（細山田デザイン事務所）

本文組版 ―――― キャップス

印刷／製本 ―――― 大日本印刷

本書収録の事項には、現在の社会通念から見て不適切と思われる表現が含まれておりますが、史料的な価値を考慮し、当時のものをそのまま採用しております。ご了承ください。